费孝通（1910—2005），江苏吴江人。20世纪中国享有国际声誉的卓越学者。中国社会学、人类学和民族学的重要奠基人之一。曾担任民盟中央主席、全国政协副主席、全国人大常委会副委员长等职。

1930年入燕京大学社会学系，获学士学位。1933年入清华大学社会学及人类学系，获硕士学位。1936年秋入英国伦敦经济学院攻读社会人类学，获哲学博士学位。1938年秋回国。曾先后在云南大学、西南联大、清华大学、中央民族学院、中国社会科学院、北京大学等从事教学与研究。

一生以书生自任，笔耕不辍，著作等身，代表作有《江村经济》《禄村农田》《乡土中国》《生育制度》《行行重行行》《中华民族的多元一体格局》等。

费孝通作品精选

行行重行行

1983~1996

（合编本）

上

费孝通 著

生活·讀書·新知 三联书店

Copyright © 2021 by SDX Joint Publishing Company.
All Rights Reserved.
本作品版权由生活·读书·新知三联书店所有。
未经许可，不得翻印。

图书在版编目（CIP）数据

行行重行行：1983—1996 / 费孝通著. —北京：
生活·读书·新知三联书店，2021.1 （2022.4 重印）
（费孝通作品精选）
ISBN 978-7-108-06969-6

Ⅰ.①行… Ⅱ.①费… Ⅲ.①乡镇－社会调查－中国－
文集－1983-1996 Ⅳ.① D668-53 ② C912.82-53

中国版本图书馆 CIP 数据核字（2020）第 189980 号

责任编辑	吴 莘	
封面设计	宁成春	
版式设计	薛 宇	
责任印制	董 欢	
出版发行	生活·讀書·新知 三联书店	
	（北京市东城区美术馆东街 22 号 100010）	
网　　址	www.sdxjpc.com	
经　　销	新华书店	
印　　刷	河北鹏润印刷有限公司	
版　　次	2021 年 1 月北京第 1 版	
	2022 年 4 月北京第 2 次印刷	
开　　本	880 毫米 × 1092 毫米　1/32　印张 28.75	
字　　数	639 千字	
印　　数	5,001－8,000 册	
定　　价	168.00 元（上下册）	

（印装查询：01064002715；邮购查询：01084010542）

费孝通作品精选

出版前言

费孝通（1910—2005），20世纪中国享有国际声誉的卓越学者。他不仅是中国社会学、人类学、民族学的重要奠基人之一，而且学以致用、知行合一，一生致力于探寻适合中国文化与社会传统的现代化之路。

在其"第一次学术生命"阶段，从最初的大瑶山到江村，再到后来的"魁阁"工作站，费孝通致力于社会生活的实地研究，继之以社会的结构特征考察，提出诸如"差序格局""家核心三角""社会继替""绅士"及"乡土损蚀"等概念和表述，代表作有《花蓝瑶社会组织》《江村经济》《禄村农田》《乡土中国》《乡土重建》《生育制度》等。在其学术求索中，费孝通与西方学术有关传统与现代的理论构成了广泛对话，而他的现实目标可归结为"乡土重建"，其学术思考围绕如何理解中国社会、如何推动中国社会现代化转型的问题展开。

20世纪50年代，费孝通在共和国民族政策与民族工作的建言与商讨中发挥了重要作用，也亲身参与"民族访问团"和民族识别调查工作。此间，他得以将其在"第一次学术生命"阶段提出的部分见解付诸实践，也得以在大瑶山调查之后，再次有机会深入民族地区，对边疆社会的组织结构和变迁过程进行广泛研究。在其参加"民族访问团"期间参与写作的调查报告，及后来所写的追思吴文藻、史禄国、潘光旦、顾颉刚等先生的文章中，费孝通记录了他在这个阶段的经历。

1978年，费孝通在二十余年学术生命中断之后获得了"第二次学术生命"。在这个阶段中，费孝通提出了"中华民族多元一体格局"这一有弹性的论述，引领了社会学学科的恢复重建工作，以"志在富民"为内在职志，努力探索中国自己因应世界变局的发展战略。从80年代初期开始，费孝通"行行重行行"，接续了他的"乡土重建"事业，走遍中国的大江南北，致力于小城镇建设及城乡、东西部区域协同发展的调查研究。与此同时，他也深感全球化问题的压力，指出我们正处在一个"三级两跳"的时代关口，在尚未完成从乡土社会到工业社会的转型过程之时，又面临着"跳进"信息社会的时代要求，由此急需处理技术的跃迁速度远远超出人类已有的社会组织对技术的需求这一重要问题。在费孝通看来，这不只是一个经济制度问题，同时它也含有社会心态方面的巨大挑战。

20世纪80年代末期，费孝通开始思考世界性的文化关系问题。到90年代，这些思考落实为"文化自觉"的十六字表述：各美其美，美人之美，美美与共，天下大同。在全球社会前所未有地紧密接触、相互依赖的情况下，"三级两跳"意味着不同文明状态和类型的社会被迫面对面相处，这必然引起如何构建一种合理的世界秩序的问题。"文化自觉"既包含了文明反躬内省、自我认同的独特观念，有中国文化"和而不同"理想的气质，同时亦是一套有特色的社会科学方法论，含有针对自然/文化、普遍/特殊、一致/差异等一系列二元对立观的不同见解。值得指出的是，这一晚年的思想洞见其实渊源有自，早在其青年时代，人类学与跨文化比较就一直是费孝通内在的视野和方法,这使他从来没有局限于从中国看中国,具体的社区研究也不只是"民族志",因此他20世纪50年代前写作的大量有关英国和美国的文章,都是以杂感和时论的形式创造性地书写西方,并由此反观中国的历史与现实,加深他对中国社会总体结构的原则性理解,也正是在这个意义上,他才会把《美国人的性格》一书称为《乡土中国》的姊妹篇。

* * *

费孝通一生以书生自任,笔耕不辍,著作等身,"费孝通作品精选"即从他七百余万字的著述中精选最有代表性的作品,凡12种,三百余万字,涉及农村农民问题、边区民族问题、文明文化问题、世界观察、学术反思等多个层面。其中,《江村经济》《禄村农田》《乡土中国》《生育制度》《美国与美国人》《行行重行行》等,均在作者生前单行出版过;《留英记》《中华民族的多元一体格局》《学术自述与反思》《孔林片思:论文化自觉》,则是根据主题重新编选;《中国士绅》1953年出版英文版,2009年三联书店推出中译本;《茧》是近期发现的作者1936年用英文写作的中篇小说,为首次翻译出版,对于理解费孝通早期的学术思想与时代思潮的关系提供了难得的新维度。

除首次刊印的个别作品外,均以《费孝通全集》(内蒙古人民出版社,2009年)为底本,并参照作者生前的单行定本进行编校。因作者写作的时间跨度长,文字、句式和标点的用法不尽相同,为了尊重著作原貌和不同时期的行文风格,我们一仍其旧,不强行用现在的出版规范进行统一。

此次编辑出版,得到了作者家属张荣华、张喆先生的支持，也得到了学界友人甘阳、王铭铭、渠敬东、杨清媚诸君的大力帮助，在此谨致谢忱。

生活·读书·新知 三联书店

2020 年 9 月

目 录

行行重行行：乡镇发展论述 _ 1

前　言 _ 3

再版代序　中国城乡发展的道路
　　　　　——我一生的研究课题 _ 7

小城镇　大问题（1983年）_ 25

小城镇　再探索（1984年）_ 70

小城镇　苏北初探（1984年）_ 92

小城镇　新开拓（1984年）_ 129

赤峰篇（1984年）_ 161

包头篇（1985年）_ 191

港行漫笔（1985年）_ 209

定西篇（1985年）_ 227

故里行（1985年）_ 246

甘南篇（1985年）_ 270

闽东行（1985年）_ 294

温州行（1986年）_ 307

淮阴行（1986年）_ 326

盐滩行（1986年）_ 336

海南行（1987年）_ 343

临夏行（1987年）_ 359

镇长们的苦恼（1987年）_ 372

海东行（1987年）_ 379

农业发展的新台阶（1987年）_ 387

话说呼伦贝尔森林（1988年）_ 401

阿拉善之行（1988年）_ 414

全国一盘棋——从沿海到边区的考察
（1988年）_ 426

南岭行（1989年）_ 435

四年思路回顾（1989年）_ 444

甘肃行（1989年）_ 485

长江三角洲之行（1990年）_ 503

重访云南三村（1990年）_ 519

包头行（1991年）_ 536

侨乡行（1991年）_ 545

吴江行（1991年）_ 554

凉山行（1991年）_ 572

武陵行（1991年）_ 587

重访民权（1992年）_ 607

珠江模式的再认识（1992年）_ 622

沂蒙行（1992年）_ 634

沧州行（1993年）_ 653

行行重行行续集 _ 665

前　言 _ 667

展视中国的乡镇企业（1993年）_ 670

近年来中国农村发展的几个阶段（1994年）_ 677

论中国小城镇的发展（1995年）_ 689

邯郸行（1993年）_ 698

淄博行（1993年）_ 707

焦作行（1994年）_ 715

信阳行（1994年）_ 727

家底实　创实业——再访温州（1995年）_ 739

豫中行（1995年）_ 759

再访震泽（1995年）_ 776

天津献策（1995年）_ 782

三访赤峰（1995年）_ 788

毕节行（1995年）_ 806

黑龙江行（1995年）_ 814

浦东讲话（1996年）_ 825

吴江的昨天、今天、明天（1996年）_ 830

重访徐州（1996年）_ 837

再话浦东（1996年）_ 848

再话天津（1996年）_ 858

附　录_ 863

新德里讲话：对"美好社会"的思考
　（1993年）_ 865

接受福冈亚洲文化奖的讲话（1993年）_ 871

马尼拉讲话：社会科学对中国农村发展的贡献
　（1994年）_ 876

东方文明和21世纪和平：国际幼儿教育会议上
　讲话（1996年）_ 884

从小书斋到世界新型图书馆：国际图书馆协会
　第62届年会上发言（1996年）_ 892

出版后记_ 900

行行重行行

乡镇发展论述

前　言

我同意把过去10年里所发表与乡镇发展研究有关的主要文章集中编成一册，给关心这个问题的读者们做参考。这些文章都是在我实地考察的基础上写成的。走一趟，写一篇，几乎成了我这10年研究工作的习惯。因此我想用"行行重行行"作为这本集子的总题，以"乡镇发展论述"为副题。我对这个问题的认识和思考就是这样一步步得来的，也体现了我一向主张理论和实际相结合的治学方法，不求惊人，但求细水长流，一步一个脚印。

80年代我学术生涯得到重生。我经常喜欢说这是意外收获，得之偶然。既然我还活着，也就舍不得把日子再白白糟踏掉，所以从1981年起又重理旧业，到农村里、城镇里去观察，去思考。凡有所得按我在抗日时期养成的习惯，写成文章，随时发表。日子多了，走的地方多了，发表的文章也多了，积几篇就印成小册子出版。这10年里也有10多本了。现在已是1991年，回顾一下，抓乡镇研究刚好10年。10年算一个段落，应当结结账，编出这本《行行重行行》似乎是个好主意。

我曾经一再表白，我对自己的学术成就评估是不高的。我所看到的是人人可以看到的事，我所体会到的道理是普通人都能明白的家常见识。我写的文章也是平铺直叙，没有什么难懂的名词和句子。而且，又习惯于想到什么就写什么，下笔很快，不多修饰，从小老师就说我这样毛毛草草，成不了大器。现在已到老年，要改也不好改了。

话也得说回来，我自己有时也喜欢反复看看自己写下的这些文章。反刍有反刍的滋味。尤其是把前后的见闻，串联起来加以思考，有时也会出现些新的体会。如果我不是这样"走一趟，写一篇"，说不定到现在连这10年我国乡镇发展的轮廓都说不上来。经过走了这几万里路，写下了这几十万字，心里似乎觉得对这段发展历史多少有了一点认识。

这10年，中国农民生活上的变化是十分深刻的。说这10年是中国历史上少有的时期，也不能算是夸大。我是个在50年前对中国农村进行过有意识地观察的人，当时我写出过"中国问题是个饥饿问题"的话。现在再去现场看看，不能不承认绝大多数的中国农民和饥饿已经告别。但从时间上看恐怕还不能说太久，是这十几个年头里的事。现在看来，如果中国人都能争气，彻底在我们国土上送走这个瘟神已属于可以做到的事了。这是个大变化。怎么变的？在反刍这10年留下来的记录里多少可以看出一些答案来。

中国实在大。我这10年尽管至少有一半的时间在跑在写，但所见所闻、所思所记还只似蜻蜓点水而已。挂一漏万、以偏概全在所难免。我自己明白这一生能主动掌握的时间已经不多，但愿还能为后来人多做一些破题开路的前期工作。

我采取的研究方法是从已有的基础上做起，然后由点及面，找典型、立模式，逐步勾画出比较全面的轮廓。具体地说就是从我熟悉的家乡入手。我的家乡是江苏省吴江县，我30年代调查过的村子是这个县里庙港乡的开弦弓村，我给了它一个学名叫江村。这是我已有的基础。在1981年三访江村时才想到要更上一层楼，进入"小城镇"的调查，而且决定在吴江县开始。结果在1983年发表了本集的第一篇《小城镇　大问题》。这就是我所说的破题工作。然后由吴江这个点，由近及远地开拓出去，先是由苏南四市，随后到江苏全省。写出了"小城镇四记"。

1984年我决定走出江苏省，分两路穿梭进行：一路是走边区，一路是走沿海各省。边区这一路从内蒙古西走宁夏和甘肃，1991年又走进大西南的山区。沿海的一路从浙江、福建、广东到香港，可以说是从江苏向南延伸的。当然，我所到过的地方并不限于本集子里所记下的那些，比如中部地区的河南、湖南和陕西我也曾去做过比较系统的调查，但是文章没有写出来。其中有些留给我指导的研究生去写成了论文，有些我还没有写成，编不进这本集子。好在我目前身体还能走动，头脑还没有糊涂，希望还能有几年时间再走些地方，再写些这一类的文章，这本集子如果有再版的机会可以增补进去。

也许由于我已发生了来日不多的感觉，所以也常常利用参加学术会议的机会或为别人的著作写后记的机会，对自己的思路做些小结。收在这本集子的《全国一盘棋》就属于这一类。

最后，我必须提到，使我能走一趟、写一篇地继续了10年，主要是由于我所在工作机关的支持：最初是中央民族学院、中国社会科学院，之后是全国政协、全国人大、北京大学。同时如果没有所到各地领导的协助和合作，我是不可能在比较短的时间里对当地的情况有所了解的。我这10年由于种种具体条件的限制已经不可能像早年那样比较长期地住到乡村里去深入和群众接触，只能主要依靠各地干部同志提供的情况，和委托陪同我去考察的助手分别下乡或下厂去进一步了解情况，以及通过在当地进行的各种访问和座谈来取得一些感性知识。从科学性上来说,当然是不如以前了。所以我也不敢轻易用调查两字,只能说是访问和考察,至多不过起些破题和开路的作用罢了。冯唐易老,名位累人,那亦是无可奈何。能够用以自勉的,不过是在不易改变的条件下,尽力而为,做到治学之心,有始有终而已。

费孝通
1991 年 10 月 31 日

再版代序

中国城乡发展的道路[*]

我一生的研究课题

70年代末80年代初，中国农村改革以农村家庭联产承包责任制为突破口迅速推向全国，促使部分地区乡镇企业异军突起。现在，乡镇企业已经成为全国农村经济的一大支柱，在我国整个国民经济中也是一支不可忽视的重要力量，被认为是"达到小康水平的必由之路"。中国城乡发展已找到一条有自己特色的道路，全国农民绝大多数已经脱贫，走向较高的生活水平。

近10年多来乡镇企业一直是我的一个重要的研究对象，并且有一个很长的背景，可说是我学术生涯中的一个主要部分。

我最早到中国农村进行实地调查研究是在1936年。那是我从广西大瑶山调查受伤回家乡养病时，在吴江县庙港乡开弦弓村开始的。我所以选择开弦弓村，是接受家姐费达生的建议，她在这村里帮助农民办了一个生丝精制运销合作社，那是我国农民自己办的最早的乡镇企业之一。它引起了我的研究兴趣。那时我住在合作社的工厂里，看到农民在机器上缫丝，

---

* 本文系作者1992年7月6日为首届"潘光旦纪念讲座"而写，1993年《行行重行行》再版时，作为"代序"收入书中。——编者

就想到这不是现代工业进入了农村吗？我心里十分激动。我在该村调查了一个多月，便起程赴英国留学，在去伦敦的船上，把开弦弓村调查的资料整理成篇，并为该村提了个学名叫"江村"。

我在伦敦经济学院人类学系攻读博士学位时，根据这项调查材料撰写了论文《江村经济》。在这期间，我的导师马林诺斯基教授正在研究文化的变迁问题，他十分重视农业社会转向工业社会的过程。我在他的指导下以"江村"为具体实例，描述了现代文化进入传统农村文化的过程。他在这篇论文出版时写的序言中说：对社会的改革"如果要组织有效的行动并达到预期的目的，必须对社会制度的功能进行细致分析，而且要同它们意欲满足的需要结合起来分析，也要同它们的运转所依赖的其他制度联系起来分析，以达到对情况适当的阐述。这就是社会科学者的工作，所以社会科学应该在指导文化变迁中起指导的作用"。他认为我的论文中有关蚕丝业的那章是最成功的一章，"它介绍了家庭企业如何有计划地变革成为合作工厂，以适应现代形势的需要。它证明，社会学需要研究社会工程的有关实际问题"。他对我在这些方面的鼓励对我后来的研究工作起了重要的指导作用。

人类学的发展到30年代，已碰到了研究文化变迁、文化接触的现象和现代文化的传播问题。在留英之前，我已经和燕京大学社会学系的一些学生，在吴文藻先生的启发下，开始探索用实地观察的研究方法去认识中国社会，如杨庆堃的《山东的集市系统》、徐雍舜的《河北农村社区的诉讼》、林耀华的《福建的一个民族村》、廖泰初的《动变中的中国农村教育》、李有义的《山西的土地制度》、郑安仑的《福建和海外地区移民的关系问题》等等。所以马林诺斯基说："中国社会学界已独立自发地组织起一场对文化变迁的应用人类学的真正问题进行学术上的攻关。这一学术攻关表达了我梦寐以求的愿望。"用现在的语言来说，马氏所支持的就是"理论联系实际的研究为社会改革服务"。这个方针可以说一直贯彻在我一生的学术工作之中而没有动摇过。

当时我们已经注意到中国农民在现代文化传播接触中，已无法维持原有的生活方式，出现了种种问题，主要的是农民的生活日益贫困。我在《江村经济》的结论里说："中国农村的基本问题，简单地说，就是农民的收入降低到不足以维持最低生活水平所需的程度。中国农村真正的问题是农民的饥饿问题。"而穷困的根源一是土地制度的不合理，其出路是改革土地制度。其次是人口的不断增长。要在土地有限的农村里维持这么多人口，一方面必须控制人口的继续增长，另一方面要充分利用农村里的劳动力从事各式各样的生产活动。可是当时的环境，一方面受到传统土地制度的束缚，另一方面又有外来势力和西方新技术的竞争，中国农民陷入极其贫困的境地。这种历史的现实促使我发生了尽力使中国农民脱贫致富的使命感，也为我后来一生"志在富民"扎下根子。

由于在实地观察江村时，看到了一个以合作为原则来发展小型工厂的实验，引起了我极大的兴趣。我认为这是个在发展农村经济上具有重要意义的实验。这就是当时我对乡镇企业最初的接触和理解。简单地说，我从开弦弓村实地调查中，明确地感觉到农村需要现代工业。可是，我并没有注意到这个合作工厂的建立和存在有其特殊的条件，就是它有家姐费达生所在女子蚕业学校技术推广部的支持，引进了科学技术和工厂管理，并帮助培养人才和组织生产。这是当时一般农村不可能都具有的条件。更重要的是我没有注意到当时在国民党统治下，土地制度没有改变，在商品生产上国外有强大的竞争者。这些实验固然取得了成绩，但由于客观条件不具备，这个小小的实验改变不了整个地区的农村面貌。

1938年，我在伦敦经济学院毕业后，怀着继续研究中国农村的愿望，暑假即急忙回国。但是我的家乡已经被日本军队占领，江村的小型丝厂已经夷为平地。我只能进入抗战后方的昆明。在昆明云南大学，在吴文藻先生的支持下建立了一个小小的研究中心，继续进行云南省的内地农村调查。内地农村调查使我们进一步看到在一个人口众多、土地有限的国家里，要进一步提高农民的生活水平，重点应当放在发展乡村工业上。我在介绍云南农村调查的 *Earthbound China* 一书中，再一次更明确地提出了这个见解。现在回头来看，我的这项改变农民穷困的见解，尽管是从实际调查中得来的结论，但从整个局面来说，其实还是书生论政、纸上空谈。这也使得我抛弃了不问政治的态度，而投身于当时的民主运动。从此我的学术研究工作也和广义的政治分不开了。我当时提倡的"实用社会学或人类学"，其实也就是中国传统的学以致用、政学不分的。

到全国解放后，在50年代初的三年国民经济恢复时期，我国农村成功地实现了土地改革和农业恢复的目标。第一个五年计划时期，又使农业得以顺利发展，并且引导农民走上合作化道路。但是那时没有发展农村小型工业的政策。由于苏联模式的影响，在"以粮为纲"的口号指导下，农村主要是去搞粮食来支持城市发展大工业。

1957年我重访江村，看到当时农业有了发展，粮食增产了，我感到高兴，但是为那种忽视副业和没有恢复乡村工业的情况忧心忡忡。农民自己有了土地使用权，但手中无钱，市镇上商品交换日益萧条，小城镇也萎缩了。针对这种情况，我认为农村里应当提倡恢复副业和发展小型工业。我在《重访江村》一文中这样说："农业增产是不是提高了农民的收入呢？为什么农业增产了60%，而还有人感觉到日子没有以前好过呢？问题出在没有发展副业上。"同时，我重新提出了"乡土工业"问题，讲到村子里办小工厂的好处。但是这种主张与当时的政策相抵触，不但没有被接受，在"反右"时还受到了批判。

直到70年代，这种限制农村单纯搞粮食生产的政策受到了事实的挑战。这项严重的挑战来自人口的不断加速增长。单纯依靠种植粮食的低收入，使广大农民在那不断增长的人口面前无法维持他们已有的生活水平。解放时我国人口5.4亿，经过32年到1980年已接近10亿，增加了81%，每年平均增长19‰；1978年全国粮食比1949年固然增长了169.2%，但按人口平均仅增长了25%，经过解放以来30多年，到1980年中国谷类的个人平均配额仅有290公斤。以这样一个仅够糊口的粮食来维持农民全部的生活费是远远不够的，何况各地区的产量不平衡，绝大部分地区的农民所得低于平均数，因而贫困重又成了农村的主要问题。这种严重的处境曾在60年代发生了全国性的"困难年"，饿死的农民上千上万，接着是"文革"时期，全国经济到了崩溃的边缘。在这20多年中，由于我的言论和当时的政策相抵触，我被划为"右派"，失去了继续实地研究工作的条件。

80年代初，我的社会和政治地位恢复了，社会学也恢复了，于是又重新开始我的农村调查研究工作。1981年我三访江村。那时江村个人全年平均收入已接近300元，位于全国的前列，大约是全国平均水平的3倍。而3年前，即1978年江村个人全年平均收入还只有114元，为什么在短短的3年里这个村子农民会这样快的富裕起来？我看到家庭副业恢复了，集体小工厂办起来了。从农村经济新结构中农、副、工三方面来看，发展前途最大的显然是工业。

使我特别兴奋的是在这里看到了我几十年前年想象的目标已在现实中出现，而且为今后中国经济的特点显露了苗头。在人口这样众多的国家，多种多样的企业不应当集中在少数都市里，应当尽可能分散到广大的农村里去，我称之为"工业下乡"。工业下乡同样可以在国家经济结构中增加工业的比重，但是在人口分布上却不致过分集中，甚至可以不产生大量脱离农业生产的劳动者。在某种意义上可以说，这为具体实现工农结合，消除工农差距的社会开辟了道路。"三访江村"是我在英国的老师R.Firth为我去伦敦接受赫胥黎奖章做演讲出的题目，他建议我讲讲江村在半个世纪里的变化。这次演讲也决定了我其后10年的研究课题：中国城乡发展的道路。

1982年以后，我的研究领域逐步扩大。首先是从农村到集镇，提高了一个层次。由于我是从农村出发去研究集镇的，因而我的着眼点一开始并没有限于集镇本身，而首先把它看作是城乡的接合部，称之为小城镇，并提出了对小城镇"类别、层次、兴衰、分布、发展"的十字研究课目。我研究的地域也从家乡的一个村，扩大到包括七大镇、十几个小镇的吴江县。我把单枪匹马的个人研究改变为组织队伍的集体研究，打下了以后建设研究中心的基础。

80年代初期已是中国各地小城镇复兴的时刻，我注意到家乡吴江县各个集镇上的人口无不在迅速增加。追溯过去，它们都曾在50年代进入过一个衰落时期，人口下降，70年代后期陷入谷底，出现冷冷清清的局面。嗣后前前后后出现了生机，当我们1981年去调查时，这些集镇的面貌正在发生明显的变化，出现了欣欣向荣的势头。

这些集镇怎么会兴旺起来的呢？这个问题吸引了我，我注意到当时正在如异军突起地发展着的乡镇企业。因为这些是公社和生产队所办的工业，所以一般都称作"社队工业"。集镇是社办工厂集中的地方。这时集镇上新办的工厂纷纷到农村里去吸引农民出来当工人，集镇的人口也就多起来了。工业带来了繁荣，集镇上新的建筑一座座盖了起来，面貌大变。农村里也由于生产大队或生产队办了工厂，收入增加了，农民生活改善了。

这里特别要提出的是人口问题。70年代中期中国人口压力越来越大，虽然提出了人口控制的号召，但已出生的人口已相当多。由于严格控制城乡人口迁移，用行政手段划清城乡户口，农村户口不能向城里迁移，于是农村中"隐藏"着大量的剩余劳动力。城乡户口的隔离迫使农民另找出路。

这条出路就是人口不向城市集中而把工业拉进农村，使农村里的剩余的农业劳动力可以向自办的工业转移。通过农村工业化来改善农村经济状况，以提高农民生活水平，这应当说是中国农民逼上梁山，自己闯出来的一条生路。

正是那时客观上存在了发展农村工业的具体条件，一方面"文革"结束，政策改变了，公社制取消后，农民可以在生产粮食之外，生产其他的产品，副业、工业都产生了。另一方面在"文革"中一批大城市的技工和知识分子下乡，提供了兴办工业必需的知识和技术。在这些条件下，江苏省（主要是苏南）于1984年形成了兴办乡镇工业的高潮。

值得特别注意的是，由于乡镇工业办得好因而富裕起来的这些乡村，农副业收入所占的比例不断降低，绝对数字却相应地增长，增长速度也较工业不发达的乡村为快。这个事实应当大书特书，因为它向人们展示出中国在发展经济道路上的一种崭新的特点：中国社会的工业化是在农业繁荣的基础上发生、发展的，而且又促进了农业的繁荣和发展，使农业走上现代化的道路。

这个特点的重要意义要是和西方早年工业化历史相对照就容易看清楚了。欧洲工业化初期，在集中于都市里的机器工业兴起的同时，农村都濒于破产，农民失去土地，不得不背井离乡涌进城市，充当新兴工业的劳动后备军。西方国家现代工业的成长是以农村的萧条和崩溃为代价的。这是西方工业化的道路。在当前历史条件下，中国是绝没有可能走这条道路的。不能想象上亿的农民拥入城市来发展工业。中国要工业化只能走一条迥然不同的道路。农民在农业繁荣的基础上，以巨大的热情兴办集体所有制的乡镇工业。这种乡镇工业以巩固、促进和辅助农业经济为前提，农、副、工齐头并进，协调发展，开创了农村繁荣兴盛的新局面。这种工业化的道路，从具体历史发展来看，并不是从理论上推论出来的结果，而是农民群众在实际生活中自己的创造。

从实际出发进行研究来促进实际的发展是我行之有效的工作方针。工业下乡，发展乡镇企业都不是我的创造，而是中国历史上发生的事实。我作为一个研究工作者只是抓住这个历史事实进行分析、表达和传播，使人们能理解其在社会发展中的正面和反面的作用,从而通过对社会舆论的影响,对社会客观进程发生影响。

在80年代农村经济大发展中,由于乡镇企业的兴起,在比较发达的地区,不论过去属于哪一种类型的乡镇都走上了工业化的道路,几乎都成了以乡镇企业为基础的小城镇。但是各地条件不同,所走的具体路子各有特点,这个客观的历史事实使我产生了"模式"这个概念。模式是从发展的路子上说的,因为各地的乡镇所具备的地理、历史、社会、文化等条件不同,在向现代化经济发展的过程中采取了不同的路子。不同的发展路子,也就是不同的历史进程,就是我们所说的不同发展模式。

1984年我走出苏南,进入苏北调查,看到了两地发展上的差距,起初还以为是起步的先后不同。1986年在温州考察时,才进一步明白地区间的区别可以出于客观条件不同而所走的路子也不同,因而提出"发展模式"的概念。模式是指"在一定地区,一定历史条件下,具有特色的经济发展的路子"。这个概念使我们的研究工作推进了一步,要求我们从整体出发探索每个地区的背景、条件所形成的和其他地区相区别的发展上的特色,从而引导我们进入不同模式的比较。

这个概念有它的实用价值,它防止了全盘照搬的办法,所以我们提出了"因地制宜、不同模式"的观点。后来在1988年,我在两广调查时,对当地农村迅速向珠江模式靠拢的事实,发现我所提出的这个发展模式的概念多少带有一点静态的意味,没有照顾到条件本身是个变数,而且路子尽管不同,不能排斥相互交叉和学习。所以我在《四年思路回顾》一文中又提出了"随势应变、不失时机"的观点,在发展模式的概念中注入了动态的观点。

提出发展模式的概念是有利于采用比较研究的方法。但也必须防止偏重于各模式之"异",而忽视其所"同"。各种模式之所以能相互比较,是因为它们是在共同基础上出发,又向同一目的前进的。共同基础是我们传统的小农经济,同一目的是脱贫致富、振兴中华。概括起来看,乡镇企业的发展,必须具备劳动力、资金、原料、市场、技术和管理等条件,它们的来源可以不同,办法可以各异,但缺一不可。怎样把农村中潜在的巨大的剩余劳动力转化成生产力是我国农村经济发展共同的关键问题,但转化的办法有所不同。

对各种模式进行比较分析时,我们注意到内地和边区的农民即使有劳动力和启动资金,工厂还是办不起来。乡镇企业必须有现代工业的制造技术和管理知识以及市场信息,而这些在农业传统里是得不到的,必须向工商业中心的城市中去引进,所以靠近城市的乡村比较容易发展乡镇工业。这说明了村民内发的要求还是要结合了外援才能办工业。这个事实使我们注意到城乡之间的关系,逐步走向城乡关系的研究。

80年代初,我国在广东和福建建立了经济特区,试行具体的对外开放政策,进一步推动了广东珠江三角洲农村经济的发展,出现了新的发展模式,使我们意识到在中国农村发展中出现了外联和内发的不同性质。外联是指资金、经营、运销靠国外投入,不靠国外的是内发。这两种不同性质的模式又互相渗透,互相结合,90年代初期在沿海各省发展成为外向型企业。

乡镇企业的发育是一个很生动的过程。这是一个农村里商品经济的生长过程。自给自足的小农经济商品流动数量和范围极小，往往采取日中为市的赶集的方式。工业下乡后情况基本上起了变化，工业品需要广阔的市场，从低级到高级，从小规模到大规模，从国内到国外。农业经济纳入了商品经济，农村的小细胞已成为世界总体的构成部分。乡镇企业的发展促进中国市场的发展，具有极深刻的历史意义。

我在这十几年里从农村体制改革后遍地开花的家庭企业和局限在乡村小天地里的小型社队工业，一直看到正在发展中的大城市的开发区，上亿农民不同程度地离农投工，广大乡镇已换上了小城市的面貌，农村生产力大大发展，人民生活普遍提高。我们这个小农经济的国家已出现了城乡一体化的宏伟前景。也许这勾画出了我国进入改革开放时期中走出的一条具有中国特色的现代化道路。我不能不有生逢盛世之感，在我的晚年竟能亲眼看到中华民族这样深刻和伟大的变化，说实话是我完全没有预想到的。

1991年乡镇企业总产值突破了1.1万亿元，这1万亿意味着在全国工业总产值中"三分天下有其一"。从发展速度看，乡镇企业从1984年的1000多亿到1991年的1.1万亿仅用了7年，而我国从1952年的1000多亿社会总产值达到1983年的1万亿用了31年。在乡镇企业发达的江苏省，它的产值已占全省工业总产值的一半以上了。

这1万亿意味着乡镇企业在工业产值上已与国营企业平分秋色，而成为我国经济的"半壁江山"，乡镇企业已不再是国营工业的补充和调剂，而是我国经济建设中的一支生力军。在近3年的治理整顿期间，乡镇企业在十分困难的情况下仍以每年10%以上的增长速度发展，远远超过了全国工业年平均增长的速度。江苏省苏州市等乡镇企业发达地区的年增长则在

30%以上。

这1万亿还意味着打破了我国历史上长期形成的"农村搞农业，城市搞工业"的经济结构，乡镇企业使农业走向城镇化，工农差距在缩小，城乡差别也在逐步消失。农民自觉自愿、兴高采烈，但也是千辛万苦的，在没有花国家一分钱投资的情况下，自我完成了从农民到工人的角色转换。约有1亿农业劳动力转移到了乡镇企业，相当于我国前30年城市工业吸收劳动力的总和。日本一位教授评价中国农民的这一伟大创举时说："乡镇企业的迅速发展可以看成是在中国各地出现的一次静悄悄的产业革命，它使中国农村地区的经济社会生活发生迅速变化"，"这是中国正在进行的使农村地区实现工业化的一种新尝试。乡镇企业的成功，对其他发展中国家来说，也具有重要的意义"。

现在比较发达地区的乡镇企业已向现代工业发展，从初期的"船小好调头"到"联舟抗风浪"，已发生了历史性变化，把眼光转向质量、品种、效益和开拓国际市场，发展合资企业上来，开辟高新技术产品，以便在国内外的市场竞争中保持后劲，立于不败之地。如江苏省的乡镇企业出现了联合兼并的势头，形成了6000多个较大的骨干企业，其产值和利税均占全省乡村集体工业的55%以上，其中200家企业达到国家规定的大中型企业标准，近百家涉足高科技领域。

由于同国营大中企业、高等院校及科研所的横向联合，给乡镇企业注入了新的活力，并发展了外向型经济，使众多乡镇企业有了发展的新天地。江苏省乡镇企业创办的"三资"企业累计上千家，其中以"嫁接型"企业为主。所谓嫁接型即把外资和技术甚至经营管理嫁接到原来的社队集体企业的基础上。这种嫁接形式的转变在广东省很多，被称为"造船出海"，不同于"三来一补"的"借船出海"。更可喜的是已出现了跨出国门，到国外办厂的乡镇企业，显示出中国农民面向世界的伟大气魄。

引人注目的是，1991年涌现出一批以乡镇企业为主体的，农业、商业、工业、建筑、运输、服务全面发展的乡（镇），人口在10万以下，产值接近或超过10亿元，其中江苏的盛泽镇突破了15亿元，还有产值达2亿元，而人口在1000上下的村。江苏省1984年有6个工农业产值超亿元的乡，8年后就发展到了550个，现全国有了2093个，以巨大的经济实力成为我国农村向现代化迈进的中坚力量。这些亿元乡镇占全国乡镇总数3.7%，人口总数占全国农村人口总数6.5%，社会总产值占全国农村社会总产值26.8%。企业产值占全国乡镇企业总产值的28.86%。全国乡镇企业使2亿农村人口有了固定收入和过上安定的生活。

但就全国来看，农村经济发展是很不平衡的。我国的中、西部人口7.2亿，集中了全国63%的人口，其中农业人口5.77亿，占全国农业人口64.4%。中西部农业劳动力占全国农业劳动力76.2%，我国的劳动力大部分集中在中西部，而且基本上是以从事农业为主。

在我国经济发展中，宏观上形成了东（指经济较发达地区，包括京、津、沪、辽、冀、鲁、苏、浙、闽、粤10省市）、中（指经济发展中地区，包括黑、吉、晋、陕、豫、川、湘、鄂、皖、赣10省）、西（指经济欠发展地区，包括内蒙古、宁、甘、青、藏、新、滇、黔、桂、琼10省区）在经济发展上的差距，而且差距相当大，这个差距不是差在资源上，而是差在经济发展水平上。由于乡镇企业在地区上发展不平衡，各地区农民收入差距很大。东部的农民人均收入为812元，而中西部只有527元，东部是中西部的1.54倍，差距是显而易见的。

为了实现我国第二步战略目标，使全国人民生活水平达到小康，中西部地区能否从现有较低的发展水平跃上一个新台阶，有一个大的突破和大的发展，是一个决定的因素。

1984年我开始边区研究，在内蒙古和大西北进行社会调查，始终关注这一有关大局的东西差距问题，提出了"以东支西、以西资东、互惠互利、共同繁荣"的意见。"支"是指资金、技术上的支持，"资"是指原材料和能源的供应。

就边区本身来看，那里的现代工业基本上是靠外边的力量兴办起来的，有抗战时期从沿海地区迁入的现代工业，有新中国成立后在苏联帮助下建立的重点企业，还有60年代为国防需要而兴建的许多三线企业。这些具有现代机器装备的大中企业，依靠行政力量搬进或兴建在原以农、牧为主的经济不发达地区，形成一个个平地起家的大小新兴城市。它们和周围乡村在经济社会各方面很少联系，有点像海洋里的孤岛。

80年代大中企业的体制改革使得孤岛上的企业要开门出来找出路了。正在这时，四周的乡村也要求发展乡镇企业，双方走到一块来了，由大中企业提供信息、技术和部分设备，乡镇提供土地、劳动力和部分资金，合作办中小型乡村企业，走"城乡一体"或"一厂两制"的路子。这是城市把工业扩散到农村，农民把工业引进乡村在中西部发展中的重要突破口。

我在看到沿海和边区的农村发展的差距时，对全国经济这盘棋的格局有了初步的综合印象，那就是经济水平由西向东阶梯形的上升和现代工业由东向西的逐步延伸。进一步考察，我看到这个经济阶梯正表现在作为工商业中心的城镇的规模和密度上的差别。在沿海分布着一系列工商业较发展的城市，而且都拥有经济水平较发达的腹地，特别是长江和珠江三角洲已出现接近小康水平的地区。而在边区，正如上文所说的那些孤岛式的新兴城市大多还停留在点上没有扩散成面。这幅画面促使我从着重在比较农村发展路子的"模式"研究，更上一层楼，联系上了经济区域的概念，注意到它们空间分布的格局。

1987年我在甘肃调查时，看到了在青海和甘肃接境的祁连山两麓居住着许多人数较少的民族，如裕固、土、撒拉、保安、东乡等少数民族和人数较多的回族。它们正处在青藏高原和黄土高原之间，形成了一条夹在藏族和汉族之间的民族走廊。在经济上正是牧业和农业的接触和过渡地带。当时我从回族聚居的甘肃临夏，越过省界到青海的海东地区，这里正是明代以来茶马贸易业中心河州的故地。我当时就意识到要发展这个地区的经济，大概只有利用它特有的历史传统，恢复它作为农牧贸易的集散地。所以提出了两地建立成一个经济协作区来发展农、牧两大区域之间的贸易。这个建议在我的研究工作中标志着进入区域发展研究的开始。在临夏和海东协作区基础上，1988年我又进一步提出建立包括青海、甘肃两省和宁夏、内蒙古两个民族自治区的黄河上游多民族经济开发区的建议。这个建议得到了四省区和中央的支持，已经实行了4年，取得了一定的实效。

区域发展的概念丰富了我对中国城乡研究的内容。这个概念并不取代发展模式的概念，而是城乡协调概念的进一步发展。经济发展区域是城乡协作在空间的具体表现，可以各有其发展的模式。80年代后期，也许可以说我的研究工作又进入了一个新的层次。1988年在南岭山脉的考察中，我把开发这一片瑶族聚居的山区的希望寄托在珠江三角洲的经济扩散上，而提出了以香港为中心的三个环形带的区域格局。可以说在我研究工作的历程中，从"珠江模式"走上了研究珠江三角洲区域发展的方向，直到最近我在《珠江模式再认识》中提出的港、珠经济一体的观点。

1991年我开始了以发展山区经济为重点的研究计划，首先走访了四川、云南两省接界的大小凉山，考察后我提出了采取"点——线——面"的发展方针，即以攀枝花的工业中心为启动力，联合凉山自治州开发成昆路一线的丰富资源，开辟通向东南亚的南方丝绸之路，来推动西南云贵高原的全面发展。这也表明了我的研究着眼点正逐步从微观分析确立模式走上宏观思考区域规划的路子。当然这不是一种观点和方法的转变，而是我城乡研究本身的生长发育、逐步丰富的表现。这个方向也和中国经济和社会发展的历程更进一步地结合了起来，并更直接地发挥了以科学知识来支持社会发展的作用。

1990年结合我这几年在长江三角洲的调查研究，为这地区进一步发展提出了建立长江三角洲经济开发区的建议。最近为了配合改革开放政策的进一步发展，在前年建立长江三角洲开发区的建议基础上，我更具体地提出了以上海为龙头，江、浙为两翼，长江为脊梁，以南丝绸之路和西出阳关的欧亚大陆桥为尾闾的宏观设想。

至此，综合过去一连串有关区域发展的建议，已逐步接近"全国一盘棋"的整体设想。

我在这里提出我们最近的研究方向，是想说明社会科学的研究工作说到底是研究者所接触到的社会变动的反映，我个人这一生的研究过程离开了中国这几十年的历史变化连我自己也是无法理解的。看来科学不可能也不应当脱离现实,也很难超越现实,所能要求于科学工作者的可能只是忠于现实,就是从现实出发,而不以主观愿望来歪曲现实。我也相信只有实事求是得来的知识,才能成为促进人们生活的知识。强调知识的实用性,我不认为是贬低了它的品质,而恰恰相反这正是科学知识可贵之处。

我30年代从事社会学和人类学研究以来,已经半个多世纪,除了由于政治原因停止了有20多年外,我并没有放弃过实地观察的研究机会。但是现在回顾一下,我所接触的问题还主要限于中国农民怎样解决他们基本物质需要的问题,通俗地说是解决农民的温饱问题,也可以概括说是人对资源的利用和分配问题,人和人共同生存的问题。这些问题都属于人文生态的层次。这几年,也可能是因为我已进入了老年,越来越感觉到人的研究不能满足于这个层次了。所以在前年国外的朋友们在东京为庆祝我80生日而召开的讨论会上,我说当前人们已迫切需要一个共同认可和理解的价值体系,才能继续共同生存下去。并且预言20世纪由于地球上人和人之间信息传递工具的迅速改进,互相反应的频率越来越高,集体活动的空间越来越小,原有的可以互不相干的秩序,已经过时。必须建立的新秩序不仅需要一个能保证人类继续生存下去的公正的生态格局,而且还需要一个全人类均能遂生乐业,发扬人生价值的心态秩序。

说起这个心态层次的人的研究,我不能不想到我的潘光旦老师。我紧紧跟随他学习了有30多年,经常听他根据儒家的中庸之道反复阐发的"位育论"。位就是安其所,育就是遂其生。在全球性的大社会中要使人人能安其所、遂其生，这就不仅是个生态秩序而且是个心态秩序。

当前世界的形势发展已使人们觉悟到生态秩序的日形紧张，但是很多人还没有觉悟到更为迫切的心态秩序的危机，人类历史发展到今天正应当有潘光旦先生这样的学者来广泛地宣讲他的"位育论"，而这样一位学者今天已成了我们共同缅怀的先哲了。我作为他的一个及门弟子，而没有能把他对建设人类心态秩序的课题阐述发挥，真心感到无穷的内疚。现在我只能把这根接力棒递给下一代的学者了。如果天假以年，在我这一生中还有一段生存的时间，还是极愿意在已有生态研究的基础上，更上一个层次，把心态研究做一点破题和开路的工作。我想就用这个对自己今后的愿望来结束关于我过去近半个世纪对中国城乡研究经过的总结。

小城镇　大问题[*]

（1983年9月21日）

一

今年的春末夏初我在江苏省吴江县住了一个月，对该县十来个小城镇的历史与现状做了初步探索。此后打算写一篇关于小城镇的类别、层次、兴衰、布局和发展的文章，来参加这次小城镇讨论会。然而一回到北京，时间由不得自己支配，这个打算便落了空。因此，这里只能依我的腹稿，谈谈我在吴江调查的感受以及由此联想到的一些问题，只是一个提供讨论的发言。

在说到正题以前，首先说说我对这次讨论会的四点希望，即希望通过讨论取得四个具体结果：一是出版一本研究论文集；二是订出一个今后切实可行的研究规划；三是为今冬全国政协小城镇问题调查组做些准备工作，就是提出一些请他们来调查的问题；四是成立一个推动、协调、交流这个课题研究工作的学术性组织。

这次学术讨论会是今年年初确定的，经过大家的共同努

---

[*] 本文系作者于1983年9月21日在南京"江苏省小城镇研究讨论会"上的发言。由沈关宝同志整理，并经作者审阅订正。——编者

力，现在不仅会议如期举行，而且还汇集了几十篇论文。万事开头难，时间只有半年，这样的结果确是来之不易的。我们应当珍惜已经获得的成果，以论文集的形式将迈出的这第一步脚印留下来。

这些论文之所以宝贵，是因为它们都联系小城镇建设的实践，从各个不同的角度去探索小城镇发展中的实际问题。我认为这个研究方向是对头的。我国的社会科学应当在马克思列宁主义、毛泽东思想的指导下，密切结合中国社会的实际进行科学研究，为社会主义现代化建设服务。要贯彻这里所提出的指导思想和达到最终目标并不那么容易。在过去的一段时间里，对于马列主义理论，我们多少学了一些，许多同志也诚心诚意地想把事情办好，但是学习的理论常常不能和实际工作相结合，这就使得我们的认识往往落后于实际。对于具体问题的处理也就提不出实事求是的建议来，难免把以往的经验或是别国的东西硬套照搬，以致花了过多的学费，亏了本，走了不少弯路。

失误使人清醒。现在我们多少懂得了一点小平同志在他的《文选》里所阐明的理论联系实际、实事求是的科学精神。只有联系实际才能出真知，实事求是才能懂得什么是中国的特点。我们的小城镇研究一开始就摆脱了在概念中兜圈子，从书本到书本的模式，而注重实地调查，力求在对小城镇的实际考察中提高认识。可以说这一课题的研究，在理论联系实际方面有了一个良好的尝试。

以实践为根基的认识自然要具体、充实得多。尽管现有的文章还显得粗糙，分析不够全面，可是写在论文里的事实是客观存在的反映，不是我们从概念里推论出来的，更不是凭主观臆想出来的东西。只要我们能自觉地、不留情面地把其中一切不符合实际的成分筛选掉，那么这些文章就成为现实小城镇面貌的素描。它是历史的真实记录，过了几十年甚至几百年人们还是要翻看，仍然具有价值。价值就在于它是未来的起步，而今后的变化则是它的延续。

当然，人们的主观认识与事物的客观存在完全符合是不可能的。人们对客观实际的认识要有一个过程，而客观实际又是不断变动的，人们的认识也得跟着变动。反映不能及时，跟不上变化而固步自封，认识就会落后于实际。我们的一生，人类的一代又一代，对事物的认识总是一步一个脚印地跟着向前走的。我们今天对于小城镇的认识，过些时候回头一看，如能发现它的肤浅和幼稚，那就证明我们的认识有了进步。这不是很好吗？不怕起点低，只怕发展慢。

为了留下历史的痕迹和认识的脚印，不使我们在实践中得到的这一点宝贵的知识流失，我希望江苏人民出版社能把这次讨论会的论文印成一本集子出版。我认为把知识流传开来，储存下去，应是出版社的责任和义务。当然，在出版之前，还必须对文稿进行选择和修正，容许认识不足并不等于是说文章可以拙劣。会见情人前总得打扮一番，以自认为最能悦人的面貌见世。为此，我愿意承担一部分推荐论文的责任，出版一本小城镇研究论文选集，这是我对这次会议的第一个希望。

小城镇研究是一个长期的研究课题。它不仅是社会科学范围内国家"六五"规划中的一个重点课题，而且它在"七五"规划中还将继续研究下去。现在我们在苏南所进行的研究只是这个课题的开始。为了使这项研究不断深入和扩大，我们必须考虑下一步究竟应该怎样走，同时对下一年做出具体的计划，并对"七五"规划的远景做一些设想。这是我对这次会议的第二个希望。

进行科学研究最忌讳的毛病是一叶障目,坐井观天。我们应当清醒地看到,我们这一年所进行的小城镇研究无论从深度或广度上看都还很不够。到目前为止,课题组既没有对某一个小城镇做出全面深入的解剖,也没有越出吴江县的范围。这就好比是在显微镜下找到了一个细胞,但尚未看得清楚,更未顾及其他类似的细胞。胡耀邦同志视察西北回来,提出要种草种树开发大西北,打开了人们的眼界。在此之前,确实很少有人想过还有一个大西北可以开发的问题。可见中国之大,不允许我们做井底之蛙。即使以后研究范围扩大到江苏全省,对全国而言,它仍然只是一个点而已。我们要提出江苏在全国、苏州在江苏、吴江在苏州,它们所处的地位怎样的问题来告诫自己不能满足于一孔之见,更不应以点概面。相反,应当提出认识的限度和吴江县小城镇的特殊性和局限性。

然而管中窥豹所见的毕竟是豹的一个部分。吴江县小城镇有它的特殊性,但也有中国小城镇的共性。只要我们真正科学地解剖这只麻雀,并摆正点与面的位置,恰当处理两者关系,那么,在一定程度上点上的调查也能反映全局的基本面貌。吴江县地处全国经济最发达地区之一的苏南,我们以吴江小城镇为调查点进行深入分析,或许是触到了小城镇问题的塔尖。所谓塔尖是指吴江县小城镇建设的今天有可能是其他地区发展的明天,现在在这里出现的问题有可能将来在别的地方也会碰到。假如我们对这些问题的发生、发展有一个科学的认识,那么对不同地区今后的小城镇建设无疑有指导和参考意义。当然,我们在开始时必须十分警惕,决不要忘记我们只是在解剖一只麻雀，而一只麻雀是不能代表所有麻雀的。

科学研究的进行要有目的性和计划性。要使小城镇研究深入下去，必须订出一个具体计划。我们要把研究重点继续放在原先的调查点上，一方面对已经解及的问题做进一步探讨，要像调节照相机的焦距那样，使其有更清晰的影像；另一方面应检查前期研究中有哪些缺门，即有哪些问题还没有做调查，要在一个镇上开拓更多的调查项目。与此同时，可以选择几个不同类型的地区开辟新的调查点，以便于做比较分析，并制订必要的研究指标，为从调查点上的定性分析推向面上的定量分析做准备。

事实上，制订研究计划的过程就是明确研究目的和要求的过程。只有研究目的和要求明确了，计划才能订得具体可行。为此，我们这次会议做了新的尝试。与会者有社会学的研究人员，有其他社会科学与自然科学的科研工作者和大专院校的教育工作者，还特别邀请了在小城镇做实际工作的同志和中央有关部门，江苏的省、市、县三级政策研究机构的同志一起来参加讨论。针对同一个研究课题，进行如此广泛的多学科、多系统、多层次的交流和协作，对我来说还是一个新的尝试。但愿我们能创立一条成功的经验，有助于我国学术的发展。

这种广泛的结合至少有两点好处：一是能听到更多的不同见解，启迪自己的思想。所谓学术讨论，除发表自己的见解外，就是要认真听取别人的意见。我曾在《读书》杂志上写过一篇文章，题目是《我看人看我》，主张我们要认真地看人家怎样看我们所看到的东西。二是使科学研究与实际要求挂起钩来。以往的理论脱离实际，除了个人认识上的原因外，还有社会组织上的原因。由于科研部门与实际工作部门长期缺乏交流,造成知识分子与实际工作者背对着背。前者愿将知识应用于实践,但不知用武之地在哪里;后者希望以科学知识来指导工作,然而不了解所需知识在何方。现在两者都转过背来,面对着面。实际工作者向科研人员质疑、问难、提要求,使科研目的更明确,计划更合理,成果也更富有实际意义。科研人员向实际工作者介绍成果,提供建议,使实践按客观规律进行,工作具有科学基础。

我的第三点希望就是要对贯彻"积极发展小城镇"的方针提出一些具体的建议。在前一段研究的基础上,对于当前小城镇建设迫切需要解决的问题提出一些大家在认识上比较一致的建议供决策机构参考,起到咨询作用。

社会主义现代化需要知识,也就是要依据从科学研究取得正确反映实际的知识,去解决社会主义现代化过程中发生的各种问题。要做到这一点,科学研究和建设工作之间必须建立起畅通的渠道,使得社会主义建设中出现的问题能提到科研的项目里,经过科学研究反映出实际情况,再根据政策方针形成解决这些问题的具体建议,由决策机关审核各种建议,联系有关情况,并考虑可行的时机做出实施的决定。这些决定通过行政机构的执行和群众的实践,达到解决问题的目的。但是一项决定是否能达到预期的效果还有待实践的验证,而且旧矛盾的解决又会引起新的矛盾,效果的估计和新问题的产生又将构成新的科研项目。这就是说,由科研、咨询、决策和实践构成一个现代化建设过程中的循环系统,这四个环节环环紧扣,周而复始,不断地研究新情况,解决新问题。

我国的决策者是党的领导机构,通过决策体现党的领导。领导的群众路线实际上就是上述建设工作循环系统的根本模式。由于现代化的日益深入，建设规模日益扩大，决策过程更显得需要对情况的了解和对问题的分析，所以提出干部要知识化，也就是要把决策过程放在科学的基础上。把科研和咨询作为这个循环系统中的必要环节，实质上就是体现党的群众路线。

把科研和咨询作为上述系统中的必要环节包含着它们具有和其他有联系的环节相对的独立性。我们党的领导一向遵守实事求是的原则，所以一切政策的制定都要求经过调查研究。毛主席指出"没有调查就没有发言权"，因此各级领导都有专门从事政策研究的机构，这是党的优良传统。但在这方面我们也有反面的教训，那就是在"左"的影响下，特别是在十年动乱期间，这些担负反映实际情况责任的研究机构被视作已定政策的辩护者，甚至看作是主管人员个人意志的吹鼓手，走向了科学的反面，"四人帮"的"内查外调"暴露了它的极端危害性。科学知识必须为政治服务。这里所说的服务绝对有别于"四人帮"时的"梁效"对其主子的"效忠"。科学研究要对客观事实负责，即实事求是。

但是实事求是的科学研究不等于消除了可能有的片面性，每一门学科的研究，其片面性都是难以避免的。越是专家，其片面性或许会越大。为了不使决策陷入片面性，在决策和科研之间应当有一个中间环节。这个环节就是综合各个学科对某一事物的认识，进行"会诊"，然后才向决策机构提出若干建议及论证。至于怎样组织这类咨询工作，我们现在还没有经验。我建议不妨做一个试验，由人大代表、政协委员以及其他有关专家对一定的事关重大的建设问题组成咨询小组。这个咨询小组应当联系群众，联系各个学科，发挥其综合性的特点，向党的领导机构提出建议，反映群众的要求和意见，以备党做决策时参考。

在党的领导依据建议、资料制定决策以后，由行政机构付诸实践。政策在实践中起到了什么作用，客观事物发生了哪些变化，这又给研究部门提出了新的课题，于是上述过程又重复进行。实践、科研、咨询和决策四个环节的循环往复体现了"从群众中来，到群众中去"的领导方法。

我们的小城镇研究是一个综合的长期的科研项目。现在它已经吸引了多学科和多层次的人员，随着时间的推移和研究范围的扩展，将会有来自更多方面的同志参加进来。这就需要有一个相应的机构来加强各方的联系，进行组织和协调。所以，我的第四点希望是在这次会议结束时成立一个关于小城镇研究的学术性团体，把现有有志于此的同志组合起来。

由于我们研究的出发点是在江苏，所以我建议请江苏的同志偏劳，出面来组织这一个团体。至于团体的名称、机构和任务等具体内容，请大家一起来讨论决定。

二

小城镇问题，不是从天上掉下来的，也不是哪一个人想出来的，它是在客观实践的发展中提出来的，问题在于我们是否能认识它。记得1981年初我到天津开会，遇见当时在天津市委工作的李定同志，他告诉我，1980年胡耀邦同志到云南视察，看到保山县板桥公社的小集镇破烂不堪，凄凄凉凉。于是就在同年年底的一次会议上，讲到要发展商品经济，小城镇不恢复是不行的。要使农村里面的知识分子不到大城市来，不解决小城镇问题就难以做到。如果我们的国家只有大城市、中城市没有小城镇，农村里的政治中心、经济中心、文化中心就没有腿。可见中央领导早就看到了小城镇问题的意义，要把小城镇建设成为农村的政治、经济和文化的中心，小城镇建设是发展农村经济、解决人口出路的一个大问题。

可是，据说在传达了耀邦同志上述讲话以后的几个月中，并没有得到该市郊县的积极反应。可见在当时小城镇问题并没有引起人们足够的重视。许多同志还未认识到小城镇与农村经济之间的关系，还不理解小城镇作为农村政治、经济、文化的中心是怎样的一个概念。这件事表明，在客观事物发展中提出的新问题，要想得到人们的普遍认识并不那么轻而易举。认识过程也有它自身的规律。人们往往要经过自己的直接感受，才能比较深入地认识新事物和新问题。

就我个人而言，我十分赞同耀邦同志的上述提法。那是因为我早年在农村调查时就感觉到了有一种比农村社区高一层次的社会实体的存在，这种社会实体是以一批并不从事农业生产劳动的人口为主体组成的社区。无论从地域、人口、经济、环境等因素看，它们都既具有与农村社区相异的特点，又都与周围的农村保持着不能缺少的联系。我们把这样的社会实体用一个普通的名字加以概括，称之为"小城镇"。

任何事物一旦产生了理论概括，便容易使人忽视事物内部之间的性质差异，只从总体概念上去接受这一事物。小城镇也是这样。如果我们从笼统的概念出发，就会把所有的小城镇看成是千篇一律的东西，而忽视各个小城镇的个性和特点。因此，小城镇研究的第一步，应当从调查具体的小城镇入手，对这一总体概念做定性的分析,即对不同的小城镇进行分类。下面我谈一谈在吴江县所看到的五种不同类型的小城镇。

第一种类型的一个镇叫震泽镇。1936年我从清华研究院毕业以后取得了公费留学的机会。当时我的导师史禄国教授建议我先在国内做些实地调查后再出国。我听从他的意见,去广西大瑶山进行调查。由于自己的失误,负伤出山,回家乡休养。我的姊姊费达生送我到她正在帮助农民开办生丝精制运销合作社的吴江开弦弓村小住。我就在这一个多月里调查了这个农村。记得有一天我去村里一家很小的店去买香烟,谁知这小店不卖整包的烟,只能一支支地零卖。店主说若要买整包的烟可去找航船带。这件事引起了我的注意。当时这个村子有三四百户人家,一千多口人,是江南少见的大村子。可是村内只有三四个小商店,商品品种极少,规模小到连香烟也要分拆开来零卖。那时,这个村子里的农民生活并不是完全自给自足的,农民的日常用品从什么地方获得呢?我就带着这个问题去观察店主所说的航船。

其实,航船就是普通手摇的有舱的小木船,只因为主要用于人的交通和货物的流通而得名。那时村子里有两条航船,每天早上,在航船摇出村子前,两岸农民们便招呼船老板代为办事。这家提个瓶子托买酱油;那家递上竹篮托他捎回点其他日用物品,船老板一一应接,把空瓶、竹篮等放在船上,航船便离村出发了。航船的目的地就是离村子有12华里的震泽镇。当航船来到震泽时,守候在岸边的商店学徒们一拥而上,抢着来做各种生意。船老板自己便到茶馆落座喝茶。到下午,商店学徒们把装着物品的瓶、篮又送回船上,航船离镇返村。航船就这样每天在震泽与村子之间往返,村子里要去镇上的人都可以搭乘这条船。奇怪的是托捎物品的和搭乘的人都不用付钱。追问船老板的生活来源,才知道,原来在春秋两季,村内农户出售蚕丝和粮食都要通过航船卖到震泽镇上去,震泽镇上的丝行和米行在年终时就得给船老板一定的佣金,那些酱园和杂货店逢年逢节也要给船老板一定的报酬。所以船老板的收入是不少的。他们是农村货物流通的经纪人,是农村经济活动中的重要角色。后来我也"免费"搭乘航船往来震泽,发现震泽镇的市河里停靠的航船有二三百条,据说都是来自镇周围各村。震泽显然是附近这些农村的商品流通中心。

我在这里追述当年的观察,是想说明震泽镇是以农副产品和工业品集散为主要特点的农村经济中心,是一个商品流通的中转站。农民将农业产品运到震泽出售,又从震泽买回所需的日用工业品。对于镇周围的农民生活来说,震泽是一个不可缺少的经济中心。而航船主、学徒以及米行、丝行、酱园、杂货店等商店的老板则共同构成一个庞大的商品流通组织。震泽通过航船与其周围一定区域的农村连成了一片。到震泽来的几百条航船有或长或短的航线。这几百条航线的一头都落在震泽镇这一点上,另一头则牵着周围一片农村。当地人把这一片滋养着震泽镇同时又受到震泽镇反哺的农村称之为"乡脚"。没有乡脚,镇的经济就会因营养无源而枯竭;没有镇,乡脚经济也就会因流通阻塞而僵死。两者之间的关系好比是细胞核与细胞质,相辅相成,结合成为同一个细胞体。

由此可见,小城镇作为农村经济中心并不是一个空洞的概念,而有具体的实际内容。在半个世纪前,震泽镇作为商品集散类型的小城镇对我是有吸引力的。但那时我是单枪匹马搞调查,研究工作不能不以村为界,没有能力进入镇的这一层次去。我只是在村子里遥望到了小城镇,感觉到了小城镇这种社区的存在对于农村所发生的影响。此后,我总希望有一天能进入小城镇做些调查。欲穷千里目,更上一层楼。出乎我的预料,在1981年真的有机会实现这个愿望了。

第二种类型的一个镇是盛泽镇。盛泽镇现在是吴江县人口最多、工业产值最高的一个小城镇,这个镇出口的真丝绸占全国真丝绸出口量的1/10,可见它是一个丝织工业的中心,是具有专门化工业的小城镇。

盛泽镇的历史发展较早,据说它在明末就有上万人口。那么这个镇发展较早的基础是什么?镇上聚居的人口又是以什么为业的呢?我记得小时候去盛泽时,看到有人站在织机上提花,觉得很新奇,留下了深刻的印象。1982年再去盛泽时,就询问解放前丝织作坊的情况。有人告诉我,那时在镇上的作坊为数不多,且都是小规模的,最大的一家也只有20部老式织机,但是绸庄、丝行和米行却不少,其中又以绸庄为最多。既然镇本身织出的绸并不多,绸庄的绸又从何而来呢?这就使我看到了盛泽与震泽不同的特点。绸庄通过"绸领头"收购农村织绸户的绸匹。"绸领头"是织绸户和绸庄的中介人。他们发放贷款给织绸户,要织绸户按照绸庄需要的花色品种进行生产。"绸领头"将收购到的绸匹再分类售给绸庄。这样,一个绸庄通过"绸领头"的联系,就可以掌握几十、几百甚至成千的织绸户的生产。如果绸庄把如此众多的织机集中到镇上来办作坊,那简直是不可想象的了。所以,盛泽与震泽的不同就在于它不是农副产品的集散中心,而是农村家庭手工业产品的集散中心。像盛泽镇那样早先是以手工业产品的集散为主的经济中心,是很值得研究的。

家庭丝织手工业不仅是盛泽发展的基础，也是所谓天堂的苏杭地区发展的基础。这个传统基础对于我们今天的小城镇建设仍然具有它的意义，因为这传统在民间已有近千年。如此悠久的历史使它深入到每一个人，甚至进入遗传基因，成为生物基础。一位外国朋友听我说到苏州姑娘纤巧灵活的手，便提出妇女的这种技能是否可以转向搞电子工业的问题。因为电子工业需要的正是精细准确的动作。外国人都注意到了我们的历史传统，我们自己要是不研究、不利用，那就愧对祖先，是说不过去的。

第三种类型的一个镇是我的出生地松陵镇。松陵在解放前后都是吴江县的政治中心，现在吴江县政府就设在松陵镇上。解放以来吴江县其他原有的小镇都处于停滞和萧条状态，唯独松陵是例外，它的人口不但没有减少，而且还比解放初有较大的增长。

松陵设县由来已久。封建时代地主统治阶级为防卫农民造反起义，筑起城墙和城门将城内外隔开，在城里连集市买卖也不准做，人们只得在大东门外的盛家库做交易。城里主要是专政中心的衙门和城隍庙这阴阳两大权力机构。人活着时由县衙门管，衙门旁边是监狱和刑场；据说人死后由城隍庙管，有牛头马面、阴曹地府。城内的住户主要是地主大户和服务于他们的各种小人物。这里的建筑也与其他地方不一样，弄堂狭小，两边是数丈高的风火墙，地主们住在里面，带有统治和防卫的特征，颇有点欧洲中世纪城堡的风格。

第四种类型的一个镇是同里镇。同里是我姐姐的出生地，我家在搬到松陵以前就住在那里。同里距运河边上的松陵只有6公里，距离自苏州到上海的水路要冲屯村镇5公里半。同里镇本身四面环水，似乎是一片藏于水泽中的岛屿。它的周围地区河塘交叉，漾湖衔接，是典型的湖沼水乡。解放前的同里不通公路，只靠摇小船进出。对于不熟悉水道的陌生人来说，往往在水面上转悠半天也找不到进出的河道。正由于同里处于交通闭塞的地理位置，具有不同于一般的水乡地貌，它就被地主阶级、封建官僚选中作为他们的避难所和安乐窝。解放前，这个小镇上集居着大量的地主和退休官僚。据土改时统计，全镇2000户人家中有500多户地主，约占1/4。地主阶级找到同里这个安全岛，修起了与苏州名园可以媲美的园林，现今正在修复的"退思园"只是其中之一。有名的评弹珍珠塔的故事，据说就发生在这个镇上，同里过去可以说是一个消费、享乐型的小城镇，现在正在改造成为一个水乡景色的游览区，已经成为文化重点保护区之一。

第五种类型的一个镇是平望镇。平望镇地处江浙之间，北通苏州，南通杭州，历来是兵家必争之地，因此它屡遭兵燹。自古代的吴越之战，到近代军阀之间的江浙战争，战场都是在平望一带。日本侵华时，它又几乎被夷为平地。近年来，平望已成为水陆交通干线的交叉点。历史上有名的大运河经过平望，沟通苏州和杭州。有公路东达上海、南通浙江、西联南京和安徽，成为吴江县内最大的交通枢纽。

平望的地理位置和交通条件使它具有两面性：一方面是易遭战争攻击和破坏，因此在解放前曾经几度由兴而衰，一直未能稳固地发展起来；另一方面由于交通发达，物资流畅，具有发展经济的优越条件，使它常能衰而复兴。解放后，战争的威胁消除了。党的三中全会后，"左"的干扰被排除，便利的交通条件使它争得了成为大城市工业扩散点的地位。据说，上海的一些工厂在扩散过程中，开始也找过铜罗等几个镇，但是最后还是在平望落脚。平望就这样一下子冒了出来，成为近来吴江各镇中发展得最快的一个小城镇。

必须指出，上面列举的五种不同类型的小城镇，只是小城镇定性分析中分类工作的尝试。分类的对象只限于在吴江县初步走访过的镇，调查深入后，很可能还有应当提出的另一些类型，比如以渔业为主的社区，尽管人口较少，也可以因它的特点而成为一个类型。至于在吴江县之外全国各地的小城镇无疑还有许多各有特点的类型，比如以采矿为主的城镇等。而且有些地方的商品流通还处于形成固定城镇的过程中，只有一些具有日中为市性质的集、墟、场、街等场所。这些都需要进一步调查研究，所以这里所提出的类型是既不完全也不齐备的。

还应说明，提出类型的目的，是为了突出这些城镇的特点，使我们对小城镇的概念不至于停在一般化的笼统概念上，而要注意到各个小城镇的个性和特点，但在突出特点的同时，自然不应当忽视小城镇所具有的共同性质。小城镇的共同性质，正如胡耀邦同志所指出的，它是农村的政治、经济和文化的中心。小城镇的分类是以此共同性质为基础而就其不同的侧重点进行的。比如，松陵镇固然具有全县政治中心的特点，但同时也是附近农村的经济、文化的中心。震泽镇固然是吴江县西南一片包括若干乡的商品集散中心，但同时也是乡一级的政治、文化中心，而且近年来已成为小型社队工业的中心。盛泽镇固然是当前地方丝绸工业的中心，但同时也是附近农村的政治、经济、文化中心。所以上述某镇具有某种特点，只是指它在小城镇所共有的许多职能中所表现的突出方面。

通过这样的分类,我们注意到各个城镇有它的特点,而且这些特点是由各镇的历史形成的,因此在建设这些城镇时不应当一般对待。比如前面说的同里镇,它原来是地主阶级和退休官僚聚居的地方。土改后,它原来的经济基础已被摧毁,要建设这个镇,显然不能走平望的道路,因为它不在交通要道上,也不可能走盛泽的道路,因为它没有传统的工业。但是它却有幽美的园林,有水乡特色的建筑和河道。这是一个前人从经验中选择出来的退休养老的好地方。为什么我们不能把它建设成为一个休养和游览的园林化城镇呢?加拿大有维多利亚城,我们也可以有一个足以同它媲美的同里镇。这就是说以小城镇的特点来分类,对于我们确定小城镇发展的方向是有用处的。

三

吴江县的小城镇在解放后发生的变化,大体上可以分为前后两个时期,分界线是在70年代初期。70年代以前是小城镇的衰落和萧条时期,在此期间,小城镇逐步失去它赖以生存的基础,到了70年代初期,小城镇有了转机,到了后期,党的十一届三中全会以后才呈现出发展、繁荣的景象。

自50年代到70年代初,吴江小城镇的人口一直处于停滞甚至下降状态,与吴江县人口的迅速增长相比是令人难以置信的。以盛泽镇为例,它还不是人口下降最多的镇,50年代初就有22000人。其后20年中,人口总数持续下降,近年才有转机,到1981年才达到26000人。22000的人口基数,以全国平均的自然增长率来计算，至今应该有四万余人口。所以，我一听到这些数字，就说其中"大有文章"。什么文章现在还没有完全搞清楚，正在继续调查研究。这里让我们先看看吴江最南端的铜罗镇的人口变化概况。铜罗在解放前叫严墓，镇的类型与震泽相似，以烧酒和肥猪出名。全镇1952年有2475人，1962年有2488人，1972年是1900人，❶1982年人口普查时城镇户口人数为2007人，30年来城镇人口下降19%。据初步调查，1951年土改时为了分得土地，有60户老家在乡下的小店铺关了门，约150人回乡务农。同年还有一二十名青年参军赴朝，其中只有个别人后来回镇。从1952年到1957年，特别是在1956年的"对私改造"期间，又有约200人离镇外出。这批人大多是做生意的业主和学徒，其中有文化的进入附近大、中城市的国营企业，有技术的则流入上海郊区和浙江的一些县城。据反映，当时他们觉得私人经营生意是一种剥削行为，连在私人店里当工人也不光彩，所以大家要另谋出路。1958年的大办农业和支援农业，以及1963年到1964年的职工下放，镇上又减少了近50户居民。除了上述的人口外流，还有青年学生考入大、中专学校，外省市招工，知识青年上山下乡等，也使镇上人口有所减少（其中上山下乡的知识青年绝大部分后来已回镇）。

像铜罗这样的情况，在其他小城镇也程度不同地发生过。人口下降是小城镇衰落的表现之一。那么小城镇衰落的原因何在？其后果又如何呢？

1957年合作化高潮时，我去江村做过一次调查，即所谓

---

❶ 1972年人口未统计，这个数字是由前后三年的人口数推算得来的。

"重访江村"。农民的生活比解放前有了很大改善,但是传统家庭副业已经衰落。农民对我说:肚子可以吃饱了,就是手头没有现钱。由于执行"以粮为纲"的方针,其后的近20年只重视粮食生产的发展,农村的商品经济长期没有恢复。直到70年代初期,由于社队工业的兴起才使情况有所改变。党的十一届三中全会后,贯彻了多种经营的方针,农村才开始走上繁荣。1981年我三访江村,老熟人不再发牢骚了。他们同我谈的都是卖兔毛有多少收入,以及要求我帮助社队工厂推销产品一类的话。当时农民不仅能吃上三顿干饭,而且手上也开始有钱买东西了。因为他们集体的和家庭的副业发展了,社队又办了工厂,农村里有东西能卖出来,换到钞票,可以到市场上去买他们生活上需要的用品了。吃饱、穿暖、有钱花是农民生活改善和农村经济繁荣的具体内容。

把这两次在江村看到的情况与铜罗镇的人口变化联系起来,可以看到小城镇衰落的原因和后果。从农村方面看,由于"以粮为纲",搞单一经济,取消商品生产,农民不再有商品到镇上来出售,小城镇自然也就失去了作为农副产品集散中心的经济基础。从小城镇方面看,由于提出变消费城为生产城,搞商业国营化,集体和个人经商受到限制和打击,居民无以为业,不得不到处找活路,小城镇留不住居民,人口下降。总之由传统的重农轻商思想出发的"左"的政策,是造成小城镇衰落的根本原因。小城镇越衰落,作为它的乡脚的附近农村发展农副业商品生产的阻力就越大;反过来,农村商品经济水平愈低,作为其中心的小城镇的衰落就愈益加剧。所以农村与小城镇间经济上的恶性循环是小城镇衰落的必然结果。当然,上述因果关系还有待于用客观事实有系统地全面加以检验。

下面我再谈一点有关商业渠道的问题。解放前,农村和城镇的商品除了食盐外全由私营的商人经营。解放后实行了统购统销,农村里所生产的粮食、油料、生猪、蚕茧等主要农副产品以及若干种生产资料都纳入了国营商业的流通渠道。各级行政部门都设立粮食、副食品、进出口贸易等机构,县级成立公司,县以下设所或设站。这样的商业改革使那些没有设置行政机构的小城镇失去了与周围农村的主要联系。但1958年以前,小城镇的商业除了国营商业这一渠道,还有集体性质的供销社,联营合作商店以及个体户等多种渠道。自从公社化以后一直到"文革"期间,个体商业和集市贸易不断受到打击,连农民提个篮子在镇上卖几只鸡蛋也要作为资本主义尾巴割掉。联营的合作商业被"利用、限制和改造",不能不向国营商业和供销社靠拢,以致有的镇最后只剩下几家供应开水的茶馆和点心店。而原先由农民集资起家,属于集体性质的供销社则逐步国营化,变成全民所有制。最后,几乎一切商品都按行政区划上拨下调,在国营商业这一条渠道内流通。

商业渠道的统一国营化引起了小城镇的巨大变化。凡是设置行政机构的小城镇,都有国营的流通渠道,在收购农副产品以及调拨分配农民所需物资上占绝对优势,这就使得作为全县行政领导和物资批转中心的县城松陵镇成了吴江小城镇普遍衰落的一个例外,它的城镇人口因机构增多、干部调入而一度相持不动,后来还略有上升。一些设置公社机构的小城镇在总的衰落趋势中借着国营商业和供销社之力得到挣扎余地,而那些没有设置行政机构的小城镇受到被淘汰的压力就相当严重。在庙港公社的区域里,原先还有陆港、更缕港和罗港等几个小镇,解放前它们和庙港一样都是太湖东南岸边商品性的渔港。

据说，陆港商业全盛时有50户人家做生意，集镇规模虽不及庙港，但它的乡脚范围与庙港相仿，也有五六华里地。更缕港则更小一些，只有近20个"连家店"❶。解放后，庙港镇先后设置区政府和公社机构，陆港、更缕港变成庙港下属的乡和大队，只有基层政权组织而无相应的一套行政机构。从1956年开始，这两个小镇的商业逐步被庙港吞并，商业人员大都并入公社的商业机构。到"文革"后期，更缕港集镇完全被吃掉，人去集空，只留下冷落的石板街和残破的店铺面，退化为农村的居民点。陆港商业虽然也被蚕食去大部分，但它地处庙港与七都两个公社交接处，原属于陆港乡脚的村子离公社较远，主要是凭借了这一优越的地理位置，镇上留下了两个商业门市部和一家茶馆，三十几名商业人员在那里顽强地撑着小集镇的地位。

从全县范围来看，没有设置行政机构的小城镇大多数被吞掉了，像陆港那样已吞未咽下的是极少数。这个吞并过程值得进一步记录下来加以分析。

用行政渠道来控制商品的流通，势必造成农民买难卖难的困境，而商业本身在经营上也容易滋长"官商"作风。据农民反映，收购农产品的部门要货时急如星火，不要时弃如敝屣。比如兔毛，去年由于某种原因价格大跌，养兔的农民叫苦连天，也不明白为什么同样的兔毛一下子就不值钱了。小城镇和农村里原有众多的流通渠道已变成了单轨，适应不了这几年来农村发展商品经济的新形势，实际上已成了农村经济继续发展的障碍。

商业国营化的过程是在"化消费城为生产城"的政策下

---

❶ 解放前农村小集镇的店铺中有一种前门开店，后屋住家属的叫作连家店。

进行的。这一政策对于我国的城市建设固然有其积极作用,但由于当时对消费和生产这两个概念的涵义没有搞清楚,以致我们对小城镇性质的认识发生了偏差。在我国旧的传统思想中,消费不是一件好事情,它是指不事生产,靠着人家吃吃花花,实际就是指剥削享受。而在小农经济的眼光里,生产是指有实物收获的劳动,不包括商品的流通。这样我们一方面把小城镇的商品流通职能排斥在生产范围之外,归入消费中去;另一方面把地主官僚对农民和雇工的剥削,以及他们挥霍浪费的行为,看成所有小城镇唯一的基本性质。以后又进而把做生意、消费、剥削这些概念都划上等号。表现出来的是逐步限制,打击小城镇的个体和集体商业,这就大大削弱了小城镇作为农村地区商品集散中心的地位。然而城乡的工农业产品不能不流通,而流通总得有渠道。在集体、个体等贸易渠道全都被堵死的情况下,供销社非走向国营化不可,国营商业就不能不包揽一切。但是国营商业固然可以用行政手段把商品流通包下来,却包不下小城镇上原有的经商劳动者,于是小城镇居民中很多人无以为业,纷纷找出路。其中最有办法的人挤入了上海、苏州等大中城市,稍次的进入当地的国营企业,没有办法的也不让在镇上吃"闲饭",一批批地被动员下放到农村。最后那些由于病残体弱等原因确实无法下乡的人留了下来,依靠社会福利型的小手工业生产维持生活。这一过程,在铜罗镇的人口变化中看得很清楚。它表明在经济基础动摇以后,小城镇作为人口的蓄水池也就干涸了。无以为业的人口是留蓄不住的,不能不向大城市和农村两面泄放,小城镇本身日见萧条冷落。

这里需要补充说明三点情况:第一点是在这一时期小城镇衰落的总趋势中,吴江县也有新兴的例子。菀坪和金家坝这两个公社集镇是由村居民点上升形成的，它们都是设立新的公社行政机构产生的结果。第二点是从50年代后期起，吴江的县办工业有了较大的发展，例如盛泽镇上的丝绸工业从作坊手工业到机器工业，一直到专业化的若干道工序配合的现代丝绸工业。但是这些县属工业在经济、管理等方面都隶属于县的工业部门，它与小城镇可以说没有多少实际联系。第三点是有少数小城镇的衰落是由于自然灾害、地理发生显著变化等多种因素引起的。如松陵西南5公里处的南厍，以前是吴江西北部地区出入太湖的主要港口镇，每天有三四百条渔船和捞水草的农家船停靠南厍，商业兴旺。1949年太湖发大水，南厍的店铺被洪水席卷。公社化以后围湖造田，南厍失去濒临太湖的港口地位，再加上行政设置的变化，南厍集镇也就退化消失了。

四

由于看到小城镇周围农村生产的单一化和镇本身商品流通职能的丧失导致小城镇的衰落，在1981年又看到农民家庭副业的兴旺和听说那几年吴江小城镇建设也繁荣起来的情况，我曾产生过一种错觉，以为是农副业商品生产的发展促使小城镇的复苏。后来经过实地调查，才发现吴江小城镇兴盛的主要和直接的原因是社队工业的迅速发展，而不能说是多种经营、商品流通的结果。

以与上海郊区接壤的莘塔公社集镇为例，在1975年以前，莘塔公社的农业经济路子越走越窄，农业只是种粮食，副业只是养猪。农民收入长期在人均150元上下徘徊。从公社镇来看,不用说新的基建,就连原有民用建筑的维修也缺乏资金来源。居民住宅日渐破败,危险房屋越来越多。镇区内两条宽只有 3 米的过街楼式的沿河小街狭小敝陋。自 1975 年以来,该镇面貌大变。现在已盖起了许多新的厂房、居民职工住宅和一座能容纳 1000 多人的电影院,马路宽达 18 米的新街区颇有现代气派。这些基建的总投资共达 356.8 万元,其中有 258.1 万元来自莘塔 13 家社办工厂所上缴给公社的利润,占总投资的 72% 以上。

莘塔的社办工厂原只有公社农具厂(现为油泵厂)1 家,是在"大跃进"年代办起来的,其他的工厂都是在 1975 年前后创办的。据 1982 年资料,这些社办厂中,年总产值超过百万元的有油泵厂、灯泡厂和客车厂 3 家。若把全社的队办企业也统计在内,社队工业共有 57 个企业,务工社员 2098 人,占全公社劳动力的 17%。全年总产值 1026 万元,利润 66 万元,其中上缴给国家的所得税 12 万元。以务工社员工资和参加年终分配利润这两项计算,全公社 20000 余人,人均工业收入为 49 元,占年人均总收入的 15%。

从农副工三业产值结构和分配结构来看,莘塔公社总产值中农业占 33%,副业占 13%,工业为 54%。在社员人均分配水平 327 元中,农业收入为 190 元,工业收入为 49 元,社员家庭副业收入是 88 元❶。

这一例子告诉我们,莘塔在 70 年代中期开办社队工业以后,改变了农村一段时期"以粮为纲"单一经济的局面。社队工业的发展为镇的基本建设提供了主要的资金来源,增加了农

---

❶ 社员家庭副业是根据供销社收购系统的数据所做的测算。

民的年终收入,而且吸收了接近1/5的农村劳动力。

从莘塔看到的基本情况在吴江县乃至整个苏南地区是普遍存在的。各个公社在介绍社队工业的好处时,都集中在吸收劳力、增加收入和发展公社集镇建设这三个方面。为什么苏南地区的社队工业在70年代能得以发展、遍地开花呢?对此不能不从该地区的历史传统和特定的社会条件去作考察。

苏南地区的历史传统可以加以概括为人多地少、农工相辅。江浙一带,人口稠密,经济发达,已有悠久的历史,人称上有天堂,下有苏杭。人口密度越大,人均耕地必然减少,所以在农业社会里,在一定的范围内,人口密度与经济发展水平是相矛盾的。然而我们的祖先却闯出了一条路子,使人口稠密与经济发达巧妙地结合在一起,那就是男耕女织、相辅相成。这种农业与手工业的结合一直持续了几千年。我30年代在江村调查时,还曾看到农户的收入是工农相辅,一半对一半。人多地少,要富起来,不能完全靠种庄稼,在粮食作物之外要种植其他经济作物,并从事农产品加工性质的家庭手工业。这就是农工相辅这一历史传统的本质。这个道理在现代人眼里看来很简单,可古人开出这条路子时的艰辛是今世无法想象的;而这条路子作为一个根基开出新的花来也是古人始所未料的。因此,依我看来,现在所谓离土不离乡、遍地开花的社队小工业就植根于农工相辅的历史传统。地少人多,农工相辅是社队工业发展的内因。

在这几年的农村调查中,凡是我所接触到的基层干部,只要一谈到人口,都说有一股压力压得他们喘不过气来。当解放初期出生的那批人口在60年代中期进入劳动年龄时,农村就开始出现窝工现象。此后劳动力增长的速度逐年上升,年工分量猛涨起来。而同期粮食产量的增长却越来越少。到1970年前后，平均亩产显示出已达到极限时的起伏波动。这时农村已不是一般的窝工，而是由于劳力的剩余，农民开始在那里抢工分了。我曾请一位县委书记算一笔账，假定现有的劳动生产率不提高，现有的粮食产量不降低，全县可以有多少剩余劳动力？他的计算结果是在1/3到一半之间；如此大量的剩余劳动力是一股无法长期压抑下去的力量，一旦有了某种条件，它就会冲出来解放自己。正如当地同志所说的那样，办社队工业是"逼上梁山"，是将压力化为动力。

人多地少只是一股内在的动力，农工相辅的实现还需要外在因素的触发。社队工业兴起的外在因素就是"文化革命"这一特定的社会条件。十年动乱，全国遭劫难，然而在吴江、在苏南的农村，在一定意义上却可以说因祸得福。社队工业正在这时狭处逢生，发展了起来，所以有人说社队工业是"乱世出英雄"。对此我起初颇觉意外，后来听了一些社队工厂的开办发展史，才了解到大城市里动刀动枪地打派仗，干部、知识青年下放插队这两件使城里人或许到现在还要做噩梦的事情，从另一面来看，却成了农村小型工业兴起的必不可少的条件。

办工业要有原料、劳力、资金、设备、技术和产品市场。农村有足够的劳力，这是有利的条件。那么其他几个问题是怎样解决的呢？

铜罗镇有一家生产化工产品的工厂可以说真正是白手起家的。1968年，一个城市青年插队到吴江的一个公社。这个青年的父亲在化工厂工作，他打听到某一化工产品因为职工派性纠葛而濒于停产，而这一产品又是另一个企业的必需品。于是他就帮助这个公社与需要这一产品的企业挂上钩，这一企业把原料、技术、设备甚至一部分资金全都包了下来。就这样，农民便在几亩地上办起了化工厂。类似这家工厂的例子比比皆是，因此社队工厂的同志说，那时的办厂条件多数是大中城市主动送下来的。

大中城市为什么要主动送下条件来让社队办厂呢？道理很简单，"文革"中城市里的大中企业有不少在打派仗，搞停工闹革命，没有稳定的局面，自然不可能进行正常的生产。但社会生活不能没有商品。尤其是一些外贸产品的生产还得完成计划。而相比之下，农村的局面要比城市稳定。于是城市里不能生产，就转移到乡下去。那么，由谁来牵线转移？从吴江的实际情况来看，主要是那些家在农村的退休工人以及下乡的知识青年和干部，尽管目的各不相同，但他们实际上却成了城乡经济的中介人，做了一件自己不一定意识到其意义的事。社队工业就是在社会需要大于社会生产，农村局势相对稳定，而且在城市与农村之间有了中介人做联系的条件下产生出来的。等到十年内乱结束，苏南的社队工业已渡过了最关键的初创时期，进入了它的发展阶段。

工业发展不同于农业，它必须要有一个集中的地方。这个地点一要交通便利，二是对来自各个村庄的务工社员来说地理位置适中。这两个要求使社队工业找到了正在衰落的小城镇。在吴江县可以看到，凡是公社集镇都是社队工厂最集中的地方。在县属镇，由于镇、社体制分设，礼队工业不能侵犯镇区，于是就傍着老镇，在外围形成一个社队工业区。

在这里，我们应当注意到在吴江县的七个县属镇内还存在着另外两种工业：一种是县属工业（包括全民或集体），另一种是镇办工业。县属工业的发展较早，一般是在50、60年代开办的。它对保住小城镇一部分人口和为附近农民提供就业机会是起了作用的，而且近年来这部分工业也出现了新的飞跃。然而县属工业与它所在的镇之间没有发生经济上的联系，它只对国家和县交纳税收和上缴利润。所谓镇办工业在1966年以前大都属于社会福利型的集体小手工业组织，实际上是残留在镇上的剩余劳力进行生产自救的组织。由于在"文化革命"期间，各级行政需要自己找财源，"分灶吃饭"，灶灶要自己生火，镇这一级也得找各种门路办工厂。于是镇办工业就在集体手工业基础上与社队工业同时发展起来，现在也达到相当的规模。

"文化革命"的后期，从县、镇到公社、大队，各级都在那里积极办工业，甚至连学校也要办工业。震泽中学是吴江有名的重点中学，出了人才。这份功劳部分要归到"六神丸"的瓶塞子上，这不是虚言。不搞校办工厂生产瓶塞，这个中学的校长就难以当家。学校添置设备，修理校舍，都要校长筹集经费，校长又到哪儿去要呢？培养我们子弟的教育经费如此不足，要由学校自己办工业来弥补。我听了以后，总觉得心中有一股压抑。由此我也明白了为什么从公社主任、镇长到县长对办工业这样积极。1978年以前，吴江县解放30年只铺了3公里的县级公路，10年铺1公里。没有经费搞建设，他怎能不办工业！所以尽管当时条条框框还很多，但各级自有办法，各显神通争财源。社队工业如同鸭子凫水，下面已经动了起来。等到党的十一届三中全会解开了捆住的手脚，社队工业和其他各种小工业就如雨后春笋一下子生长了起来，蓬蓬勃勃地向前发展。

由此看来，苏南这些年来小城镇的复苏和繁荣，是小型工业，特别是社队工业带动的结果，而集体商业的经济活动还没有真正活动起来。我们做科学研究，不能笼统地说什么小城镇繁荣发展了，而要看小城镇里繁荣发展的是什么东西，它的这种发展又给小城镇与农村之间的联系带来哪些新情况、新问题。所以，我想从上述的变化出发回到点与面的关系上，提出一些值得研究的问题，谈一谈对小城镇现有工业、商业、服务业的认识，来共同探讨怎样才能使小城镇真正成为农村的政治、经济、文化的中心这个基本问题。

五

党的三中全会以来，通过调整改革，大中城市的工业生产逐步走上了正轨。在这种形势下，人们对于社队工业有两种估计，一种看法是社队工业发展是钻了城市工业停滞的空子，所以城市工业的发展严重威胁社队工业的生存，前途并不乐观。另一种看法认为城市工业与社队工业不但不相克，而且是相辅相成，因此对社队工业的前途不必悲观。这两种估计提出了一个共同的问题，怎样认识、处理城市工业与社队工业之间的关系。这是一个在发展中提出来的课题，我们应当用发展的眼光去深入全面地做研究。

目前社队工业的确存在不少问题，而对这些问题起制约作用的是社队工业生产不稳定。我所见的不少工厂很多是二三年换一块厂牌，一二年转一个产品，人们叫它"开关"厂。这样做固然有作为新厂可以免税的奥秘在内，但根本上还是缺乏稳定性。

我们不能满足于市场调节稳定性差这种回答，而应当从社队工业的实践中，去解决在社会主义原则下的市场调节怎样能够达到企业稳步发展的问题。首先不能一般化地对待社队工业，而应当从具体事实出发去分析社队工业里不同的类型。下面先列举一些我们见到的不同类型的社队办厂。

吴江县社队工业里有不少是丝织厂。办丝织厂抓住了当地农村具有丝绸手工业传统的特点，而且它作为劳动密集型工业，利润较高。照理说这种工厂是应该稳定的。然而绝大多数社队丝织厂的原料不是蚕丝，而是化学纤维。在70年代，化纤产品是热门货，只要能生产，不愁无销路。但随着大城市化纤工业的发展和人们对衣着需求的改变，这两年来吴江县社队丝织厂的产品市场离本地越来越远，推销员采取了你占城市我下乡，你在平原我上山的办法，一直把产品销往福建、安徽、青海等省。尽管如此，去年化纤织品降价，损失还是不小。

庙港有一家蔬菜加工厂是在1980年创办起来的，共有30余名固定工人，生产各种酱菜，主要是小黄瓜和大头菜。这个厂的原料都是本公社农民自己种的，1982年它向全社收购蔬菜总值达110万元，增加了农民的收入。工厂本身年利润最高达15万元。它的产品有半成品和成品两类。半成品销往山西，成品除当地自销外还销往上海、苏州和由外贸出口远销南洋各地。

平望现在有上海缝纫机三厂的一个分厂，它是1981年6月由上海缝纫机三厂和吴江县农机厂联合投资、共同筹建的。总厂与分厂两家联合生产蜜蜂牌家用缝纫机。分厂虽不是社队工厂，但它一方面为总厂提供一部分机头零件并组装整机，另一方面则和梅堰、震泽、金家坝的几家社办厂协作，为上海总厂及其本身生产机架铸件和台板。这几家社办厂的原材料由上海供应，产品归上海接收，按照总厂的计划组织生产。分厂的原材料也来自上海，技术由上海派人指导。分厂所获利润和超产部分，与总厂对半分成。

上面三种社队工厂有可能是吴江现有社队工业的三种基本类型。第一类是原料和市场都不在当地农村，只是利用当地劳力的工业。在目前社队工业技术水平还较低、在品种式样受到资金匮乏制约、商情信息基本上还靠当面碰头交流的条件下，这类社队工业忽起忽落不能稳定是必然的。第二类是原料来自当地农村，市场也比较可靠的工业，这类工业实际上是当地农副产品的加工工业。农副产品与工业原料衔接起来，是社队工业中最稳定的一类。第三类工业的原料来源和第一类相同，并不是本地自产，但由大工厂供应，市场也是大工厂承包，它是城市大工业的扩散点，相当于大工厂的一个附属车间，所以它只要能维持住与大工厂的关系也是相当稳定的。

从吴江全县来看，第一类工厂占绝大多数，第二类工厂是少数，第三类工厂只有几家。因而从总体来看，全县社队工厂还是处于不稳定阶段。

对社队工业做出上述分类，是为了说明在基本上属于市场调节的情况下发展社队工业，必须根据农村地区的特点去确定能够发挥自己优势的工业方向，才能保持稳定性。因此我认为应当把工业的重心转移到第二类上去，要大力发展食品工业和具有地方特色的轻纺工业或手工业。这是基于我对社队工业应当有原料和市场的主动权才能稳步发展的认识。当然哪些原料适宜由社队工业去加工，它掌握主动权的比例应有多大等问题尚需进一步具体化。但农村工业的原料与农副产品衔接起来进行劳动密集型的工业生产，以地方特色拓宽国内与国际市场，这些无疑是社队工业选择发展方向时应该遵循的普遍原则。第一类工业在特定的历史条件下是送上门来的，而现在却要到处磕头找原料和市场。这说明它作为农村工业的先导任务已经完成。这类工业将来是否会有新的出路，那要看整个国家工业怎样打破大而全、小而全的工业体系以后才能预测。第三类工业看来是有前途的。从世界范围看，大城市工业扩散是一个趋势。大城市人口密集、土地贵、工资高、污染严重等，已使它的工厂不能再继续发展下去。资本主义国家的工业已向郊区和附近农村扩散，现在甚至扩散到第三世界的国家中去了。这种工业扩散曾引起严重的污染扩散的后果。但是我们社会主义国家对这种恶果是可以避免的。而且我曾说过我们应当提倡"大鱼帮小鱼，小鱼帮虾米"，要求大中城市的工业帮助、促进农村社队工业的发展，社队工业也可以帮助更小集体工业的发展。最近我看到江都宜陵的一份调查报告，说那里的社队办的蜂乳加工厂，把装蜂乳的玻璃管、包装盒等零件分到各个生产队去制造，使得这个公社的许多生产队都得到好处。这不是"小鱼帮了虾米"吗？所以工业要打破大而全、小而全，要一层一层地扩散下去。但是大中企业不应当把污染也扩散给还不怎么懂得污染危害的农民，而是把就业机会和工业利润扩散出去，这样它自己可以集中精力提高产品质量和改善经营管理以增加本身利润。这正是我国社会主义制度的优越性的体现。

工业要打破大而全，不仅是形式问题。工业规模越大，越能趋向合理化，这是外国的经验。我们不该不假思索地把它硬搬过来。我们首先要考虑到怎样在发展工业中解决广大农村中居民的生活问题，我们不应当重复西方资本主义国家工业发展农村破产的老路。其次，要考虑到我们的企业经营管理方式必须适合我国当前的国情。毋庸讳言，我们对大企业的经营管理还缺乏经验，以致一些大的国营企业不能赚钱甚至长期亏损。现在有的社队工业想稍稍扩大点规模，结果他们自己说是"骑上了马背下不来"。因此我认为应当注意研究社队工业的规模和适应当前农民水平的经营管理方式，在这个基础上，通过实践培养出一大批能管理工业生产的基层干部，为我国工业进一步大发展创造人的条件。

社队工业具有顽强的生命力。有个队办工厂赔了钱，我问他们怎么办？回答是赔钱还得搞，这是因为工厂看来是赔了钱，但是生产队每一家都有人在厂里做工，挣得工资，所以不允许关厂，而宁可少拿一点工资。因而我想到这些社队工业有点像是传统家庭手工业的扩大和集体化。家庭手工业是不计工资、只算收入的。所以从社队工业来说是赔了些钱，但如果把工人们的工资算进去，对全生产队的农民来说，还是增加了收入。赔钱还要办下去，体现了社队工业的坚韧性和顽强的生命力。这种坚韧性来自于传统，来自于人多地少的现实。这种顽强的生命力使它在不稳定中还要坚持生存下去。

赔钱还要办，一家出一个工人，机会均等，凡此种种，看起来都与现代工业讲求效率、利润、择优挑选人员等经营原则相背离。要实现工业现代化，这些是应当改进的。但是，这些现象自有它发生的社会原因。人多地少和工农相辅的基本情况不改变，这种现象也不易改变。我们应当因势利导，转变它的落后性，为开创新工业服务。日本企业家引为自豪的所谓Z式管理，无非是利用传统的"我照顾你一辈子，你得终生为我服务"的从属关系作为经营管理中发挥劳动效率的有效方式，而我们农村中人际关系的传统要广泛深刻得多。当然其间良莠不齐，应该对它们加以分析和考察，做出区别，弄清哪些东西可以利用和利用到什么程度。我们不应以虚无主义的态度看过去，要真正懂得中国的特点，并根据这些特点来搞社会主义现代化，就要研究可以生长出新东西来的旧事物，甚至要用旧形式来发展新事物，最终使旧的转化为新的。

社队工业的发展使一部分农民转化为工人，县办和镇办工业的发展也招收了相当数量的农民工。这就是说现在已经有不少农民到小城镇里来了。据调查，这五六年来，小城镇的实际聚居人口与户口在册的人口相比，普遍增加了1/3。因此，人口普查所得的小城镇人口数与实际情形差得很远。这些农民工到了镇上，与镇上工人一样干活，甚至那些条件最差、最累、最重的活往往是由他们来承担，他们实际上是工人阶级队伍中的新成员。这批人数目相当大，据不完全统计，1982年江苏全省的务工社员人数达到527万，而全省城镇户口的劳动力总数只有606万。换句话说，在大、中城市及小城镇从事各种非农业工作的人数中，农民工与城镇户口的工人在数量上已相当接近。农民工挑着小城镇工业1/3的担子，应当深入考察这批人走出村子到小城镇上做工的全过程，研究他们的社会地位和生活、工作、思想感情。这是中国工业史上未曾出现过的新情况。

在实地调查中，时时可以觉察到有一股不可遏止的力量在驱使那些基层干部不能不开动脑筋朝前赶。我也受到一些感染，提出上述几个问题做深入研究的引子。我似乎感到自己盼了数十年之久的东西就在眼前，农村真正的工业化、现代化正在社会主义条件下出现，然而自己对其中许多有着深刻历史的现象还未能透彻地理解，还需要继续观察。

江苏其他地区的条件有什么不同，他们是不是也走苏南社队工业的路子？全国农村社会经济发展的步子怎么走法？它从苏南的经验中能得到些什么？这些问题一个接一个地在我心里盘算，希望今后的研究能向这些方面开展。

吴江的社队工业走过了十几个年头，三中全会后的迅速发展也有5年了，其间有成功的经验，也有失败的教训。现在应是加以回顾总结的时候了。我们应当对社队工业的多样性和复杂性进行客观全面的分析，对社队工业中发生的问题做出科学的说明。

六

小城镇作为商品的集散中心，它的商品流通与农村的经济发展之间具有互为前提、相互作用的关系。现在主要的问题是要搞清楚小城镇商品的流通环节和疏通商品的流通渠道。

商品的流通环节，是指商品从生产者那里出来到达消费者手上，中间所经历的步骤。比如某一工业产品由上海的工厂生产后运往苏州，苏州的商业部门将它分配给吴江县，吴江的商业机构再把它分拨到各公社，公社供销社又把它批发给集体商业，最后由门市部出售到农民手中。商品就是这样经历了5个非直接消费的部门一步步地转运给消费者农民。这每一次转手都是商品流通的环节。同样，农副业生产的商品也要经过若干环节做相反方向的流通。这里我们首先要了解的是目前的商品流通要经过哪几个环节，以及各个具体环节对于商品流通有什么作用。

让我们撇开大中城市，先取出从小城镇到农村这一段来做考察。从这一段商品流通环节的具体分析中，就可以看到小城镇之间还有大小不同、层次高低之别。

前述的类型分析表明，小城镇对农村的主要作用可以因类型不同有所偏重。然而即使是同类型的小城镇，对周围农村所发生的作用，也不是等量齐观的。例如，同是作为农副产品集散中心的小城镇，震泽的乡脚大，庙港的乡脚就要小得多。因此，由小城镇作用影响范围的大小，反映出一个有系统的高低不同的层次来。

城镇层次的划分，过去大多以人口数的多少为标准。然而，小城镇商业作用的层次分析，单以人口为指标是不够的。因为人口大体上相同的城镇在商品流通环节中所处的地位却可以不同。在目前我国商品流通的过程中行政的因素特别重要，许多不同等级的行政性的商业机构决定了商品流通的环节。所以，我认为不妨首先从城镇的行政地位入手来观察商品流通的过程。

吴江县的小城镇依据行政地位，可以分为三层五级：第一层有县属镇，在吴江有人称为7大镇。这一层小城镇的共同特点是具有镇和公社双重商业机构。县属镇又分两个级别，第一级是县城松陵，它有县、镇、社三重商业机构。第二级是震泽、盛泽、平望、同里、芦墟和黎里等6个非县城的县属镇。第二层是有公社商业机构的公社镇（或称为乡镇），吴江的16个公社镇也分为两个级别。第三级是商业人口接近于县属镇的八坼、铜罗和横扇，当地叫作3小镇，这3小镇除公社商业机构外，还有若干县属商业机构的派出部门，其管理范围越出本公社。第四级是设置有公社商业机构的庙港、七都、莘塔、金家坝等13个镇。第三层是大队镇（或称村镇），这一层镇在区域上都属某一大队范围,在行政上并不附设商业管理机构。它不同于有下伸店和双代店❶的大队中心村,区别在于有商店,服务业和集市贸易的聚合和有经常性的商业管理人员。第三层不再分级,在吴江县共有如前面所说的陆港等12个村镇❷。

由此可见,商业流通的环节实际是以一层层的行政级别为依据的。那么商品是怎样在这些环节上运行的呢?实际情况要比工业品通过高层次到低层次再到农村,农副产品又反向运行的理论分析要复杂得多。

例如开弦弓村有一家下伸商店,这个店销售量最大的是火柴、糖果、香烟、酒、酱油、盐一类的商品。店里还有三只铝锅,据商店工作人员说铝锅在货架上已放了整整一年。难道是开弦弓村人不用铝锅?不是。农民说买一只锅子要用几年,总得挑个好的,但这里只有三只没法挑选。所以买铝锅之类的物品他们就要上震泽或庙港。村里的青年男女结婚时新房里所需要的一些用品还要到上海、苏州去买。开弦弓是一个村落,不是村镇,但从这里可以看出普通农村里农民生活各种必需品是分别由不同层次的城镇供应的。这里就体现出了小城镇作为商业中心的层次来。一般情况下,农民生活中食用的如油、盐、酱、醋等一次性消费品基本上可以在村镇得到满足。村镇商业的门市部一般不到10个,销售范围大都是在1公里以内。农民生活中日常用品如热水瓶、脸盆等低档耐用的消费品,基本上是从乡镇或县属镇得到满足的。乡镇内同类商品一般都是独家经营的,花色品种与数量均较少,它们的商业门市部在10

---

❶ 业务属供销社系统的大队代购代销店叫作双代店。

❷ 据乡村建设局调查统计。

到 50 个之间，销售范围在 3 公里左右。县属镇内同类商品则有两个或两个以上的门市部销售，花色品种与数量比乡镇多，选择余地增加，它们的商业门市部在 50 到 100 个之间，销售范围在 5 公里上下❶。

小城镇的层次是层层包含的。这就是说高层次的小城镇的销售范围不仅包含低层次的小城镇及其销售范围，而且高层次的小城镇自身也具有属于低层次小城镇的销售范围。例如，假定庙港、七都、八都等乡镇和这些公社的农村都到震泽来买铝锅，那么对铝锅这一商品来说，震泽镇铝锅的销售范围就包含了以震泽为中心的所有乡镇及乡镇的销售范围。但震泽不只是卖铝锅，它同时也卖油、盐、酱、醋，就这些商品的销售来说，震泽镇的范围与陆港这些村镇的范围相差无几，都限于附近约 1 公里范围内的居民。商品的销售范围实际上就是吴江民间所说的"乡脚"。乡脚并不是以镇为中心的一个清晰的圆周，每一种商品都有各自的乡脚，所以一个小城镇的乡脚由许多半径不等的同心圆组成。小城镇层次的划分实际上决定于它们乡脚的大小。

小城镇层次分析应当深入到满足农民各种生活需要的功利评估。所谓功利评估，是指农民对买何种商品，花多少时间，付多少成本的计算和均衡。功利评估的原则是以最少时间、最低成本去取得最满意的商品。小城镇的商业层次应当根据这样的研究结果来布局。我不知道现在的商业部门有没有一本在哪个环节该储备什么样的商品和每种商品要储备多少的账。如果没有这本账，就会产生有些环节上应该具备的商品无

---

❶ 商业门市部数与销售范围都是吴江县各层小城镇的平均数。

货供应，而在另一些环节上不应该储备的商品又被囤积的不合理现象。例如我在广西大瑶山的新华书店买到一本《陆游年谱》，对我来说当然是求之不得，但在瑶山的书店里摆上这类书籍，恐怕是很少有机会被人赏识，难以遇上知音的。

流通环节的合理化是商品流通的必要条件，道理是显见的，但做到合理化却需要做细致的研究。

疏通商品流通渠道是一件更大的事。党的十一届三中全会以来，小城镇上行政化的单轨渠道发生的问题，我们还不怎么清楚。我只是了解到集市贸易在吴江已经恢复起来，农民挑担上街，商贩摆了摊子，到处很热闹。松陵镇还为这样的集市搭了个玻璃瓦棚，下雨天，买卖人群不致淋雨，做了一件好事。虽然在集市贸易中是有价格管理等许多问题存在，但我看主要的问题是为什么吴江县小城镇的集市贸易还只是停留在农民提上一篮鸡蛋在集市上等上半天的原始状态，而不是像北京市中关村一带那样，只用短短的一年多时间便从日中为市的个体经商变成一排排集体合作的商店。

听说供销社也正在进行改革，对此我得首先说明自己是外行，又没有进行实际调查，目前还只能作为一个旁观者说几句。从客观形势看，现在要供销社重新回到合作性质上去恐怕不那么容易，要国营商业把已经经营的那些项目让出来恐怕也有难处。据说，前两年小镇上供销社和集体商业从体制上划清了。然而所谓的集体商业，其实还是批发商品给它出售的供销社附属机构。不客气一点说，那是换一把勺子去舀大锅里的汤。

那么，小城镇集体合作形式的流通渠道怎样才能建立、发展起来呢？前些时松陵镇的同志写信给我，要我帮助他们买一辆卡车,用它把凤尾菇运销到苏州市场上去。买汽车,我当然是毫无办法,但这封信使我受到了启发。1981年我把澳大利亚一位朋友送给我的平菇的菌种带回了家乡。1982年吴江县农技所和松陵镇的同志试种成功并做小规模推广,有同志还给它起了一个优雅的名字叫凤尾菇。经化验,这种蘑菇不仅食用价值高,而且体积大,产量高,每斤以七分钱的成本能卖得六七角钱,它还能立体柱形栽培,适宜作为农村家庭副业。可是在农村里推销有困难,县城内的市场太小,而苏州和上海却很欢迎这种食品,于是运销的问题也就发生了。所以,他们要我设法买一辆卡车。这封信给我的第一个启发是新商品要走新的商业渠道。既然原有的商品走集体形式的流通渠道困难重重,新的商品或许就比较容易创出新的方式来。我们应当支持鼓励生产者自己组织起来做集体流通的新的尝试,一切好的形式都是从尝试中出现的。我们要积极发展小城镇,就要从一切方面想各种方法去尝试新的发展。

由此我想到要进一步研究农村产品商品化的问题。凤尾菇产量大了,就想到自己要买汽车运销,那是商品产量的提高促使他们想到的。如果农村除社队工业外的商品生产还不足以满足附近几个小城镇居民的需要,那么手拎肩挑的集市贸易渠道就完全可以承担流通任务,自然不必也不会有更上一层楼的要求。然而1982年江村杀兔吃肉的事实又说明,农村经济商品化的水平必须要有新的立足于国内市场的流通渠道才能巩固和提高,如果一味把身子靠在洋人的背上过日子,人家动一动小拇指,我们就要跌筋斗。所以,我希望有同志能从农村经济商品化的现状出发,深入探讨小城镇商业流通渠道与农村商品化程度之间的相互关系。

我从这些事实又引出一个看法,小城镇商业的发展之所以没有社队工业的发展快,原因是受到原有商业渠道压抑的农村商品经济,对小城镇的冲击力还不够强,一旦这种冲击力强大起来,包揽式的流通渠道就非改革不可。而现在农村经济尚处于生产责任制的低级阶段,商品生产的程度还不够高。要突破当前的局面,还有待于多种经营专业责任制的发展。从以家庭生产为单位的责任制到集体专业化生产的责任制,是当前农村生产力继续提高的必由之路。从整个苏南地区来说,集体专业化生产的责任制形式已经在某些方面出现。所以,应当清楚地认识到客观的发展会带来的结果,以开辟新的流通渠道的尝试去自觉地适应、促进这一具有光明前途的发展。

七

小城镇怎样成为农村的服务中心、文化中心和教育中心,对此我只能谈谈自己的一些想法。

我四访江村时,听说在影片《少林寺》上映前,浙江的南浔镇电影院先贴出上映这部新片的预告。震泽镇的电影院获悉这一消息后,赶紧抢先搞到这部片子赶在南浔之前放映。这部片子在当时吸引了周围四面八方的农民。他们摇着船、带着孩子来镇上看电影。《少林寺》放映1周,卖座率始终不衰,电影院收入1万元。农民上街看电影总得吃点面条、点心,还要往家捎回些东西。结果这7天内全镇商业的营业额增加了6万元。这件事在我看来是镇作为农村中心的生动例证。假如经常这样，震泽岂不就是一个农村的娱乐中心和商业中心了吗！

这件事说明小城镇的服务业是蕴有巨大潜力的。不是农民没有对现代社会生活的需求，而是我们不懂得农民的需求，致使小城镇上的服务项目、服务水平和服务质量远跟不上客观的形势。

为农村妇女烫发，现在是小城镇的一个服务项目。1981年我三访江村时，很少见到有姑娘烫发。到四访、五访时，烫发的女青年逐渐多了起来。今年六访时看到，不论是社队厂的青年女工或是在田里干活的姑娘，头发几乎都弯曲了起来，甚至连十二三岁还在上学的女孩子也烫了发。据说她们大多数是到庙港和震泽的理发店里去烫发的，每次两元，每逢过年过节，理发店日夜开业。在这件事上，庙港和震泽已成为农村姑娘的服务中心，而且为我们提供了测量这两个中心服务区域，即小城镇乡脚的一个指标。但是，农村姑娘烫头发的风气完全是自发的。我们对电视机的下乡引起了什么后果可以说很不清楚。这些都是看来是小事情，但意义却十分深远的问题，需要我们严肃地进行科学的研究。

再说小城镇上的茶馆，过去这是附近农村交流社会信息的中心，城里的、镇上的、村里的信息都在茶馆里汇集，并散播到附近农村里去。它是个民间相互咨询的服务场所，里面有社会新闻、有生产技术问题、有做媒等丰富的内容。现在民间的信息交流、咨询服务是否还在茶馆进行，还是另有场所和其他途径？在农业生产责任制和农副工综合发展新的情况下，农民到底有什么新的服务要求，怎样去满足他们的要求？这些都是迫切需要加以研究的课题。

在文化方面，除了电影院对农民开放外，镇本身现在很少有什么文化设施。青年们一般不上茶馆，又几乎没有文娱、体育等活动，连找对象在镇上也没有谈话的场所。去年松陵镇修了一座小公园，除了供人憩息，还有一些石条凳可坐，使农村青年男女进城来可以有个谈恋爱的地方。听说还有人反对，说是有伤风化。其实这并不是一个小问题。我看现在存在着严重的地缘、业缘内婚现象。青年男女没有正常的社交活动，不熟悉居住和工作范围以外的人，不得不在同村、同厂、同机关内部找对象，以致选择的圈子越兜越小。据说在一些交通闭塞的山村里低能儿越来越多，原因很可能就是长期的近缘婚姻带来的不良后果。所以，扩大青年的社交范围对于反对父母之命、媒妁之言的封建包办婚姻，对于改变近缘婚姻是有积极意义的。小城镇的文化中心作用不是一句空话，建设社会主义精神文明也不是空洞的口号。真正的中心作用是要使农民到小城镇来能解决实际问题，满足农民的需要，也就是人与人要在这里碰头，物与物要在这里运转，信息要在这里交流。苏南、吴江这一发达地区的小城镇到底为农民做了多少事情，很值得我们去看一看、想一想。

在教育方面，使我最痛心的事是江苏的文盲率要比全国的平均数高，吴江更是高中之高。按理说，一个地区经济水平是与文化程度成正比的，实际上现在反过来了。其中的规律性值得研究。可我想提一个倒过来的问题：为什么要识字？不识字又怎样？如果不识字照样生活，收入还比识字的高，那就发生了为什么要识字的问题了。

这次我在太湖边上的庙港渔村里散步，我问了几个年龄不同的居民识字不识字，他们都对我摇摇头。年纪大的都是有经验的渔民，年轻的孩子们正跟着父兄们学打鱼。据说他们近年来的收入比农民高得多。我在和他们的谈话中才悟出他们不识字的道理来。这些都是多年甚至世代在太湖上捕捞的渔民，捕捞是搜集自然产物的生产方式，由来已久，说是原始经济也未尝不可。这种生产方式需要有这地区自然地理的丰富知识。在太湖里打鱼就得充分掌握太湖的气候、风浪和鱼源，这是他们生活所依赖的知识。这些知识却并不靠文字来传递，而是口口相传并在实践里体验来的。要成为一个能靠捕鱼为业的太湖里的渔民，就必须从小跟着父兄在船上生活。试问他们为什么要在学校里花费多少年学会几千个方块字呢？年轻时进学校而不去跟父兄一起经风浪，到头来恐怕会在打鱼时被风浪淹死在水里。但是如果要提高渔业的生产力，改捕捞为饲养，就是用人工去经营鱼塘以提高产量，情况也就完全改变了。饲养员需要知道温度、湿度、水里含氧的成分等等所谓"科学知识"，要学习这些知识，不识字是办不到的。从太湖上的"浪里白条"变成鱼塘里的饲育员，是从原始采集阶段的生产方式发展成饲育阶段的生产方式，也就是从不需要文字到离不开文字的发展过程。如果现在庙港的渔民安于在太湖里乘风破浪地捕捞为业，那么我看文盲是扫不完的。我从太湖边上散步回来，对扫盲问题的认识似乎又深了一步。我们读社会发展史应当要用它来理解当前的实际问题：生产力不发展，教育普及不了。从这个角度去研究当前农村的教育问题，也会看到目前农村生产力的迅速发展不仅提出了普及教育的需要，也提供了普及教育的可能。怎样才能满足农民对教育的需要，那就有赖于我们提供怎样的教育内容了。因此怎样把小城镇建成农村的文化教育中心，对我们来说应当是一个重要的新课题。

八

我的发言应当结束了,在末尾我想附带提出一个名词问题。我素来不主张在名词上浪费笔墨,但是也不能不注意到名副其实的必要。"小城镇"这个名词最近大家已经习惯了,是否还可以多考虑一下?用这个名词来指作为农村中心的社区是否妥当?我们的字典里对城、镇、集、墟、街、场、村等名词都有一定的释义,我不在这里再重复。但必须指出,当前各种社区需要划分出一条城和乡的界线,各层的社区用哪些名词来表达最为妥当还是个值得考虑的问题。

如果把"城镇"这个名词用来指作为农村中心的社区,从字义上看,它似乎应当属于城的一方,而实际却是乡的中心。为了避免这种因望文生义而可能产生的误解,不如称这种社区为"集镇"。我们知道有不少经济不太发达的地区,还没有形成固定的商业和文化中心,而停留在"日中为市"的定期赶集形式上。津浦铁路进入安徽境内就有很多车站至今保留着某某集的地名。这些集所起的作用,程度上虽有区别,性质上是和吴江所见到的许多"小城镇"相同的。把这些集称作"小城镇"总不免有点牵强。所以我想不如把在吴江所见到的"小城镇"和这些集归在一起而称它们作"集镇"。

当然"小城镇"应当归在城、乡的哪一边,还是一个可以研究讨论的问题。把它说成城乡的纽带,只说明了它的作用,而没有表明它是一个具体的社区。我主张把农村的中心归到乡的一边。但也可以考虑在城乡之间另立一格,称之为镇。麻烦的是汉字不习惯用单音节名词。镇字旁还得加个字,要加就不能再用城或乡,所以还是可以考虑称"集镇"。

还要提到的是群众语言中有传统的分层模式，那就是"城里人""街上人""乡下人"。这种分层至今还有现实的社会意义，含有高低之别。而我们所提到的吴江县的"小城镇"在群众语言中却包含了三个层次。作为吴江县行政中心的松陵镇的居民过去被称作"城里人"。松陵镇过去也确有城墙，解放后才拆除。其他的镇上的居民在群众语言里都不称"城里人"，而称"街上人"。但是像庙港一样的公社镇，过去并不是基层行政中心，只是沿太湖的港口之一，像一个较大的村子，所以它的居民够不上"街上人"，还是"乡下人"。有人看到在现在所谓"小城镇"里还存在着和群众语言相适应的层次，所以主张用"城镇""乡镇""村镇"来区别。"城镇"指松陵一样的大镇，即县属镇，"乡镇"指公社一级，也是体制改变后乡政府所在地的镇，其下则是"村镇"，这种意见值得考虑。我在这里只是提出来供大家讨论。我们的调查研究越深入，对我们用以识别事物的概念也会越来越细密，也会要求我们所用的名词更加确当切实。现在一般应用的名词都有待我们进一步去研究讨论。

今天我的讲话里还是用"小城镇"这个名词，因为我们的讨论会的名称就这样用的，不能因为我个人不成熟的意见就加以改动。这也说明了这些概念和这些名词都有其社会的根源和作用，即使改动也要有个过程。我个人的意见也会改变，一门科学在初创时期总是这样的。

小城镇　再探索

（1984年4月）

一

我们的小城镇研究是从农村研究的基础上发展出来的。1981年我三访江村时，还只是以一个农村为范围进行观察，但是这年年底四访江村时，我们就提出要"更上一层楼"，从农村升一级，去调查研究作为农村政治、经济、文化中心的集镇。我们曾访问了吴江县的一些集镇，发现这些集镇正在从衰落转向繁荣。除个别例外，在过去30年里，绝大多数集镇普遍存在着人口外流，人数增长缓慢，甚至下降的现象。党的十一届三中全会后出现了新局面。这些集镇的册外人口大增，有些镇竟达居民总人数的1/3。所谓册外人口是指住在镇上而没有户口的人。我们看到这里问题很多，所以决定从1982年开始，把小城镇研究列为我们调查工作的重点。这个意见得到了江苏省委的支持，因为就在我们提出这个意见不久之前，江苏省委在常州举行过一个城市工作会议，提出发展小城镇的主张，真是"不谋而合"。因此，中国社会科学院社会学研究所就和江苏省社会科学院社会学研究所联合组成了小城镇的调查研究组，开始这个课题的调查研究工作。

为了深入探索这个新的课题，我们采取了"解剖麻雀"

的方法，把小城镇数量上号称"多子女"的吴江县作为解剖对象，并提出"类别、层次、兴衰、布局、发展"的十字提纲。我们的工作分两个阶段，先是从上而下，向各级党政干部请教，初步了解从县到镇的基本情况、有关的工作经验和已看到的问题。然后，按不同类别和层次，定点、定人、定题，课题组同志分别下乡做实地观察。去年秋季集合汇报，并邀请了中央有关部门及江苏省委政策研究人员、江苏省有关各市各县各镇领导干部，以及有关研究机关和高等院校的研究人员一起进行多层次、多方面、多学科的学术讨论。这就是1983年9月21日到27日在南京举行的江苏省小城镇研究讨论会。我在会上做了《小城镇　大问题》的发言。课题组及其他参加会议的同志提交讨论的一些论文，经过修改提高已汇编成《小城镇　大问题》（江苏省小城镇研究论文选第一集），今年7月份可望出版。在这次会上成立了江苏省小城镇研究会。

1983年全国政协组织了有北京和南京各方面专家参加的小城镇调查组，从11月11日到12月6日在江苏的常州、无锡、南通、苏州四市和部分县、镇参观访问，对江苏小城镇讨论会所提出的问题和观点进行"会诊"。调查结束后，在苏州总结，会上的发言正在整理，陆续将在《社会学通讯》上发表。我这篇《小城镇　再探索》就是以我在这次总结会上的发言为基础整理而成。下面我只想把我个人在四市和部分县、镇访问中的体会做一简要的叙述。

二

农村经济的繁荣,带来了小城镇的复兴。党的十一届三中全会后,在短短的五年中,广大农村落实了各项经济政策,全国农业生产,除了极个别地区,都有了普遍的和显著的提高。农民确实富裕起来了,这是有目共睹的事实。我们所调查的苏州、无锡、常州、南通四市,在近年农村经济发展上,在江苏省来说是站在前列的。而江苏省在全国的经济发展上又是站在前列的。1982年以前江苏的先进纪录是"两个超过500亿",即粮食571亿斤,工业总产值502亿元。1983年再创的新纪录是"六、七、八",即粮食610亿斤,财政收入72亿多元,工农业总产值824亿元。

在我们调查期间,1983年农村的各项指标尚未结算,省委农工部提供的资料:1982年江苏全省社员人均收入309元,比1978年增加154元,4年翻了1番;同年,粮、棉、油总产量年均增长率都在4%以上;主要副业项目的年均增长率都高于10%;乡镇工业(公社及生产大队两级所办企业)总产值4年也翻了1番,占农村工农业(生产队所办企业算作农业)总产值的42%,占全省工业总产值的1/4。

我们调查所经过的地方,农民住宅已在更新,使得农村面貌焕然一新。长江北岸开始"草房改瓦房",苏、锡、常开始"瓦房改楼房"。有些地方沿路可以看到装上阳台,阳台上摆满花卉的别墅式两层楼房,一幢接一幢地绵延几里。集镇上百货公司、电影院、文化宫、书场等新型建筑在宽阔的大道两边耸立,使旧上海的边缘市容相形见绌。有些生产大队开始兴建公共浴室。无锡县前洲乡的一位青年在他花费1万元建起的三层楼的新居中掰着手指告诉我们：近几年，他和他那在队办纺织机械厂工作的妻子一起，每年收入约4000元，除了全家三口的日常开支，可以积蓄2500元到3000元，这种人家在前洲乡一类的农村里是很普遍的。江南鱼米之乡出现的"建屋热"是农民丰衣足食之后开始解决居住问题的反映。农民造房子有些地方已超出了居住的需要，部分是属于家庭副业的生产投资，还有部分是属于"实物储存"。农民从商品生产中获得的收入，一时已消费不了。江苏农村在1982年末的储蓄额达20亿元，在苏州市平均每个农民有78.9元存进银行。但是有理由相信留在农民口袋里的现金很可能超出此数，这部分余资按农民的传统心理，要变成不动产才放心，所以也构成了兴建房屋的一种动力。无论怎样，在这四市的农村中已出现的小康气象是十分动人的。

使这地区农民富裕起来的主要因素是农村经济结构发生的变化。这些年来江苏全省农副工三业各以不同的速度逐年增长，其中农产品产量的增长率最低（约4%），乡镇工业（即社队工业）的产值增长幅度最大（约90%）。这意味着在农民的收入中，来自农业的比重相对降低，而来自工业的比重越来越大。在我们调查的四个市中，以县为单位，工业产值占总产值的比例，都接近或超过一半，特别是长江以南这三市的县一般都在70%以上。1983年这三市中有无锡、常熟、江阴三县（市）的工农业总产值各超过了20亿元，其中农业产值只占10%—20%。据1983年统计，江苏已有塘桥、乐余、前洲、玉祁、周庄、华士、黄巷等7个乡的工农业总产值超过了1亿元，这些乡的工业产值都占90%。农民富裕靠工业，已成了普遍的事实。

值得特别注意的是，由于这些地方工业办得好，因而富裕起来的乡村，农副业收入所占的比例不断降低，而在绝对数字上却相应地增长，速度也较工业不发达的乡村为快。这个事实应当大书特书，因为它向人们展示出我们社会主义建设中的一种崭新的特点：中国社会基层的工业化是在农业繁荣的基础上发生、发展的，而且又促进了农业发展，走上现代化的道路。

这个特点的重要意义只要和西方早年工业化历史相对照就容易看得清楚了。欧洲工业化初期，在集中于都市里的机器工业兴起的同时，农村却濒于破产，农民失去土地，不得不背井离乡涌进城市，充当新兴工业的劳动后备军。资本主义国家现代工业的成长是以农村的崩溃为代价的。这是西方资本主义工业化的道路。与此相比，我国在社会主义制度下，党的十一届三中全会以来却出现了上述的那种基本上和资本主义工业化迥然不同的新道路：农民在农业繁荣的基础上，以巨大热情兴办集体所有制的乡镇工业。这种乡镇工业以巩固、促进和辅助农业经济为前提，农副工齐头并进，协调发展，开创了农村不断繁荣兴盛的新局面。这种工业化的道路，从具体历史发展来看，并不是从理论上推论出来的结果，而是农民群众在实际生活中自己的创造，经过了多年实践的检验，"实行几亿农民离土不离乡，积极发展乡镇企业"，终于被肯定为从我国国情出发的一个具有战略意义的方针。

三

在吴江县的集镇调查过程中，我们看到了集镇的转衰为兴，是由于当时所谓社队工业即现在所说的乡镇工业的兴起。我们这次四市访问证实了这是这个地区共同的特点。

据反映，苏南地区的乡镇工业虽发生于70年代的初、中期，但那时是"偷偷摸摸地搞"，一般说来工厂为数不多，规模也较小，如雨后春笋般地蓬勃兴起，是党的十一届三中全会以后的事。例如无锡县的前洲公社1970年仅有一个农机厂，12名工人，全公社的工业产值才150万元；到了1982年，工业产值达到7388万元，增长了48倍，务工社员也增长到7700余人。从无锡全市范围来看，1978年以来乡镇工业的产值和利润分别以年均23%和7%的速率递增。

这一情况的发生，如我过去已经指出的，只有从乡镇工业与农业之间的内在联系中才能找到答案。苏南是一个农业开发历史悠久的地区，农业经济的发展吸引和积聚越来越密集的人口。为了解决人多地少的矛盾，维持住该地区的"天堂"之富，这里很早就在农业稳定发展的基础上产生了家庭手工业。"牛郎织女"的传说反映了夫妇之间的分工和合作，表明了农业与手工业在一个家庭内的有机结合。这就是苏南地区人多地少、农工相辅的历史总结。

建国以后，苏南的农业由个体经济走上了集体经济的道路，农业生产力获得了前所未有的解放。可是，由于人口的一度失控，人多地少的矛盾在这里越来越尖锐，70年代初四市的人均耕田已经降到1亩上下。在党的十一届三中全会前，农村经济政策又受到"左"倾思想的影响，"以粮为纲"变成了单一的粮食生产，破坏了这一地区工农相辅的传统结构。越来越多的农业劳力没有别的出路，不得不以成倍增长的成本在有限的土地上搞强化开发，那是增产不增收的路子。据苏州市的测算，70年代中期以来，纯农业的收入长期在人均100元上下徘徊。

我在《小城镇　大问题》一文里已经说过，江苏农民怎样在十年动乱中"逼上梁山"地找到发展乡镇工业的道路。我也指出过，农村的剩余劳动力寻找出路是乡镇工业发生和发展的内在因素。据我们这次调查的四市来说，以劳均4亩耕地计算，农村里就有1/3以上的剩余劳力，仅苏州市的五个县就有120万人，约占该市农村总劳力的50%。这些原来被"大锅饭"所吞没的农村剩余劳动力一旦在自办的工厂里找到了从事生产的机会就成了农村里新增的生产力。党的十一届三中全会确立了生产承包责任制以后，农村里家家户户都发现了从有限的责任田上大可腾出手来另找生财之道，于是乡镇企业就遍地开花地在农村里生长了起来。因此，我们可以说，乡镇工业是农村剩余劳力以新的劳动手段与新的劳动对象相结合的产物。它是农民依靠集体的力量办起来的工业，它不但不会损害作为自己基础的农副业，而且能在为国家财政收入做一定贡献的同时，主动地承担起支农、补农和养农的责任，形成了我在上节里所提出的我国工业化的新道路。

从江苏全省来看，1983年乡镇工业向国家纳税11亿元，占全省财政收入的1/8。在1979年到1982年4年间，乡镇工业的利润中有20%以上用于购置农机、进行农田基本建设、兴办农村集体福利事业等，总额达14.5亿元，相当于同期国家对全省农林、水利、气象的投资总额。与此同期，乡镇工业工资总额和返队利润累计有59.9亿元，其中1982年为17.9亿元，以全省农业人口计算，人均收入35元。苏州市的同志说："我们这里正是由于乡镇工业的发展，依靠以工补农这着棋，才稳定了务农社员的生产情绪，促进了农业生产的继续发展。1982年，全市5个县农村人均255元的集体分配收入中，来自乡镇工业的为130元。实质上，这是在弥补粮食价格背离价值的差额上，在国家宏观调节手段不足的情况下，乡镇工业为国家分挑的一部分担子。这副担子非挑不可，因此，乡镇工业也非办不可。"上述数字表明了苏南的乡镇工业对农副业的巩固、发展和农村的繁荣所做出的贡献。在调查中我们看到，凡是工业办得好的地方，随着工业对农副业的补养成分越大，农副业的发展也就越迅速。这不是偶然的现象，而是必然的联系。

乡镇工业补贴农业并促使农副工综合发展的这种作用，在形式上类似于历史上农民的家庭手工业。正是在这一意义上，可以认为乡镇工业是根植于农工相辅的历史传统的。但在新的历史时期下，农工相辅已不再以一个家庭为单位，而是以集体经济的性质出现。从一对对的"男耕女织"到一村一乡的农副工综合发展，使农工相辅的传统在社会主义制度下发生了历史性的变化。这一进步迅速改变了农村的面貌，使农民的富裕得到了保证。在调查中，四个市的干部和群众都提到这样三句话："农业一碗饭，副业一桌菜，工业面貌改。"意思是说，农副业过关，充其量是解决温饱问题和略有余款，只有办起乡村工业，才能使农村的繁荣具有坚实的基础。这是各级干部与农民的切身体会和自觉行动，是一种"一荣俱荣，一枯俱枯"的感情。苏州的一些同志说，要是回过头来，把转移到工业上去的几十万劳动力重新捆在一人一亩的土地上，这是万万要不得的。

四

乡镇工业不仅与农业之间有着历史的内在的联系，而且与大中城市的经济体系之间存在着日益密切的联结。在旧中国，自从上海成为通商口岸的上百年间，外国资本和官僚买办资本就从这个商埠出发，沿着沪宁铁路把吸血管一直插到苏南的农村。首先被摧毁的是农民的家庭手工业；接着农业也独木难支；最后农民忍痛出卖土地，到上海去做工——走上了西方资本主义工业化的道路，还要加上半殖民地的性质。

解放前，由于农村破产，被迫走入城市的农民在工厂里学会了现代技术。他们在当前乡镇工业发生和发展中成了一个积极因素。据无锡市反映，解放前上海的钣金工中有近一半是无锡人，形成了上海机械工业中的所谓"无锡帮"。这些工人原来就是从农村流入城市的农民。中国的工人和西方国家不同，他们多半是只身进城，挣钱养活乡下的家口。这种"藕不断，丝还连"的状况至今还起着作用。我们走访了28家乡镇工厂，它们的创业都与各种各样的"关系"有关，而其中大多数就是由有乡土关系的退休工人或干部牵线搭桥或提供技术力量而诞生的。但乡土关系只是乡镇工业得到促发和催化的条件，乡镇工业与大中城市日益密切的联结是在党的十一届三中全会以后逐步发生和加强的。

在常州湖塘镇，一家社办的柴油机厂正在为常州市内的国营厂生产配件。据说近年来由于那家国营厂的生产量供不应求，要扩大生产规模，但是由于受到市内土地、资金、招工指标等许多条件的限制而无法展开。于是就通过某种关系找到了湖塘的社办厂为他们生产配件，形成了"一条龙"工业体系。

生产关键部件和承担总装任务的"龙头"设在市内,"龙尾"则摆在集镇或乡村。在无锡、苏州等地,看到有不少轻工产品,如液压标准件、各式服装等订上了上海的商标出厂,询问之下才知道当一些城市工业转向高精尖产品时,同样受到条件的限制而无力再承担市场仍有需求的老产品生产,于是将老产品连同技术一起转移到乡镇工业,这被称为"产品脱壳"。

"一条龙"和"产品脱壳"都是城市工业与乡镇工业相联系的形式。目前联系的形式很多,大体上可以归纳为下列六种:(1)合资经营,产品或利润分成。(2)产品脱壳,部件扩散。(3)来料加工,保质保量。(4)技术支援,协作收费。(5)支援资金,补偿归还。(6)技术转让或专利转让。这些归纳和分类是否详尽和科学尚需研究,但可以说明,在党的十一届三中全会以后,由于经济体系的调整和发展,由于城市条件的限制,城市工业与乡镇工业联系也就越来越密切,全面广泛的经济、技术合作正在逐渐取代那种只是通过几个"关系户"作媒介的联系。

以所调查的四市来说,在城市工业与乡镇工业的经济、技术合作中,可以清楚地看到,与上海市联系的乡镇工业最多,与常州、苏州、无锡、南通等市联系的次之。这就是说,上海市的经济发展对乡镇工业乃至地区的经济产生了重大的影响,起着中心的作用。从无锡县(今无锡市锡山区——编者)的情况来看,在全县2000多个乡镇企业中,与上海、无锡等大中城市工业、科研单位挂钩的已有709家,协作项目895个,其中与上海、无锡两市协作联合的居绝大多数。由此可见,乡镇工业是以城市工业为依托的,城市工业是以乡镇工业为后方的。他们的相互依赖性在不断增大。特别是在乡镇工业经过了

1980年和1982年两次整顿以后,它在城市工业体系中占有了一定的地位。仅以沙洲县锦丰公社玻璃厂为例,它在上海跃华玻璃厂的支持下,已年产30万标箱的民用玻璃,在华东地区属可数之列。据说,上海、无锡等市的工厂企业,向同他们挂了钩的乡镇企业提出了这样的要求:"心连心,不变心,一条心。"因此可以说,苏南的乡镇工业实际上已经成为城市工业体系中的一个组成部分。不仅是乡镇工业离不开城市,城市工业也离不开乡镇工业,两者的密切联结是区域经济发展的必然现象。

在苏南地区,城市工业、乡镇工业和农副业这三种不同层次的生产力浑然一体,构成了一个区域经济的大系统。这是一个在社会主义制度下农村实现工业化的发展系统,展现了"大鱼帮小鱼,小鱼帮虾米"的中国工业化的新模式。当然,对这个系统内各部分之间联系的细节还有待进一步研究,然而系统中各个部分的不同作用是明显的。从苏南地区的实际来看,这一区域经济系统已具雏形,各自发挥自己应有的作用。所谓区域经济系统,是指一种在特定的地域范围内才具有意义的经济模式,一旦越出区域,发展模式就会改变。在常州市的金坛县和南通市的如皋县,可以明显感到它们已是上海经济区的边缘地带,因为那里的经济发展已具有许多不同于整个苏南地区模式的特点。

当前,乡镇工业面临着不少迫切需要解决的问题和困难。其中普遍反映的有:(1)能源和原材料的供应缺乏计划渠道,乡镇工厂中有一部分变成了做做停停的"开关"厂,好几个县的负责干部在为煤炭、钢材而煞费苦心,千里奔波。(2)技术力量薄弱、人才缺少。(3)环境污染的治理和劳动保护的条件较差。(4)担心在1984年取消低税率后,乡镇工业将会处于劣势。苏州市的同志提出：目前对乡镇工业的扶持还是迫切需要的。例如，在材料、能源的供应和产品销售等方面，能纳入计划的应即直接纳入计划；在资金信贷上，可否给予低息优待；在税收政策上，是否可采用变通措施，支农、补农款放在税前列支；每年分配一部分大专和中专毕业生到社队工厂工作，以加强其技术力量。对这些问题，还需要更深入地调查研究，才能提出切实可行和因地制宜的解决办法。

五

随着乡镇工业的发展，大量的农村剩余劳动力有了一条出路。据无锡市的统计，全市乡镇工业和其他乡镇企业已经安排的劳力占农村总劳力的34%。其他三市的情况与无锡市大体相仿。这意味着在苏南地区，农村劳力总数的1/3以上，已脱离了农业劳动。从全省范围来看，乡村工业的职工总数为400多万人，这一数字接近全省城镇户口的工业职工总数。与此同时，由于多年来集镇本身人口萎缩，县属和镇办的企事业发展也因人员缺乏而用各种方法招聘和使用相当数量的非正式职工，其中绝大部分是农村劳动力。据省劳动局统计，不包括外发加工部分，1982年全省城镇企事业单位共录用了农村劳力99万人。这一方面使农村的人口压力得到了一定程度的缓和，另一方面使这部分农民开始以新的劳动手段与工业生产的对象相结合。于是，在江苏农村形成了一支具有独特性质的劳动队伍。

各地对这支劳动队伍有许多称呼，例如农民工、务工社员、亦工亦农人员等等。叫法虽然不同,但意义却相同,那就是农工相兼。因此,兼业就是这批劳动者具有的独特性质。然而从实际上看,该地区的劳力剩余量是一个随着农时而变化的数字,农忙时剩余少些,农闲时则大量剩余。这就要求在剩余劳力转向工业的时候,应当保持他们在适当时间内能从事农业的弹性,以保证农业的稳定。因此,兼业是农村经济协调发展的需要。

在苏南农村,从人口与土地的总量上分析,就是在当前的技术水平上说,劳动力剩余已经成为严重的问题,因而剩余劳力向工业、商业、建筑、运输、服务业的转移是一种好现象,而且,这也是社会主义农村长远发展所需要的。现在县、乡干部已经改变了过去那种把农村看成可以无限制地吸收劳动力的观点,而全力以赴地为剩余劳力谋出路,开辟新的生产渠道,这是值得赞许的。

我们走访过的乡镇工厂往往是采取每家农户出一人的招工办法。这样做似乎不合择优原则,但是却有符合农村具体情况的一面。他们告诉我们说,这样既可以保持农户在收入上的大致均衡,同时也是出于兼业的需要。每家抽出一个劳力务工,其余劳力在家务农,务工的上班时做工,下班回家后帮助干农活。武进县湖塘镇新光毛巾厂的女厂长就是这样的兼业者,她有效地管理着一个有 1800 名工人(全部是兼业人员)的工厂,回家就务农。因此,在集体经济的基础上,工业与农业以劳务搭配的形式,结合到每个家庭中去,家庭成为兼业户。四个市中,兼业户约占农户数的 80% 左右。在乡镇工业较发达的无锡、常熟、江阴、沙洲(今张家港市——编者)、武进(今常州市武进区——编者)等县的农村里,除了五保户等特殊农户,几乎都是兼业户。

当然，对于兼业者来说，由于受到用工制度、上下班时间、工种以及家庭劳力状况等因素的制约，他们的兼业程度很不相同，大致上看，主要有三种状况：（1）以农为主兼营工业。这主要是指从事外加工的部分。务工者将刺绣、编织等手工产品承接回家，每天闲空时做工。（2）亦工亦农。这部分人一般是在非常年性的乡镇企业或离家很近的乡镇工厂工作，他们或者是在下班后仍从事相当数量的农活，或者是在农忙期间歇工务农。（3）以工为主兼营农业。这部分务工者一般都在离家较远的县城或县属镇工作，他们吃、住在工厂内，只是每周末回家做做帮手。

上述不同的兼业，实际上反映了由农民逐步向工人转化的过程。随着工农业生产力水平的提高，农民有条件越来越多地转入兼业队伍，兼工程度也越来越高。在调查中可以看到，在从事工业生产方面，这批兼业劳动者中的绝大部分与城镇工人之间已经不存在本质的差别，他们同样与先进的生产力相联系，承担着约占办在镇上的工业三分之一的生产任务；他们与有集镇户口的工人做着同样的工作，而且以能吃苦耐劳而受到称赞，许多人已经成为工厂中不可缺少的生产骨干，有的人实际上是没有职称的"技术员""工程师"和称职的管理人员。因此，他们无疑是从农村中生长出来的一批新工人，是中国工人阶级新一代的一部分。但是这些兼业者的户口在农村，吃粮靠农业。在工资待遇和劳保福利上，他们与城镇工人之间还存在着一定的差距，例如同工不同酬、劳保条件差、不能参加工会组织等等。对此，各地干部认为，粮油、户口关系的不变，不能成为否认以工为主的兼业者作为工人阶级成员的理由，他们要求工会组织接纳他们这批"与农村连着脐带"的新工人，并适当改善他们的工作条件和经济待遇。这确实是由苏南农村社会结构的变化而提出的一个新问题。

兼业劳动队伍的形成，不仅影响到社会结构，而且改变了人口的分布。整个苏南地区的人口密度很高，然而分布极不合理。多年来存在着两种相反方面的人口流动：一种是涌向大中城市的自然流向；另一种是将城镇人口下放到农村的政策流向。这两种流向，导致大中城市人口的膨胀和农村劳动力的严重过剩。与此同时，那些处于大中城市与农村之间的县城和集镇人口却普遍相对下降，形成了人口的两头粗、中间细的葫芦状分布，人口级差增大。

党的十一届三中全会以后，县、镇、社、队四级工业大多数是以原有的县城及集镇为基地迅速发展起来的，大批的农村剩余劳力到这些小城镇上来工作，这就导致小城镇人口数量上的增加和结构上的变化。以江阴县青阳镇为例，该镇总人口解放初期为5500人，1960年为5885人，这10年仅增长7%。从70年代起，乡镇工业开始吸收农村劳力到镇上从事工业生产。到1982年底，全镇聚居人口为15366人，其中兼业劳动者为5114人，占总人口的33%。再以武进县为例，63个小城镇现有聚居人口25万人，其中非农业人口7万人，占28%；兼业劳动人口10万人，占40%。青阳镇与武进县这种兼业者的比例在苏南地区只是一般水平。因此，在苏南地区，户籍人口数不能真正反映县城和集镇的人口规模。这些兼业者，绝大多数仍住宿在农村，每天在镇村之间作钟摆式的流动。县城和集镇就是以这种形式，控制农村剩余劳力向大中城市的盲目流动。从乡镇、县属镇到县城，各个层次的小城镇都在起着层层截流聚居人口的作用，从而减轻了大中城市的人口压力。

在调查中还发现，近年来这些地区开始用劳务输出的方式，将本地丰富的劳力、技能与边疆地区的开发、建设挂上了钩。仅南通市的农村集体建筑工程队就有13万人，现正在黑龙江、内蒙古、新疆等省、自治区进行施工。这些建筑队以质量高、进度快而受到建筑单位的欢迎。工人们既不带家属也不讲究生活条件，往往是一年的任务10个月就完成，然后回家帮助做农活，过年后再次外出。无锡、南通、常州等市县在劳务输出的同时，还在互利互惠的原则下，与边疆地区开展经济和技术合作。

如下两种人口流向，开创了在流动中改变人口不合理分布的新路：一部分劳动人口从农村向小城镇聚居，被称为"离土不离乡"；一部分劳动人口有组织地定期从本乡外出，被称为"离乡不背井"。在江苏全省，前者已达400多万人，后者也约有100万人。由此看来，"离土不离乡"和"离乡不背井"这两种方式，应该作为解决我国人口问题的两条具体途径来进行研究。

六

从历史上看，我们所调查的这4个市的集镇都具有商品流通的功能，而且可以说绝大多数是商业型的。在党的十一届三中全会以前，由于农村经济的单一化，由于商品流通趋向国营化、封闭式的单渠道，集镇上的商业萧条下来，集镇本身也就日渐衰落。70年代乡镇工业的发生，特别是它在党的十一届三中全会以来的蓬勃发展，奠定了集镇发展的经济基础。同时，由于工业原料的采购和成品的销售，急切要求流通渠道的支持。随着农村多种经营的发展，农村经济已从自给和半自给生产逐步走上商品生产的道路。过去那种狭隘的单轨流动渠道已不能适应新的需要。在这些压力下，集镇上的商业活动开始有所改变。从目前情况看来，流通渠道还需要大力疏通，否则将成为农村经济继续发展的障碍。据反映，现在集镇商业一般都具有国营、集体、个体三种经济成分，有国营公司、供销社、集体商业、乡镇工厂门市部、多种经营服务公司、个体户、集市贸易等七八条渠道。其中集市贸易（包括农副产品的长途贩运）的发展最为显著。据省供销社反映，1978年的集市贸易成交额为8.1亿元，只占社会商品零售额的8%；1982年达到22.2亿元，占社会商品零售额的13%。各地都反映，虽然一再地扩大集市场地并搭棚改善贸易条件，但仍然满足不了集市规模增长的需要。上市时间也由早市、定期集变为全日市、天天集。集市贸易的活跃，既是农村多种经营兴旺的标志，同时也反映了原有国营和集体商业渠道有不相适应的成分。如南通市海安县，去年饲养鸡680万只，国营商业部门无力承担全部的收购、储运任务，于是从事贩运活鸡的人逾万。据说，他们大多是用一辆自行车装着几十只活鸡到南京、上海去出售，人称"百万雄鸡下江南"。

这里，引出了目前在商品流通中的两个大问题。

第一个是关于开辟着眼于国内市场的，与生产者利益密切相关的新的集体运销渠道的问题。吴江县农民家庭多年来以饲养长毛兔著名。去年兔毛大幅度降价发生了农民杀兔吃肉的事情。如今鸡与兔相比要幸运得多，因为它们毕竟运过长江，成为城里人的佳肴。兔毛是依靠国营渠道统一收购出口到国外市场，而鸡是由个体或联户的贩运者销向国内市场。这就是说如果不从打开国内市场着眼，如果商业收购部门与生产者之间脱节，那么农副产品的商品率就不可能保持稳定，也根本谈不上有大的发展，而只能维持在农贸市场热热闹闹的水平上。由此看来，现有的国营商业必须多向国内广大消费者着眼，并将自身的利益和生产者的利益真正连在一起，才能谈得上真正的改革。看来，要促进商品流通似乎应当首先着重开辟由生产者联合组成的新的集体运销渠道。

第二个是计划调节和市场调节的配合问题。乡镇工业的能源和原材料的需要与计划供应的比例，与它的发展越来越不相协调。不少同志反映，过去集镇所承担的城乡物资交流作用，只是将农副产品运往城市，把城市工业品供应给农村。而现在的集镇，已成为城乡经济体系中的一部分，因而在商品交换的内容上也发生了很大的变化。今天从城市运到集镇并通过它输向农村的，不仅是为数更多的日用工业品，而且有大量的供应乡镇工业的原料、燃料和各类机械设备。从集镇运往城市的，也不限于农副产品，更多的是以轻纺和机械产品为主的各类工业品。这一新的变化，提出了城乡之间在经济发展重点上要有计划地加以分工的问题。但是目前乡镇工业除了自己争取到的与城市工业挂钩的间接计划外，原材料和燃料的 70% 以上要从市场调节获取。农副产品的粮、油、茧、猪、禽、蛋、皮、毛、骨、花、果、茶等十二大类的品种都由商业部门收购运往城市，其中大部分用作城市工业的原料。在计划与市场的供应量如此悬殊的情况下，乡镇工业的继续生存和发展确是困难重重。因此他们提出，希望在城市工业与乡镇工业有所分工的基础上，考虑国营企业让出一些品种或一定数量的、适宜于乡镇工业生产的农副产品,作为乡镇工业的计划部分;同时,对于其他的原材料与燃料也作适量的计划供应。

七

由过去商业型的集镇,转变为今天工商结合、城乡结合的农村政治、经济、文化中心,这对集镇本身的建设提出了许多新问题。

首先是建设资金的来源问题。在调查的18座小城镇中,可以明显看出,9个乡镇的新建筑数量都超过非县城的县属镇,而县属镇的规模都大于乡镇,产生这一逆结果的原因是县属镇的建设缺乏资金。虽然国家和江苏省都明确规定:工商税收附加、公用事业费附加和房地产税返还这三项费用要用于集镇建设,但是"杯水车薪",无济于事。以苏州市为例,全市三项费用共200多万元,县属镇有18个,平均每个镇仅摊到11万元。而且这些费用大部分用于县城的建设,其他县属镇得到的只有数万元。不少县属镇的干部反映,这些钱连危险房屋的维修都不够,根本谈不上搞其他建设。县属镇不但与设在镇上的乡政府是平级,而且对在镇上的全民企业和县属大集体企业也是看得见、管不着。据一些县属镇干部反映,以往他们在整顿街容修路铺桥时还可以向全民或县属集体企业集些资,但现在往往得到"不准乱摊派"的回答。他们认为这是对有关文件的一种曲解。他们说:集镇应当加以建设,建设必须要有资金,而集镇建设的资金不能依赖国家财政,只有靠集体集资的方式。因此,有权利者应当尽义务。凡是在集镇上的企业单位,按照不同的受益程度，规定集资的比例，是一条可行的解决建设资金缺乏的途径，它符合"人民城镇人民建"的原则。

其次是集镇的建设规划。对这个问题调查组内的建筑学家在实地观察以后认为：现在的小城镇建设存在着缺乏整体性、各自为政、见缝插针等等缺点，必须加以纠正。他们还提出了以建成农村发展中心的建设方向以及区分类型和层次、找出微差、合理功能布局、综合利用土地、体现地方风貌和时代气息等建设原则。

我们建议由江苏省建设厅牵头，并由清华大学建筑系和南京工学院建工系协助，在一两个小城镇（比如吴江县黎里镇、无锡县东埠镇），对建设规划进行具体的设计试点工作。

在集镇的经济发展、商业流通和建设布局中，有不少问题都涉及到集镇的行政管理体制问题。这个地区集镇的行政管理体制现状是：在县城里有县政府、镇政府、乡政府（或区政府）的多重垂直和多重并列机构，在非县城的县属镇上有镇政府、区政府（或乡政府）的双重并立机构，在重点乡镇上有区、乡双重垂直机构，在一般乡镇上有乡政府，在自然形成的小市集或新兴的大队工业点上一般没有设立行政机构。

上述各层次的县城和集镇中，体制上矛盾最突出的是非县城的县属镇（即建制镇）。在这些镇上，由于几套行政机构的并立，将城乡之间的联系人为地加以分割，影响了城乡经济的协调发展。在江苏全省实行市管县的情况下，这种镇乡分割的管理体制，看来应该进一步加以改革。据吴江县黎里镇实行镇乡合并、镇管村的试点表明，这样的体制改革加强了镇乡的经济结合，有利于城镇建设的统一规划，打破了庄园式的封闭体系，还能统筹安排农村劳力和统筹解决城镇居民的生活设施。但由于原先的经济实力是公社比镇要强得多的情况，镇乡合并以后，就势必提取一部分原来由社队所办工业的利润用于集镇建设，对农村一头的好处不明显。对此，需要进一步在实践中总结经验。

行政管理体制的另一个问题是如何加强块块的领导，逐步改变条块分割的现状。目前在集镇上的县办企业名义上是条块双重领导，实际上只承认条条而无视块块，以致造成政府办工厂、工厂办社会的现象。对此如何解决为好，也要进一步研究。

另外，为使一些具有特殊资源或旅游价值的集镇发展得更快一些，起到它们应有的作用，在行政体制上应采取改革措施。例如宜兴县的丁蜀镇，是一个与江西景德镇齐名的陶都，现在实际聚居人口已达7万，但由于它只是一个相当于公社一级的县属镇，在镇上又是丁蜀镇、丁蜀区、周墅乡三重并列体制，严重阻碍了它的发展。像这样在国内乃至世界都有影响的陶都，可以考虑升格为县级市，由无锡市直辖管理。考虑到宜兴县的实际情况，可以由市属镇给予财政补贴。

* * *

在苏、锡、常、通四市调查近一个月，同志们越来越感到小城镇确实提出了一个大问题。研究这个课题，对探索中国式的现代化道路，有密切的关系。参加调查组的研究工作者和实际工作者，对这次携手合作表示满意，对江苏省和有关市领导机关的支持深表感谢。我们意识到这次调查由于时间的短促，只是走马看花，对一些问题的认识还很不够，有不少问题的研究只是刚刚起步。而且这次调查的是江苏境内长江两岸的集镇，还没有去看正在大步前进、潜力很大的苏北地区。我们从这次调查中所探索到的一些事实和观点还是有局限性的。因此，对江苏小城镇的调查并不能结束，过去的调查只是第一阶段的摸索。为了全面地认识江苏全省小城镇的面貌，以便与上述地区的经济模式做比较，我们将迈开双脚，越过长江、淮河，对徐（州）、连（云港）、淮（阴）、盐（城）、扬（州）五市的小城镇进行考察。我们希望我们的探索能有助于社会主义建设新局面的开展。

小城镇 苏北初探

(1984年7月18日)

1983年12月结束苏南4市小城镇调查时,我们决定"烟花三月下扬州",到苏北继续江苏小城镇调查研究工作。我们一行于1984年4月21日(农历三月)到达徐州市。按照江苏省委的建议,访问了苏北的徐州、连云港、盐城、淮阴、扬州5市。行程3000华里,途经20个县,停留访问9个县、2个集市、9个乡镇企业,1个港口和1个水利枢纽,5月10日在南京集中,共20天。时间短促,所以只是"走马看花",为苏北调查做了初步的探路工作。但由于课题组先期出发,配合各市的研究人员,预先进行了探索,我们每到一地均能取得较有系统的调查资料。经过和当地各级有工作经验的负责同志共同讨论和选择重点进行观察后,使我们对苏北情况有了一些概念。在这个基础上对下一步调查工作的定点、定题、定人、定期、定质做出了规划。我们对江苏省委的支持,各市领导及工作同志的密切协作,表示由衷的感谢。

一

"苏北"作为一个区域的概念并不是很明确的。如果用长江为界把江苏省划为南北两区，长江以北除了徐、连、盐、淮、扬五市以外，还有南通一市，南京市的六合、江浦两县和市区的一部分。但是现在通用的概念苏北却只指上述五市。我们去年访问"苏南"包括了苏、锡、常、通四市，也和地理概念有别。把地处长江之北的南通市和长江以南的苏、锡、常三市并提作为一个区域，是从它们经济发展上的共同性来说的。有人把这四市列入上海经济区，我们基本上也同意这个观点。但是如果深入一层看去，南通市的北部，包括海安和如东两县，实际上受到上海市经济辐射已很薄弱；常州市西部的金坛、溧阳两县，无锡市的宜兴县亦复如是。我们曾粗略计算，上海经济区大体只包括以该市为中心周围150公里的地区。

江苏省内经济发展区域的划分，迄今还没有一致的看法。我倾向于同意在苏南、苏北之间还得划一个苏中区，把扬州市的沿江一部分和镇江、南京两市合成一块，甚至包括南通市的西部及北部在内。不论是两分法或三分法，提出这个问题是有益的，因为我们感觉到江苏省内的经济发展是不平衡的。各有特点的经济发展区域应当在各方面做出区别对待。但是目前调查工作还不足以提供解决这个问题所必需的根据。我们这次调查不包括上述"苏中"地区在内，所以本篇所讲的"苏北"实际上是以上述三分法为范围的。

我回想我自己，长久以来对苏南和苏北的区别就存在着许多不符合实际的错误看法。在我的头脑里还保留着一种早期流行的对苏北的偏见。那就是把苏北看成一个贫穷落后没有前途的苦地方。这种偏见其实只反映了解放前近百年的历史，既与长期的历史不符，也和当前的情况不合。

苏北这个地区经济落后，民不聊生，只是解放前近100

多年甚至更短的时期以来的情况。在帝国主义入侵我国之前这地区曾经是个经济繁荣的地区。我这次访问中印象特别深刻的是这地区在明清两代出了那么多民间喜爱的文学巨著的作者。在淮安我们走访了《西游记》作者吴承恩（1500—1582）故居，在连云港游览了传说中孙悟空"王国"里的花果山。我们到了《水浒》作者施耐庵（元末明初）的故乡兴化，但限于时间没有去拜谒他的墓门。在赣榆听到人们说这是《儒林外史》作者吴敬梓（1701—1754）幼年读书的地方。在连云港南的板浦镇休息时，又听说这就是《镜花缘》作者李汝珍（1763—1830）著书之地。更不用提兴化的郑板桥（1693—1765）了，他的狭小的书斋还保存着他的珍贵手迹，历劫未毁，真是人间幸事。16世纪以来，文人荟萃于这个地域，决不是偶然的。古人说"人杰地灵"，用现在的话来说，必有其物质基础，就是以繁荣的经济作为底子的。

用这个做引子，我们不难看到，苏北的盛衰实倚于运河的兴废和黄河的通塞。京杭运河是世界上最长的运河，曾经从徐州到扬州畅通苏北全境。在徐州还可以看到原是流经这里奔腾入海的黄河的旧道。现在盐城附近的上岗乡，宋天圣年间（1023—1032）范仲淹出任盐官时，在此筑堤以防海啸。这条被称作范公堤的就是现在通榆公路的基础。可见当时的运河东离大海只不过80公里，其间以运河和黄河为主干，河道纵横，构成了有如今日江南的水网地区。扬州在唐代是个对外贸易的海港，后来又一直是中原广大人民日用必需品食盐的集散中心。具有地理上如此的优势，真是一片繁华胜地，难怪十年梦醒的诗人念念不忘的还是此间二十四桥的明月。

徐淮地区经济的繁荣，依靠着运河这条南北交通运输的动脉。尽管元明之际，黄河一再决口，屡使运河淤塞，但是历代建都在北京的中央政权总是不能容许这条动脉中断的。直到19世纪20年代，距今160年，部分漕运改用海道，1855年黄河改道山东，运河运输才南北断航。这时帝国主义已入侵我国，内忧外患，不断发生，加上1911年津浦铁路通车，这个在南北经济联系上已失去关键地位的苏北地区，随着水利失修，灾害连年，日益衰落。在解放前的近百年中，苏北人民悲惨的处境形成了至今还存在于一般人印象中贫穷落后的面貌。

苏北地区在解放前由于地理及历史的原因，经济上和苏南相比的确显得贫穷落后了。解放以后，苏北人民在党和政府的领导下，从治淮工程开始大兴水利，改善了灾祸连年的局面。30多年来，共挖土172亿方，基本上建成了以京杭运河和灌溉总渠为主干的灌溉和防洪、防滞、防旱、防渍、防潮基本配套的工程体系，使苏北农业发生了根本性的变化。过去被称为洪水走廊的淮河两岸，低洼多涝的里下河沤田，经过治理都成了一年两熟，甚至三熟的丰收田。三中全会后实行了联产责任制，农民的积极性爆发出来。近三四年来亩产赶上甚至超过了苏南出产稻米有名的苏州地区，过去的"逃荒区"已经成了现在的"商品粮基地"。淮海平原的"锅底"兴化县粮食年产达到20亿斤以上，创造了江苏省的最高纪录。徐州到连云港过去是黄河古道，一片盐碱，现在用水压碱，广种水稻，取得了丰收。不仅不再需要返销粮，反而有大批余粮接济山东的产棉区，协助了邻省的经济开发。

苏北五市由于土地面积广于苏南，解放初期粮食总产就高于苏南，但人均占有水平仍较苏南为低：1975年苏南是718

斤，苏北是 662 斤。1983 年苏北粮食总产已达 381 亿斤，比 1978 年翻了一番，人均占有达 1352 斤，超过了苏南。经济上苏北在江苏省的地位已经起了极大的变化。它和苏南相比，概括地说，在人口、耕地、粮食、棉花、油料上都是六四开（北六南四），农业产值各占一半，但是工业产值和工农业总产值只是三七开（北三南七），乡村工业和财政收入上是二八开（北二南八）。❶

1983 年苏北五市在江苏全省的比重（南通市划入苏南计算）：

人口	3470 万人	56.6%	农业产值	132 亿元	51.9%
耕地	4490 万亩	64.7%	工农业总产值	293 亿元	35.5%
粮食	381 亿斤	62.4%	工业产值	160 亿元	28.2%
棉花	802 万担	60.5%	乡村（社队）工业	42 亿元	26%
油料	900 万担	61%	财政收入	17 亿元	23.8%

上述数字表明了苏北五市在粮、棉、油产量以及农业产值上的绝对数字已超过苏南，但是由于工业，特别是乡村（社队）工业发展较慢，所以在工农业总产值上比苏南落后了相当大的一截。这是目前苏北五市经济的基本情况。总的说来，由于水利建设的成就和实行了联产责任制，苏北农业大发展，根本改变了 100 多年来贫穷落后的面貌，人民的温饱问题已经解决，具备了进一步大发展的条件。

继续把苏北看成是个贫穷的落后地区显然是错误的了，而且应当看到它的潜力大、后劲足，在农业上的优势已经表现出来。北部的煤矿是江苏能源供应地，不断发现的如水晶这类

---

❶ 这里所引用的资料中，南北对比是以全省两分法为依据的。即苏北包括徐州、连云港、盐城、淮阴、扬州等五市，苏南包括苏州、无锡、常州、南通及南京、镇江等六市。

珍贵的矿藏还是今后尖端工业的必需品，正在钻探中的淮海油田频传喜讯，加上东海沿岸广阔的滩涂，大可开发，所以从发展的前途来说，苏北完全有可能后来居上。

二

苏北不仅和苏南有所区别，它本身各地区在社会经济发展上也存在着不同的水平，而且由于自然及历史条件差异，各地区也各有其特点。我们从研究小城镇的角度来观察苏北各地区之间的差别，首先看到江苏省测绘局编制的《江苏省地图》（1∶100万）上，在徐州市和淮阴市范围内所有的地名中带上"集"字的特别多，凡是带集字的地名多的地区，很少带镇字的地名。带镇字的地名多的地区，如连云港、盐城、扬州等市，带集字的地名就比较少，甚至没有。如果这两类地名确是表明经济发展上不同的实体，那也就使我们看出苏北整个地区经济发展的不平衡了。因此，我们不得不追问一下集和镇，或者说集市和集镇，区别何在？

集市可能是人们很早就有的商品流通的场所。在我国确是古已有之。《康熙字典》在"市"字下引《说文》："买卖所之也"；引《易·系辞》："日中为市"，"致天下之民，聚天下之货，交易而退，各得其所"；引《周礼·地官》："五十里有市"，又"大市，日昃而市，百姓为主。朝市，朝时而市，商贾为主。夕市，夕时而市，贩夫贩妇为主"。这些解释不仅说明了古代商品流通的方式，而且也说明了现在我们还看得到的集市的基本情况。

在最基层的贸易场所的集市上活动的主要是散居在农村里的生产者。他们带了一些自己消费不了的农业或手工业产品到这里来出售，卖到了钱就在这里购买自己所需要的东西，这是接近原始性的商品交换，实际上是生产者之间的直接交换，货币过一过手，只作为计算媒介来使用。

这些进行买卖活动的人，一清早从住处来到集市上，当天还要回到住处，所以在以步行肩挑为主的时代，赶同一个集市的人们不容易超过半径25华里范围，所以说"五十里有市"。住得离集市最远的人走到市上大约已到中午，所以中午时市上集中的人数最多。苏北一带人们称市为集，也许就指很多人会集在这地方的意思。"集"字是指杂、众、聚、会（见《康熙字典》）。昃即中，"日中为市"。这时市场上的人，为数最多的是想来进行交易的生产者，所以说"百姓为主"。在早上已经在市上等待顾客，不是从村子里走来的人，他们常是那些专门以交易为职业的人，称为"商贾"。现在的集市上就可以见到一些商人很早就在街道两旁摆摊子，等候顾客。到了夕阳西下，有些带了货物想出售的农民，如果尚未成交，而又不想把货物再背回家，就会宁愿低价出售。这时就出现了一种收购货物，储存到下一个或另一个集市去出售的人，这些人就是"贩夫贩妇"。我们的古书能为集市做出这样具体的分析，说明了我国很早就有这种集市了。

这种集市对我来说并不陌生，因为我在抗战时期住在云南昆明南面呈贡县城附近的农村里。在县城外，离我们住的村子有20分钟步行的距离，有个龙街（苏北称集，云南称街），平时只有一座庙和几十户人家。每隔6天，到了街期，四面八方的各族人民都来赶街，有上万的人，摩肩擦踵，热闹异常。

这次为了要了解集市，我们特地到沛县的敬安集和睢宁县的大李集去参观。这两个集比呈贡的龙街发达得多。在市集的街道两旁有百货商店，这些商店是每天都营业的，只是赶集那天顾客特别拥挤。街上有许多临时的摊贩，出售衣衫布匹和各种百货，摆摊子的都是领有执照的个体商人。街道两旁还有许多用木板或铁皮构成、容得一个人坐在里面工作、不用时可以加锁关闭的小亭子，坐在亭子里的人大多是为人修理钟表、收音机等新兴的服务行业人员。传统的理发和修理农具的铁匠，有的已有店面，也有摆摊子的。整个集市还划分若干专门出售某种货物的分场。各分场里，街道两旁分别有许许多多面前放着几篮鸡蛋或是几袋粮食、一堆蔬菜的"老百姓"，即农村里来出售自己产品的农民。在人数上说，以这种自售产品的农民为最多。但是营业额却是百货商店领先。我们曾去参观过的这些大集，据估计生产者直接出售的贸易额只占集市贸易总额的1/3。这种集市和呈贡的龙街已有所不同。这里有日常营业的商店进行交易，只是逢到集期才有摊贩和农民间的贸易活动，而龙街不到街期，除了供应街上居民零售的小店外可说是没有贸易活动的。

我们所参观的大李集是苏北有名的大集，这个地名在中学用的地图上也找得到。它原有"小南京"之称，正处在睢宁县和安徽省的交界上，赶集的人很多是越省而来的。集上常住居民有8500人，赶集的人数一般在2万到3万间，到春季大集时，可达到10万人，山东、河南都有人来。平时每10天赶4个集，每集成交的营业额少则20万元，多则40万元。有9个分场：猪羊、牛马、粮食、木材、肉、蛋、小百货、蔬菜、柴。在摊子上和商店里有来自上海和苏南各城市的产品。有十多个理发店，还有6家小旅馆和4个浴室。但到目前为止，还没有货栈。贩运看来还只限于小量的个体活动。商贩们从这个集市上买了东西到另一个地方的集市卖出，在差价中获利，实际上是取得运输上所花的劳动报酬。

像大李集那样的大集，在苏北有多少，我们还不清楚。以徐州所属六县来说，据我们得到的资料，大小集市共有286个：赶集人数超过2万的有12个，超过1万的有43个，超过5000的有65个，在5000以下的有166个。在"文革"期间，这些集市都受到过打击。但是农民不可能完全自给自足，他们之间互通有无的活动是取缔不了的。所以当时尽管街头站岗拦阻，摊贩被驱散，但是其实只是把集市分散和改变场所罢了。当然，这种打击对农村经济和农民生活为害严重。

在苏南的常州、无锡、苏州三市已经看不到这种形式的集市了。如果进行比较和分析，也可以看到在苏南，农民到市场上直接向消费者出售自己生产的商品的活动这几年来已有所恢复，即所谓"农贸市场"。但是一般只有清晨的早市，七八点钟已经收市了。这种活动在市民副食品的供应上尽管起着作用，在整个商品流动中并不重要。而且农贸市场一般是经常性的，而集市是间隔几天才有一次。

还应当指出，这种集市在苏北说，也不是普遍的。我们到盐城和淮阴探问过这些地区有关集市的情况。我们得到的答复是在灌溉总渠以北各县一般都赶集，但是渠南各县，即使也有赶集的，重要性已不大，因为以经常营业的商店为主构成的农村商品流动中心的小集镇已经比较多了。

我们对苏北各县集市的调查正在进行中，对上述的说法还没有核实。我们只在江苏省测绘局编制的江苏省地图上把以集为名的地点（可能是一些大集，至于小集在这种地图上是查不到的）计算了一下：在灌溉总渠以北的地区共77处，渠南共15处。其中最密集的，即有10处集以上的有睢宁、淮阴；5处集以上的有铜山、宿迁、沭阳、涟水。在地图上都没有带着集字的地名的县有：连云港市的赣榆、东海、灌云，盐城市的射阳、建湖、大丰、东台，淮阴市的盱眙，扬州市江都、兴化、泰县、泰兴、靖江。这个统计并不能充分反映集市分布情况，因为有些集市没有上地图，有些以集为名的地方现在不一定有集市。但是在一定程度上从地名分布上看到情况和当地干部给我们的答复是相符合的。大体说来，以灌溉总渠为界，渠北多集市，而渠南较少，规模较小。集市少和小却并不反映商品流通活动较少，相反地，却反映了这个地区已经有较多的以经常营业的商店为主构成的作为农村商品流通中心的小集镇了。从地图上看，集市少的也正是集镇较多的地区。

我们也许可以把集市看成是集镇的前期形式。在农村商品经济发展中集市可能逐步成长为集镇。集市上的贸易活动可以说是初级的，在发展上看是比较落后的，而且反映了农村经济不发达，存在着大量的剩余劳动力。在集市上，我们看到那么成千上万的人，熙熙攘攘，挤来挤去，为了出卖几十个鸡蛋，几百斤粮食，走上几十里路，在集上蹲上半天，热闹一番，浪费的时间实在不少。如果农村里活路多了，谁还会愿意整天向集上去跑呢？

但是在苏北的北部，集市对农民的吸引力目前还是很大。有首民谣说："集市像块吸铁石，吸着农民去赶集。手里扶着犁，心里想着集。身在地里干，心在集上转。赶了东集赶西集，一天到晚忙赶集。东集买、西集卖，一天能赚七八块。"

对商贩有成见的人，可能对这民谣有反感，但是我们却看到了集市在商品流动中的重要性和当前农村经济繁荣后农民对商品流动的迫切要求。如果对流通渠道不加疏通和提高，大量劳动力作为个体商贩被吸收到贸易活动中去是势所难免的。至于在这个地区里，怎样促进集镇的发展来代替或部分代替这种集市形式的贸易活动，正是值得我们注意研究的课题。

集市分布的不平衡启发了我对苏北社会经济发展不平衡的研究兴趣。从集市的分布上，我们看到苏北的东北和西南两部分存在着集市和集镇数量上的区别，我们接着看到这种区别同样反映在各市经济结构中工农的比重上。简单和笼统地说：徐州各县是农七工三；连云港市各县和盐城市灌溉总渠以北各县是农六工四；盐城市渠南各县是农五点五工四点五；淮阴市也要分南北两部分，北部可能近于徐州市各县，南部如淮安县是农六工四，近于盐城渠南各县。扬州市里下河各县情况与盐城南部各县同，或农工相等，不相上下，有局部地区工业略高于农业。但是通扬运河以南各县都已是农四工六，在产值上工业超过了农业，接近苏南水平。各县工农比重的具体数字还待汇总。但是大体可以说，工业比重以西北部为最低，向东南方逐步上升，但在灌溉总渠以北工业一般低于农业，到了里下河地区工业才相等于或略高于农业，要过了通扬运河工业才胜过农业。

根据这些材料，我们是否可以初步把苏北划成西北和东南两部分，这两部分的界线并不能划得很具体。大体说来西北部包括徐州市和淮阴市在灌溉总渠以北的地区；东南部包括连云港市、盐城市、淮阴市南部和扬州市在通扬运河以北的地区。至于通扬运河以南的地区，我倾向于把它和南京市、镇江市划在一起，作为苏中区，也就是上述的三分法：苏北、苏中、苏南。这些是从当前经济发展的总面貌来划分的区域，不同于一般经济区域的概念，因为这只是从几项表明社会经济发展水平的基本指标来衡量的。最重要的指标就是上面所用的一地总产值中农工的比例以及集镇发达的水平。我们正在按这个要求制定一些可比性的统计指标，以备进一步在江苏用问卷调查法进行一次宏观的普查。必须指出，从这些指标统计显示出来的区域差别并不是长期不变的，而必然会随着各地不同发展速率而改变，所以与一般地理学上的经济区划是不同的。我们这项研究的用处在于帮助在建设过程中因地制宜，避免一刀切。

三

我们这次调查访问的路线是从徐州进入苏北境内，向东到连云港，折南入盐城，转西去淮阴，然后南下扬州。时间是北多于南，形成了前松后紧，到扬州市区已快到期限，又需要花几天时间进行讨论，以至没有去访问洪泽湖周围各县。所以在总结这次"探路"工作时，这一部分的情况几乎是空白的，只能有待今后的补课了。下面我想以我们的旅程为序，把所见的情况和问题做初步的提示。有些问题是我们在一地看到的，很可能其他地区同样存在，我们所掌握的有限资料还不够做出概括性的叙述。由于这不是苏北全面的调查报告，所以各区的详略也不等，看得多一些的就写得多一些。

徐州市本来是一个省属市，体制改革中，附近6个县划归徐州市领导,这个地区实际上是淮海平原的一部分,徐州市区本身是这个平原东部的一个重要经济中心。至今尽管有种种行政区划上的限制,它和山东南部、安徽北部,甚至河南东部经济上联系还是相当深。据说,解放初期由徐州百货二级站供应商品的区域有四省44个县,现在还有跨省界的20多个县,2000多万人口(徐州市6县共690万人)。这个区域的社会经济特点,比如上面讲的集市多、集镇少,可能是这一部分黄淮海平原的一般情况。

徐州市区是一个拥有78万人口的中等城市,在交通和资源上都具有突出的优势。贯通南北的津浦铁路(1908—1911年通车)和贯通东西的陇海铁路(东段1921—1925年通车)就在这里交叉。在资源上它以"江苏的煤都"出名。有煤就有电,徐州电厂的发电能力达80万千瓦。在此基础上解放后发展了钢铁、水泥、机械、化工、纺织等工业,总产值1980年超过了20亿。我们在事前期望能看到这样一个中等城市,在其所属各县起着推进乡镇工业的作用。

我们到徐州后不久就去附近各县访问。我们在公路上走了很久也看不到烟囱,大概要走60—70公里,看到烟囱时,几乎必然是县城所在地。我们询问这个地区有多少个"镇"时,每个县几乎都说只有县城这一个镇。我就诙谐地说,如果苏南吴江县自称在集镇上是"多子女",那么这个地区一县一镇可说是"独生子女"了。这些"独生子女"的县镇在三中全会后确是已经面貌一新,乡镇工业也有了发展。比如丰县的裘皮机械厂,沛县的毛纺厂,睢宁的棉纺厂,去年产值均达到300万元。但是一出县城,我们从公路两侧所见到的来说,除了一些烧石灰或砖瓦的窑厂外,很少见到工厂。因此,徐州市市区之外各县的工业产值只占工农业总产值的30%（加上徐州市区的工业，占61.8%），而其中一半以上是食品（30%）、农产品加工（14%）和建材业（7.8%）。这种情况不能不使我们对徐州这个"煤都"应起的作用有点失望了。为什么这样一个能源丰富、交通又这样发达的城市却没有把工业扩散到四周农村里，像苏南那样发展乡镇工业呢？

我在《小城镇　再探索》中强调了上海和其附近中等城市对乡镇工业所起的作用，而这里却并不如此。这是为什么呢？经过和当地干部讨论，初步的看法是徐州这个煤都主要是采掘工业，劳力重于技术。徐州的制造业是解放以后才开始的，1949年工业总产值只有4000万元。解放后，由于苏南工业发展，需要能源，徐州的煤矿得到了迅速的发展，在经济恢复的5年里，年产量就提高了一倍，现在年产量达1200万吨。采煤的技术却还是着重在体力劳动。全市职工从解放时的5万人增加到现在的39万多人，其中固然包括新兴的其他工业，但主要是煤矿职工。这就表明徐州的工业在性质上和上海及其附近中等城市不同。徐州的采掘工业比重较大，一般只提供原料，不进行加工，在技术上带不动附近的乡镇工业。

另一方面，徐州地区的农村经济以往一直是以农业为主，缺乏家庭工业的传统。在过去又长期在"以粮为纲"的指导思想下，农村没有发展工业，直到目前为止，农村工业还刚刚起步。三中全会后实行了联产责任制，激发了农民的积极性。在这五年内，农业翻了身，1978年至1983年，粮食总产从34亿斤增加到73亿斤，棉花由56万担增加到146万担。皮棉单产平均141斤，居全省第一。所以这个地区农村的变化是农业的发展所带来的，主要的变化也是农民的生活基本需要得到了解决。过去吃的是山芋干，现在吃的是大米、白面。至今他们还是用"大米饭、白面馍、山芋干子换酒喝"的话来表达他们对新局面的颂扬。温饱问题是解决了，人均分配却还在250元（1983年）的水平上，一般说来，还谈不上是富裕起来了。这种情况基本上是适合于苏北的西北地区的。

联产责任制的落实，农民从大锅饭中松绑出来，苏北的农民和苏南的农民一样，都发现每家有多余的劳动力可以利用来增加收入，但是怎样去利用，找什么活路却各地不同，那是受地理、历史等条件所制约的。一般说来，在苏北像苏南一样从小型工业里找出路的农民比较少，他们主要是搞副业，和搞农业延伸出来的如碾米、酿酒等农产品加工业，以及其他为农民服务的如烧石灰、砖瓦等非农业生产活动。当然，在近一两年来，各地区都出现了一些类似苏南的制造业性质的小型企业，但还没有取得主要的地位。

在这里我想特别提到我们在徐州市丰县见到的劳动输出的情况，这可以说是江苏省日益发展的活动。徐州全市现在已有1.3万人有组织地出外承包建筑的劳动队伍。当地称劳动输出为"不冒烟，挣大钱的工厂"。他们每年春季出外，入冬回乡，一个普通工人可以带回1000多元的工资，技工为2000—3000元，从全市来看，分到各家的收入总数有几千万元。

搞劳务输出在江苏并不限于徐州，也不限于苏北，全省去年据说有100万人的建筑队伍在全国各地活动，南到深圳，北到黑龙江的大庆，西到新疆的克拉玛依和西藏的阿里。他们以质量高、速度快、成本低、不拿公家东西而受到当地的欢迎。去年我在南通和沙洲调查时已经听到劳动输出这件事，而且听说南通一市的外出包工的建筑队伍挣回了上亿元的收入。这在当前江苏农村经济中是一笔重要的收入，不仅改善了农民生活，而且为农村经济的发展提供了资金，是乡镇工业赖以发展的原始积累的一部分。

这次我们在丰县遇到了一位在徐州地区来说最早组织建筑队外出的领班人，他原是地委的干部，"文革"期间被下放到丰县。丰县是他的家乡，家乡的领导干部让他搞建筑站。当时两派正在打派仗，他在家乡还是呆不住，就把队伍拉了出去，到辽河油田承包国家的建筑工程。他有组织能力和才干，加上能吃苦耐劳的苏北农民，很快掌握了建筑技术，并打出了牌子。从几百人开始，几年里队伍扩大到几千人，现在已有上万人。他自己虽则已经回到市委做领导工作，但是这个建筑队伍越来越壮大和活跃了。

把队伍拉到外地离乡背井地去搞劳动，在徐州来说是像他这样的同志创始的，但是这项办法却有它的传统基础。正因为如此所以其他地方也不约而同地在搞性质一样的劳动输出。苏北这个地方历来就有外出找活的传统。过去这里是多灾多难的苦地方，自从水利失修，连年灾荒，几乎每年要发生"就食江南"的人口流动。每逢大水来临，农民们就用泥土封了门，全家外出逃荒。有些地方，如里下河地区，在大水时节，全村可以空无一人。这些逃荒的人，如果在外地找到了活路，也就不再回乡了。在我幼年时，苏南太湖边新涨的土地上每年都有这种难民住下垦荒。太湖水涨，淹没了他们的土地，又得到城里来讨乞，甚至劫食，成为我家乡一件无可奈何的烦恼。更多的难民是到城市里去卖苦力。解放前上海工资最低、劳动最重的苦活主要是由苏北逃荒出来的人负担的。很多是被榨尽了血汗，客死异乡，也有的站住了脚跟，成了都市里的下层居民。据说现在上海1000万居民中至少有100万人的祖籍是在盐阜地区。他们过去聚居在杨树浦和闸北的贫民窟里。另外，扬州的"三把刀"（理发、修脚、厨师）几乎包办了这几行在过去是微贱的服务专业，不仅全国甚至国外的侨区，都有他们的地盘。

现在的"劳动输出"虽则可以溯源于早年的逃荒和走码头，但本质上已起了变化。现在是有组织、有领导、有专业、为人民服务的劳动队伍。这种劳动队伍对其他地区，特别对边疆地区的建设做出贡献，是一项社会主义的新事业，实际上是技术和劳力支边。对于江苏这样人口过密的地区，有计划地输出劳动，尽管户口不迁，正是减轻人口压力的一个积极的办法。

我在前年曾发表过《做活人口这盘棋》一文，提出了要做活我国人口这盘棋需要做两个棋眼：一是发展内地的小城镇这种人口蓄水库，一是疏散人口到地广人稀的边区去开发那里丰富的资源。这次我看到了离乡不背井的劳动输出，深深感到这正是把两眼联通的一着重要的棋。因为这种不落户而为当地建设服务的劳动队伍，正是民族地区欢迎的人口流动的形式。现在还只限于建筑业一行，还将逐步推广到其他行业和其他建设事业，并由短期的流动发展到较长期的流动。一旦队伍大了，人数多了，不是同样会起平衡人口分布的作用吗？新的事物一旦发生，如果符合客观的需要，必然会茁壮成长，蔚成大业的。

四

从徐州市,我们东行入连云港市境。连云港市除市区外有3个县。这3个县都不是一县一镇,而是一县多镇了。东海县的县城在牛山镇(1.5万人),西有桃林镇(1万人),赣榆县的县城在青口镇(2.2万人),东有海头镇(1万人),南有沙河镇(1.1万人)。灌云县的县城在伊山镇(3.6万人),北有板浦镇(1.2万人),东有徐圩镇及扬集镇(7000人)。连云港市府所在地新海区(23万人)外,北有猴嘴镇,南有南城镇(6000人)。除了县城所在镇,上面这些镇都没有建制,因为据当地的干部说,没有建镇的原因是想取得税率的优惠(现在对乡镇工业的优惠税率已经取消)。事实上一般都承认这些地方是"镇",在我们所用的地图(1:100万)上,许多在地名后有镇字。凡是地图上不加镇字,而在当地政府给我们的材料上称"镇"的,我们在上述地名后都加上*号。

徐州市的一县一镇,连云港市的一县多镇,在地名上徐州市范围内没有"镇",连云港市范围内没有"集",这些明显的对照固然值得注意,但是实际上的区别并不是那样绝对。我在叙述集市时已说过,比较大的集市上都有经常营业的商店,而且很多前门是店,后门是田,亦农亦商,集上有多少非农业人口不易计算。一到赶集的日子,就有许多本街道和附近各村来的人在街道两旁摆摊子,出卖批发来的货物,他们只是间断性的临时商人。还有许多农民背着自己生产的鸡蛋、蔬菜等等到集上来出卖,卖得了钱,就在集上买他们所要的东西回家,他们还不够格称作"商人",只是进行交换的生产者,在徐州一带的集市上后面那两种人比较多,固定的商店比较少,也许就因此称集不称镇。

在连云港市东海县的桃林镇和赣榆县的沙河镇平时有比较多的商店和工厂经常营业。桃林街上有20多家企业，其中3家是有名的酿酒厂，还有40几家商店；沙河街上有针织厂、面粉厂和大小商店。但是一到赶集的日子，四方客商，蜂拥而至，赶集的人平时在2万人以上，春节和会期（指传统的集市大会，有些地方称庙会，一年有好几次）多至5万人。如果在赶集日子去参观，它们和睢宁县的大李集并没有多大不同，但不在赶集的日子，大李集的面貌就不如桃林和沙河了。所以"集"和"镇"的差别在苏北主要是集期从间隔到连续，营业从临时到经常，门面从摊子到商铺的变化。由于商店多了，天天有贸易活动，像桃林和沙河那些地方一般就被称"镇"了。在苏北被称为镇的地方一般依旧是赶集的地方，每逢集期四乡来的人就多。人数尽管多，但生产者之间交换性质的贸易额却比较少。只是在一些赶集人数在几千人的小集市上，商店和摊子少，生产者之间的交易在比重上才多些。这类小集民间称作"青菜集"或"草鞋集"等。看来，集市必须分大小和层次。商店、摊贩的营业额的增长和集市的大小相关，最后也就成了"集镇"。

我们这次到苏北访问，正当各市县领导干部开会传达贯彻今年1号和4号文件，宣传提高农村商品生产，积极发展集镇的战略方针。同时干部和群众都听到了"无农不稳，无工不富，无商不活，无智不进"这句话。因之，当时已不是要不要搞乡镇工业、要不要发展集镇的问题，而是搞什么工业和怎样建镇的问题了。

在建镇问题上，我们感觉到有些人似乎还认为只要在原来的集市上设立些行政机构和挂上一个新牌名就可以了。事实并不这样简单，所以有必要把集（市）和（集）镇的区别再着重说一说。我们认为只有在农村相当高水平的商品生产基础上才能形成名符其实的镇。而高水平的商品生产单是靠农业是不容易达到的，还必须发展乡镇工业，苏南有镇无集可能和很早就有生产商品的农村手工业有关，而近年来乡镇工业的发展更使集镇兴旺了起来。农村传统工业不发达的苏北，单纯依靠农业商品生产的地方，集市已经足以适应商品流通的需要，甚至集市还处于一定的优势，所以集镇也就不易发展。工业的商品生产与农业的商品生产不同，不仅需要出售产品的市场，还需要产前原料的供应和户中的种种服务，乡镇工业的经营更大地依赖于作为农村经济中心的集镇。这样看来，苏北要建镇还有待于乡镇工业的兴起和农业生产的进一步商品化，也就是说，建镇包含着在原有集市上进一步发展乡镇工业。

苏北的农民温饱问题刚得到解决，只有很小一部分农民开始富了起来。温饱靠农业，富裕靠副业和工业。乡镇工业上苏北比苏南还有相当大的差距。我在上面已说过，据当地干部的估计徐州市区的工矿业除外，郊区和6县的工农业产值上的比例还是三七开，而连云港的工业比重略高，大约是四六开。这种估计和我们在东海、赣榆所参观的几个集镇的印象是符合的。但是还没有用统计资料来核实。徐州市原是省属市，统计数字和所属各县容易划开，而连云港市区本身据说是3个镇联合构成，至今在地区上还是不相连接的。哪些企业应当划归乡镇工业还不那么清楚。如果只从所有制上着眼，集体所有制的企业一共1002个（占企业总数的80%），而产值只有3.8亿元（占全市工业产值总数的28%）。我们知道有一个时期,集体企业办得好了就会收归全民所有,所以单从所有制来划分也不能真正反映乡镇工业的比重。这些问题将留待进一步研究。

从现在资料来看,乡镇工业在苏北还是不发达的,只有扬州去年产值超过20亿元(其中大部分应划归苏中区),其他各市都不到10亿元,盐城7.9亿元,淮阴4.3亿元,徐州是5.3亿元,连云港如果以2.8亿元计算,是居末位,但是以地区来说,面积最小,只包括3个县,相当于淮阴市的四分之一。大体说来苏北一个市的乡镇工业,产值上只相当于苏南四市里的一个县。这是因为苏北的乡镇工业起步比苏南迟,在今年1号和4号文件下达之前,乡镇工业一般说来还没有被认真作为发展方向来对待。

由于起步迟,乡镇集体所有制的企业基础较差。当农民吃饱穿暖要求富裕的时刻,国家的政策已在家庭承包责任制的基础上鼓励专业户的发展。这种历史条件和乡镇工业起步早的苏南就有所不同。苏南乡镇工业是在公社制度下起步的。公社、生产大队以及生产队作为集体单位办工业,资金是集体积累,经营和分配由社队领导,经过了五六年甚至更长的时期,社队的集体经济实体大多已经巩固和壮大,底子比较结实。

苏北乡镇工业起步迟,联产责任制落实得早,个体专业户发展得快,因此,我们很想知道专业户对发展乡镇工业所起的作用。那些在苏南早期就由集体经营的企业,在苏北是否将先由专业户或经济联合体开始经营,其后又将怎样发展成地方性的集体或超越地方的同业性的集体企业?这些问题还有待今后加以观察和研究,现在还只看到一些苗头。

据赣榆县提供的资料,今年该县专业户近6万户,经济联合体1087个，发展相当快。赣榆县委1984年3月编了一本《勤劳致富一百例》，提供了该县自从三中全会以来"两户"的109个具体例子，其中工业（修理、农具、加工、建筑材料、采掘）42例，商业运输10例，养殖28例，种植27例。可见这些专业户和重点户主要还是经营家庭副业，养猪、养鸡、种菜、种果树的能手，一面兼种口粮田，一面发展专长，收入近万。其中带有集体性质的有一户养鸡专家，除自家养鸡外，建立了47家联系户，给他们技术指导和提供雏鸡。还有一例是4家共同承包一条小渔船，出海捞捕，按劳分配。在工业方面组织形式比较多样，最多的是个体户单独开办或承包一个企业，如烧窑、修理、箍桶等小作坊。也有一例是9个人向集体共同承包一个农机修理厂，由集体拨给厂房和工具，每年上缴定额利润。还有一些由个人承包，招收职工、付工资的例子，如耐火材料厂、塑料厂、柳编厂、磷肥厂、翻砂厂等，其中雇工最多的达15人。以赣榆县现在的情况看，从个体专业户发展到集体企业还有一段距离。

我们在赣榆县参观一个个体户集资联合办的百货商店，这个商店里的职工，入店时都得交一笔款作为投资，工作期间除工资外享受利润分红。据说这种方式集资快，并解决青年就业问题，能为农民接受。人们说，现在农民手上钱多了，为了孩子花一笔钱找个事做，都愿意。这种个体户联合体看来正在增加。据说全县已有375个这类的企业，资金270万元，参加的有2000多人。

从个体经营发展到集体联营的例子，我们是在徐州市丰县听到的，也不妨插在这里一提。丰县的单楼乡许庙村，有家姓董的，兄弟几家合起来有32口人，制造镜框条，畅销京、津、宁、鲁、豫等省市，人均收入2000元。今年和县供销社搞联合体，由社提供县城里的厂房和营业所，配备会计和营业员，投资3万元，供应原料，以后利润按协定比例分红。

我们看到苏北地区农业丰收，农民手上有钱了，而且又听说由于劳动输出，每年有几千万元流入农村。由于考虑到发展乡镇工业需要积累资金，因而想知道分散在千家万户的钱农民是怎样花的。苏南乡镇工业是集体企业，得到的利润首先积累作再生产之用，然后通过工资和集体分配流到农民手上。农民拿到钱首先改善生活，从吃、穿已经进入到住的领域。盖新房子，一层改两层，这几年苏南农村里盛极一时。在苏北，吃穿的问题刚刚解决，房子也开始更新，从土墙茅屋，逐步转向砖墙瓦顶改造，但速度似乎不那么快，有些地方旧的草房还占一半，有些房子的茅草屋顶，只在四周换上一圈瓦片。农民的钱用到什么地方去了呢？

我们在赣榆公路上看到五六辆带拖斗的手扶拖拉机一连串、一连串地前进，印象很深。询问之下，知道这些都是今年农民新添置的生产资料。据说今年1月以来这个县的农民已买了汽车50辆，船300条（共850吨），拖拉机850台，折合成本有二三百万元，表明了农民投资再生产的积极性是很高的。当前运输是热门，赣榆几家自备汽车搞运输的都成了万元户。农民迫切要买汽车、搞运输，反映了运输工具的供应远远赶不上当前农村经济发展的速度。同时，值得注意的是这些都是个体户的投资，用来发展专业的。

在这里我们注意到了当前农村经济发展过程中资金的积累和使用的问题。以苏南来说，这5年多来农村经济建设基本上已做到自给，不像以往那样要向国家伸手了，而且目前农村积累的资金已有的向城市投资，这是一个新的苗头。苏南农村之所以能达到这样发达的水平，在我们看来，是由于苏南在农业的原始积累的基础上，通过公社、生产队等各级集体经济实体，自己投资创办了工业，工业里累积的资金除一部分分给社员，实际上是以工补农，扣一部分支持各级社区的公共建设和公益事业外，都用来作再生产的资金。这是通过集体渠道的积累方式，效果是比较好的。

现在苏北，如上所述，这几年中农村的发展主要靠个体农民、专业户、经济联合体以及劳力输出得来的报酬，这些生产和服务所积累的资金分散在千家万户。从什么渠道能把这些分散的资金集中起来，使其成为发展工业的资金呢？银行储蓄固然是一个已有的渠道，但这个渠道能在农村里吸收的储蓄额，有人估计不会超过农民手上可以用来投资再生产的一半。还有一半怎样办呢？上面我们已提到农村中已在实行"带股金进厂"的集资办法。这种办法实际上已包含了"股票"的性质，只是不能转手的股份。是不是有地方还有更灵活的措施而出现一种新型的股份企业呢？我们将拭目以待。

五

从连云港我们南下到盐城。盐城这块地方是多少年来黄河和淮河下游沉沙淤积而成的。由于东临大海，所以自古就是产盐之区，汉代即在这里设置盐官。现在盐城市的行政区域里除市区外还有7个县。在灌溉总渠以北的三县：阜宁、响水、滨海和淮阴市的灌南、涟水两县，历来被认为是苏北的苦地方，直到灌溉总渠修成后，才有所改善。这里的农民经过30多年的艰苦劳动搞了大量农田基本建设，推广科学种田，特别是三中全会后贯彻了正确的路线、方针、政策，大大改变了面貌。我们这次"探路"没有在这里停留，所以不多说了。灌溉总渠以南盐城市境还可以分为东西两部分。西部的陆地形成得较早，传说宋代范仲淹在这里做官的时代，筑了一条防海潮的堤，称范公堤，就是现在通榆公路的路基。在这条公路上的上岗镇传说是早年人们在此避海啸的沙岗。在盐城市附近确有许多冈字作地名的如大冈、上冈、冈中、龙冈等集镇。这就表明这条线之东，土地成陆的时期较近，大约只有1000多年。这段时期里涨出了通榆公路以东近50公里宽的沿海地区，黄河和长江冲入东海的沙上还在继续淤积在江苏沿海，现在已有广大的滩涂，潮水落时一望无际。著名的东沙离海岸远达50—60公里。估计东海滩涂如果加以人工围治，在江苏部分就可以有800多万亩良田。

我这次并没有去海滨观察，但是课题组有两位同志事先在东台县调查了该县中心港口滩涂附近的弶港镇，所以我们了解了一些情况和值得展望的前景。

先说盐城东部，这地方很早就产盐，这里出产的盐称作淮盐。盐是人民生活必需品，所以历代封建王朝就定为独占的官卖商品。这里的盐民所产的盐全部要低价缴公。再由盐官委托盐商运销全国，称为官盐。承包运销的称盐商。盐城是基层收购中心，扬州是盐商麇集的码头。纸醉金迷，腰缠十万贯，才下得了扬州去做一场繁华美梦。沿海的盐民却受着残酷的封建剥削，靠出卖体力劳动过日子。所以盐民居住的地区经济是十分落后的。

清末，南通出了一个恩科状元张謇，当地人称"三先生"。他是个"实业救国"的实践家，着意谋划在家乡兴办工业，从国外引进了机器纺织的技术，在南通开厂经营。为了培植纺织厂的原料，他看中了苏北这块沿海的沙地，从南通起直到盐城，推广植棉。这件事被称为"废灶兴垦"，即把原来的盐场改成棉田。从经济上说是从简单的采掘收集进入了开荒种植，把生产力提高一大步。在这片沿海地区上所生长的棉花，就被收购来做他在南通经营的纺织厂的原料。当帝国主义在第一次世界大战中无力顾及东亚的空隙，苏南的无锡、常州、南通兴起了现代的纺织工业，为长江三角洲打下了民族资本企业的基础，而这些纺织厂的原料主要来自苏北沿海地区，所以这个地区原是苏北主要的产棉区。

这个产棉区的盛衰倚赖于长江三角洲民族资本纺织工业的盛衰。30年代中叶纺织工业比较有起色，所以这地区也比较繁荣。但是抗日战争开始后，苏北成了我们新四军的抗战前线，在拉锯战中许多集镇和农村被敌人破坏。这个地区的经济一蹶不振。

解放后，这个产棉地区虽则有了一定的恢复，但是接着在极左路线的政策下，发展缓慢，直到三中全会后才出现新面貌。根据我们课题组在弶港镇的调查，我们了解到这个镇附近的新东乡是1979年开始由内地移民开垦建成的，经过五年，现在已有8100人，那就是说，群众对开垦滩涂有很大的积极性，这是完全可以理解的。盐城市现有714.9万人，只有921万亩耕地，每个农业人口只分得到一亩四分耕地，称得上人多地少。而弶港镇附近东台县境内却有20多万亩等待开发的荒地，至今新东乡只利用了5.5万亩，人均耕地近7亩。人均收入1981年是309元，1982年是347元，1983年已到475元，高于盐城各县的平均水平。所以滩涂确实具有吸引人的能力。

弶港的调查提出了移民开发滩涂的远景。在弶港附近东台县境内目前至少还有15万亩荒地可供开垦。即以新东乡人均7亩计算，大约可以移入2万多人。据初步估计苏北有400—500公里长的海岸线，800多万亩的滩涂荒地，如果由国家投资每亩约300元，地方出劳力，进行开发滩涂的基础工程建设，群众可以进去开荒，仍以上述标准来计算，至少可容100多万移民。

江苏现有人口6000万，到2000年估计将增加600多万。这是现在必须心中有数的严重问题。如果能在今后15年里鼓励群众积极移民开辟这片滩涂，除了农业人口可容100万人外，每15公里建立一个5000人的小集镇，沿海滩涂以30个小集镇、每镇5000人计算，大约可容15万人。这对减轻江苏今后15年内的人口压力将起重要的作用。当然，我们并没有把可以由国家作为重点建设投资，采取规模较大的围滩工程来开辟的苏北海岸外的东沙（从地图上看南北20公里，东西有40公里，在退潮时出现的沙滩）打算在内。而且如果满足于与江苏其他地区相等的生活水平，每人2亩土地已经足够，现有可供开发的滩涂可容纳的人口就可以增加一倍半，可达到300万人，占了15年内新增人口的1/2，如果东沙可以开辟，江苏新增人口的就业问题完全可以解决。

要使滩涂成为解决江苏人口压力的重要出路，除了鼓励和加速移民去开垦外，主要是引进乡镇工业，在沿海建立小集镇，使基层行政单位有财力为移民提供土产，生活上必需的社会措施。我们在弶港看到在原有的渔业基础上发展了食品工业，就推动了附近农民的多种经营，增加了收入。集镇上有了乡镇工业的支持，可以集资改造道路，建造文娱场所。有了乡镇工业也就会办起商店，跟着有了邮政、电话等通信设施，便利了居民。开垦滩涂的居民亦工亦农，安居乐业，又会从他们的故乡吸引来更多的移民，把原来荒废的土地开垦成欣欣向荣的果园和良田。我们对这方面的调查还刚开始，为了进一步开发滩涂有必要总结像弶港一类创业的经验，并发现一些开发滩涂中必须解决的问题。这是一项应当引起大家注意的新兴事业。

六

盐城市在灌溉总渠之南的那一部分，以通榆公路，即原范公堤为界，可分东西两区，东区就是上面所说的产棉区，西区属里下河地区，一向是产粮区。里下河地区包括东台的西部，以及盐城市的阜宁、建湖、盐城郊区的主要部分。扬州市的高邮、兴化、宝应及江都和泰州的北部、淮安的南部，是苏北平原最低洼的地区，而兴化是它的"锅底"。我将把跨市的里下河作为一个地区来叙述。

在里下河东界，正处在产棉区和产粮区的交接线，由于棉粮的交换很早在这条线上就兴起了许多集镇，比较有名的，由北而南是：阜宁县的阜城，建湖的上冈，盐城郊区的伍佑，大丰县的刘庄、白驹，东台县的东台、安丰、富安。在这条线上的大小集镇有22个，占盐城市范围内集镇总数的20%。

这些集镇过去都是农产品和淮盐的集散地，而且大都是以原有的农村为基础形成的，所以集镇上农业人口占多数。如建湖的许多乡属镇，农业人口占80%，东台县全县集镇人口计21万人，其中农村人口有12.5万人，占60%，如果按现行行政上建镇标准都是不合格的。其中有些集镇在解放后成了公社（乡）的政府所在地，添置了一系列乡级机关，成了政治中心，集镇有所发展。近年来也有些集镇发展了乡镇工业，改变了单纯作为贸易及政治中心的作用，工业开始在集镇的经济结构中取得较高的地位，有些已接近于苏南的集镇。

一般说，在70年代以前，这些集镇上工业是不发达的。1966年盐城全市社镇企业只有280多个，多数只是粮棉加工和铁木农具的制造及修理。70年代中期，有一部分集镇开始兴办社队工业，三中全会后才有较大的发展。1983年统计，盐城市（包括东西两部在内）乡镇企业已有5603个，职工24万余人，工业总产值7.9亿元。在这期间有些集镇新建了高层建筑，增添了文化设施，铺设和整修了路面和地下水道，集镇面貌有了改观，呈现一派繁荣景象。

我们去访问了盐城郊区的大冈镇，使我们改变了苏北到处都没有较发达的集镇的概念。像大冈一样的集镇在苏南也并不是很多的。这说明只要政策对了头，乡镇工业发展了起来，集镇是必然会随之繁荣兴盛的。苏北完全有条件像苏南一样兴办乡镇工业，大冈镇能做到的，苏北其他地区也能做到。当然现在这方面还赶不上苏南，那是过去这段历史造成的，只要认真贯彻"提高苏南、发展苏北"的方针，起步虽迟，后来者还是可以居上的。

大冈在盐城市的西南边上，是大丰、兴化、原盐城等三县的接合部，常住人口5500人，是盐城历来有名的大镇之一，也是盐阜地区最古老的集镇之一。据说在明代已经设镇，距今有400多年。当时只有"百户"，到了30年代已有六七千人，较今常住人口为多。它的周围河道纵横、土地肥沃，是苏北的鱼米之乡。方圆三四十里内的农民利用水道的方便，都到这里来进行贸易，形成了一个农副产品的交换中心。抗战前极盛时镇上从事商业、饮食、服务业的就有700多户，仅粮行就有几十家。运粮船只延绵九里，十分壮观。当时街上的私塾有几十家，就学儿童数量不少。

抗战时期，大冈镇曾经沦陷，开始衰落。解放后稍有恢复，但50年代粮食实行统购统销，三大改造中个体粮行撤销，以粮食的商品交换为基础的大冈镇就一蹶不振。集镇人口先后精简了三次：1954年调整商业网点调出300多人，三年困难时期下放600人，1970年后又动员了300多居民到农村落户。近年来人口逐渐增多，但尚未达历史上的最高记录。

与苏南一样，大冈镇到70年代开始好转。当时利用苏南下放职工和城市工厂"闹革命"停产的时机创办了乡镇工业。三中全会后，工业迅速发展，1978年产值已达849万元，1983年一跃而达2000万元，居全市各集镇的首位。集镇居民从60年代人均年收入70—80元达到1983年300元的水平。总结这段转衰为兴的历史，关键是在政策，办法是在办了工业。当其衰也，居民温饱尚难解决，每年要由县政府拨上万元补助困难户。70年代大办工业后，经济情况年年改善，现在镇上已有国营企业16个，大集体企业7个，社镇企业28个。1983年全乡农副工总产值5000万元中，社办工业产值占36%，队办工业占53%，以这个乡镇范围来说，工业产值已略略超过了农副产值了。

大冈镇办了工业，吸收了大量农村剩余劳力。这个乡原来人多地少，人均只有一亩二分耕地。农村人口经常外流，仅在盐城市区工作的职工就有三四千人，构成了对城市的人口压力，乡镇工业办了起来，现在已有2000多人住在附近村子里，白天来镇上做工。他们离土不离乡，不必进城找活路。这样成了人口进城的阀门。

大冈镇的工业是办得有成绩的。镇上发展了工业，同时带动了农村也办起了工业。镇上有3个针织总厂，带动了30个大队办起"松散联营、独立核算、自负盈亏"的分厂，在产供销上由总厂统一负责，形成大厂带小厂成功的事例。还有采取产品转让来帮助落后大队的发展。这样使得这个乡的经济迅速地商品化和工业化了。

大冈镇的工业在引进技术和人才，以及镇乡联营办厂扩散工业布局方面，在苏北做出了很好的榜样。他们较早采取招聘办法来罗致技术人员，其中有一个原在别地错打成反革命的人，到了这里不仅不受歧视，而且得到发挥专长的机会，成了技术上的骨干力量，做出了重要贡献。由于对外来的技术人员照顾周到，所以他们都能安心工作，而且陆续延聘人才，现在已有外地技术人员73人。他们为本地培训了120名技术骨干。这几年各厂派出260多人到外地学习。社办的14个工厂中受过培训的职工占总数的70%以上。由于着重对外地的开放和联系，与外地建立了业务往来的单位有47个，有协作关系的单位36个，常驻外采购组有5个，购销员有97人，在各大中城市的信息点12个。这样就使得大冈能取得较远的大城市的辐射，直接与上海及天津的工业发生关系。这对大冈乡镇工业的发展起了很大的作用。

以我们这次匆促的访问中所见到的情况来说,像大冈那样发展了乡镇工业,而且已有成绩的集镇,如果把市区和县镇除外,在苏北还是不多的。我特地把这个例子提出来就是想说明,苏北完全有条件兴办乡镇工业。而且在这个例子中也告诉我们如上海、天津这样的大城市的辐射力并不限于毗邻的地区,因为技术和智力的传播,主要是通过人。他可以超过空间间隔传播,和远近距离固然有关,但并不是必须衔接才能起作用。大冈可以接受上海、天津的技术信息,甚至进行协作,就是个例子。苏北离开工业发达的大城市固然较远,交通条件也差,但是如果多注意创造渠道和有利条件,还是可以收到大城市的经济辐射力,用来促进本地区乡镇工业的发展。我们希望苏北有更多的像大冈那样的集镇早日形成。

我们从里下河地区边缘,进入高邮和兴化两县。虽则限于时间,没有能下乡观察,但访问了这两县政府所在地的高邮镇和昭阳镇,对基本情况有一些概括的了解。

里下河地区经过解放以来多年的水利建设,已经形成了一个苏北的"江南水乡"。过去由于地势低洼,农民生产只能靠一熟的沤田过生活,三年两头淹,每年亩产只有三四百斤。所以常常有大批难民去江南就食。解放后还有一段时期依赖国家调粮救济,兴化县1951—1952年调入120多万斤,1955年合作化时,还调入30—40万斤。1954年,200多家铁匠中大部分外流谋生。60年代初期度过困难时期之后,不久又碰到十年浩劫,农民个人分配水平一直在百元以下。所以里下河地区的农村经济直到1978年才好转。现在整个里下河地区已成了国家的商品粮基地。兴化县一亩农田年单产平均已在750公斤上下。成为全省产粮最多的县。这个变化是在5年里发生的，不能不说是"奇迹"。

这个地区的集镇的布局和苏南太湖附近的水乡有类似的情况。过去都是在水道交叉、运输便利的地点，有一个作为农产品交易的中心的小集镇。以高邮县为例：全县有大小集镇46个，以5—10公里的距离均匀分布，平均每27平方公里有一个集镇，大的有七八千人，小的近千人，最大的"三大镇"，人口多至9000人：临泽、三垛、界首。这些大镇的位置，几乎都在离县镇较远和邻县的交界地上。兴化的大镇沙沟、安丰、戴南也是这样，它们都是各县之间的贸易中心。这些集镇绝大多数还没有摆脱集市的性质，一般逢五逢十赶集。三中全会以后出现大集越来越大，集期越来越密的趋势。现在高邮八桥镇除了五天一集外，每天都有鱼肉蔬菜上市，经常有40多个摊子卖副食品。盐城市建湖县的上冈镇，据调查"过去五天一集，现在不期而集。每天有2万人来上冈交换农副产品、手工业品"。这里我们可以看到从集市发展成集镇的过渡形式。看来里下河的大小集镇和集市正在逐步分化，涌现出更多农村经济、政治、文化的中心。

在这些大集镇上同时也可看到非农业人口在比重上逐步上升。据说那些容易遭水灾的低洼地区，农村规模比较大，有达几千户人家住在一起的，这是因为需要选择高地居住的缘故。许多集市贸易就在这种农村里进行，所以作为一个集镇包含的农业人口的比重就比较大。工商业发达，非农村人口日益增加。现在高邮县46个集镇里，农业人口占34.3%，亦农亦工占24.6%，在校中学生占13.3%，非农业人口占27.8%。农业人口比重由于有一部分农民在过去几年里参加了工业生产才从过半数下降到大约1/3，这表明了集镇正在兴起的过程中。

看来这个地区中，若干村子就有一个农民互通有无、定期贸易的小集，即所谓"青菜集"，赶集的大约四五百人。大约15—20华里为半径的区域里，在交通方便的地方，有些就在公社机关所在地，有比较大的集市，赶集的大约有几千人。在这里已有各种家庭里需要的热水瓶一类的日用品。上万人赶集的大集，每个县都有四个到六个，其中最大的一般就是县政府所在地，所谓县城。大集的范围可以包括三五个公社。大集上其实已经以商店为主，有高档的消费品，如挂钟、收音机、电视机、自行车之类，这也是一般农民所参与的最高一级的市场。

现在苏北各县一般说来，县城都已经建了镇，其次的大集大多还没有建镇。看来，这些大集在实质上已经在向集镇发展，但是由于乡镇工业还刚起步，这些大集主要还是农产品的集散和工业品下销的贸易中心，工业的比重还不高。

里下河地区的乡镇工业一般说是70年代初开始的。现在一些大镇上工业已有相当的规模，但以全地区说工业比重还没有超过农业。我们还没有汇总各县的统计，所以只能举些例子来说。兴化县很早就以铁工著名，外地有不少走码头的铁匠是这个地方出去的。但是在解放前都是个体户，只在县城里有几家小的铁作坊，很难说是工厂。但是自从70年代开始到去年，全县工业总产值已近4亿元，已有机械、电子、化工等工厂，但其中一半在县城昭阳镇上。

高邮县城的高邮镇情况类似。解放前勉强能称得上工业的仅有手工操作的三四家铁器厂，工业产值一百多万元。现在已有各种工厂100多家，1983年总产值达1.76亿元。高邮县的八桥镇，是个乡镇，70年代开始办社队工业，1983年已经有10个工厂,产值达617万元,占全乡工农总产值50%,在全县乡一级的集镇中名列第二。更小的集镇如高邮县天山乡南荼村近百户人家,办了一个红星皮件厂,去年产值480万元,利用积累铺了两公里的公路,还兴建了浴室。从这些事实看来,这个地区的农民已开始认识到农业翻了身之后还得兴办工业才能富裕起来。

总的看来,里下河地区和上面讲过的几个地区一样,在最近短短的五年来,农业有了迅速的,甚至可以说是出乎意料的发展,特别是过去受灾严重的里下河地区,变化更显得突出,原是"逃荒区",已成"米粮仓"。以兴化县戴南镇为例,农业人口人均年收入1978年只有131元,1983年达到422元,5年里提高了3倍。令人不易相信的,据材料说,这个镇上的非农业人口的收入不及农业人口,因而有人认为这样解决了"城乡差别"。实际上,这只说明这个地区工业不发达,甚至赶不上农业。城乡差别并不能用这个公式来解决。

现在存在于苏北这一部分地区的主要问题还是怎样迅速发展乡镇工业,实现在经济上后来居上。从当前的具体情况看,农业的大发展固然解决了农民的衣食问题,但同时也产生了一系列新的矛盾。农民吃饱了肚子,交了公粮,手头还有大量粮食怎么办?在集市上我们看到副食品和日用品销得很快,而粮食很少有人来过问,卖不出去,其他农产品也是如此。去年大蒜价格高,今年种大蒜的面积增加了,外地收购不积极,结果大批大蒜无法出售,也无法贮藏。我们访问时期,种蒜的农民还在哇哇叫。这件事足以看出储藏的仓库、保存农产品的设备和流通渠道都跟不上农业的增产,甚至表明农业增产如果不和加工工业相结合,必然会发生供需的矛盾。

苏北农民目前只有向饲养业找出路,作为家庭副业的养猪、养鸡、养兔等等有了很快的发展。我在上一篇论小城镇的文章里提到的"百万雄鸡下江南"也就是由于苏北粮食增产,自己吃不完,用来作饲料来饲养猪、鸡、兔等家畜家禽,但是这些东西还是要成为商品出售到市场上去的。现在正在用很初级的方法向需要较多的江南输送,可是这些活的家禽在运输中因死亡的损失很大。这就逼着苏北农民发展食品工业了。同时许多大集市都在考虑设立仓库和冷藏设备,使禽畜粗加工后能储藏起来,再分批外销。

我们在兴化看到一个蔬菜加工厂,把一个乡菜农所种的各种蔬菜脱水烤干,包装出口。这是一个最典型的为农业服务的加工厂。其他如小规模的酱鸡作坊、皮蛋厂等等都属于这一类。苏北最近急迫兴建的就是这类加工工业,而以建筑仓库和冷藏库开始。这种加工工业兴起之后,就可以促进专业户和饲料工业,进一步可以形成一个直接从农业丰收中成长出来的农工循环系统。

当然,也应当指出,这和发展其他制造业,甚至如利用石英和水晶发展激光等一类尖端工业并不矛盾。也许正可以从当前比较简单的加工工业做起,使农民进一步富起来,使农业的继续丰收不受挫折,从而积累资金,为发展精加工和专门性的制造业创造条件。

怎样发展工业和发展什么工业是当前苏北经济发展的主要课题。没有经过深入研究之前,我们还不能提出具体的建议。我们只想指出,苏北乡镇工业起步较慢,而且将在农业大丰收的基础上发展起来,所以它所走的道路不可能重复苏南早期所走过的路,我们必须从具体的实际出发来解决这些问题。

我们这次"探路",由于时间太仓促,收兵过早,对洪泽湖周围淮阴市所属各县(除淮安县外)及京杭运河之西各县,都没有去访问。课题组的同志目前正在这些地区进行调查,我自己也希望能有机会去参加他们的工作,所以有关这些地区的情况还得留待以后再写了。从江苏全省来说,我们对包括南京、镇江两市及扬州市通扬运河以南各县的苏中地区,还没有去调查访问,这应当是下一步的工作。

小城镇　新开拓

（1984年11月6日）

南京、镇江、扬州，联结这3个城市的一片狭长的三角地区，被人们称为长江下游的银三角。1984年的仲夏与初冬，我分别两次走访了这个地区。6月中旬进行的初访，由于受到时间的限制，只参观了南京市的两个郊县，听了南京、镇江两市的一些情况介绍，至多算是张网捕鱼，所得有限。因此在重访之前，我拟了一个大纲，确定了放矢之的，以求弥补前次的不足。从10月24日抵镇江，先在地处长江之中、四面环水的扬中县住了6天，重点了解该县的乡村集体企业与农户的合作、个体工业。此后便渡江北上，经泰州、泰兴到南京，11月6日返京，调查历时14天。

两次调查前后相隔不到半年，可是客观事物发展得很快。实践的步伐迫使我们用发展的眼光去探索和认识这里的变动规律。在3年前提出小城镇研究课题时，农村的生产责任制刚在苏南落实，不少乡镇企业还举棋未定。几年来我追随着人民的实践做研究，从苏南到苏北，再到南北交接的宁、镇、扬地区，活动之频繁常使一些好心人为我担忧，可是我总觉得自己的认识还合不上时代的拍子，怎敢有所懈怠。

这次银三角之行，恰逢党的十二届三中全会决议发布之后，我所接触到的城乡干部、乡村企业的职工和农户的主人们，无一不在设想怎样适应全国城市经济改革的新形势。在与他们的攀谈中,我学到了许多新东西,受到了强烈的感染。这里,我试图以此为主线,描述分析这一三角地区的经济、社会发展特点及其发展趋势。我似乎窥见到农村、小城镇、大中城市紧密联结和农村经济、乡镇工业、城市经济互相交融的前景。这一广阔的前景对我们的小城镇研究提出了更高的要求,我们应当扩展自己的视野,开拓小城镇研究的新局面。

一

继在苏南、苏北调查之后,我注意到有个地区还没有接触到,那就是宁、镇、扬地区。这个地区大体包括扬州的南部、镇江、南京以及毗邻安徽省的一部分地区。从地理上看,该地区西南部多丘陵,东北部多平原,依傍东流长江之两侧,位于江苏南北交接处。鉴此,我在第一次到镇江时,曾提出是不是可以在经济发展上将这一地区作为"苏中"对待的问题,向有实际经验的同志请教。

当我第二次到镇江时,一些干部和群众就向我反映说是否能将"苏中"这个提法改一改。提出这个要求的理由,据说是一提"苏中",人们就觉得它与上海经济区无缘,于是在该地区与上海、苏州、无锡、常州等大中城市的联系挂钩时就受到或大或小的阻力,甚至在电力等能源的供应上也另眼相看,得不到保障。这些情况的出现与"苏中"的提法究竟有多大的相关性我并不明白,但对拉闸停电我却有直接的感受。在扬中县逗留期间,大约隔天就要停一次电,少则十几分钟,多则几小时。我们还可点上几支蜡烛就晚餐，别有一番风味，可是各种各样的机器就无法运转了。据该县有关部门统计，1984年1至10月份共停电37次，其中10月份就有15次。由此造成该县工业的直接损失和间接损失估计达1000万元。

如果说问题出于"苏中"这个概念，那是违背我提出它时的原意的。随着小城镇研究由点到面的扩展，我觉得有必要在整个江苏根据一定的社会经济发展指标划出若干个区域来。这种社会经济发展区域的划分，其意义在于两个方面。一是对研究者来说，划区是一种必不可少的分析方法。因为各地小城镇无论在人口数量、经济规模等发展水平上，或是在社会结构、生活方式等特征表现上都有共性和个性。这些共性与个性是由一定区域的经济水平和社会历史造成的，因而不同区域间小城镇的共性和个性可以进行比较研究。二是对政策研究者和实际工作者来说，划区可以确定它在全局中的地位。在制定具体政策时要充分注意到各地区的不同特点，缩小相互间发展的差距，在指导工作上可以根据各自的长处与短处，扬长避短，发挥优势。

当然，划分社会经济区域的指标必须有效，这样才能体现出不同区域在整体中所处的位置。我在《小城镇 苏北初探》中应用各县工农业总产值中工业与农业的比例来做划区的指标，当时发现苏、锡、常、通地区的工业产值都超过农业产值，一般都是工七农三。而苏北的北部，与苏南相对，一般却是工三农七。自北向南，这个比例中的工业成分逐渐加大，到扬州一线，一般都达到工农各半。至于宁、镇、扬地区的工农业产值比例情况，那时尚未计算，所以我就先提出上述的设想来请教。

为了确定宁、镇、扬地区经济水平在全省的地位，我在这次调查中，除计算镇江所属四县1983年的工农产值比例外，还根据1983年的各县工业统计资料，计算了江苏全省各市的县均工业产值作为分析时的辅助指标。

镇江市四县1983年工业产值（包括县、乡、村三级，单位亿元）：句容2.10、丹徒2.57、扬中2.84、丹阳8.50。工业在工农业总产值的比例（%）：句容51、丹徒65、丹阳75、扬中79。可见镇江四县工农产值比例都高于苏北，接近苏南。

再看江苏省各市1983年县均工业产值（单位亿元）：连云港1.38、淮阴1.49、南京1.63、徐州1.83、盐城2.48、镇江3.02、扬州4.30、常州5.73、南通5.76、苏州8.17、无锡10.67。宁、镇、扬低于常、通、苏、锡，而与苏北诸市相交叉，略具优势。南京郊县和苏北的徐、连、淮同是2亿元以下，扬州、镇江和盐城同是高于2亿元、低于5亿元。常、通、苏、锡都超过5亿元。

值得注意的是处于南京四周五个郊县的平均工业产值低于扬州与镇江的一倍，还停留在苏北的一般水平上。这一事实在我前次访问其中的两个县时就感觉到了，只是没有数字显示那样清晰。按照在苏南调查的经验，乡镇工业的发展总是离不开对该地区发生影响的中心城市的作用。由此推论，南京对宁、镇、扬所组成的大中城市体系与上海对苏、锡、常、通组成的城市体系一样，应当对自己所处的地区乡镇工业产生较强的影响力，犹如两个相对独立的星系，各自产生辐射，照亮星点周围的太空。但是客观事物和我们的预想不合。于是我就试图去寻求发生差别的原因。

首先，我注意到宁、镇、扬三个城市的历史。它们三点组成钳形，为长江下游的咽喉，优越的地理位置使它们成为历史上著名的军事战略要地。远溯孙吴，近至太平军，都在这三个城市设防，南京城里就有能伏兵数万的城墙，镇江东郊的炮台至今还留存着，因此这三个城市代代相沿的第一位功能，便是军事防守。加上南京曾数度作为封建帝王和国民党都城的原因，使它在城市形态和结构上趋向于封闭。

其次，还可以从宁、镇、扬三个城市工业产值和结构与苏、锡、常、通四市比较，更容易看出它们的区别。这七市各自的工业总产值（单位亿元）是：无锡86.9、苏州86.8、南京85.4、常州60.5、南通60.1、扬州54.4、镇江28.2。南京居第三位，扬州、镇江实力较差。这七市轻工业的比重（%）分别是：南通72，扬州61，无锡、常州各58，镇江53，南京38。就是说，轻工业在整个工业中南京只占1/3，镇江占1/2，其余各市均约占2/3。这说明南京、镇江是重型工业结构的城市，而且据介绍南京的重工业里较大的比例是军工生产。因此我们认为：历史造成的封闭状态、工业实力较差，以及重型工业结构，特别是封闭性的军工生产是造成这些城市对附近地区经济辐射力较差的主要原因。

说到这里，或许有人会问，既然镇江市区工业实力较差，且属重型结构，它所属四县的工业何以有接近苏南的发展水平呢？对此我们做了调查。例如对该市工业产值最高的丹阳县的42家乡镇企业的挂钩单位做地域分析，发现在46个对外挂钩单位中，只有1个是镇江市的；又如该市工业产值比最高的扬中县，有一家乡办的化工仪表配件厂，近年来它在设计、生产及原料、产品的供销上与全国180个单位有或紧或松的联系，其中没有一个是镇江市的，南京市也只有6个，占总数的3%，其余大多集中在上海、北京等大中城市。为了避免个案分析的片面性，我们还对该市四县乡镇企业的厂长、供销员和技术员各按3%的比例随机抽样，询问他们在资金、原材料、设备、技术、产品、市场信息等六个方面对外联系主要受哪一个城市的影响。回答结果是上海的比例最大，南京为1/5强，镇江只有1/6。

以上分析使我认识到，该地区的三个城市，特别是南京与镇江，还没有充分发挥其带动整个区域经济协调发展的中心作用，孕育着相当的潜力。从该地区大部分农村来看，它们是在主要争取远距离城市影响力的情况下努力发展乡镇工业的，出现了一个紧追苏南发展的局面。如果我们将本区域经济中心的作用叫作"近距延扩"的话，那么远距离经济中心的作用就可称为"超距辐射"。在调查时，我听说今年南京市正在采取一个市区企业带几个郊县乡镇企业的措施，试图加强近距延扩的力量，这种用行政办法推行的经济联系能否取得成功还有待于在实际中观察。但它说明城市在区域经济意义上处于封闭，近距延扩相对弱小的状况已被注意到了。因此总的说来，宁、镇、扬地区经济发展的水平居中，并显示出由封闭开始走向开放的特点。这是个潜力很大，前景可望的地区，故而我在本文的一开头就引用了银三角这个词。

二

城市由封闭趋向于开放，标志着一个区域性城乡经济协调发展的新时期的到来。对此，我们应当从城市与乡村两个方面，去研究社会经济区域的发展中出现的许多新问题。这里，我主要依据在扬中县观察到的事实，谈谈对联结型的经济实体以及社会主义经济中指令性计划部分与市场调节的商品经济部分之间关系的认识。

扬中县由扬子江中的三个沙洲组成，全县228平方公里的绝大部分集中在中央最大的太平洲上。据介绍，这一片由长江淤土冲积而成的绿洲，在历史上曾是大江南北群众逃战祸、过往船只避风浪的太平之地，故得名太平洲。该县在何时开始有人定居尚无考证，设县治是在民国元年。

我选择这个年轻的岛县作为调查的重点，是因为我听说该县乡镇工业在镇江市名列第二，在人均产值上与第一位的丹阳县相差无几（1983年人均工业产值丹阳县为1112元，扬中县为1092元）。而且在扬中，村以下的小工业办得很有特色。通常说来，农村乡镇企业总是在那些交通较为便利的地方发生、发达起来。而扬中这个江心小岛对外仅有一个汽车渡口，在前往扬中时，由于我们的车辆出了点毛病，我在渡口等了20分钟，结果两岸的运货卡车排成了长龙。据说如果遇上六七级以上的风浪，扬中就与世隔绝了。在如此困难的交通条件下，扬中人究竟凭借了什么发展起乡镇工业的呢？

到扬中的第二天，该县年轻的书记和县长在介绍情况时说，他们对乡镇企业的要求是要搞"散点式的规模经济"。起初我听不懂他们自己创造的这个陌生的名词，随后的解释才使我明白了其中的涵义。原来"散点式的规模经济"是指乡镇企业不能走关起门来办厂的路子，而要以自己的拳头产品为中心，成为乡镇的骨干企业，从而有力量继续向下扩散，以提高全社会的经济效益。更通俗地说，就是乡镇企业要把工业犹如撒沙般地扩散到乡间，直至进入农户的家庭，使在整个乡镇范围内的居民都得到实惠。对此,我在加以概括时用了一句话,要使千家万户富起来。

千家万户富起来,不仅仅是扬中发展工业的目标,而且是扬中人正在实践着的现实。目前扬中县有六大层次的工业企业。第一层次是县级企业,包括县国营、县集体以及正在引进的县级合资企业;第二层次是乡镇级企业;第三层次是村级企业,包括村属集体和村之间的联营;第四层次是组级企业,包括组属集体与组间联营;第五层次是联户企业;第六层次是家庭个体企业。这六个层次的前四层分别对应于早先的县、社、大队、生产队企业,联户企业则是由几个家庭合资经营的企业。据扬中县有关部门统计,1983年有县级和城镇集体企业121个,乡办企业131个,村办企业212个。组以下的企业在全县未作统计,但仅新坝一个乡,就有组办企业117个,联户与个体企业187个。由此可见,这六个层次的企业越往基层,数目就越多,组成了一个塔式梯级的农村工业体系。

为了考察这一工业体系如何使千家万户富起来以及它们内部的关系,我想从中抽取几层描述若干典型的情况。

新坝乡有一位曾当过合作社辅导会计的杜姓老汉告诉我,他家是一个专门制造冰箱、烘箱所需的铜把锁的专业户,除了他与老伴,有两个儿子,两个儿媳与一个女儿,共7人。1981年除花400元买了一台钻床外,他们一位能干的儿子还花150元钱买了零件,自装了一台小车床。就用这一点简陋的设备,采购了一些工厂切削时留下的铜废料和铜渣,从熔铜、刻模、浇铸到切削加工,开起家庭工厂。在这个家庭工厂中,各人都有明确的分工,杜老汉是家长,也是理所当然的"厂长",还兼着供销、钳工等业务。一个儿子专门搞车床,另一个儿子则出模子，儿媳、女儿也各司助理之职，老伴料理家务。这个"企业"开办三年来，杜老汉一家由原来的四间简易瓦房，修起了六间两厢的一排新房。除了上缴5%的产品加工税和1%的工商管理费外，他家用积累添置了5000多元设备，还有约5000元流动资金。当我问到产品销路、收入分配及家庭情况时，他说他们铜把锁有一半以上是销给乡镇企业为电冰箱等产品配套，家庭收入是按大家讨论决定的原则，按计件工资分配给各个成员的。他觉得家里的三亩多地还必须自己种才可靠，而年产1200斤粮由于天天有荤菜也足够了。听完这席话，我对前几年听说的"无工不富"又有了更具体的印象。据统计，在扬中县现在已经有600多户类似杜老汉一家那样的家庭企业。

听完介绍，我又看了一份联户办企业的材料。油坊乡和平第七村民组共有45户人家，其中22户擅长木匠手艺，因此在60年代初期，生产队办起了木刷柄加工厂。可是，这个小小的队办工厂居然也吃"大锅饭"，经济效益极低。最高的年盈利只有1000多元。1980年以后，从向生产队搞加工承包开始，到投股集资联户经营，发展起了8个木刷加工联合体。1983年底，这些联合体共有44个股份、156名工人（全自然村共有劳力91人，所以这些工人中有102人来自外村、外乡），年总产值为45万元，扣除成本、税金等其他开支外，净利约为30%，为13万元，其中工人工资为11万元。股金分红约2万元。现在这个木刷柄联户生产的专业村还在向前发展，联户体已有14个，1984年1至9月的产值就达73.3万元。他们的产品畅销8个省份，30多家木刷厂。

看来，这个木刷专业村原先的那个队办厂被联户企业冲垮了，这使我联想到调查前在家乡吴江县听到一位干部说，个体企业与联户企业的兴起对农村的集体企业有冲击力,所以他们只好采取一些措施去抑制。我觉得这不是一种正确态度,关键是在没有正确的认识。数年前,当乡镇企业兴旺的时候,有一种说法是冲击了城市企业,挖了墙脚。现在联户企业与个体企业起来了,乡镇企业可不能当了"婆婆",忘了做"小媳妇"的时候;这一前一后的两次冲击,何其相似,里边一定有文章。因此与其去抑制,倒不如回过头来总结分析一下集体企业所存在的问题。

这次党的十二届三中全会所做的城市经济改革的决议,要解决的问题之一是国营企业吃国家的"大锅饭",不讲求经济效益;职工吃企业的"大锅饭",缺乏主人翁的生产积极性。这种情况在前些年比现在还要严重,所以那时乡镇企业作为自负盈亏的集体企业就具有很强的生命力。但是我们必须看到,有相当一部分乡镇企业并没有完全消除吃"大锅饭"的弊端,如果不注意调节企业内部责、权、利三者的关系,那么国营企业是吃"大锅饭",乡镇企业则是吃"小锅饭"。国营企业吃"大锅饭"是不容易看见的,可乡镇企业的锅小,大家都看得明白,小锅有多少饭,少了大家就不得不再烧一把。因此乡镇企业要巩固自己的地位,要进一步发展,就应当正视自己的问题,与城市企业同步进行经济改革。事实上,我在基层听到的"一包三改"等措施就是这种改革的开始,并收到了巩固发展乡镇工业的显著效果。

扬中县不仅在乡镇企业内部实行改革措施,而且提出了搞"规模经济"的要求,即乡镇企业要扶持各层小企业,成为小区域经济发展的骨干力量。这个要求是很有远见的,它既使乡镇以下的企业与乡镇企业有机地联结起来,围绕着乡镇企业的拳头产品展开小区域性的工业经济活动，同时也以小促大，迫使乡镇企业的产品不断更新，技术与经营管理走向科学化，于是乡镇企业也就提高了自己。

该县隆兴乡塑料厂就是以大厂帮小厂的骨干厂，它以中间产品扩散、部件加工等各种形式先后扶持了8个村办厂。现在这8个村办厂都形成了生产能力，而乡塑料厂自身也不断扩大生产业务，使这个乡的塑料行业完成产值近1000万元（1983年），占全乡年工业产值的一半。乡里人说，一厂带八厂，富了一个乡。我去参观的联合乡红胜村糖果厂也把果仁加工、纸盒加工等等工序扩散下去，本厂集中力量上新品种。现共有27个品种，年产糖果1000余吨，销往全国16个省市。与上述两个厂类似的乡镇企业在扬中为数不少，因此该县在总体上出现了乡镇企业与小企业双促进的局面，按1至9月份情况估计，全年全县村、组办、联户与个体企业的总产值可达2000多万元。与此同时，乡镇办企业也以约30%的速率在增长。

扬中的"规模经济"使我想起了在今年国庆之前在甘肃定西地区听到的一个国营厂的情况。这个厂是部属的定点企业，管理人员、技术人员和大部分职工来自别的地方，除了当地供给食用品外，它与外界似乎是隔离的，当地人只见原料进，产品出，烟囱冒烟。这个厂与扬中的乡镇企业相比较是另一种模式。如果说在一个小范围内发挥经济活动中心功能的乡镇企业是开放类型，那么类似甘肃那个厂的企业则是内向类型。内向型的企业只是对其周围的地区产生它所需物资等条件的吸聚作用，而不对所处的地区产生经济上的反哺作用。如果一个城市的内向型企业比例大，该城市必然趋于封闭，如果开放型企业比例大，则势必走向开放，从而对其周围地区发生促进生产的影响。

由此我想到,我国的城市企业改革是否应当向那些开放型的乡镇企业看齐,走城乡经济协调发展的道路。从我在扬中收集的资料来看,该县已经或紧密或松散地与许多城市企业进行各种联结,同时还有不少城市企业主动找上门来,希望建立经济联系。这种自下而上,自上而下的双向联结把城市大中企业、县级企业、乡镇企业和乡镇以下的小企业都串了起来,组成了城乡联结型的经济实体。而这一经济实体的运行目标就是区域经济协调发展,使千家万户富起来。

近年来,由于中央几次下达了文件,充分肯定了乡镇企业的地位与作用,特别是这次关于城市经济改革的决议,对社会主义的计划经济涵义做了明确的阐述。在对于基本上进行市场调节的商品经济活动的乡镇企业来说,是彻底破了戒,松了绑。一些企业领导人对我说,他们的疑虑和担忧解除了,现在搞市场调节不会有问题了。他们的这种心情是可以理解的,然而我所想到的是我们必须着力于研究社会主义计划经济里指令性的计划部分和市场调节的商品经济部分的关系问题,使大家的认识在科学的基础上逐步一致起来。否则不管是乡镇企业还是正在改革中的城市企业,它们的经济活动仍将会受到各种各样的阻力。

上述社会主义经济中的两个部分之间的关系问题,在我的头脑里考虑了很久,但由于自己对经济学学得不够,头绪总是理不那么清晰。这次读了决议,觉得它说出了我想说但又说不清楚的话,心里十分畅快。为什么在前些年搞乡镇企业的同志不那么理直气壮?那是因为我们有些同志总是喜欢在概念上兜圈子,把商品经济与计划经济两者对立起来。计划经济是社会主义经济的一大特征，这一点大家都知道。那么与此对立的用市场调节的经济是什么也就不言自明了。于是乡镇企业家们不甘于被戴上那顶帽子，总是千方百计地与城市国营企业挂钩、搞协作，争取和认为是计划经济的企业联系起来。乡镇企业争先恐后地与城市企业联系，逐渐形成了上述的城乡联结型的经济实体，这一结果的意义远远超出了原先的意图。

可是，争取到直接和间接与国家计划中的企业联系，毕竟是少数企业和少数产品，多数乡镇企业还得靠市场来调节。从扬中县来看，前者约占乡镇企业总产值的10%，后者为90%。

那么，绝大多数的乡镇企业怎样开展市场调节的经济活动呢？以扬中为例，主要有以下三个特点。

第一是以小补大。乡镇企业总是把眼睛盯着城市中的小量需要。城市的工业生产存在着千差万别的需要，其中有些需要批量很小，规格特殊，在城市内部往往不容易找到生产单位。因此，乡镇企业则在这一方面下功夫，以小补大。在扬中有一个铜制品企业。它承担的大都是国营纺织厂、机械厂的配件任务，最小的批量只有几百元。

第二是拾遗补缺。乡镇工业总是把眼睛盯在大工业的缺门上。用乡镇企业家的话叫作"钻空子"。我在上面提到的那家糖果厂就是钻了城市糖果厂忽视儿童糖果生产的空子，现在他们的产品畅销，供不应求。

第三是适销补需。乡镇企业总是把眼睛盯在城乡对小商品的需求上。在这一方面，他们利用船小调头快的优势，生产城乡人民日常生活必不可少的千千万万的小商品。在扬中，这种企业的数量较多。

在原材料与能源方面，乡镇企业除了综合利用以外，也走出了投资合股、补偿贸易等路子。由此可见，乡镇企业所进行市场调节的商品经济活动基本上是一条满足城乡生产、生活需求，按照客观经济规律办事的路子。假如从书本上的概念出发，这条路子似乎出了某些条条的框框，可是它却符合我国的实际，并为社会主义城乡经济的发展做出了贡献。因此，无论是从实际效果出发，或是从自下而上的计划体系的要求来看，这样的市场调节是不可或缺的，是与计划经济相辅相成的。这就是说，在实际的经济活动中，真正的计划经济与市场调节的商品经济并没有对立起来，而是统一的、和谐的。正因为两者的统一，在今天的江苏才出现城乡协调发展的崭新局面。

三

江苏农村在大中城市由封闭走向开放的过程中也脱离了半自给的封闭状况。在区域经济协调发展的基础上，乡镇工业是城乡新联结的环节。而主宰这个环节的是农村中涌现出来的各种各样的企业人才。考察农村乡镇企业人才的培养、开发和变化，就可以活生生地看到农村这一社会系统由封闭到开放的过程。

乡镇工业的发展，从总体上看，都经历了由初创、发展到逐渐成熟的三个阶段。在农村中，人们自豪地介绍了许多企业的发家史。例如有一个乡在50年代只有一个农机站，后来引进了少量设备，带出了一个手摇织机厂。后者在发展过程中又分化出一个生产现代纺织机械的工厂。诸如此类，这种如同魔术般的分身法，使不少企业"沾亲带故"。而透过这一幅幅企业间的"血缘关系图",我们大致可以看出对应于乡镇企业发展三个阶段的三代企业。各个乡基本上都是由一二个、二三个第一代企业起家,一个老根抽出许多嫩枝,形成一批第二代企业。以后嫩枝再发,又爆出一批第三代企业。

第一代乡镇企业,绝大多数是50年代末集中了农村社员和集镇居民的家庭手工业而建立起来的。这些简单的集合体从事的生产主要是制造各种农具、农船、简单的机械配件,以及油米加工、建筑等等。它们以铁、木、竹等手工业联社和农机站的面目出现,设备陈旧,工艺简单,产品粗糙,利润极少甚至亏损。这种种特征表明乡镇的第一代企业还处于劳动密集型的手工、机械混合的作坊阶段。

在今天看来,正是这生产简单的第一代企业为下代奠下了基础。因此,我在调查时总是刨根究底,追寻那些奠基者。看来,奠基者有两类人,一类是"热心人",另一类是熟练的手工工匠。热心人是第一代企业的领导者、组织者。他们大多是解放初土改时期成长起来的干部,文化水平虽然低,但是他们有着一股改变家乡穷困面貌的强烈责任心。因而当1958年一鼓而起办工业、两年后一哄而散齐下马的曲折时期,这些热心人没有把集合起来的家当拆完,而是想方设法地维持一定的规模,生产当地农民必不可少的农具,为农业发展出了力。现在,第一代企业的工人,即那些手工工匠,大都年老退职;热心人也分化或转化了,但他们创业的艰辛应当写到乡镇工业的发展史上。

乡镇工业的初创阶段拉得很长,一般而言直到70年代初才进入发展阶段。在这一点上,宁、镇、扬地区与苏南地区大致相仿。在发展阶段,我们可以看到以党的十一届三中全会为分界的两个不同时期,前者为潜流期,后者为释放期。在乡镇工业发展阶段出力的是热心人、能人和刚扔下锄把来当工人的农民。我在扬中县长旺乡化工仪表配件厂就见到了这样的热心人和能人。这个厂的党支部书记是个年近50的中年人,他只有小学文化程度,解放后先后担任过互助组组长、扫盲教师、合作社会计、生产大队支部书记等职务。1968年他来到该厂前身长旺乡农具厂当支书,面对当时毫无起色的农具厂,他托人求贤,找到了一位在上海学生意出身、做过十年车工的下放工人。于是就从这位师傅与购置的两台小车床起家,第一年带出了包括现任厂长在内的4名徒弟,第二年8名。我问那位师傅,现在厂里500多工人有多少是他的徒弟或徒弟的徒弟,他笑而不语,旁人替他回答:几乎全是。这个厂现有11个车间,6个科室,1984年1至10月份产值387万,创利润(税前)110万。偌大一个家业,不就是那两位热心人、能人和全厂"农民"工人开拓出来的吗?

两年来我遇到和听到的热心人和能人为数不少。这些热心人之所以热衷于办工业,是由于迫于人口与土地的尖锐矛盾;这些能人之所以有能耐,是因为他们大多是下放和退休的工人、干部,是城里的和乡里的知识青年。他们在一个乱世的年头机遇般地将城与乡,知识和技能结合了起来。这些我在《小城镇 大问题》一文中已有叙述。

但这里我要说的是他们有胆有识。那时的政治压力还很沉重,可他们有胆子发展,有办法应付。上面所说的那个化工仪表配件厂据说它前身农具厂的牌子还留在那里,现在虽是名正言顺地分为两个摊子了,在那时可算得是一块避灾的护身符。因此,十一届三中全会以前,乡镇工业的发展是一股暗流。正因为受到政治的压力,乡镇工业在潜伏发展期与大中城市的联结是偶发性的,并且是以生产经验为基础而不是以科学技术为基础的。能人们一般仅具有高中以下的文化程度,他们与农村社会本身的劳力、资金要素结合,并没有为生产力的诸要素注入更新的、更丰富的内容,只是促成了农村中本来存在着的潜在的工业生产力诸要素的凝聚,从而形成了一种初级的工业生产能力。所以,那时乡镇企业的特点是,能人们懂得什么技术,企业就生产什么;这些人能搞到什么工业原料,提供什么信息,企业就上马什么。这从本质上说是一种被迫的盲目发展。

党的十一届三中全会以后,冲破了政治上的压力,乡镇企业在潜伏发展期积蓄起来的能量得到了充分的释放。一时间乡镇工业势头之迅猛为人惊异。但是这股势头并不是所有的乡镇企业都能保持得下去,从而进入主动的有目标的发展时期。因为,等待着这新的一代企业的是城市企业与乡镇企业以及乡镇企业本身之间的企业竞争和产品竞争,这是一个更为严峻的考验。生存还是淘汰,关键在于乡镇企业的热心人与能人是否能顺利地转化为各种专业人才,去克服企业在资金、原料、设备、技术、经营管理、产品的推销等一道道难关。

在经受住了考验的乡镇企业中,能人向专业人才的转化是在第一个发展时期里磨炼完成的。这些企业管理人才往往是跟随热心人学出来的,是从第一代企业中会计、供销员或有知识的熟练工人中提拔起来的。他们一般具有初、高中文化水平,年龄较轻,是乡镇企业的第一批专业化管理人才。如果说第一代企业更类似于作坊的话,那么这一代企业是向工业化大生产转变的开端。这批专业化管理人才的一个共同特点是有眼光、有胆略、有魄力、有干劲。在当时乡镇企业基本没有纳入计划渠道的情况下，上马什么，生产什么，完全由管理者根据各方面的条件及信息决定，而且生产所需的资金除企业积累外，还有一部分（有的甚至绝大部分）都是职工自筹的。管理者给自己定的准则是"只能成功不得失败"，他们在痛苦的磨炼中逐步学会了立于不败之地的本领。有眼光是表现在他们能选择市场上适销对路并具有越拓越宽的发展前景的产品。有胆略就是他们具有自己创造条件的主动精神，不按部就班地消极等待。有魄力是指他们能够大踏步地进取，如我们参观了一个电力器材厂，三个月前，这个厂刚刚破土动工，现在已拿出了价值十几万元的产品。有干劲是表现在他们肯下苦功夫，要迅速学会他们不懂的东西。

对乡镇企业的管理者来说，工业生产的经济活动对他们的要求是苛刻的，他们不仅要做生产，还要懂经营；不仅要管理工人，还要学会打交道；不仅要两眼向内看厂房，更重要的是两眼向外看市场。好几个厂长对我说，他们没有在晚上十点以前离开工厂过，没有在夜里十二点以前睡觉过。不少厂长挤时间自学了有关的大学专科课程，对专业知识有了相当深的造诣。他们在实践中逐步将自己培养成了较为全面的新型企业家。他们之所以能做出这样的成绩，并不是由于个人的天才，而是经济活动的实践逼出来的，是在普遍的企业竞争、产品竞争中造就的。

应当说，这一代企业的确向现代水平跨了一步，能够生产化纤织物、工作母机、化工产品、仪表配件等产品了。城市人才下乡传播的工业技术已经开花结果。可是，乡镇企业一旦成长起来，就形成了对城市在人才、技术、原料、产品销售等方面的更大依托。这种依托却不能再像发展阶段的前期那样，做找不到娘的孩子，瞎碰乱撞。因此，在这个时期，乡镇工业突破了行政区划和地理位置等客观条件的制约来同城市大工业发生联系，开始走上了进行多种形式的有机结合的轨道，并由不稳定趋向稳定，由松散趋向紧密。在各种结合中，技术联结、技术合作的内容所占的比重越来越大。

目前，我国城乡之间还存在科学技术方面的巨大差别，如扬中县有工业技术人员190人，仅占职工总数的0.16%；有乡镇企业410个，没有一名有正式职称的技术员。在这种情势下，经济活动的内在要求驱使着科学技术及科技人才由高水平向低水平即由城市向乡村流动。这种与工业经济活动紧密结合在一起的科学技术流向，滋养了农村的一大批有一定文化基础的年轻人，从而农村里迅速成长起了大量的工业技术人才。

科学技术下乡是由两股人才的流动带来的。一股是城市技术人才向农村的流动。这里面又有短期流动和长期流入两种形式。长期流入即从城市引进技术人员，扬中县今年已调入科技人员18名，有一个厂公开招聘后，已与600多名技术人员建立了联系，其中重点准备调入的有64人。短期流动即是以聘请顾问、兼职、短期支援、签订技术合同等方式出现的人才向农村的流动。1983年扬中县正式请来的工程技术人员有201人。没有签订合同临时来帮助解决问题的技术人员也很多。另一股是农村的土技术员为了提高技术向城市的流动。仅1984年上半年，扬中县乡镇企业送到大专院校、科研单位进修、培训的就有45人，送到各类中等技术专业学校24人，省级培训班205人，到外地重点企业代培的有1260人。这些人在城里学了科学知识和技术，还开了眼界，受了现代工业社会的熏陶，接触了现代化的仪器设备，广泛结交了知识分子，他们的收获是多方面的。

在基层调查的过程中，到处能看到乡镇企业求才若渴的迫切感。县一级政府对培养人才已相当重视，就地培养人才的学校在县、乡、村、企业各个层次上以多种形式开办起来。如企业管理干部培训班、技术培训班、中专班、大专班等等。到1983年底止，扬中县已经以各种方法培养锻炼了初、中级技术人才6000多人。

现在，有一些乡镇企业发展得较早的乡，骨干企业已进入了第三个时期即成熟期，这一阶段，乡镇企业已经具备了资金、技术、人才、设备、信息、市场的条件，形成了相当的规模和经济技术实力，有了较强的竞争能力。产品不断更新换代，走向先进化、系列化。企业能够生产高档呢绒、精密机械、化工及电子产品，逐步走上技术密集型产业。推行了现代管理，管理日趋科学化，企业向专业化方向发展。

如果说第三代企业是腾飞而起的骏马，那么它的领导人就是驭手。这一代企业的领导人大都具备了初中以上的文化水平，高中毕业的占相当大的比例。扬中县有企业83个，厂长中高中文化程度的33人。不少人还去大专院校深造过，他们不仅懂得生产实践，而且有了科学的基础知识，懂得现代管理方法，将管理作为一个系统工程，统筹安排各方面的生产经营活动。他们多谋善断，能精心决策和规划，懂得信息的重要以及如何运用信息，懂得有关生产、交换、分配、消费的再生产四个环节以及市场、价值规律等经济学知识。在这样的企业领导人带动下，乡镇企业已不惧怕强手如林的市场竞争，它们能够以自己的优质产品、周密服务、良好信誉取胜。扬中县有5

个产品获得国家、省、市、县科技一等奖、产品一等奖。乡镇企业有2000余种产品，其中已有20多个品种进入了国际市场。

进入成熟阶段的企业，通过各种途径，培养、建立了一批技术人员队伍，并首先具备了设计试制力量。企业对于科学技术的接收能力增强，已经能够引进科研单位、大专院校的研制产品进行试制，并较为迅速地投入批量生产。现在，科学技术下乡，不仅仅由人才流动带动，而且由科技资料流动、信息流动而日趋增长，这表明农村本身的科学技术实力的增长。

乡镇企业的供销队伍，自始至终都是一支最活跃的队伍。他们在企业的生产经营活动中，担负着繁重的任务，一身几任。首先，负责材料与产品的供与销。在市场调节的条件下，要采集到维持一个工厂所需的全部原料，实属不易；要及时销售全部产品，迅速实现资金回收，在目前市场竞争激烈以及合同不严密，乡镇企业之间、商贸部门与企业间相互拖欠款项的严重情况下，更是很难的。其次，他们是产品的宣传员，他们能清楚地讲解本厂产品的长短处、用途及与同类产品的比较，使对方较快地了解产品并接受产品。再者，他们是科技情报员、信息传递员、工厂建立各种挂钩关系的主要联系者。最后，他们还是出厂的产品、设备的安装辅导员、修理员。用一位供销员的话说：我们的本领是不能完全从书本上学到的，我们的经验也没有写进过书里。但我认为这是实实在在的学问。

四

在区域性经济的协调发展中，城乡之间的新联结还表现为信息的相互传递与不断反馈的速度越来越快，形式越来越多样化。在这次调查中，给我留下的一个深刻印象是，从来没有看到乡镇企业的同志像今天这样地讲信息、抓信息。从认识上，他们自觉地把信息反馈能力作为发展乡镇工业的重要条件和提高企业的竞争能力、应变能力的前提。在企业干部的配备与使用上，他们把信息才能和管理、技术才能并列作为选拔的标准。"头脑活络"是挑选干部的最基本条件之一。在组织上，他们把收集和传播信息作为一级机构，并配备专门人员来抓。比如在不少县、乡的工业公司里都设立了"信息科""开发科"来获取综合信息，分析、利用信息。

对乡镇企业的发展来说，它所需要的信息主要是市场信息和技术信息。所谓市场信息即是通过产品的销售市场、订货会议及各种展销会、交易会和政府的商业部门了解有关产品的需求量大小和品种更换以及发展前景。所谓技术信息主要是指技术发展的最新动态及其对产品生产和市场的影响。从扬中县看，这两种信息在乡镇工业的发展中起着促进交流、指导经营、疏拓流通、传输科技、适应竞争的作用。由于乡镇企业生产供销方面基本上是市场调节，所以企业对信息的依赖性很大。因此我们可以说，信息的交流与反馈是乡镇工业生存发展的必要条件。

我们所到之处，都可以看到，乡镇企业在市场调节的实践中创造出了各种各样收集信息的方法。一是供销员在外收集信息。丹阳县乡镇企业派往全国各地收集信息的人员占乡镇企业职工总数的12%以上。这里，信息的收集通常采取的是信息开拓流传的形式。如扬中县有一个乡办厂，初期主要是通过这乡的一个知识青年在上海一家炼油厂工作的亲戚了解到有关的产品信息。尔后，通过这一层关系，这位乡镇企业的年轻人又被介绍到其他工厂，就这样滚雪球似地逐步拓宽了供销渠道，同时也就形成了一个信息网络。目前，该厂已与11个部属和25个省、市、自治区的近180多个单位建立了关系，签订了提供新情报、新技术、新产品的协议书。

二是在深圳、厦门等经济特区和上海、北京、天津等工业发达城市建立信息站和技术、产品窗口。扬中县在深圳等地开了5个窗口，丹阳县在珠海特区开设了一个镇江（丹阳）产品专柜。所谓窗口即是开门市部或在所在地展销中心的柜窗里陈列，销售本地优质名牌的各类产品，以吸引国内外客商，就地观察市场变化，收集商品信息，尔后再反馈回来作为开发新产品的依据，获取最新的技术信息。

三是通过和大专院校、科研单位、国营厂矿企业挂钩，用聘请顾问的形式收集信息。凡是能够保持旺盛的生命力，产品不断更新改代的企业，一般都有"后台"。扬中县长旺乡的化工仪表配件厂5年来共开发了2项10个系列的化工仪表配件，200多个品种，2000多个规格，其中有些还填补了国内空白，产品远销6个国家和地区。重要原因之一就在于这个厂能够从众多的挂钩单位源源不断地获得产品信息。另外，乡镇企业的同志为了获得最新的产品信息，他们聘请专家学者、大商店经理、批发部主任为顾问，从搞科学研究工作的同志那里获得有关产品的更新，改进产品质量方面的信息，从做实际工作的同志处获得关于产品的流向、流量的信息。

四是通过各种专业会议如年会、产品订货会、学术讨论会等来收集信息。刚开始时乡镇企业并没有资格参加这些会议。但他们只要获得了开会的消息，不请自到，进不了正式会场就到与会人员驻地，结识各方面的人士，主动介绍自己企业的情况，诚恳地请求指教和帮助，交了不少朋友，由此获得了大量的信息。有些企业就是这样地获得了或稳住了拳头产品，逐步站到了本行业的前列，从而也就争得了作为专业会议正式成员的资格。

五是通过科委、科协、政协、统计局等组织、团体和部门的力量收集信息。所到之处，我都看到各县的科委成立了开发科，乡镇企业局建立咨询服务公司，专门负责新产品及企业技术难题方面的信息收集工作。科协联系了一大批本县的知识分子及在外地工作的一些家乡人，请他们随时提供本专业的有关信息。政协的民主人士则利用自己广泛的社会联系为乡镇工业采集各方面的情报。县统计局也充分运用手中的统计资料，分析本地区、本省及全国范围内的商品生产状况、物资消耗量、经济效益水平，并把这些信息及时通报给乡镇企业。由此可见，乡镇企业收集信息、运用信息的第一个特点就是渠道众多。以上列举的种种方式只是就调查所得资料的归纳，实际上信息流向农村的道路还要开阔得多。

乡镇工业收集运用信息的特点之二是善于捕捉。乡镇企业的同志在收集信息方面创造了不少新名词，如"直接信息""间接信息"。所谓直接信息是指通过关于产品的销路、产量、需求量、经济效益等情报获得的信息。它的特点是易观察，易得到。弱点在于直接信息是反映经济活动的过去以及现在的状况的，用它指导生产则有一定的被动性。间接信息则是指必须经过自己头脑分析的信息。我以前提到过沙洲县西张乡橡胶厂厂长的办厂经验，感到他很会运用间接信息。小平同志说，"足球要从娃娃抓起"，他从中看到了为孩子们生产足球是个方向，就开始生产贝贝球，从而赢得了市场。现在乡镇企业家们都开始开动类似的脑筋，即不仅消极地从市场上去获得信息，满足人们的需要，而且积极地分析人们的喜好和情趣，创造新颖的、人们喜爱的产品，去丰富和引导人们的需求。丹阳县一个乡镇企业的供销员在上海观察到不少人喜欢把针织内衣当外衣穿。他做了一些调查，依据人们喜欢的式样，按外衣规格设计了新款式羊毛衫。据此信息，厂里立即转产，不到半月第一批样品运到上海销售，结果一抢而空。企业家们不仅注意本行业的生产动向，而且还密切注视在社会化大生产中与本行业相关联的其他行业的发展，以此来预测本厂产品的发展前景。如扬中县一个生产磨具的砂轮厂密切关注着机械行业的发展。凡出现了一些新的机械，他们就尽力研制新的磨具品种，以便为这些机械配套。

乡镇企业收集运用信息的特点之三是传递迅速，收效快。从获取一项信息到运用信息取得经济效益的时间往往很短。飞机是乡镇企业家们常用的交通工具，电报电话更是必不可少的通讯方式。信息不仅传递迅速，而且见效也快。经过周密分析确实了信息的可靠性、可行性以后，乡镇企业就很快地调整企业的生产经营活动。比如丹阳县在珠海特区的"窗口"开设后，丹阳丝绸引起了大批外商的浓厚兴趣。工作人员在与外商洽谈中了解到，如果把丝绸衣料加工成符合外商欢迎的服装款式，就会有更宽的销路，而且还可以大大提高丝绸品的经济效益。这个信息反馈回县后，主管单位立即组织设计并交有关企业生产。产品很快送到当地展销中心，马上就引起了一个不小的丹阳丝绸品热潮。在这里，整个信息的传递与反馈仅仅用了30多天的时间。

乡镇企业收集运用信息的特点之四是利用率高,经济效益大。在调查中,我听到很多关于一条信息救活一个产品,拓开一条销路,打开一个市场的例子。比如丹阳县界牌乡芭山大队灯具厂,原来生产集成电路,后因产品不适销,质量不过关,连年亏本,濒临倒闭。后来他们得到了城市建设拓宽马路,路灯的需求量增大的信息,于是就向其他厂借了3万元资金,转产路灯灯具,并不断更新产品,为新式路灯配套,为仪表饰灯配套,不仅解除了危机,产值还连年直线上升,由1980年的63万元猛增到了1983年的201万元。1984年这个厂与哈尔滨、长春、北京、天津、武汉等城市挂钩,已落实任务440万元。

在整个调查过程中,我看到乡镇企业对信息的需求在其发展的不同时期也是不同的。在初创阶段,乡镇企业的信息渠道单一,所获得的信息量较少,而一旦获得某个信息,到生产中付诸实施的周期也很长。在这一阶段,人们获得的是直接信息。随着乡镇工业发展到一定时期以后,企业中的信息渠道逐步走向多样化,信息量也随之增加,信息的使用周期也逐步缩短,间接信息的比重也在不断加大,到了乡镇企业的成熟阶段,信息渠道不仅多样,而且信息传递的速度由于利用了先进的通讯手段而大大加快,信息量十分丰富,信息的使用周期大大缩短,出现了像扬中县长旺乡箱包厂平均每五天就更换一个新产品或新品种的局面。

信息的不断反馈与传递,不仅使乡镇工业得到长足的进步,而且使农村的社会面貌也发生了很大的变化。它就像一股巨大的冲击波,冲开了城乡之间封闭的闸门,使城乡之间形成信息环流,城乡联结的区域经济的发展越来越协调。我们不论从实践中观察或者做理论分析都可得出如下结论，一个高效率的社会系统总是开放性的，这是因为一个社会系统总是需要不断通过物流、能流和信息流的交换来保持其稳定发展，从而使其高度适应外界环境的变化，并有目的和有效率地去影响周围的环境系统。一个封闭的系统是不可能对外界发生影响的，而只有通过信息的不断反馈与传递，才能逐步使系统从封闭走向开放，信息恰恰也是农村社会和乡镇企业发展的一个重要因素。

成熟的乡镇企业应当是一个开放性的社会系统，一方面，像以上谈到的那样，它要从城市输入大量的人才、信息；另一方面，它又要输出产品，投入市场，在交换中实现产品的价值。企业是否能在市场经济中取胜，不仅要看人才、信息等外来资源条件，关键的一环还在于企业内部，取决于乡镇企业这一社会系统的结构合理性，即有效的、灵活的、科学的管理。

乡镇企业在经营管理上是很有特点的。首先是经营上具有相当的灵活性。"一切决定于市场，一切为了用户"是乡镇企业的经营方针，市场是经常变化的，用户的需求是不断增长、翻新的，乡镇企业能够对变化了的情况迅速做出反应，调整自己的经营方向和服务内容，活就活在这里。乡镇企业往往一个厂挂好几块牌子，如扬中县一个乡的电力器材厂同时又是水表厂和钢木家具厂。水表生产处于滞销期时，工厂就大量缩减水表的生产，将人力、物力转入处于畅销期的电力器材和钢木家具上。三个主要产品相互支持，不同产品的滞销期、畅销期相互继替，从而稳住了生产。另外，乡镇企业中的众多的小企业转产是相当快的。扬中县1983年转产的企业有62个，占了企业总数的15%。我们还调查了扬中县的永胜、兴隆两个乡的 60 个乡村企业，这些厂从建厂以来共更新产品品种 175 次，平均每个企业将近 3 次。

乡镇企业的灵活性还表现在它为用户服务的方式是多种多样的，有上门服务、咨询服务，为用户培训使用人员的服务等各种形式。普遍流传于乡镇企业中的"人无我有，人有我优，人优我廉，人廉我转"的几句话更是形象地概括了乡镇企业的灵活性。

乡镇企业之所以能够在经营上采取灵活多样的方式，主要是由于企业有了相当大的自主权。地方政府如县、乡政府对企业的管理是指导性的而不是指令性的，这种指导性的管理是通过税收、信贷、价格、利润、利息等经济杠杆以及提供信息等各种形式在内的服务方式进行的。直接的生产过程完全由企业作为独立的商品生产者自行支配。企业有权转产，扩建，上新项目，有权动用积累，加大投资也只需在企业内部决定。这是乡镇企业能够保持灵活性的根本保证。

乡镇企业在经营管理上的第三个特点在于层层实行了承包责任制，责、权、利分明，赏罚分明，充分调动了广大职工的积极性。在这次调查中我所看到的骨干企业普遍制定了严密的责任制。按照规定，每个职工每月不仅要完成一定的产值，还要达到一定的成本要求、工时要求及质量标准。各道工序和各个车间之间，实行了严格的核算制。前道工序的产品质量不好，后道工序有权拒绝接受，这样保证了产品质量，而且生产进度、工作优劣一目了然。被评为扬中县企业管理先进单位的联合乡砂轮厂厂长对我说，他们这一套承包责任制，使个人的报酬与贡献大小、完成任务好坏挂起钩来，与企业的生产状况、经济效益高低挂起钩来，克服了人与人、车间与车间之间的平均主义，充分调动了各类人员的积极性。现在，如果职工的奖金少了，他不是来找领导闹，而是自己按照百分考核标准细细地算一算，查出是质量问题，还是成本问题，然后努力去改正。

乡镇企业在经营管理上的第四个特点在于实行科学管理。目标管理、全面质量管理、价值工程、线性规划等现代管理方法在一些先进企业中已经开始实行。丹阳县与扬中县都有好几个厂是根据市场状况确定经营目标后，把这一大目标分解为许多小目标，做到各个环节、各个层次都能实现小目标，并围绕实现大目标建立了以计划管理为中心的生产、技术、质量、设备、劳动、财务、物资等八大管理，从而保证了大目标的实施。

乡镇企业从第一代到第二代再到第三代，管理方面有了很大的变化。经营决策上，由消极的、被动的决策走向了主动的、多选择方案的决策，经营指导思想上，由粗放型的不重视经济效益的经营走向了集约型的注重经济效益的经营；管理形式上，从作坊式的集权管理走向了权力分散、责任明确的科层制管理；管理风格上，从单线条的管理走向了系统管理；管理的基础由以经验为基础走向了以科学为基础。

五

结束了扬中的调查，我就到泰州市和泰兴县走了一走。在泰州，我听到了一个值得引起注意并应加以研究的新问题，那就是在市管县的体制下，当前行政区划与经济区域之间还存在着不相适应的地方。具体地说，一是扬州市在经济上带不动它属下的泰州市，人们把这种情况叫作"小马拉大车"。二是泰州市作为一个县级市划归扬州市管辖以后，它就与早先作为其经济影响范围的周围几个县处于同等的行政地位，它们相互间的经济联系就或多或少地受到行政区划的制约，因而泰州市不仅不能充分发挥它在区域发展上的中心作用，而且它本身的经济发展也就陷于没有后方、没有余地的局促状态。

从历史上看，扬州与泰州可以说是长江北岸毗邻的一对孪生子，这对同胞兄弟各自在自己影响的地区起着商品流转中心的作用。这两个兄弟城市几十年来都有长足的发展。据说相比之下，泰州市现实的经济实力比扬州市并不逊色。但是由于历史的原因，扬州市的名声要比泰州大。解放后，两市均属扬州地区，在事实上扬、泰之间虽有亲疏，但属同级。1982年江苏省撤销地区一级行政，实行市管县新体制时，扬州市为省属市，领有原扬州地区的范围，泰州市变成了县级市，归扬州市领导。原来的同级关系就一下子变成了上下级关系。然而一个城市对其影响区域的经济联系是在长期的历史过程中自然形成的，有着必然的规律性，这种规律性并不能人为地加以割断或干预，因而就出现了上述两个方面的问题。

总的说来，江苏全省的市管县行政体制，对于打破行政区划，实行合理的区域经济联系，加速经济发展是有利的，并取得了实际的收效。但是由于当时实行新体制时，时限短促，不可能对区域经济发展做深入的研究，像泰州那样新问题的出现是难免的。

我在苏南与苏北的调查中，发现苏北的乡镇企业和小城镇发展相对弱小和缓慢，其主要原因就是缺少类似苏、锡、常、通那样的经济实力较强的中等城市。因而苏北的有些县城升格为市以后,"小马拉大车"的现象较为突出。在苏南则相反,表现为一些原先有一定发展特点或规律的城镇失去它所影响的区域。例如宜兴县的丁蜀镇,这个有悠久制陶历史的手工业名城受到了县属镇建制的束缚,无法施展它的影响力。

这一问题在苏北与苏南的不同表现,在泰州与扬州的关系上集中体现了出来。对此我们应当认识到,问题既然是在区域社会经济发展阶段引起,就必须在对区域社会经济发展的研究中去解决。现在有一批专家学者正在泰州做深入的调查,我相信通过他们的研究与实际部门的工作,这个新问题定能找到妥善解决的方法,并为我们对小城镇的区域社会经济发展研究提供有益的经验。我们也愿意建议江苏省能进一步开展社会经济区域发展战略的研究,并根据实际情况对现有行政区划做适当的调整。

这次的宁、镇、扬地区的调查,我把重点限于乡镇企业和城乡联结型的区域发展的研究。尽管这一研究还处于探索阶段,但这是小城镇研究的新开拓。我觉得乡镇企业从总体上已经走过了初创、发展阶段,正日趋成熟。从总体上看,乡镇企业的发展是极不平衡的,但正是在这不平衡中我看到了乡镇企业发展过程中显示出来的初创、发展和成熟这三个阶段。虽然处于成熟阶段的企业,现在只是乡镇企业发达地区的少数,是一个苗头。但这个苗头提出了不少新问题。乡镇企业处于成熟阶段的一个重要标志是趋向于智力、技术密集型。这就是说在这乡镇企业发展的第三阶段,一个老问题将会再度出现,那就是劳力的第二次剩余。乡镇企业从第一次劳力剩余发展起来,并在它的发展中引起了小城镇的复苏和繁荣,带来了城乡生产力和社会关系的一系列变化。那么第二次劳力剩余又意味着什么呢？我认为这决不是一种简单的循环，在一些乡镇企业发达地区出现的第三产业队伍是一个信号，它或许就是城乡在坚实的经济联系基础上达到全面融合的前奏。因此，对于乡镇企业的发展过程及其社会经济后果的探讨，应当作为小城镇研究新阶段的主题。由此又可开出一批具体的问题来，例如乡镇企业对城市社会经济的改革的意义，两者之间有哪些普遍性，又各有什么特殊性？又如乡镇企业与城乡社会价值体系的关系等等。当然在开拓新问题的时候，对小城镇社区本身的分析还要加强和深化，这样我们就能承前启后，把小城镇研究再推进一步。

最后应对帮助我整理本文的沈关宝、李汉林、聂莉莉同志表示感谢。

赤峰篇

（1984年9月）

赤峰市，旧称昭乌达盟，包括3区、7旗、2县，面积8.4万多平方公里，在内蒙古自治区里赤峰市是人口较密和经济较为发达的地区。现在人口175.9万，占自治区总人口的19%，人口密度自治区是每平方公里16人，赤峰是45人。赤峰市1983年工农业总产值17.45亿元，居全区第二位，仅次于包头市；工业总产值8.29亿元，占工农业总产值的47.3%，居全区第三位，在包头、呼和浩特两市之后，农副业总产值5.5亿元，占工农业总产值的31.5%，居全区第二位，仅次于哲里木盟，而林牧总产值3.6亿元，占工农业总产值的20.6%，居全区首位。

我们挑选赤峰市为研究内蒙古开发问题的入门口，是因为在它的境内，具备农区、半农半牧区、牧区三种不同的社会经济类型，而且在民族结构上则和内蒙古总体一致，系蒙古族和汉族等多民族杂居区。我们这次为了制订今后边区开发的研究计划而进行的初步考察，从1984年8月15日起到9月2日止共19天。参观访问了赤峰郊区的农区，翁牛特旗的半农半牧区，和基本上是牧区的巴林右旗南部，不同类型的考察点共34个，行程1000公里。在这样短的时间里能对这些不同社会经济类型的地区以及他们之间的关系取得初步的概念，主要是由于自治区和赤峰市的党政领导及各地干部的细密安排和热情支持。根据我们亲身的见闻和当地各级领导提供的资料，现将一些认识和体会，简述如后。

一

赤峰，蒙语乌兰哈达，地处长城之北的塞外。对一般没有到过这一地区的人来说，不免因塞外两字，往往带来荒凉之感，想象中不免是一片草原，平野无垠，人烟稀少，生活简陋。事实上，不仅是今天，更不用说不久的将来，甚至远古时代，这西辽河平原曾是我国的富饶园地，只是在历史上的一段时期中由于生态平衡被破坏，局部出现过荒凉的景象。我们要正确认识这个地区的面貌，决不能脱离历史的兴衰起伏。

我们在赤峰所上的第一课就是这地区的历史。在赤峰的文物展览馆里，我们看到了在这地区出土的公元前16世纪的铜器，属于考古学者所说的夏家店下层文化。这说明在夏商时期这里已出现青铜文明，和中原的青铜文明几乎是同时并存，甚至有人认为为时更早。我们又看到夏家店下层文化的石器，有铲、锄等农耕工具，而且石锄厚重，刃端多崩落的疤痕，正是适应当地地表碎石块较多的松土工具。这些事实纠正了我们过去认为长城之外的农业是近世才传入的错误看法。根据随后看到有关地区的考古学论文，可以肯定早在中原的夏商时期，西辽河上游西拉木伦河（意为"黄色的河"）一带曾经有过在技术上并不低于黄河流域的农业文明。当时的居民不仅懂得用石器耕种，而且发明了含锡的青铜冶炼技术。他们还聚居形成村落，具有农业社区的特点。据一些考古学者的意见，这些居民应与中原的夏商有联系，这联系可能不仅是文化的传播，还可能有种族的联系，即殷人的一部分。

在夏家店下层文化的地层之上还有一种和下层文化不相衔接的上层文化，这两层文化的交替正当我国的春秋时代。这是说，上层文化也就是后起的文化，曾于春秋年代在这个地区取代了早先的下层文化。上层文化之区别于下层文化恰恰在于陶器的退化，和金属武器的突出增多，并发现了前期没有的马的遗骸和青铜马具。结合中原文字的记载，使人觉得有理由认为后来进入这地区是东胡民族，在经济上带来了牧业。

对于考古学我不是内行，上面所引的这些见解在学术上是否已经能确立，我无法判断。但是使我深受启发的是，我自己过去总是以为牧业落后，农业进步，牧业在发展上早于农业，而实际上这两种生产活动都是从采集经济中发展出来的，一是在动物范围内驯养了牲畜，一是在植物范围内培植了粮食作物，在同步并进的过程中，由于各地条件不同而发生农牧的区别。

如果再进一层看，农牧这两种生产活动，在早期的社会里存在着既依存又矛盾的关系。从满足人的生活需要来说，农业和牧业都不能单独形成完全自给自足的经济，农民需要肉食和畜力，牧民需要粮食和日用品。但是农牧在靠天经营的水平上对土地利用存在矛盾。靠天养畜的游牧时期，人跟着牲畜移动，不能定居，需要大片草场以便放牧。而农业却需要长期在固定的田间劳动，即使在刀耕火种阶段，要等几年以后，地力耗尽后才移动，所以一般也一定要定居一个时期。在一片土地上，就不能同时经营牧业。因此，靠天种地的粗放农业对牧场草地来说是一种破坏力量。而且凡是丢荒之地，在天旱地区植被被破坏后，很快就会沙化，农耕所及，草场荒废。加上农业社区人口增殖，一定要扩大耕田面积，即使在较高的轮作和施肥的农业水平上，也会和牧民争夺土地。所以在这种技术条件下，农区和牧区既互相依存，需要互通有无，而又互相排斥，难以长期和平共存。这种关系在传统生产技术没有突破以前，决定了过去我国边区农牧接触界线上长期发生的你去我来，我来你去的拉锯局面。上面所说赤峰地区考古学的考证，只是这地区历史上早期由农而牧之变化的第一回合。

如果赤峰地区在殷商时代确曾存在过和中原水平不相上下的农业文明，这种文明在春秋时代就被由北而南的牧业文明所代替了。在历史的记载上，我们又看到战国时代燕国的秦开挡住了东胡的南下，把他们赶回北方，"辟地千里"。这时代所建的"燕秦长城"正穿过赤峰而向东延伸。它的遗迹还可以在赤峰市区附近的红山上看得到。可见赤峰南部正处在燕秦长城和至今尚存的元明所修长城之间，胡汉交叉之地，也正是农牧交替之区。秦开以后，这个地区历经突厥、契丹、女真、蒙、满等不同的北方民族先后占有，农牧之间的来回往复，当可想见。

如果容许我冒失地总括秦汉以后直到清代这个地区的总形势，也许可以说，骑马的牧民总是于武力上处于优势和主动地位。他们尽管可以一时受到中原武力的回击，如早期的秦开，以后的刘彻（汉武帝）等等，挥鞭塞外，但是以农业为主的居民，总是处于守势，对飘忽不定的骑马民族，主要只有采取筑城防御的战略。每一次防线被突破，就必然有大批牧民进入塞内，其中固然有许多人满足于得到了一些粮食衣帛，回去继续他们的游牧生活，但是如果要在农业区站住脚跟，建立统治地位，就无法在农业区继续原来那种游牧生活，只有弃牧为农。正如我们这次所看到的赤峰南部蒙古族的情况，在几十年里基本上放弃了放牧生活而成了农民。当前华北的居民中一定有很多人可以从家谱上追溯到经过这种转变的"根"。

还可以注意的是，汉代以后以长城为界，出现了南北两个大统一的局面，北是匈奴的游牧区，南是中原的农业区。游牧区的东端包括西辽河平原，现在的赤峰市就在这个统一体的边缘。其后在这地区或这地区附近兴起了势力扩及华北的鲜卑、契丹等以牧区为基础包括广大塞内农区在内的政权，我对北魏和辽金的社会史实知识不足，不能做出概括的描述，但可看出，当时这些北方政权，军事上尽管依靠牧民的武力，经济上华北农业区一直是他们的基础，而且在统一的政权下，农牧区之间的依存关系一定受到保护和发展。契丹所建的辽国上京在今巴林左旗的林东镇，中京在宁城，均在今赤峰市境内，而其西京则在大同，南京在今北京城附近，表现出了农牧并重之势。同时也可以推知当年这地区的繁荣景象。原林东和大板的大塔保留至今，雄伟屹立，本色犹存。因此我们不能想象今赤峰地区在历史上曾经是单纯的牧区。

至少我们可以指出，公元后 1500 年的历史中，还难以找到赤峰地区曾经是一片沙砾、荒无人烟的记录。相反的，远在唐代，这里就有"平地松林"之称。宋代文人欧阳修（1007—1072）的《春使契丹道中五言长韵》中有"山深闻唤鹿，林里自生风"的描写。到辽朝，翁牛特旗据称是"平地松林八百里"，至今这地方还有三四百年的油松大树。不说远的，就在解放前夕，在这地区和敌伪斗争的同志亲口向我说，他至今还记得当时清晨在这片草原上驰马出行时，露湿两腿及腰部，当时草长有一米多高。这样的草原至今有一部分还保持着"风吹草低见牛羊"的优良水平。换一句话说，那时这地区的生态平衡还没有严重地被破坏。

二

在这个地区人口由北向南的移动逆转为由南向北的移动，可能是在清代开始的。满族是女真之后，兴起在东北，入关统一中国之前，先并吞了蒙古的牧区，并和蒙古族建立了联盟，实行对蒙古族的和亲政策。今赤峰地区康熙、乾隆两代就有七八个公主下嫁给昭乌达盟的蒙古贵族，其中三个是在巴林右旗。我们参观了至今还作为文物重点保护的巴林右旗大板镇的庙宇，据传说，就是当时下嫁公主时，陪嫁的七十二行匠人所建。这些人的后代现在已作为蒙古族繁衍在这一地带。和亲政策的内容显然包括了文化流传和人口移动。这种移动不仅促进了当时牧区的社会发展，而且一直受到群众的欢迎，作为美好的传说，留传至今。又据说，当时的蒙古族王公为了自己的享受和蒙民的粮食供应，曾主动招收关内的汉人来归，给予土地，让他们开荒耕种。但是在清代初年，依法汉人是不准出关的，所以由南向北的流动总属少数。

17世纪末18世纪初，出现了新形势。一是中原经过几十年的安定和引进了新的粮食品种，人口大增，二是北方的帝俄已侵入西伯利亚，到达我国边境。一方面人口压力使华北的一部分贫苦农民为了寻求出路，大批出关；另一方面康熙、乾隆看到边区增加人口的重要性，不得不开放边禁，采取"借地养民"和"移民实边"的政策，这样大批汉人在政治力量支持下移向东北。其中一部分进入了当时蒙古族的游牧地区，首当其冲的是今赤峰地区。

我们还没有掌握近百年来，这地区人口流动的具体数据，但在这次访问中注意到在西拉木伦河以北，以牧业为主的地区，有一个务农汉族占90%以上的林西县。询问之下，才知道清末已开始有汉人入境，民国初期军阀割据，移入的汉人更多，据说当时在热河称霸的军阀，强占牧场，分封部下，招募农民，高利盘剥，硬是把林西这片牧场开垦成农田。这只是一种强力移民的方式。更多的恐怕是通过早到的移民的同乡和亲戚，一个牵一个，一家拉一家地进入这在农民眼中看来是一片大可开垦的"荒地"。而实际上这都是改牧为农的过程，而这个过程是在无计划、无领导、落后的农业技术水平上进行的。其中固然有开垦成功的耕地，但直到1952年，平均每亩粮食产量才开始超过50公斤，以前一般只有几十公斤，实质上是一种广种薄收的对土地的掠夺。人们占有了一块草地，挖草开垦，靠天种地，几年后地力耗尽，就丢荒另开。这片被丢的土地不久就沙化，最严重的寸草不生，成为流沙，或称移动沙丘，进一步侵蚀草场，形成难于抗拒的破坏力量。

人口增加，不仅当地所需粮食增加，必须扩大开垦，而且建筑房屋，生火取暖，起炊造饭，这一切都需要木材和燃料。只砍不植，日久天长，使原来森林茂密的西拉木伦河流域到了近几十年已成了一片树木稀少的平旷大地。树木日稀，水土流失，加速了沙化。以牧区来说，由于牧场缩小，单位面积载畜数相应增加，超过了自然恢复饲草的限度，引起草原退化。这一系列破坏生态平衡的因素，形成了恶性循环，引起了一般所说的"农牧矛盾"，在民族杂居地区又表现为民族矛盾。

解放后的30多年，尽管在植树造林和草原建设方面做了大量工作，但是从林草的植被状况看，沙化的程度还是十分严重的。以赤峰地区中部的翁牛特旗来说，基本是"五沙、四山、一分田"。已经沙化的一半土地中，流动、半流动沙丘占全镇总面积的41%。水土流失的面积占总面积的一半，全旗土壤有机质含量平均仅为0.5%。因此，可以说赤峰地区生态平衡至今还没有恢复。而且这几十年里在一定程度上还加速了生态环境的破坏。据当地同志的总结，这种情况主要是由"四滥"造成的，即滥砍、滥牧、滥垦、滥采。

滥砍。解放以来林木砍伐量远远大于林木生长量。30年中有两次大的破坏：一次是修建红山水库，1960年水库坝合龙时，使用大量木材，砍伐达四个月，附近地区几乎都剃了光头，至今这一带森林植被没有得到恢复。第二次是十年动乱期间，仅翁牛特旗就被砍伐了100多万棵树木。

滥牧。多年来，牧业的最大弊端是过度放牧，靠天养畜，不注意草场建设，造成草畜矛盾，牧草减少，牲畜羸弱，大量死亡。原因之一是领导部门误以牲畜存栏头数增加来衡量牧业是否发展的结果。解放初期，翁牛特旗牲畜仅15.6万头（只），而现在已有80万头（只），折合170万羊单位。载畜量过重，草场和牲畜质量都大大下降，形成夏秋抓膘不足，羸弱牲口不易过冬，到春天大量死亡，每年都在5%上下，灾害年份高达10%。如1984年干旱，死亡率达10.8%。

滥垦。开地垦荒，广种薄收，靠天吃饭，为害最烈。翁牛特旗粮食单产一般仅为百余斤。解放初期该旗耕地面积150

万亩。现在实际已达240万亩，30年开荒面积达90万亩。人们所说"越穷越垦，越垦越穷"的恶性循环，还在发展。

滥采。主要是由于农村燃料供给不足。翁牛特旗7.3万户中缺烧柴5个月以上的就有2.9万户，估计全旗缺柴7500万公斤，先是砍树，树砍完割灌木，进而刨树根、挖草根，使草原沙化。草原上生长着许多贵重土产和药材，1983年夏季兴起一阵大挖黄芩之风，由历年挖5万公斤增到200万公斤，破坏了大片草原。

经此"四滥"破坏所及，林草俱尽，农牧双衰。总结这段长期没有扭转的恶性循环，人们往往总是归咎到流入的人口过多所引起的农牧矛盾。所以一听说我们要研究人口流动问题，犹如惊弓之鸟。从这段历史遭遇中，他们的感情是完全可以理解和同情的。

人本来是自然界生态环境中的一个主要因素。但这个因素是主观能动的因素，它可以成为消极因素，也可以成为积极因素。这地区的游牧经济原是当地居民早年创造的一种生态体系，人们帮助牲畜找草吃，保护他们不受其他动物的袭击，引导它们避开寒冷的气候，使牲畜得到繁殖，然后人又靠牲畜提供生活资料。农业原本也是一种生态系统。有人说在东亚这片大陆上中国人能从土地上耕作了5000年，而地力不竭，明显地掌握了自然界的生态平衡。所以人成为生态环境中的积极因素是常态。

但是当靠天放牧和粗放农业碰在一起，问题就发生了。农民开垦土地，把原来的牧场变为耕地，人口多了，耕地面积扩大，更缩小了牧场。粗放农业不能经久地在一块土地上耕种，必须不断更新耕地，也就要不断丢荒，被丢荒的土地不久就沙化，沙丘会因风移动，吞没草地，又是对牧场的一种重大威胁。这样的农业在这个过程中确是破坏牧业的消极因素。它之成为消极因素也由于被破坏的牧业是靠天放牧的低级牧业。这种牧业是让牲畜在草地上自己去找自然生长的草吃，并不是人种了饲料去喂牲畜。如果我们把"农"理解为人工种植，那么靠天牧业中包括不了"农"的成分，因而同农对立了起来。如果牧业提高一步，人用自己种植的草和其他精饲料去喂牲畜，种草和种精饲料的活动应当可以包括在"农业"之中，农牧不仅不对立，而是结合在一起，可以说农业为牧业服务了。我对牧业固然没有专业的研究，但在访问英国和澳大利亚时确实看到过这种比我们靠天放牧高一级的饲育牧业。看来，只有提高牧业发展生产力才能根本扭转农牧矛盾的恶性循环，恢复这个地区已经破坏了的生态环境。要发展生产力，关键还是人这个能动因素。因为只有通过人的智力，才能实现这个转变。在这一层次上，我们一定会看到成为积极因素的人受到人口稀少、经济落后地区的欢迎，正如早先公主下嫁，七十二行技工进入内蒙古一样。我想，争取这一天早日到来，也正是我们所提出的开发边区的主题。

三

我对草原和牧业很不熟悉。过去只来过内蒙古自治区四次，两次到呼伦贝尔，50年代和60年代各一次；两次到呼和浩特，都是短访，不是调查研究。1954年我在《话说呼伦贝尔草原》里说过，当时我看到的草原上的草，长得矮矮的，够不上"风吹草低",不如用"浅草没蹄"来形容似乎更恰当些。我还提到老乡们认为草矮好养羊的话。1961年又去呼伦贝尔,所见的没有多大改变,只听说草场在退化,牛羊喜吃的草越来越少了。1983年访问呼市,到草原去转了一下,那是个为旅游开辟的参观点,草长得和50年代所见的差不多。矮草是不是好,暂且不论。但这四次都没有看见沙化了的草场,更不明白沙丘怎样移动的。关于这些情况还是我这次到赤峰地区得到的新见识。沙化有害于牧业,即便是外行人也会一看就明白。现在翁牛特旗这个西拉木伦河和老哈河所形成的三角地带,沙化面积已超过草场的百分之四十。赤峰市的其他地方情况可能更为严重。如果今后内蒙古自治区的发展方向是以林牧为主,那么很清楚,治沙应当是着重的要着了。这一点多年来有远见卓识的人是早已明白的。

我在上面说,解放以来的30年,从草场的情况来说,不能不承认赤峰地区生态环境中的恶性循环还没有根本扭转。尽管如此,我们却不能说没有注意治沙工作。当我们的车子刚出赤峰市区,同行的朋友就指着路前的一个小丘说,在这上面有块石碑刻着朱老总和董老的题诗,纪念当年治沙的成绩。解放初期,沙化的威胁已经达到赤峰市区的北郊。经过种草种树,挡住了风沙,经过这30年,这里已成为一片郁郁葱葱的密林了。这说明在这个地区,沙化和反沙化的两种势力长期以来一直在较量。人这个因素,扮演着相反的两个角色:一方面是自发的破坏,另一方面是理智的建设。上面所说的情况只表明到现在为止,后者还没有压倒前者。要把生态环境扭转过来,看来还得做一番努力。

我们在这次考察中看到了这方面一系列的科研成绩。可以肯定，经过长期地坚持工作，确已为扭转生态的恶性循环找到了因地制宜的有效办法。现在的问题已不是在这地区能不能恢复生态平衡，而是怎样把各个环节上找到的治理方案成龙配套，付诸实施，推广到全境。

我们访问的第一站是参观赤峰市郊区太平地乡的农田防护林。这是赤峰市林业科学研究所在1966年开始的一项科研课题。这个乡1959年有4个村，54户人家，当时是一片沙化土地。经过山、水、田、林、路、机、电的统一规划和综合治理，1965年成功地营造了大面积的农田防护林，造林7500亩，形成400多条林带。把整片土地划成370多个网眼，每个网眼有200亩农田，共保护了6.6万亩农田。林带是由几层树木构成，定期分行栽植，分期成材，老树砍伐，新树接班。如果把这些树木按双行排列，有500公里之长。在林带保护下，改善了农田的小气候，风速降低37%—75%，温度提高7%，土壤含水提高35%，这就控制住了沙化。粮食产量逐年增加，1965年单产109公斤，防护林发挥作用的1975年单产达到225公斤，1983年又提高到300公斤。他们津津乐道的是1982年5月里赤峰市遭到11级暴风，全市灾情严重，唯独太平地林网内98.5%的农田平安无事。最近几年，第一批种的树已经成材，每年可采伐5000立方米，出售收入超过100万元，而且建立了一个胶合板工厂，把残余木片胶合成木板，制造家具，只是林业一项就吸收了劳动力1400多人，每人每年收入600元。太平地乡以林护农，林农并茂，而且开始发展乡镇工业，走出了一条沙治民富的道路。我屈指一算大约是20年。到一户老乡家里访问时，看到这个家里正使用电磨机碾玉米。小型机械已进入农家了。

四

在太平地乡看到的是治沙的成就。怎样治理沙化的过程我们还是没有感性知识。当天又到离太平地乡北大约85公里的乌兰敖都，参观治沙基地。在路上我开始看到沙丘，很远就反射着强烈的光线，像是在绿草和蓝天中划出了一条条白色界线。车驶近时，但见高低起伏，一片白沙，寸草不生。有一处我看见有几个人躺在沙上沉沉熟睡。一问，原来草地上蚊蝇扰人，不易休息，而在沙丘上因已成为不长生命的空白点，则完全可以安卧了。沙丘凭借风力还会移动。大风把沙刮起，大量地吹向一方，在不太长的时间里，一个沙丘可以移动好几米，而且在移动过程中越长越大，越大越狂，积年累月，良田沃野甚至房舍道路都可以被它吞没。其力之大，难以挡避。

怎样治沙呢？沙化出于植被破坏，水土流失，治沙之道也就只有重盖植被，防风固沙。困难是怎样能在沙丘上长植物。科学工作者和当地生长者琢磨沙生植物的规律，找到适宜在这地区生长的包括沙打旺、沙蒿、沙柳、锦鸡儿在内的各种草本、木本植物。这些植物只要在发芽期得到一定雨量，就能把根深深插入沙里，吸取水分，继续生存。这样也就把沙固定了。风吹来，不至于把沙刮走。沙固定后就可种灌木。灌木是较厚的植被，改变土质，造成可以种植乔木的条件。这个公式称作草灌乔，和过去习惯的乔灌草公式刚好颠倒过来，反弹琵琶。

乌兰敖都的治沙站，是1974年开始的，由中国科学院林业土壤研究所与赤峰市、翁牛特旗合作的科研项目，主攻方向是流动沙丘的治理。他们采取林业、土壤、气象、植物、微生物等多学科综合治理,通过工程措施与生物措施,在1.2万亩流沙治理试验区内,用草灌乔结合、针阔叶相结合、封育恢复和人工措施并举的方法,建立了沙生植物园,形成了固沙林、饲料林、公路林、草场防护林综合配置,治沙面积3000亩,覆盖率已达40%左右。10年内把原来一片沙丘,变成绿荫如盖的林园,给我们初识沙丘的人以极大的鼓舞。参观时,我们还吃到了在原来的沙丘上建成的葡萄园的果实。味道虽则比较酸,但是这一成果为牧区栽培葡萄开辟了道路。沙丘出葡萄应当是值得赞扬的"奇闻"。

在总的沙化面积中,像乌兰敖都那样的沙丘是少数,更多的是正在退化中的草场。场上草长得又小又稀,如果继续放牧,让牲畜把少量的草连根啃掉,加上畜群的践踏,就会很快退化到沙丘的状态。治理的办法就是把它围封起来,防止牲畜闯入;或把草场分成块,分别围住,轮流放牧,使草有生长的间歇时间。这种围封的草地,蒙语称草库伦。这是保育牧场的有效办法。我们这次在翁牛特旗旅行中几乎一路都看到围封的铁丝网。

封育的办法是恢复草场的有效办法,但是所需时间较长。要提高草场利用的效率,还可以加上人工措施,建设基本草牧场。其中最简单的是不破坏原有草根而在地面上开沟播种苜蓿等有根瘤菌的豆科作物。这些植物不仅是优良牧草,而且可以改良土壤,使草场较快地兴旺起来。

为了逆转已经恶化的生态系统,恢复和巩固新的生态平衡,人不断地在和沙化做斗争,使我们在这里看到了科学的威力。

五

牧业的基础在草,有了草养活了牲畜,才谈得到改良品种;有了好品种,要抓膘育肥就需要精饲料;用了精饲料,牧业就进一步由靠天放牧向人工饲育转化了。这也就是我在上面说过的发展牧业的道路。在这几个发展牧业的环节上,科研工作者已在赤峰地区找到了有效的改良办法,这是十分可喜而应当记下来的事情。

巴彦他拉处在西拉木伦河以西大草原的西端,再向北是巴林左旗的林东镇,即早年辽国的上京。"巴彦他拉"系蒙语富饶的草甸之意。据当地同志介绍,解放初这里还是柳树成片、野鸡成群的好地方。现在柳树没了,野鸡飞了,一片黄沙。草场退化严重的原因如前所述,而这里更直接的原因是开荒造成的。1966到1976年,植粮地增加了3倍,达7万多亩。1970到1975年,部队开荒3万亩,全部荒,日益沙化。其结果是1966年以前的10年,牲畜增加了4倍,后10年,反而减少了1万头(只)。

1976年春,苏木草原站开始治理这块沙化地,主攻方向是半干旱沙化草场的改良建设。他们建设了水、草、林、机四配套的3万亩基本草场,种树50万株,形成40个网眼的林网,控制2.4万亩草场,种植了优质牧草2800亩,青贮100亩,树木、牧草长势很好。我初次看见长到我胸前肩旁的青草。草势长得这样好,据说是由于他们还采取了引洪淤灌的措施。这块地靠近一条河,每年春水涨,他们就开好沟渠,按网眼轮流把水引进漫灌地面。这种水里含着上游冲下来的沙和有机物,漫灌地面留下厚厚的一层土,相当肥沃,因而改变了沙化的土质。治理前亩产牧草只有30公斤，经过治理提高到150多公斤。过去这个苏木每年买草需10万元，现在单以支援别处牧草就可收入10万元以上。他们又围封了近5万亩沙化土地，现在已可以轮流放牧。

以巴彦他拉为例，我们看到过去因开垦而破坏的草场，可以成为牧草生产的基地。如果再加上围封治理，已经退化的草场在10年里是可以转变为优质牧场的。这个经验在边区重振牧业中具有重大意义。这个以牧为主的巴林右旗，各类沙丘面积估计有400万亩，占全旗面积的26%，而且现有风沙土面积比1964年增加了近一倍，沙化每年平均以11万亩的速度发展。要扭转这个严重形势，每年得添加5个和巴彦他拉这样的乡，才能在10年内把巴林右旗真正地转变为富饶的草甸。事在人为，已经有了榜样，这个目标是可以做得到的。当然在方法上还得因地制宜，但是林网和围封的基本方法是到处适用的。

发展牧业，首先在草场建设。草场的恶性循环主要表现在草畜矛盾。传统的牧业不讲经济核算，不计经济效果，接羔和出栏没有计划，造成死亡率高和畜群老化。这种习惯至今没有彻底改变，以致现有牛群里尚有13岁的高龄犍牛还在饲养。据估计，1982年巴林右旗尚有7000多头6岁以上的犍牛没适时出栏，3岁以上的羯羊达2.5万只。这些老牲畜拉长了畜群生产周期，使有限的草场在冬春受到过重的压力，反过来增加了畜群的死亡率。同样一片草场，定量的草料，如果多养适龄母畜，繁殖率就能上升，再加上及时提高出栏率，加快畜群周转，使用草料喂给能多出肉乳毛皮的适龄牲畜吃，牧业效益就能大大增加。

我们过去有一段时期，以牲畜存栏头数来作为牧业指标，头数增长认为是牧业的发展。片面强调牲畜存栏头数势必导致降低出栏率。赤峰情况就是这样。在草场沙化的发展并没有扭转的 30 年中，牲畜总头数由 1949 年的 100 万头发展到 1983 年的 676 万头，单位牧场载畜量增加了近 6 倍。在表面的繁荣中包含着阴暗的一面，那就是由于草地超载，畜群不够结实，难于抵御自然灾情。1983 至 1984 年春就出现高死亡的现象。所以当务之急，不仅要从草场建设上稳定和提高草料的供应，而且需实行科学畜牧，就是分析畜群结构，加速周转，提高草场效益，解决畜草矛盾。农业要提倡科学种田，牧业同样要提倡科学养畜。

六

从提高经济效益的观点出发，一项根本措施就是改良畜种。用同量牧草养育一条牛，因品种不同，所得到的畜产品，价值可以有很大的差别。比如原来的本地品种一只绵羊只产羊毛 1 至 1.5 公斤，自从敖汉细毛羊的改良品种试验成功后，一只绵羊平均可剪羊毛 3 公斤。这几年羊毛总产量提高了 11%，1983 年总产量达 1000 多万公斤，创历史最高水平。

我们参观了海金山牧场，当时他们正准备接待自治区派来的人员验收定名为草原红牛的改良品种。我们遇到该场最早引进英国短角牛的负责同志，听他讲述了引进和试验的经过。还是在 50 年代初期，东北某农科所处理英国短角牛，昭乌达盟分得了 18 头。这 18 头原种和当地蒙古牛配种，获得成功，肉乳兼用，产量都超过母种，而且适宜于在这个地区生长。

接着进行了人工授精。冷冻精液使得草原红牛的繁殖得以大面积推广，现在全市已有12万多头，海金山准备验收的牛群就有2000头。我们见到了负责这项改良品种工作的一位土专家，他是中专毕业生，学过一些有关牧业的基本知识，从实践中摸索，坚持了30年，最后做到良种的评定。科学事业，贵在坚持。这位土专家没有用文字写出什么论文，但是他的论文就写在畜群日益增长的草原红牛身上。

我们在短角牛场停留时间不长，但得到很大启发。这是一个以牧为主、繁育短角牛的种畜场，也就是培育草原红牛的种畜。这里沙化面积达百分之四十，他们坚持围封淤灌，造林治沙，根治了流沙。在改良并合理利用天然草场的同时，注意了野牧草驯化、优良草种繁殖和人工草场的建设。几年来，先后引进150多个牧草品种进行对比试验，同时驯化当地野生优良牧草12个品种，选出适合本场栽培的优良牧草品种，1980年开始繁育牧草良种，其中有制作青贮较理想的品种，有适合晒制干草的品种。与此同时，建成了人工饲草饲料基地，以农促牧，不但自产羊草、优良牧草、青贮饲料，还生产多汁饲料和精饲料，粮料自给有余。场内建立了乳粉厂、酒厂、木工厂、面粉加工厂和饲料加工厂。饲料加工将从草粉加工向颗粒饲料和配合饲料深度发展，现工业产值达40多万元。

20年来，前10年该场赔了118万元，而后10年盈利达140万元。在这里我不想强调品种的改良、治沙的效果，而想从农牧业结合，促进牧业发展，走上发展工业的道路去看，这里不是提供了从靠天养畜向建设养畜转变的具体启示吗？

我们接着访问了接受联合国援助的翁牛特旗示范牧场。

这个场的目的为在集体经济基础上建立一个草场、饲料、牲畜集体化生产的试点,成为北方干旱半干旱地区一个现代化的生产、科研、教学相结合的示范中心。联合国提供了全套机械设备。我国提供了5万亩饲草饲料地,修建所需的建筑,包括青贮设备、机械仓库、人员办公住宿用房。为了引水入场,还修筑了一个水渠体系。从1981年开始建设,1984年已完成了第一期计划。尽管这个牧场是否有推广的条件还成问题,但在这里至少可以看到现代牧场的一些梗概。他们初步摸索到了草原畜牧业如何向现代化畜牧业过渡的途径,其中重要的一条就是饲养业一定要和种植业并举,放牧和半舍饲相结合。简单地说就是靠天放牧和人工饲育的区别。如果能利用现有条件,总结和分析这个示范中心所遇到的种种具体问题,正给我们理解在牧业现代化道路上必须通过实践来克服的一系列困难。其中重要的一条是如何走出具有中国特点的道路来。从这个角度来说,这个示范牧场是一个有价值的试验。

七

我们从巴林右旗沿西线折回翁牛特旗。翁牛特旗从整体说来是个半农半牧区。它正处在以牧为主的巴林右旗之南,以农为主的赤峰郊区之北,夹在北牧南农的中间,也可以说赤峰市农牧两区的交接地带。在这个旗里我们曾沿东线参观了上述几个治沙和改良畜种的典型,但并没有接触到半农半牧的点。在回程上才访问了有半农半牧代表性的巴汉他拉苏木。巴汉他拉是"小草甸"的意思。这个苏木,一共有1100户,分成4

个嘎查。我们听到黑塔子嘎查的情形之后，认为这里具体而微地集中表现了赤峰这地区的一般经历并有力地指出了退农回牧的前途。让我在这里简单把这个嘎查的情况介绍一下。

黑塔子嘎查是1947年解放的，当时共有64户人家，347人，其中蒙古族49户，230人，蒙古族以牧为主，全嘎查上有大小牲畜1235头（只），耕地只有436亩，主要属于汉人所有。当时商品经济不发达，牧业和农业都处于自给状态。上等好耕牛价一般不超过百元。务农的汉人技术上同样很落后，称作"漫撒子"的粗放农业，种的主要是糜子和谷子，产量很低。务农的家里也养少数牲畜。务牧的在村子边头也撒些谷子。当时黑塔子不像现今我们所见到的那样荒凉，草甸子平均每亩青干草在250公斤以上。草甸子上长着碱草、野苜蓿、德日苏等草，牧草称得上很丰美，而且还有麻黄、黄芩等名贵药材。

解放后这30多年来几乎每年有30个汉人流入草原。1966年已有242户，1029人。牲畜增至3104头（只）。耕地增至3871亩。1983年又有增加，达到345户，1705人，其中蒙古族88户，448人，还不到总数的1/4。嘎查土地总面积4万亩中，草牧场3万多亩。牲畜5390头（只），比解放时增加近3倍半。耕地4000多亩，比解放时增加近9倍。土地总面积是增加不了的，耕地增加则草牧场缩小，牲畜头数增加则每头牲畜草料供应相应降低，这样就引起严重的草畜矛盾，降低了牧业效益。

党的十一届三中全会前多年强调"以粮为纲"，大量种植粮食作物，亩产量不到50公斤。1972年劳动日值下降到5分钱。所以从1963年起，一直到1980年，连续吃返销粮，到后来连返销粮也买不起，只能靠国家救济过日子。这种情况到三中全会后实行大包干的责任制才得到扭转。特别是这几年种植了向日葵，全嘎查1983年交售商品油料15.5万公斤，加上牛羊肉8000多公斤，人均收入达到240元，群众的生活才逐渐好转，解决了温饱问题。

黑塔子嘎查的经历告诉我们，这个地区的所谓半农半牧，并不是农牧结合，而是农牧并存。从民族上看是蒙牧汉农，杂居共处。这个草甸子原来是优良的牧场。六七十年前开始有务农的汉人移入，但是到解放时该地人口汉蒙还是三七开，所以保持了以牧为主的经济。30多年来发生了变化，成了半农半牧。这变化在经济上说是走了下坡路。移入的汉人越多，农田越多，日子越难过。这是该地居民每个人的切身教训，也是引起民族矛盾的经济原因。我们要加强民族团结，就是要切切实实地改变这种经济状态，而只有走上农牧结合、民族共同繁荣的道路才能扭转这局面。

我们倾听了黑塔子的干部们根据他们实践的经验所提出发展这地区的方案，真是为我们上了一堂富有启发的课程。如果总结这堂课的主题，可以说是"退农还牧"四字，看来这也是整个半农半牧区应走的道路。如黑塔子嘎查那样的地方，首先要解决的是土地的沙化问题。治沙的办法正如我上面所说过的，是现成的。黑塔子嘎查准备用3年到5年的时间，采取"引洪淤灌"的方法开沟挖渠，引进附近少郎河的水淤灌2.5万亩盐碱地；同时对现有的草牧场实行封育，轮流放牧；并着手营造防护林，使这里草料在两年里每亩增产50公斤，这是走巴彦他拉的路子。

他们还计划"卖羊买牛"，在几年里使这个嘎查建成一个奶牛基地，做到每头母牛有"一亩青贮、一亩草料"，种植青贮作物是一种为牧业服务的农业,这才真的做到了农牧结合,这种结合不仅是以农促牧,而且通过"过腹回田",牲畜又为农田提供了有机肥料,以牧促农,彻底地改变农牧矛盾的恶性循环成为农牧结合的良性循环。这是走上牧业现代化的路子。

"卖羊买牛"是牧业专业化。过去传统的牧业是自给的牧业,一家牧民要在牲畜身上取得日用所需的种种原料,所以必须是肉奶皮毛样样俱全的综合供应。从自给经济提高到商品经济,那就要根据商品的需要而选择品种,一头既能长膘,又能出奶的牛是不多的。黑塔子嘎查想把现在喂羊的草料转过来喂牛,把现有的羊全部处理掉,换成几百头奶牛,然后用精饲料饲育奶牛,并且计划开办奶粉厂走上工业化的路子。这是一种先进的设想。以农促牧,以牧促工,整个经济就搞活了,收入也就提高了。他们估计完成"卖羊买牛"的计划后人均收入可以达到450元,比现在翻一番。路是人走出来的。但是采取这种措施的具体条件是否具备,那是还应具体研究的。

八

从巴汉他拉更往南行,就进入了翁牛特旗的农业区。这里有一条足以利用来引洪灌溉农田的少郎河。可以得到灌溉之利的土地称作乎川地,但只占可耕地的小部分,大部分是丘陵地带的坡地,只适宜种植旱地作物。在一定程度上这里可以代表赤峰市中、南部农业区的一般情况。我们从半农半牧的巴汉他拉出来,就去访问乌丹镇附近的山咀子乡农业科技村驿马吐大队。这个大队现在是赤峰市商品粮基地之一。自从大搞农田基本建设、推广普及农业科学技术，这个大队的粮食产量从1978年就开始大幅度上升，从该年的135万公斤，已经提高到1982年的217.5万公斤，4年里产量每年递增25万公斤。1982年实行了"双包"生产责任制，1983年试办农业科技村，效果非常显著，粮食总产达到268.5万公斤。1983年向国家售粮27.5万公斤，成为名副其实的商品粮基地。

我们在访问该村之前，脑里就存在着一个科学成果怎样推广的问题。上面我们已经介绍了赤峰市在治沙、造林、改良草场和牲畜品种等方面所取得的科研成绩，但是这些都是局限于较小范围里的成绩，还没有大面积地推广来改变赤峰市经济的整个面貌。在我们看来，当前的问题是怎样把这些已经找到的发展手段大力地运用起来发挥效力，关键是怎样使这些已经行之有效的科学知识能传递到广大群众手上，变成千家万户的生产力。这里包括两个问题：一是怎样形成一个扩散知识的社会组织，二是怎样建立起一个扩散知识的队伍。听到驿马吐大队的初步介绍后，觉得这个科技村的实验可能对上述问题提供一些答案。这次访问并没有辜负我们的期望。

这个科技村为科技知识的传播建立起一个五层结构的塔形梯队组织，最高层是负责全村科学普及推广工作的科学技术委员会；其次是受过农民业余技术学校培训的有文化知识的农民技术员；第四层是示范户，是些能在群众中起模范带头作用的农户，其中选出若干重点示范户作为第三层；基层称科技户，包括所有愿意接受科技知识的农户。凡是一时还不愿接受科技指导的为一般农户，是这个组织的预备队。

全大队5个自然村有630户。1983年落实了420个科技户，占全大队总户数的67%,其中示范户有70户,占总户数的11%,1个示范户指导6个科技户;其中再选择14户为重点示范户,占示范户的20%。全村共有农民技术员十几人,他们都是具有初高中文化程度,经过农民业余技术学校里的培训,工作热情高,干劲大,接受事物快,在科学种田方面有一定实践经验的农民。经过考试合格,发给证书。他们是青壮年科技骨干,通过他们抓对示范户的指导咨询工作。负责全村科技普及推广工作的科技委员会是全部工作的领导小组,有成员7人,其中村干部5人,农民技术员、科技示范户代表各1人。通过这个塔形梯队,达到了上通下达,抓骨干、带一片的信息流动运转的系统。

自从包产到户后,改变了过去出工听哨子,操作听指挥的劳动方式,各家各户都得自己决定田地上种什么作物,串换哪些种子,购买哪些农药、化肥等等农业经营上的问题。解决得好,收成就高,解决得不好,产量就低。农民开始要求自己掌握农业科技知识。当然农民对现代科技知识不是一下子就容易接受的,认识有先后迟早。有些自以为能靠老技术种田的人,并不急于采用不熟悉的新办法,一直到他们在实践中发现自己田地上的产量赶不上科技户时,才改变主意。

接受科技知识需要一定文化条件。驿马吐这个村子,据说已普及了小学,但只有少数达到初中程度。实践中他们感到文盲和小学程度的农民,必须通过具体的直观示范才能跟着做。这是在愿意接受指导的农民中,还得通过多层媒介才能跟上的原因。在科技知识传递的塔形梯队中,能起带头作用的范围还不到10户,文化水平是局限性的主要因素。所以这个科技村的领导小组已经下决心要采取措施普及初中,为进一步推广科学种田创造条件。

科技知识能得到推广是因为它在实践中确能提高生产力。驿马吐有许多生动的例子。其中之一是烧锅地科技示范户许桂东。1983年，他承包25.4亩土地，单产平均475公斤，水地单产575公斤，平均每人1000多公斤，人均收入达565元，比过去多了好几倍。他在种好自己承包地的同时，带领11个科技户，帮助他们安排种植计划，购买农药、化肥，搞好种子处理，组织引洪防虫等，使他们都获得了好收成，人均持有粮达1850公斤，比上年增加400公斤，人均收入400元，比上年增加80元，这个小组比其他农户每人多得粮食300公斤。

重点示范户、示范户、科技户的层层带动，促进了生产，在田间管理上，只要科技示范户一动手，其他户也一齐动手。比如过去追肥正赶上天旱，示范户根据技术员指导推迟四五天，全大队都跟着示范户一样行动，推迟了追肥时间，获得良好效果。

有了这个能带动群众的塔形梯队组织，是否能产生良好效果，还得依赖带头的技术员。这种合格的技术员和示范户在一般农村里，需要从无到有、从少到多地自行培训。驿马吐大队在赤峰市和翁牛特旗有关部门的帮助下，从1980年开始就举办了农民技术学校，1983年扩大培训范围，开门办学，凡是有一定文化水平并能坚持学习的农民都可以参加。一年来一共开办5次，每次都结合当时农事的实际需要授课，如玉米、谷子、高粱三大作物的高产栽培，春季播种、夏季田间管理、秋季选种的知识。每次21天，一共参加690人次。这样培养出了一批掌握基本农业科学技术的骨干。他们不仅自己能种好田，帮助科技户种好田，而且其中还有一些人承包了6项有关新品种、肥料、高产栽培、新农药、生长刺激素等科研试验项目，积累了年度数据，提出试验报告，1984年做出了示范应用，扩大了科研效益。

驿马吐科技村在智力扩散、科技传播上取得了很宝贵的实践经验。现在的问题是怎样能把这个成功的经验推广到更大的范围，不仅包括农区、也应当包括牧区在内，推广这个多层塔形梯队组织，首先是需要有科技知识的人。从驿马吐的经验看，每6家科技户需要1个示范户，5家示范户需要1家重点户，这些基层科技人员用两三年时间可以从一般农民中培训出来。驿马吐这样的600多户3000多人的大队，至少要2个中专程度、1个大专程度的技术指导员，全市75万户，376万人就需要中专以上指导员2500人，大专以上指导员1250人。而现在全市农牧系统大中专程度的科技干部约2200人，显然在数量上相差很大。所以从点上的成就要推广成面上的事业，还需要在短期间培养出大批大中专程度的基层工作人员。这些人员不可能从外地调用，只有在本市培训，那就需要立刻着手在本市开办大专程度的专业学校。

我们在上面所叙述的还只是大队一级的基层机构。这个梯队并不是自足的，它还必须接上更高的层次，至少还要有市、旗（县）两级的科技指导机构。如果与农牧研究机构配套，所需的人才为数就更多了。我们在这次访问中，所得到的有关材料还不够做出初步的智力规划，只能提出这个问题。但是为了实现赤峰市农牧的现代化，这个规划是不能缺少的。

九

"有工则富,无商不活",这句话在赤峰市是同样适用的。赤峰市1983年工农业产值17.45亿元,其中农牧业9.16亿元,工业8.29亿元。农牧和工业在产值上相差不大。但是这里的工业主要是集中在赤峰市区和若干国营厂矿,在广大农牧地区基本上没有现代工业。农牧副业1983年产值约2.7亿元,只占农牧产值的30%,所以农牧区人均收入还不到300元。

我们所访问的那些牧区和农区,确是很少见到工厂,甚至较大的作坊也不多。除在太平地听到过,由于20年来种的树已经陆续成材,有一部分木材可以加工制造胶合板,在黑塔子谈过打算发展奶牛开办奶粉厂外,各地很少谈到农牧产品的加工和兴办其他工业的话。这使我们产生一种印象,赤峰的农牧地区似乎还没有达到发展工业的阶段。但是我们又同时常听到关于赤峰地下资源的谈话,而且知道在赤峰市东南角的元宝山已经建立起大型的火力发电厂。我们在返京的夜车上,还看到沿铁路线的山坡上灯光闪烁,说是来自采金的矿区。这些又告诉我们赤峰实际上已具备工业大发展的若干条件。

从潜力上说,赤峰市确是极为雄厚的。在地质上,它处于华北地区与大兴安岭的褶皱地带,是各种矿藏较多的地区。北部背靠大小山脉,峰峦起伏,由东向西连绵延伸,形成了境内长达300公里的各种金属和非金属矿带。目前又发现有色和稀有金属30多种,还有石灰石、大理石、萤石等非金属矿大小几十处。南部以煤炭、黄金为主,元宝山的发电厂就是利用附近开采的煤做燃料的,现在它的发电颇为可观,主要用来支援辽宁的工业。如果充分利用当地提供的电力来发展采掘工业，前途是极有希望的。

正在访问期间，我们接触到建设集通铁路的计划。集通铁路是拟议中从集宁经多伦和赤峰北部到通辽市的铁路。主要是为了使西煤得以东运，同时，也给包括赤峰在内的内蒙古东部开发提供重要动脉。可以预测，这将使赤峰经济发生重大的变化。

如果这条铁路能够建设，我们想到的是怎样使这条铁路成为广大赤峰的农牧民实现现代化的动力，而不是一条单纯用来为采掘的物资外运的工具。这就有赖于在铁路建成之时，赤峰市农牧区的经济是否能全面地发展起来，更具体些说，能否从自给经济转变成商品经济，因为只有进入了商品经济，才能充分地利用像铁路一样的运输工具为本地经济服务。

赤峰市内农牧区的商品经济原来是很不发达的，还停留在定期的集市水平，市镇为数很少而且规模也很小。我们访问过巴林右旗的大板和翁牛特旗的乌丹这两个相当于内地的县镇，以及居于北面进入赤峰市区要道上的桥头镇。

大板镇现有 1.6 万多人口，解放时只有 2000 多人，因为清代下嫁到昭盟的几个公主都居住在这个镇附近，又在镇上建造了几座庙宇，也就形成了集市，每年农历六月有一个月的庙会，成为昭盟北部的重要商业中心。蒙族地区的庙会相当于内地的集市。在赶集的那个时间，买卖双方从四面八方聚集在这个地方进行交易。集期过后，各自分散。牧区庙会的特点是集期间隔较长，往时一般一年一次。而每次庙会可以拖长相当多的日子，有的长至一个月。据说那时牧民以游牧为主，并不定居，生活基本自给，日常生活中依赖于外地供给的粮食、茶叶、盐、布帛等都是耐久的物品，可以贮存，跟着畜群流动。

牧民一年就赶几匹马、几头牛、几只羊到庙会上来，换取一年所需的这些东西。实际情况当然比所说的复杂些，但这也表达了基本生活形式。在赶庙会时，平时分散放牧的牧民聚会到一起，在热闹的场合下赛马比赛，歌舞娱乐，盛极一时。会期届满，人又星散。所以在大板一样的所谓镇上，平时只有几家杂货铺和饭馆，庙里当时却有七八十个喇嘛。

这次我们到大板，若和上面所说的早日情况相比，已大有发展，有百货商店、招待所和两所有相当规模的中学。但是如果和内地的县镇相比，也就显得冷清多了。

作为翁牛特旗政治中心的乌丹镇和大板镇相比，确是高出一筹。人口约400户，1.7万人。市容很有规划，穿市而过的是绿化了的现代街道，两旁有高层建筑的百货商店、电影院和一些行政机关。它是赤峰市南北两部分的交通枢纽，所以商品流通和运输等方面较其他地点为优越。据说在1948年解放时，人口已有1.4万人，工农业产值据估计只有50万元。在"文革"时期，虽说有一些社办企业，但时兴时衰，曲线发展，动荡不定。经济上翻身是在党的十一届三中全会之后。1978年以来，5年中社办企业由17个增加到27个，从业人员由560人增加到1785人，固定资产从55万元增长到161万元，工业总产值由65万元增加到113万元；在边区，可以说是已经开始走上发展乡镇工业的道路，人均收入也从1977年的115元增加到201元，镇上已有电视机255台，自行车1.024万辆，成年人80%都戴上了手表，人民生活确实有了显著改变。

如果分析一下乌丹镇的企业，还是以建筑业为主，配上一些建材、加工、商业、饮食和修理、劳务等初级服务业，还没有提高到制造业的阶段，全镇总产值729万元中，工农业的比例是15比85，经距还是很大的。

乌丹镇南面的桥头镇，相当于内地的乡镇，1978年被列为翁牛特旗的商品粮基地，粮食已比70年代初翻了一番，商品率达到35%，人均收入从1978年前的几十元增加到了256元。生活上的改变和乌丹镇相似。

从上面几个镇的情况看来，单纯依靠农业，尽管粮食产量有了大幅度的增产，人均收入还是不容易超过300元，到2000年达到小康水平还是有困难的。农牧地区要较快地走上富裕的道路，看来还必须发展乡镇工业。事实上，目前赤峰市已有一定的条件，那就是走上面我们所指出的：牧业从靠天放牧改变为人工饲育，改粗放的农业为饲料基地，为牧业服务，提供饲草和饲料。一旦畜牧业有了大发展，走上专业化的道路，牲畜浑身是宝，就可以成为工业原料，发展肉类、奶类加工的食品工业和毛绒加工的纺织工业，以及畜皮加工的制革工业。总之，加一道工就增加一项收入，以牧业为基础发展起来的轻工业是不胜枚举的。

我们对赤峰市的远景是十分乐观的。如果能贯彻林牧为主的方针，首先改变生态环境，农牧结合，发展饲料种植，加速牧业改造，在林牧的基础上建立多种多样的小型轻工业，使千家万户都能得到收益，走上工业化的道路，同时，由于铁路交通的发达，矿产的采掘，以丰富的自然资源和能源为基础，建立起21世纪的新赤峰。这个前景不是太远，主要在于能及时解决当前所缺乏的智力和财力两项关键性的问题。关于这些方面，也正是我们今后开发边区的研究应当注意的课题。

包头篇

（1985年6月15日）

1984年我开始在内蒙古进行社会调查。内蒙古幅员辽阔，概括地讲是东林、西铁、南农、北牧，一个地区有一个地区的情况。农、林、牧、矿各有特点，要了解内蒙古只能分区、分段进行。那年我还去了赤峰。通过赤峰地区的初步考察，注意了解内蒙古地区农牧之间的关系。在当前传统农牧业经营方式和生产技术条件下，发生了农牧矛盾，破坏了自然生态的平衡，即广种薄收的农业破坏了草场，使草原沙化，牧业衰退。为了克服这一矛盾，只有变生态环境的恶性循环为良性循环。群众在这方面创造了各种各样的办法。

我们和当地领导一起，观察和总结了群众的经验。这些经验说明，只有提高农牧业生产技术水平，使农业为牧业服务，发展舍饲与放牧相结合的牧业，这个地区才能恢复自然生态平衡。同时，农牧业生产的发展一定要有为农牧业服务的工业的支持，如饲料工业及各地农牧产品的加工工业，而且这些轻工业也要有机械工业为后盾。就全局看是农、牧、林业和工业的系统结合。

如何发展自治区的工业是我们当前要研究的问题。"西铁"主要是指包头钢铁基地，所以1984年我到内蒙古自治区就提出到包头考察的想法，并请包钢经济研究所的同志带个信，着手做准备。后来又派了两位同志当先行官到包头向各企业和有关单位请教，做了进一步的准备。我自己于1985年6月1日来到包头，除参加"边区开发"科学研究工作会议外，还参观访问了中央、自治区、市所属一些厂矿和研究单位，与干部、科技人员和工人进行了座谈讨论，学习到很多新东西，也提出了一些问题，明确了一些看法，为今后开展研究工作做准备，也可以说是做了"破题"的工作。总之，我们想在包头研究边区开发中真正抓出一些问题来，然后针对问题，选出典型对象，"解剖麻雀"，并在一个或若干企业中进行细致的调查工作，用材料来证实或否定提出的看法。这样才能得到反映实际的基本观点。

如果把包头的情况与赤峰地区的情况相比较，赤峰是自然生态平衡失调，要恢复它的平衡，种草种树是前提，然后发展为牧业服务的农业，才能使农牧林优势得到充分发挥。包头则产生了工业企业中人文生态环境失调的问题，要调整这一生态环境，需要把大型骨干企业的能量扩散出去，成为发展边区工业的发动机，在一个区域内扩散工业的同时建设城市，发展小城镇，使之形成一个由大小企业构成的群落，一个有生长活力的社区。

一

包头，是内蒙古人民在全国各族人民的支援下，经过30多年的努力，在草原集市的基础上建立起的一个具有较大城市规模的工业基地。包头的中年人都参与了创业，而且都为此做出过贡献，所以现在一谈起这段历史都那么亲切和生动。他们告诉我们，包头，过去是个富饶美丽、人烟稀少的草原，蒙语就是"有鹿的地方"。这里到解放前还不过是一个人口不到7万的"水旱码头"。所谓水旱码头，是指它地处黄河要津，是有名的西北皮毛集散地，多年来形成了内蒙古皮毛牲畜和药材汇集内运和内地输入商品的转运中心。据说当时每到黄河开冻，各式各样的船只就不断地汇集此地，7月中旬达到高潮，码头上停驻的船只有三四百条，长达好几公里。包头城内大街小巷过往的马车有五百多辆。集市上车水马龙，盛极一时。但是，城内除了一些小的手工作坊外，根本谈不到工业。

包头巨大的变化开始于1953年初。那年，中央决定利用白云鄂博矿产资源，在包头建设一个大型钢铁联合企业，作为我国第一个五年计划重点建设项目之一。随后中央还决定把第一个五年计划的另外3个项目定在包头。我那时正在做民族工作，听到中央把这些重点企业放在包头，当时就体会到这是一件意义深远的措施。看来，中央为的是要使民族地区走上现代化的道路。

我深信，如果民族地区不实现现代化，少数民族的前途是不堪设想的。长期的封建统治和民族歧视已造成了各民族事实上的不平等。在社会主义条件下，要实现民族平等，不但要从政治上、法律上给予各少数民族平等的权利，而且要在物质基础上提高起来，使这些权利得以实现。因此就要大力发展各民族的经济、文化。现在这个道理已被大家承认了。没有生产力的发展，什么事都办不好。发展少数民族地区的生产力，首先要发挥他们传统的优势，并且要引进工业以加快他们优势的发挥。中国的现代化是离不开少数民族地区的工业化的。

内蒙古地区在继续贯彻以林牧为主、多种经营的方针的同时，还必须发展现代化工业。但是，边区没有工业的传统，甚至手工业作坊都很不发达。在自然经济状态下，怎么样发展工业，智力、资金和有技术的工人从哪里来？不解决这些问题，是谈不上边区的工业化和现代化的。

客观条件决定了边区的工业发展要有外助，必须充分利用从外面引进的智力、财力和劳力来发展边区的工业。在这一点上，边区与沿海地区是不同的。沿海地区已有相当的工业基础，100多年来已培养出了一支相当强大的技术队伍。

沿海地区工业的蓬勃发展是令人鼓舞的。但同时，这也使我想到了沿海地区和边区必将出现更大差距，边区将如何对待这一挑战呢？我多年做民族工作，对少数民族有深厚的感情，因此特别重视这个问题，决定把我的研究工作的重点从江苏转移到边区，为开发边区出一份力量。

中央领导早就看到了这个问题，50年代周总理曾动员知识分子支边。内蒙古是最早建立民族自治区的地方，希望在一定的时间里建设成一个能起模范作用的民族自治地区。当时大批知识分子响应中央号召，来到内蒙古工作。1984年我到呼和浩特市，看到那里有文、理、工、农、林、医、师范等高等院校，各种教育设置成龙配套，在全国的新兴城市中是少有的。

当然，光引进智力是不够的，还要引进工业。边区的优势在于资源丰富。我国大部分工业资源都在西部，这是中国自然地理的特点。从民族方面看，汉族人数最多，善于耕作。5000年来，汉族在东亚的这一块土地上精耕细作养育了亿万人口，而地力迄今尚未衰竭，这是伟大的业绩。但是与此同时，他们把从事其他生产活动的民族，不是吸收了进去，就是排挤在外围，居住在不宜于耕种的地方，形成了当前民族分布的形势。这种格局是在农业时代形成的。现在已进入工业时代，工业化将改变这种情况。在社会主义制度下，在工业化的过程中，要实现民族的共同繁荣，就得使开发的资源成为共同发展的基础。

依靠边区本身的力量发展工业是有困难的。建国初期中央决定把部分重点企业放在边区，利用其资源优势发展工业，技术、资金、劳力则从外地调去支援，这不是偶然的，而是适应中国特点的道路。看来今后还要这样做下去。我们现在所提的"三力支边"，实际上是继承开国以来开发边区的精神。

包头是一个很突出的例子，它是国家有意识在内蒙古这个民族地区建设的一个工业化的发动机。包钢、一机厂、二机厂的建设，都是在这一精神指导下进行的。当时的口号是："全市支援包钢、包钢带动全市。"换句话说，就是全地区支援重点项目，重点项目要带动全地区经济建设的发展。这个方针是很全面的。

现在的问题是，中央的这个精神是否得到贯彻？原来要求的目标是否实现了？先让我们看看 30 年来这里所经历的曲折道路。包钢是从苏联引进的技术，开始建设时有许多苏联工程技术人员参加规划和设计。但是建设不久，中苏关系发生变化，合同被撕毁了，我们蒙受了巨大的损失。最后我们靠自己的力量还是顶住了。进入 60 年代后又遇到了"十年动乱"，技术进步无从谈起，甚至近来世界新技术革命的浪潮，也未能影响我们边区的这些大企业。这些大企业的技术和设备基本上还停留在 50 年代的水平上，30 年来未获得多大提高。

尽管如此，包头的那些国营大企业在广大职工的努力下，生产并没有停顿过，不论任务完成得怎样，成绩是必须肯定的。但是如果再看一看，这些大企业是否带动了本地区的工业发展，问题就比较复杂了。我们对这个问题还刚刚开始注意，不可能有较全面的看法。据我初步的印象，这些大企业在一开始就没有充分意识到自己有带动地方发展工业的任务。不仅如此，在设计时采取的"先生产、后生活"的方针，对企业中职工的生活也没有全面考虑。企业和所在地方的社会关系也并未得到应有的重视，以至于职工生活设施一直跟不上企业的运行，至今仍处于被动地位。尤其是一上来就走上了企业自己办社会的路子，使这些企业和当地社会处于隔离的状态，自身搞"大而全"，形成一个封闭性的社区。这就严重地限制了这些企业向外的辐射力，限制了它们带动地方工业发展的作用。

二

企业不光有机器，还有人。人是生产力的主要要素，而人是要生活的。在时间紧迫的情况下，短期内固然可以采取"先生产、后生活"的做法，但"后"到什么时候，就值得研究了。我早年就听说，包钢建成不久就发现青年男职工在边区找不到老婆，于是不得不在附近建设了一个棉纺厂。后来又发现男女职工结婚后要生孩子，不得不办起幼儿园。随着孩子长大，又办起小学，办起中学。大约在70年代新的一代青年的就业问题就出现了。包钢不但要"包钢"还要"包人"，一步步地形成了一个封闭式的企业。随着人口的增殖，需要企业自己去"消化"。在这种情况下，就出现了"顶替"的办法，把有技术的父母顶下来，替上未受严格训练的小青年。这种办法是对企业原有技术力量的消耗。这些大型企业，除了没有火葬场和监狱，样样都有：有公安处，有经济警察等，仅包钢一家，教育经费就达 400 万元。企业办社会的问题在全国带有普遍性，但在边区更为突出，包钢的困难自然要比首钢多。

去年我去香港看了一下，那里只有 1000 平方公里的面积，人口达 500 多万。人多地少，只有发展高层建筑。一个居民社区有近百幢高层楼房，近 10 万人住在一起，楼房下层有全套的生活设施，人们居住在里面，到外边去工作，生活和工作互相配合得比较好。这样的人文生态环境是比较协调的。边区则不然，大企业职工衣食住行一直很紧张，吃菜、住房、儿童教育等等，经常出问题。厂长要当"家长"，劳碌终日，影响企业经营。这种企业与市政脱节的状况，明显地影响了企业劳动生产率的提高。企业利润很少，甚至长期亏本，以这种状态进入市场有什么竞争力！

在这里我们看到了封闭性企业本身产生的人文生态失调。包钢建成近 30 年，职工已进入第二代，甚至第三代。由于封闭，职工子女的婚姻与就业问题，都得由包钢本身解决，不断内婚和顶替的结果，很多车间已结成为亲属网络。青年人称老工人不叫师傅，而叫伯伯、阿姨。在车间管理上出现了新的复杂性，也影响了劳动生产率。人口在继续增长，近亲繁殖，封闭社区的活力不断消耗，这样形成了这类边区企业人文生态的第一个恶性循环。

人文生态的第二个恶性循环更为严重，这表现在地区之间。边区的大企业是做出了贡献的，但没有能带动整个地区的经济发展。现在就全国来讲东西差距拉大了，引起了边区的智力外流。1984年我在呼和浩特讲话时曾强调落实知识分子政策，以确保边区的智力资源。这一年来自治区在这方面确实做了很多工作，但是还不能说知识分子外流的趋势已经扭转，主要原因是由于东西差距拉大后产生的影响。

江浙一带乡镇企业急需人才和技术，而大学毕业生一直分配不到集体企业和县级以下的单位。所以知识分子成了财神。登报招贤等种种办法都出现了。我在江苏省扬中县听说，他们在《光明日报》上登了一条招聘技术人才的广告。这条广告只登了一天，他们就收到了1000多封回信。我让他们分析一下信的来源，结果大多数来自边区。这说明沿海地区乡镇工业的兴起，对人才产生了一股很大的吸引力。另一方面目前有一大批知识分子还冻结在边区，其中很多是50岁上下的老支边人员。一边有需求，一边人想走，配合起来，就出现了"一江春水向东流"的局面。这对于边区开发的影响十分严重，有如水土流失那样出现了人才流失的问题。唯一挽救的办法是发挥边区知识分子的作用，扩散他们的力量，把他们吸住，继续为边区服务。在这种新形势下，封闭的、大而全的企业看来是维持不了的，对内对外都难以为继。可是，随着有计划的商品经济的发展，大企业不可能继续再搞封闭的模式了。现在回头再看50年代"包钢带动全市"这个口号，寓意就更深刻了。

三

怎样扭转这人文生态的恶性循环呢？

第一，思想上要解决点问题。企业的领导人一定要认识，不从"大而全"和封闭模式中解放出来，不开放，就不能生存、不能发展。要开放就要有人接应。包头市能否接受和吸收大企业的扩散？这里还有一个群众的思想问题。目前，人们的观念还停留在前商品经济的阶段，需要改变。

我在包头坐车到旧城所在地东河区跑了一趟，看到有不少成衣铺，挂出的牌子上都标明是浙江人开的。后来一问才知道在包头除了成衣铺之外，还有修鞋、家具、理发等，各种各样的服务行业都是沿海各省的人来开办的。这对沿海地区来说是一种劳务输出。这批人在边区劳动很辛苦，但一年可赚几千元寄回去。

但这却是一个触目惊心的现象：当前的边区，一方面是知识分子外流，另一方面却是手艺人滚滚而来。这说明本地居民自己，一方面缺乏现代化工业技术，另一方面又不愿办第三产业。这样下去不但人才外流，而且资金也会外流。是否可以下命令冻结，一面不许走，另一面防止进来呢？那就更不行了。如果这样做，边区将会成死水一潭，根本谈不上开发了。应当欢迎这些为当地居民服务的手艺人进来，设法使他们赚的钱留下来，投资扩大再生产。也就是说，得对他们采取开放政策，让他们落户。同时边区居民为什么不可以自己学一学，开些铺子呢？外地手艺人的涌进已经有5年了，当地居民就是没有人去搞。我想，究其思想根源，就是自给经济培养出来的轻商和贱役的陈旧观念在作祟。

这种观念一下子改变也不容易，可是必须想办法改变。比如说，办缝纫学校，请老师教，甚至给文凭，说是"成衣学校"的毕业生，地位高了，有了面子，就会逐步把青年引进第三产业里面去，要欢迎外面来人输入技术，外助自立，边区人民要从自给经济的观念中解放出来。

第二，体制得进行改革。目前，包头的"三张皮"，正在进行结合，即中央、自治区、地方三级的协作，过去各管各的状态开始改变。这样做了，三级企业通力合作，发展地方工业，就可使已经聚集在包头的人才发挥出应有的作用，不再外流了。发挥科技人员作用的方式可以各种各样：让他们出去帮助人家解决技术问题，改造旧设备，筹办新厂，发展乡镇工业等等。技术人员有了前途和事业，干劲就会起来的。这样边区对他们就有了吸引力，他们也就不愿离开边区了。留人得靠吸引力，不能靠行政命令。

相对而言，当前包头还拥有相当雄厚的智力资源，只要采取一些措施是可以使之发挥更大作用的。我在北京曾到首钢参观过沙发厂、成衣厂、饼干厂，这些小厂吸收了首钢两万多职工，解决了首钢剩余劳动力的问题，也解决了待业青年问题，并以小厂养了大厂，把首钢搞活了。农村体制改革推行了家庭承包责任制，打破了大锅饭，转移了大批剩余劳动力，出现了小城镇。大企业同样也有一个剩余劳动力和技术能力转移的问题。技术和劳动力留在内部发挥不出作用，还会造成人文生态失调，一旦转移出来英雄就有了用武之地。

另外要找拳头产品，包头耐火器材厂就是一个例子，瓷砖是他们的拳头产品，是从唐山传过来的，厂里曾有40多个技术骨干是从唐山来的，他们始终与唐山保持联系，传入这么一个拳头产品，便使这个厂活了起来。这说明外地的智力支援对开发边区是何等重要。包头大企业的技术力量并不小，要设法把这股力量释放出来。

目前包头正在进行城市体制改革，把"三张皮"结合起来，互相配套，重点放在地方企业的发展上。这个方向是对头的。但是包头还要看到自己的任务：要把工业扩散到外围乡镇中去。作为一个城市，有150万人口是够大的了。苏州市人口60万，无锡市不到100万，而这两个市的工业产值都已超过100亿元。包头没有必要搞得人烟稠密。人多了市政费用太大，最好是在城市外围搞一个乡镇网络，一个大小企业的群落。

我还是主张在边区也要发展小城镇，这样能使基层人民生活较快地提高起来。但小城镇不会从天上掉下来，苏南的乡镇发展得快是因为有上海作为依托。相对而言，南京附近的县就比较落后，这是因为南京的大企业和军工企业，长期以来和这里一样是封闭的，智力资源扩散不出去。1984年以来，南京市把大企业和军工企业从"高墙深院"中引了出来，与小厂进行联合，收到了很好的效果。

同一个道理，平地起家搞工业是很困难的，苏北就是这样。苏南的一位县委书记调到苏北去当县委书记，用同样的办法搞乡镇工业就搞得不如苏南，甚至搞不起来。为什么？就因为上海的技术没有辐射到那里。过去无锡人到上海当技工，其中不少是钣金工，十年动乱，他们回到家乡，就把无锡的小型机器工业办了起来。苏北的盐城地区也有大批人到上海去做工，据说上海十分之一的人口来自盐城地区，但他们过去多数是干苦力活，同时，因为生活贫困，多数又是举家搬迁，没有留根，所以很少人回家乡传技术。现在盐城正朝着一个中等城市的规模发展，打算成为工业向乡镇扩散的"二传手"。包头市也是这样，要把包钢这个工业发动机的作用扩散出去，应以包头为"二传手"，把整个地区经济带动起来。因此内蒙古也要发展小城镇。我看还要补上这一课，不能直接学苏南，先要把大企业中的智力和技术扩散出去，发挥中等城市的作用。

第三，工业结构要起点变化。包头的工业建设是从重工业开始的，因为这里有资源，从重工业开始是很自然的。但是如果停留在重工业的片面发展上，地区经济是起不来的。边区从内地吸引了大批重工业技术力量，有了这一批技术力量就应当设法培养轻工业。重工业投资多，收入少，轻工业搞起来快，回收力强，而且还可以搞小型的，投资可以量力而行。重工业小了不行，要有一定规模。轻工业则可大可小，甚至以小为宜。纺织厂就是如此。我在日本看到一种家庭小工厂，夫妇二人管十几台织机，24小时不停，劳动生产率高过大厂。可见，包头要以重带轻，以轻养重，光有重工业是不行的。地区经济发展了，就业问题解决了，市政收入也增多了，就有力量改善对市民的服务。只有在这种情况下，企业办社会的封闭状态才能逐步扭转过来，使人文生态形成良性循环。封闭的重工业是不能常葆青春的。

第四，要充分利用超距离辐射。类似包头这样地区的工业发展，一方面可以依靠大企业的扩散，另一方面要对外开放，从先进地区尽可能地引进智力、财力和劳力。在我们这个时代，技术的传递已经不是靠口口相传和当面指点的方式了，而是可以通过各种信息系统把新技术传进来。前面已经讲过，目前我国东西两部分的差距正在拉开，产生一种人文生态的恶性循环。边区人才和资金外流是个大问题。从资金外流来看，江浙手艺人赚走的还是少数，大量流出的是购买外地日用品引起的边区和沿海贸易逆差。要改变这种逆差，一方面要调整边区出产的原材料价格，一方面是发展轻工业和原料加工业，制造日用品。边区起点低，发展轻工业还需要外地支持，要善于利用外力，自己站起来。提倡外助自立，不能靠出卖原料过日子。大量从外面引进智力、财力和劳力，为当地增加生产能力，有什么可怕呢？我看应该欢迎。30年来，大概有600万人从内地移入内蒙古，一部分被称为盲流，过去曾采取"挡"的政策。现在情况变了，不能再这样做了，因为内地的农村富起来了，还要发展。听说，内地去东北的一些移民，现在已经开始回归家乡了。我想，将来会有一天，请人家进来都不容易了。可见，人口移动并不可怕，问题在于如何使流进的人发挥作用，为提高本地的经济出力。

第五，要大力发展第三产业。包头早年就是"水旱码头"，为什么现在第三产业还没有发展起来呢？思想没有转过来是原因之一，大企业封闭也是原因之一，主要原因恐怕是当地工业没有发展。第三产业不是一下子就发展得起来的。它是随着第一和第二产业发展而发展的。从现在起我们就应当注意培养第三产业的人才，提倡和鼓励人们经营第三产业。

第六，国家在对边区的政策上要采取一些特殊措施，也就是采取保而不护的优惠政策。这里说的是要保住边区发展的条件，而不是保护落后，不是护短。补贴的办法是保护落后的办法。为什么不向边区投资，去发展产业呢？现在的基本情况是边区廉价输出原料，中央从受惠的企业中收了钱，再补贴到边区；我认为这是对边区"输血"，而不是"造血"。"造血"的方法是让发达地区向边区投资，发展边区的产业。过去相当长一段时间里边区依赖中央，伸手要钱。要了钱来不是"造血"，搞生产，而主要是用来维持边区的行政开支。对于这一点，我期期以为不可。世界上没有一个民族能在贴补中站起来！

我认为对边区不应采取贴补政策，但是又必须看到边区发展一定要依靠外力支援，所以应采取优惠政策。优惠不同于贴补，因为这是扶植而不是救济。利税政策应当研究，边区的税率应动用民族区域自治法，由中央与边区协商决定优惠办法，并且给企业生产的原料定出留成比例，利用留下来的部分去发展当地的生产事业，层层把企业搞起来。

现行的原料价格政策也要认真研究。我国的工业资源主要集中在边区和少数民族地区。这些地区输出的原材料价格影响着他们的资金收入和积累。要照顾这些地区的发展，价格需要适当调整。另外，现在边区企业的设备还多是50年代配置的，已经相当陈旧，按目前的折旧率，需要15—20年才能更新，速度太慢了。大企业的"老牛破车"，无法使其发挥发动机的作用，无力带动地区工业的发展。我们的政策要有利于边区大企业设备和技术的及时更新，使大企业始终保持先进的根基。

还应当提出，现在内蒙古和北京的地区工资类别是相同的，而内蒙古的日用品价格一般高于北京。在民族地区支边的人们生活水平至少不应低于原地区的水平，否则人才外流是挡不住的。

在这种形势下，我们除了采取一切必要措施，保住边区现有的智力资源和加速发展边区经济外，还应大力提倡爱国主义，鼓励支援边区，恢复50年代的精神，而且要防止再走弯路。我们要坚定不移地把改革进行下去，使大中企业真正活起来。这样，建设在边区的重点企业才能真正发挥发动机的作用，带动地方工业的发展，成为现代化农、林、牧业发展的好后盾。

四

留下的问题是：边区大企业怎样扩散它们的技术力量，带动全区的工业发展？我带了这个问题观察包头的情况，看到了许多值得注意的具体事例。

上面已提到，不论包钢还是包头的其他国营大企业，过去基本上都是封闭性的"大而全"的单位，封闭性的企业的一个特点就是企业办社会，职工和他们家属的生活，包括孩子的就学和就业问题在内，企业全都得管，最后不得不采取"顶替"的办法来安置职工家属，但是包头这些大企业近十年来每年待业的职工子女有上千人，只靠"顶替"解决不了问题。

另一个解决职工子女待业问题的办法是办所谓的大集体。我起初听到这个名词实在不明白，一问才知道，他们先把待业的职工子女集中在厂里训练，然后把他们分散到各车间去帮师傅们操作劳动，实际上是当了工人。但是由于没有招工指标，他们只能是"计划外用工"，工资和福利待遇都低于正式工人。

人口在继续增长，"大集体"也不能无限扩大，于是又出现了"二集体"。"二集体"是把待业的职工子女组织起来，成立各式各样的加工厂，承包大企业的活，或成立各种劳动服务公司为大企业打杂。"二集体"和"大集体"的不同之处是，这些公司是按"全民所有、集体承包、独立核算、自负盈亏"的原则建立的。现在这些"二集体"的工人每年还在增多，不得不一个个再分出去，成了"三集体"。

从"大集体"到"三集体"都是封闭性企业用来解决本单位由于人口增殖而发生青年就业问题的办法。由于这些青年都是职工子女，所以大企业和这些"集体"也是由亲属关系联系起来的。懂得中国传统社会结构的人一看就明白,这个企业实质上成了一个大家庭。主干企业像是家长,"二集体"像是长大了的子女,分房自炊。分房自炊的集体实际并不脱离主干企业,和没有分家的子女并无两样。

主干企业采取了"派、请、培、帮"的办法来照顾他们分出去的"集体"企业。"派"就是由主干企业选派有经验的技术骨干去担任"集体"企业的各级领导,而且明确规定这些领导干部是向主干企业负责,主干企业随时可以撤换他们。"请"就是聘请退休的老技工、老干部当"集体"企业的顾问和老师,进行传、帮、带。"培"是选择"集体"里的青年职工到厂内或厂外去深造。"帮"就是主干企业在资金、材料、设备等方面无偿贷予集体企业使用,并且协助后者开发新产品,推广销路。总之,是大家庭里家长对待分房自炊的儿女们的一套传统做法。他们之所以做得那样自然,那是由于这种所谓"大集体""二集体"的设置实质上是按传统家属模式行事的。

如果我们在包钢看到的有些集体可以称之为大家庭里的分房自炊的模式,那么我们在内蒙古第一机械厂看到的却是儿女分家自立的模式了。一机厂开始也走过分房自炊的道路。但是,现在他们遵循中国亲属制度的轨道,又向前走了一步:在生产和经济上能够自立时,就让它们独立。独立是指不再作为主干企业的一部分,成了名副其实的集体所有了。

我是初次在工厂企业里进行社会调查,没有料到一开始就见到这样的经营方式。这不由得使我想起具有日本特点的"Z"型经营模式了。看来现代工业引入东方国家,确实一下子离不开当地民族特点。

从包头见到有限的事实中,做出具有概括性的理论为时过早。但是在包头所见到的绝不是一种偶然现象，用亲属原则来经营我们的企业，甚至其他社会机构，恐怕在全国具有一定的普遍性，近亲繁殖的现象显然不限于边区一隅。这是一个值得深入研究的课题。

且不论上述这种近亲繁殖的企业扩散的方式是否利少弊多，我们可以想象，只靠这种方式是很难贯彻"包钢带动全市"方针的。利用亲属关系来进行扩散，实质上是企业封闭的结果，不能认为是一种开放的模式。大型企业真正的扩散是不能走亲属渠道的。不过我们毕竟在包头见到一些开放性扩散的苗头，虽然还没有成为一种趋势。

包头地方国营拖拉机厂生产的小四轮拖拉机，就是在包头国营大企业一机厂的帮助下投产的。一机厂为拖拉机厂提供技术资料，做好某些生产准备，还派了技术人员协助解决技术难题，在投产过程中又为小厂培养了技术人员。这样才使"小四轮"在内蒙古转动起来，并成了一种畅销产品。又如包头内燃机配件厂接受国营大企业的外协任务，培养了一批技术力量，在这基础上用两年时间从美国引进了内燃机活塞的先进技术，成功地搞出了一代新产品。

包头的内蒙古第一机械厂还采取"走出去"的办法，主动与地方企业联系，对地方企业的设备状况、生产能力、技术力量、质量水平进行调查分析，把适合于地方企业制造的零部件委托它们制造。同时还把一些地方企业的人员请到自己工厂里来，召开专门会议，把准备扩散的零部件提供给他们选择。在地方企业承担制造零部件时，一机厂还提供锻料、铸件毛坯等等。以大企业为中心，采取产品扩散的形式可使各级企业成龙配套，协调发展，在技术上、人才上、产品上以及经营管理上，国营大企业对地方企业进行有系统的、有计划的能量扩散是边区发展工业大有前途的一条道路。

最后，包头的大企业究竟具不具有扩散或辐射的能力呢？我们见到大企业里人浮于事的现象，曾问过一些厂长和经理：如果允许他们精兵简政，在维持目前生产任务的条件下，有没有多余的人力可以转移？他们回答说，只要现有人力的一半甚至1/3就够用了，况且这还没有把机器设备的更新估计在内。如果这个估计是实事求是的，那么城市经济体制改革后，城市企业和农村一样会发生劳动力的转移问题。由此看来，智力和人力的扩散是边区大企业本身的需要，其中部分有技术的人员，可以转移到地方或乡镇企业中去，一部分非技术人员则可以转移到方兴未艾的第三产业。这正是边区企业逐步走上开放的有效途径。

我在包头访问只是为今后关于边区开放的调查研究做一些破题的工作。着眼点在于提出问题，而不是在分析和解决问题。我是按所见到的和想到的做如实叙述，仅供读者参考。

港行漫笔

（1985年6月24日）

一、人造石林

飞机下降，接近地面。初访香港的一位朋友眼望窗外，惊叹地说：这简直是人造石林。石林，我到过，在昆明市路南县的乡下，彝族阿细人地区。平地耸立千百个大小石柱，排列得相当紧密，参差不齐，高低不等，犬牙相错，确是天下奇观。我这位朋友香港初瞥，做此比拟，新鲜贴切，十分形象。我也凑上去观望，半年暂别，一眼就看出闹市东头又耸出一片新建高楼。人造石林还在增长、扩大。

香港对我不是个陌生地方。30年代去广西调查，负伤回粤治疗，能行动时就到香港去观光。那时香港人口还不到100万，给我的印象酷似广州而不如广州繁荣；满街都是广东人，赤脚穿木板拖鞋。沿海拥挤不堪的街道和码头似乎老是又湿又滑，一片脚踏板噼啪之声，扰人听觉。

40年代，日本投降后我重访英伦，归途路经香港。由于我是英方的文化贵宾，受到香港大学校长和香港主教的殷勤招待，往来于居住在半山别墅里的上层人士之间。这里见到的是香港另一世界，英国绅士派头比不列颠更不列颠。这个世界在社会生活上和早年看到的那个木拖鞋阶层是隔绝的。论当时市面，我看还赶不上上海。当时由于大批大陆移民进入，人口增至160万人，其中几乎有50万人流离失所，露宿街头。

　　一隔几十年，我再来香港已是80年代了。最近这几年，我几乎每年都到过这地方，不是承邀专访，就是过路中转去美、去澳、去印度。每次停留时间不长，但多少也亲眼看到一点香港的新面貌。就说人造石林吧，它就是70年代兴起的。这十多年来，它不断增长扩大，联成一片。现在城市中心还遗留着一些30年代的建筑，当年的大厦被夹在摩天楼中间，显得特别寒碜，但却提供了反映香港发展的标志。

　　香港在150年前是个无名的小岛，只有20多个渔民村落，不到4000人。1842年英国仗其炮舰的威力，胁迫清廷订城下之盟，大概出于当时紫禁城里谋士们的逆料，要求割让的却是这区区一小块四面环海的弹丸之地。他们疑惑洋人怎会看中这个荒岛？！给就给吧。要求那些没见过世面的庸臣们预料这个荒岛100多年后竟会是个世界金融中心和东亚工商中心之一，当然这也太不近情理了。其实就是今天，在现实已摆在人们眼前时，又有多少人能真正如实地理解香港的地位的来由呢？正是这样，我们对这个人造石林，除了惊叹它所表现人力的雄伟外，自然不免要想一想：人间怎么会出现这个奇景？将来又会怎样？50年、100年以后的事不说，12年以后的事总得多想一想吧。

　　要思考这些问题，首先要认识香港的现实。这是这次专程访问的目的。时间虽短，20天里所见所闻，所思所议，却有不少。说是参观，也许还是言过其实，观看有之，参预则未。有点想法，随笔写下，不讲起承转合，不求全貌完形，只是片断鳞爪而已，故称之为"漫笔"。

二、万里星海

白天看石林只见外形,一片兀然耸立的巨厦,几十层的高楼,看不到甚至不觉得这正是蜂房蚁穴般万头攒动的巨大立体人群。到了晚上或午夜,如果登上山顶,俯视全港,灯火灿烂真是万里星海。这时,就会冒出世外来客之感,似乎看到了每一盏灯下都聚着一堆人。那岂是星海,实是人海。天下怎么会有这么多人密密麻麻、紧紧地挤在那么小的一个空间里呢?

从空间来说香港真是个弹丸之地,一共只有约 1000 平方公里。就在这只有四位数字的面积上却住着七位数字的人口——540 多万。如果把这么多人均匀地摊放在这片土地上,每 1 平方公里就有 5500 人。这样的人口密度,还不到摩肩接踵的地步。而事实上这里是个山岗起伏的岛屿,可供人们建屋居住的主要是一条纵深不能以里计的狭窄海岸。这 540 多万人如果挤在这海岸上,那就会出现有如海滨游泳场的场面了。人们要居住、要生产、要工作,只得向立体空间要面积,寸土之上重叠它几十层。这样,每个人不就可以有几尺方圆之地可以容身了吗?于是乎人工石林拔地而起。这几年来,人们已觉得沿海平地太少,凿山填海,扩大平地。新近扩大的石林和飞机跑道都是这样搞起来的。

当初英国殖民者攫取香港这个被称作"杳无人烟的荒芜小岛"时,对人口集聚之速是估计不足的。他们看中的是这个不冻的深水港口。以海上霸权为基础的英帝国是想在这里扼住印度洋进入太平洋的商道咽喉。这点可说他们是看准了,因为至今这个港口仍是东西方之间物资吞吐的枢纽。去年香港外贸总值在 3500 亿港元以上。这可是个天文数字。从物资运输来说，它在东亚也是数一数二的商港，仅集装箱运输量，已在世界上名列第三。据说到80年代末，现正在扩建的工程完成后，将首屈一指。

攫取香港之初，这个殖民帝国预料不到贸易发展、人口汇集之后，这个小岛承受能力不足。光是淡水的供应，岛上的雨水能养活多少人呢？于是魔掌又伸向香港对岸的九龙半岛南端，1860年用不平等条约把这块土地割去。但还是不满足，1898年再次拓展香港的范围，把深圳河以南的地区作为租期99年的租界，称为新界。1997年收回香港的协议是以这个年限推算的。香港岛、九龙、新界合称香港。

如果香港仅仅满足于成为东方海运贸易中心，大概只能形成上述30年代和40年代的面貌。香港经济的起飞是近30年来的事，工业发展是这个时期的特点。它主要依靠的是移民的智慧和劳动，在第二次世界大战后，成了一只和南朝鲜（韩国旧称——编者）、日本、台湾、新加坡并称的东亚经济"老虎"。它的兴起是有时代、地理和人力的多种因素，今后它在世界经济中还将起着重要作用。如果天时、地利、人和都搞得好的话，它的前途是不能不令人侧目的。

三、头重脚轻

到达香港适逢周末。主人建议我们不妨利用这休息期间，绕香港一周，心里好有个全貌。我们从香港的跑马地出发，穿过海底隧道，到九龙；再穿过狮子山隧道入新界，过沙田（即中文大学所在地），经大埔、粉岭，如果直往东北即是深圳，往西北即沙头角，隔山可遥望珠海。我们折向东南，到元朗用了午餐，席上海鲜极为可口，然后沿海岸向西南，返香港岛。

香港地处南海，草木四季常青。一出九龙便进入丘陵地带，高速公路蜿蜒曲折，两旁有山有海，一路风景宜人。汽车每行走一二十分钟就有一堆高耸的建筑群，自成一体。主人指点着说，这是香港近几年来推行新市镇发展计划的结果。1972年开始按计划公私投资兴建这类为疏散聚居市中心人口的居住区。在80年代中期建成3个新市镇，为180万人提供了居所。现在正在伸展，准备到90年代增至7个新市镇，届时可容纳居民300万人，所以我们一路看到许多地方都在大兴土木。尽管工程浩大，但就近一望，施工现场干干净净，不像内地一些建筑工地那样嘈杂凌乱。

我印象特深的是，一路上除了少数菜圃外，竟看不到一块长粮食的农田。后来一查香港的统计资料才知道全区可耕地只占7%，主要用来种植蔬菜和果树。50年代这里还有9000公顷稻田，80年代已减到10公顷以下。偏僻村落附近的水稻田，多已荒置退耕了。可见殖民者扩张新界，目的不是在香港搞小而全的自给经济。香港是永远不能成为一个经济上自给的社区的。

香港各项产业的比例，和我们大陆相对比刚刚倒了个头。开发自然资源的渔农矿等第一产业，可以说根本没有成长起来。农业上面已说过，渔业稍好一些，有5000艘渔船供应本市的咸水鱼，所以沿海小镇上有极可口的鲜鱼可吃。但是淡水鱼88%是从大陆运去的，广州附近很多渔村就靠此致富。矿业如果包括开山凿石在内，这几年来填海运动搞得很起劲，也许可以和渔业比一下。把渔农矿统统算上，在生产总值中所占的比例不超过10%，只有一位数字，有人甚至估计只有1%，可说微乎其微了。

香港的第二产业，即原料加工的制造业和建筑业，虽然开始较早，但是成为香港的经济支柱却是近20年的事。去年统计已有近47000家工厂，职工达855000人。工业产值占总产值近30%，形势还在看涨。香港有这样多工厂，但自己一无原料，二无能源，三少空地。它能发展的就是些轻工业，包括纺织、服装、电器、电子、钟表、玩具等劳动密集和智力密集型的小工业。原料和能源全靠岛外提供，在本港加工后，再把成品卖到外地去。香港产品中接近90%是外销的。所以这种工业是和外贸分不开的。在这一点上，是近20年来东亚勃兴的几只经济小"老虎"共同的特色。

香港在经济结构上和大陆的最大区别就在它第三产业的比重特别大，高达69%。商业发达本是商埠的特点。问题在于它主要不是为本地居民服务，而是为世界各地的生产者和消费者服务。这里真是世界各地物资流动的中转站。去年香港人口生产总值约2000亿港元，其中800亿只在香港过一过手。如前所述，香港的工业其实主要也是加工性的中转活动，就是从外地进了原料，经过加工制造，又卖到外地去。这一转手，一加工，香港人就得到了油水，除了本身的消费和享受外，还能积累资本再生产。油水大，利润高，尽管外地的人看得眼红，香港仍把大门打开，拱身相迎，殷勤服务，把外资源源不断地引了进来。去年一年共接获830宗来自世界各地有关工业投资的询问，其中有490宗已表示积极考虑成交。外商投资的工厂生产总值占香港产品出口总值的18%，其中以美资为最多，占一半以上。

香港是个对外汇不加限制的自由港。各国资本家都可以随意在香港进行各国货币的倒卖，因而成了一个资本大量流通的金融中心。一个电报就可以把上亿的钱输入或输出香港。我这次访问还是没有去参观香港的交易所，只听说其规模在国际上是可以名列前三名的。

总的来看，香港的经济结构：金融、贸易占六，工业占三，其他占一，是个头重脚轻的模式，和大陆刚刚倒了个头。

四、取个吉利

70年代东亚冒出来的几只"经济老虎"都具有香港那种头重脚轻的特点。我们不能因为它们一时的繁荣就看不到它们的脆弱本质。我们"农业为基础、工业为主导"的方针本来是重视根基，比较稳妥的。问题出在把农业看得太狭了，只搞"以粮为纲"，排斥了第一产业的其他部分，成了"独脚"。第二产业又重重轻轻，把主力放到了收效期长的大型重工业方面，加上缺乏经营大企业的经验，不算经济账，搞得不但无利可图，还要年年补贴，成了国家的包袱。更严重的是贬低了第三产业的地位，不仅不去发展，还要打击。幸存者奄奄一息，恢复都很困难。结果头脚两弊，一时赶不上头重脚轻的几只小"老虎"了。

其实，如果我们能够按照"无农不稳、无工不富、无商不活、无才不兴"公式办事，就能纠正贯彻"农业为基础、工业为主导"方针中出的偏差，再把发展第三产业加上去，也就可以头脚并重，稳步前进了。香港这只小"龙虎"之所以能头重脚轻地发展起来，是靠了有人供给它粮食、原料，还有人买它的工业产品，整个经济过程中它只抓中段，也可以说最肥的一段。原料供应和产品市场，全仗经济规律来保证，使得卖者肯卖，买者肯买。说得更透彻些就是用高价买进原料，低价卖出产品，取得了市场优势。要做到这一点，非靠掌握中间这一段不行，就是要有低价的劳力，能抓住消费市场，还要善于经营，发挥各个成员的积极性和创造性。

不能不承认香港的企业家和劳动人民是努力和灵活的，而且事实上也是做出了成绩的。问题仍在于这种头重脚轻的模式是否能耐久。我曾看过一本名叫《油断》的小说。描写日本如果一旦断了石油的供应，会出现怎样可怕的情况。这虽然是一篇科学幻想故事，但却说明了在原料和能源不能自给的国度和地区发展起来的工业是脆弱的。我们当然不希望会发生像小说里所说的那种景象，但是即使不发生那种非常事件，市场这一头还是潜伏着危机。这几年资本主义世界虽然没有出现严重的不景气和经济危机，尽管有些乐观的经济学家认为资本主义经济已找到克服经济危机的灵丹妙药，但是我还是不大相信，至少得承认资本主义市场波动很大，而且这种波动又是经常的。一旦有事，香港就会首当其冲。70年代初石油危机发生时，如果不是祖国及时支持，香港就有点吃不消了。

实际上香港的企业家有如在严厉的婆婆手下当媳妇，心里明白，尽管巧也度不过无米的日子。他们战战兢兢一分一厘地计较，哪能像内地有些爷儿们那样大手大脚地花国家的钱。香港决不是地面上撒着钞票尽人去拣的"天堂"。到了香港才能真正尝得到优胜劣败的滋味。在这个竞争场上的失败者，只有怪自己没用，怪不得别人，而这种失败者有的是，只是不见报纸，不传人口罢了。我就有个早年的同学，多次到港都打听不出他的消息。这次才偶然从别人嘴里知道他的下落。他正是市场失意人，到台湾传教去了。风尘中被淘汰的人物岂只是这位老同学一人！

香港人心里最明白旦夕祸福的意义。你到处得小心，时刻得留神，不要无意中漏出那些不吉利的字眼来讨没趣。比如宴会上连"干杯"都犯忌，袋里干瘪了不是坏了么？内蒙古草原出一种发菜，广东口音念起来是"发财"，因此香港人很喜欢这种菜。在香港市场价钱可高了，内蒙古人就竞相采摘。总之，香港人什么都要讨个吉利。据说如果有歹徒持刀向你要钱，你赶紧给他100元一张的红钞票，就能免于见血。这类事例说不完，只要问任何一个香港人，他都能说出一大堆。

讨个吉利，严格说来不是属迷信一类，更和宗教有别，它是一种提心吊胆的心理反映。人们怎么会搞得神经这样敏锐，把命运看得这样不能主动，一切都得碰运气的呢？我想根源就是这头重脚轻的经济模式在作怪。

五、蜂窝厂家

我最关心的自然是香港新兴的小型工业。于是，主人便带我去观塘参观。观塘是九龙靠东头的一个市镇，也可说是老的卫星镇，离九龙中间闹市还有一段路。由于建镇的时间较久，不像新建的市镇那样有计划、有规模。观塘是香港的主要工业区。

看惯内地工厂的人到此会感到新奇。内地的大工厂往往占着一大片土地,四面围墙,有些墙上面还圈有铁丝网,表示"工厂重地",而且烟囱耸立,很有气魄。在香港,也许由于我见识有限,似乎很少有这样气派轩昂的工厂,这里大多数工厂和居民住宅一样,挤在一座座被称作多层工业大厦里。在这些几十层高的大建筑里,有的一层一厂,也有一层多厂,很少一厂多层。我无以名之,名之为"蜂窝厂家"。

这些多层工业大厦许多是公家建筑好了,分层分间地卖给或租给商家去经营各式各样的制造业。它可以适应各种规模大小不同的企业。当然私人同样可以建造这种大厦,留着自己用,或卖或租给别人用。我上面已说过香港现在已有47000多家工厂,如果每个厂都要自己建成一个小王国,香港这么小的地方怎样挤得下呢?蜂窝厂家应当说是香港的新创造,因地制宜形成的特点。现代建筑已广泛装置电梯,高层运输已十分方便。

香港的工厂小型居多,平均每个厂不到20个职工。我起初看到这几个统计数字,还不大相信。后来到观塘去一看,才觉得这些数字是合乎事实的。我们内地讲工厂的发展,大多是指规模越搞越大,人数越来越多。香港却不然,而有点类似于细胞分裂,一个厂可以发展成为两个厂,甚至许多厂。所谓一个厂是指一个核算单位。一个老板可以拥有许多各自核算的厂,形成一个有总管的工厂群。一窝蜂可以有许多蜂房嘛。

我在观塘参观了一个针织厂。这个厂设在一座多层工业大厦里,运货汽车可以一直开进大厦,停在电梯前卸货。这座大厦有10多层楼,都从一个大门出入,每层是一个厂。每个厂有一套管理机构。管理室连着车间,车间里很多工人在操作，每一立方空间都得到充分利用，有的成品就在车间里打包，出厂前就存放在车间。楼下有一层是仓库，但是这些厂却不愿利用这仓库，因为仓库是要收租钱的。能省一分钱，就得省一分钱，只有这样才能使成本压低下来。

这座楼里的各层厂家都属于一个老板。老板在总经理室里只管各厂每天报来的生产情况和出现的问题。他只按规定的数目提取各厂的利润，并替各厂解决不是一个厂能解决的问题。他陪同我到厂房里去参观，有一家厂进门就见财神龛，龛前轻烟缭绕。他看我注意这种景象，立刻说："这些我全让他们自己去决定，要奉什么神就奉什么神，只要按计划、按合同办事就行。"总老板对这些是放手的，他说："这样他们才肯出力干。"用我们的话说，放权才能调动下层的积极性。看来这位老板并没有学习过"文件"，也没有学过"管理学"，实践指导他，使得他懂得怎样使他的企业发展起来，从 70 年代几十万元的本钱，到现在已拥有几亿的财产了。这就是生意经。我看我们也要读这个经，才能把我们的企业从亏转盈，从僵转活。

从观塘的蜂窝厂家出来之后，我突然产生一个奇特的念头：如果我有孙悟空的本领，真想一口气把这密密麻麻挤在多层大厦里的那许多工厂，吹散到内地广大的农村去。那么，这些蜂窝厂家不就成了无数的乡镇企业了吗？我们除了无需建筑多层工业大厦之外，香港的小型工业在经营上确实是我们乡镇企业的一个范本。这范本里写着乡镇企业下一个发展阶段的文章。

六、居民小镇

从观塘参观回来,我又想到了一个问题:这些工厂里的职工的生活是怎么解决的呢?内地大企业的厂长们,有关职工的吃、喝、拉、撒,结婚生育,老病火化,样样都得管,而且这些费用都得出在工厂账上。他们手上的政治账、社会账、经济账都得算,就是企业效益账算不清。真是厂厂都有一本难念的经。这样的厂长我看香港的企业家是干不来的。可是我们也要问问:香港的厂长不管职工生活,由谁去管呢?

香港的企业情况当然不尽相同,这些蜂窝厂家在安排职工生活上却和我们的乡镇企业有点接近。当然城市里的工人究竟和乡村里的工人不同。单讲住所,乡村人家一般都有祖传的房屋,修修补补,添添造造,有屋可住。香港居民大多数是从外地来的,自己有房子的是少数,在工厂当职工的有房子的更少。如果工厂不管,那就会出现如解放前上海杨树浦那样的"贫民窟",就是用木板挡墙、洋铁皮盖顶那种窝棚了。

香港原来也有不少类似杨树浦那样的区域,但是现在几乎看不到木板窝棚了。市民的居住问题近十年来受到社会重视,已作为市政建设的重点项目。解决办法是公私并举,建筑高层楼群的居民小村。许多大厦是由公家投资建造,以成本价格售给符合某些规定条件的中下收入的家庭。同时,鼓励私人投资建筑新村,以稍高价格出售。从1978年以来,出售44000个住宅单位,其中有37%是公家出售的廉价房屋。这些公建房屋的购买或租赁者只限于月收入在6500港元(去年提高了1000港元)以下的家庭。租金约占家庭收入的7%到8%。售价从10万到30万港元不等,但可分期付款。私人投资建造的房屋任何人都可购买或租赁，价格较高，租金约占家庭收入的20%。收入较低的家庭可享受优惠，由政府免费提供土地。香港这些措施值得内地各大城市参考。

我有位亲戚住在美孚新邨。这是最早的一个由私人投资建立的这类居民小镇。这个新邨的兴建者是美孚油行的老板。他原来在九龙西部沿海有个油库。九龙市面扩张，油库势必迁移。他就把这块土地用来建筑新邨，那是在70年代初期。每年增建，分八期完成，现已有99幢，每幢20层，共容纳10万人。这种新邨规划合理，布局得当，每幢大楼的基层都是为生活服务的设施，诸如菜场、商店、菜馆、银行、邮局等等，还有专用的公共会场、电影院、娱乐场、小学、中学和业余学校，以及停车场——凡是生活上需要的一切服务行业在这里应有尽有。为了使居民有良好的居住环境，高楼之间的空地布置得如公园一般，老年人可以在此散步、练功，孩子们可以在此游戏，年轻人有公共长椅可以休息看书，或谈情说爱。公家又通地下车道，便利新邨居民的交通。这种新邨的指导思想，旨在使居民感到这是他们自己的家园，生活方便、舒适。他们有了这种归属感，在别人问起他们住址，以某某新邨作答时，脸上便会有光彩。这样居民也会爱护自己的居住环境，公共场所都搞得十分清洁。这给我很深的印象。

像美孚新邨这样的居民小镇已在香港推广，有些已经建成，而且比美孚新邨更新、更舒适。到90年代这样的居民小镇计划增加到7个，容纳居民300万人。我想这是香港人民的创造，在全世界上做得也是出色的。

七、工作之余

香港人的工作效率是很高的,人均产值达 52000 港元。我接触的产业工人不多,但在工厂参观时,分秒必争的气氛是很感人的。机关、学校的办事人员,眼明手快,做事利落。我带了几篇杂志上最近刊出的文章要给朋友们看,上午借去,下午已复制多份,人手一篇了。对工作认真负责也是不能不承认的。当然不是说香港人生来就特别勤奋,我想他们这种办事精神是在不好好干就得卷铺盖的压力下锻炼出来的。日子久了,不抓紧工作就不舒服了。这种压力的滋味,吃惯大锅饭的人是体会不到的。

工作认真,工作之余怎样呢?是不是一下班就懒倦了呢?看来并不如此。他们的生活节奏很紧张,早晨一般没有我起得早,但没有午休,晚上却大多善于熬夜。他们的生活琐事又没有我们那样繁重。8 小时之外的时间是怎样打发开的呢?

我们刚到香港的周末,坐车去郊外观光,半途在鹿颈地方停车休息。公路旁扯着一条红布横幅,上面有字:某某地区华人长跑比赛,正在此时有些赛跑的人到达终点了。一问,他们都是中年的普通市民,这是参加民间团体组织的周末活动。

车过海滨,傍水依山的树林下,看到不少男女老少,一家子一起席地野餐。在这些风景幽美的地方,公家砌着小土灶,供应游人使用,只在树林旁挂着谨防火灾的牌子。沿途还看到一簇簇青年男女骑着自行车使劲儿往山坡上冲。香港市区的路上看不到自行车。这些自行车是在郊外专门租给人们游玩的。

这些周末景象令人羡慕。哪一天北京郊外也能如此,那就好了。但是这些人可能还是少数。多数人工余时间还是在室内活动。这是他们进行社交的机会。香港的大小菜馆不计其数,哪条街上都有。居民小镇的基层菜馆鳞次栉比,中西俱全、各色皆备。看来这些菜馆天天客满,生意兴隆。除了挂牌营业的菜馆之外,还有种种俱乐部和民间团体的内部馆子,专供会员请客吃饭,过去是"吃在广州",现在是"吃在香港"了。这并非虚言,而是世界公认的定论。你想吃什么,在香港就有什么,而且风味地道。

这不是说香港人特别馋,或是胃口特别好。请客吃饭可能已成为社交的必要手段,在商业社会里信息是财神,香港菜馆之特别发达颇类似早年重庆的茶馆,到处都是。这样讲来,至少香港人中做生意挣钱的,8小时之外,正是他们业务活动的好时光。

其实,利用8小时之外进行社交不论什么社会都是极重要的。人和人不能只在工作上接触,要推动各行各业的创新和发展,就有赖于思想和信息的交流。英国各大学里学术空气最浓的不是在课堂上,而是在下午的茶室里。我想,把社会交际视为畏途的人,对此听来也许不太容易入耳。

八、赛马场上

香港有一家报纸,在我去港之前,发表了一篇响应我《港胞四愿》的文章,题目是《马场四愿》,最后说如果我再去香港,务必去参观一次赛马。主人听我说起这件事,欣然约我去马场实践一次。我说实践,并不是说去骑马参加赛马,那不是我今生能做的事了。我所说的实践是像普通香港人一样去参与"赛马",就是到马场去投注赌博。

这是我生平第一次看到的新鲜事,要我说出它究竟是怎么一回事,还觉得困难。能说的首先是这是香港人中绝大多数群众都参与的活动。一星期一般有两次赛马。到赛马之日,可以说吸引了全社会的注意力。真如《马场四愿》所说的,不懂得马会就不懂得香港人。

我翻开香港政府出版的《香港一九八五年》这本类似年鉴的书,在看完经济、就业两章之后就见到六幅《马会百年》的彩色插图。所附的说明很有意思,标题是《造福社会,惠及市民》,下面说:"1984年,适逢英皇御准香港赛马会一百周年纪念。该会服务社会,成绩斐然,历年秉承不牟利宗旨,拨出所得盈余资助各项饶有意义的发展计划——教育、卫生、康乐、社会福利以至艺术方面的均有。拨款由香港赛马会(慈善)有限公司分配支付,1983年至1984年度内,共捐款26600万元,赞助各项慈善及社区建设计划。自赛马于1971年至1972年转为专业化至今,该会先后拨出慈善款达15.6亿元。1983年至1984年度内,马会资助逾94项慈善及社区建设计划,惠及社会每一阶层。"

这里讲的确是事实,无须怀疑。赛马原是一种竞技运动,在这个意义上,香港的赛马并不有别于内蒙古那达慕大会上的赛马。作为一种文体活动,赛马是可借以锻炼,有益身心。同时观众们在场观看,看哪些马匹和骑手奋勇争先,拍手助威,也是一项有益的娱乐。香港马会来自英国,英国原是牧业民族,赛马可能也就是这样开始的。

英国经济发展,进入了工业社会,牧马已失去其经济价值，但是赛马作为一种体育运动依然为人民所喜爱。于是他们组成赛马会，成为一种俱乐部，称马会。平时有人饲养和训练马匹，马主人要骑马运动时就可以从马厩里牵出来。爱好马术的人，定期比赛，也成为观众娱乐的机会。

观众在赛前不免对赛马结果有种种猜测，有人说这匹马跑得快，有人说那匹马才好，他们就下开赌注了。猜中了就赢，猜不中就输。赛马者的胜负，变成了观众的输赢。这种个人之间赌输赢原是不足为奇的。在商业社会里有人看中了这是谋利的机会，就出来组织观众下注赌博。赛前各人下注买定哪匹马会跑第一，比赛结果把猜错的人下的注统统合起平分给猜中的人，组织者自己扣下一笔服务费用。于是赛马会成了一种企业，它的重心不在骑马者锻炼身体，而转化为观众的赌博。有人专门养马来作比赛，马主人根本不必自己上马背，而是雇用骑术好的骑师来驾驭马匹。赌博下注的方法也越来越多，不仅猜测哪匹马会跑第一，还可以猜哪匹马是头三名，或是哪两匹马会跑第一二两名，等等，猜中的机会越少，猜中后分的钱也越多。可见，赛马会吸引人的已不在看马术表演而是在赌博了。组织这种赌博的人是稳拿钱的，而且公开规定佣金的比例。

现在香港的赛马是由一个"赛马会有限公司"承包的，它规定群众下注总数中做三股分：一是分给猜中的马票持有者，二是马场自己的经营费用，三是给政府的税。具体比例我不清楚，只听说每一场赛马政府要得到几亿元的收入，一年要有几百亿元。政府拿到这笔收入后，有一部分就用来做所谓"慈善事业"和"社区建设"。"造福社会，惠及市民"是指这一点施舍。

到了赛马那一天，香港真是万人空巷，其中有一部分挤到马场上，更多的人在电视前用电话下注。赛一次马卖一次票，只要几十分钟，一次马赛下来，输赢就定，赢家就可以分到钱了。下注多少是观众自定的，十元、百元、几千、几万元都可以。赢家一下子就可以收回成倍的钱，有时真是一本万利。人们都争着传说某某人一场赛马成了百万富翁。这自然不是虚构的。但总的说来，因为要扣去经营和税款，最后分发给赢家的总数大大少于全部下注的总数，所以算总账，买马票的人总是要输的。但是从一个个人来说却有运气好坏的问题，有赢有输的机遇。靠这一点侥幸心理，人们像发了狂似的去买马票。

从资金集中上看，这倒是一个方便的办法，但是这种赌博在社会上引起的后果是十分严重的。"惠及社会"是从有形的、局部出发来说的。对每个市民来说不仅物质上每星期要抽一次血，而且抽得又不平均，集中在一些"运气不佳"、死心眼儿想侥幸发财的人。人们并不是不明白这个道理，所以流行的看法是：马票富不了人，却可以把人搜干。尽管这样，人们还是掏钱去买马票。

买赛马票当然还不同于在澳门时我们看到的赌场。赌场周围是银行和当铺，据说还有放"驴打滚"的高利贷者在场里等人上钩，在那里倾家荡产的，比比皆是。

为什么香港马会这么兴旺，为什么澳门的赌场闻名天下？这里让我留下这些问题给读者自己去回答吧。

定西篇

（1985年8月28日）

开发西部边区，面临两大问题。一是如何变自然生态的恶性循环为良性循环；一是如何缩短、消除西部与东部之间在社会经济上的差距。1984年9月，我首次考察了甘肃省的定西地区，提出要用大系统的观点看待生态环境的改善和以东支西、以西资东、互利互惠、共同繁荣的发展设想。1985年8月，我再访定西，实际的变化使我认识到，定西人民正在走出一条改造山河治穷致富的现实路子。

一

地处甘肃中部的定西地区，就是历史上被人称作"陇中苦甲天下"的陇中。这块地方是在什么时候苦下来的？我没有考证。但贫困的原因和表现是显而易见的。高寒干旱，水土严重流失，生态恶性循环，使定西长期以来的灾荒不断。无以为生的人口，能走的就逃出去打工，要饭；留下来的便挖草根当柴烧，爬几十里山路去背水喝。解放以后，每逢遭灾年份，国家就得运粮解款。可年复一年的救济，仍未能使定西人民摆脱半饥饿状态。

1983年,该地区旱象减轻,农民收到了一季好庄稼,情况有了转机。然而久灾造成的问题还是成堆。1984年我第一次走访定西贫苦农户印象深刻。在一间除了炕和空锅别无他物的土屋里,一位中年农民流着眼泪诉说着他妻子的病况和断炊的困境。据说当时还有约1/3的农户与他一样不得温饱。干部还反映,一面在落实种草任务,一面仍有部分植被在继续遭到破坏。

时过一年,再上定西,面貌有了较大的改观。

从粮食来看,在1983年全区总产6.4亿公斤的基础上,1984年达到6.7亿公斤。1985年的麦子当时正在收割,预计总产可达7亿公斤上下。这3个数据表明,定西农村已连续有3年人均产粮在250公斤以上。统计数字与我在走访时看到各家或多或少都储有粮食的情况是相符的。

在恢复生态平衡方面,定西的种草也初见成效。1983年累计有草地107万亩,1984年增加到280万亩。草的长势也不错,既提高了植被覆盖率,又产出了较多的干草。据估计,1985年的干草和庄稼秸秆的收获量可达10.5亿公斤。现在挖草根、铲草皮的现象已基本停止,路边还留着不少以待来年再发的柠条。

在日常生活用水方面,农民在这几年里修复了以往损坏的家庭水窖。据介绍目前全区的农户平均拥有的水窖在两眼以上,每眼水窖蓄有30—40立方米的雨水。

有粮吃,有柴烧,有水喝,这是眼下定西农民对于温饱的理解。在如此短的时间内,在"苦甲天下"的定西,温饱问题初步得到了缓解,这的确是一个了不起的变化。

应当看到,在上述变化中,气候条件是一个重要的因素。

3年来定西大部分地区未受灾,平均降雨量都接近500毫米,这在干旱和半干旱地区是少有的。因此,定西干部在总结成绩时把"天帮忙"放在首位,并没有盲目乐观。

然而,我们必须充分肯定定西人民依靠自己去治穷致富的主动性,用他们的话来说就是"躺着吃不如干着吃"。明知随时有灾荒的可能而不屈服,可以得到救济而不愿躺着吃国家。这种边区人开发边区的主动精神与基本的温饱条件相结合,便产生了进一步提高生活水平的要求和实践。

二

前几年,为了贯彻种草种树、治穷致富的方针,甘肃省拨出专门的款项和粮食,补助给种草种树的农户。在定西,按照耕地种草和三荒地种草的等级,种1亩草分别补助5元或2.5元。这种以钱、粮补草的办法在初始阶段是有效的,它起到了提高群众种草积极性的作用,可是随着种草面积的不断扩大,以钱、粮补草的效果却越来越弱,甚至还引出了新的矛盾。

据介绍,因种草同进一步的经济利益还没有挂起钩来,在初步解决了烧的问题以后,有许多农民种草的积极性不高。他们只是为了完成任务和可以拿到补助款还在继续退耕种草。因此,有个别乡、村虚报种草亩数,还有个别农户上年种草,下年度又把草地翻过去种上了粮食。

由积极种草到消极应付,原因就在于草的价值在定西农民心目中发生了变化。过去,因缺柴草,有救济粮也变不成锅里的饭,因此,那时人们视柴如命,加上种草还有补助,种草的热情也就自然高涨起来。可是，现在的定西，柴垛成行，干草有余，人们也就不再用煮饭不大方便的节柴灶，而将大把的草丢进炉膛中烧掉。柴草余量较多的农民，还觉得储草是个不必要的累赘。听说干部在动员一位家中只养1头小猪，却有3年存草的青年农民完成种草任务时，他反问道：草不能当饭吃，你还叫我种，难道让我吃草？

草不能当饭吃，这句话说明了一个道理，那就是种草种树，恢复生态平衡这件大事必须与农民切身的经济利益相联系，成为群众致富的手段，才能得到切实的保证。

草固然不能当饭吃，可是在一定的条件下，草可以转化为吃得更好的"饭"。在我的家乡吴江县，有好几个乡都腾出一些亩产超过千斤的好地栽种花卉和席草，还办了花木公司和编席厂，农民的收入远比种粮食高。在内蒙古，听说牧民不时为争草而发生纠纷，原因就在人食牛羊，牛羊吃草，草通过牛羊的转化成了他们生活的"食粮"。民以食为天，草的争执自然性命攸关。

因此，草的转化就不单是自然生态的问题，而是一个人文生态如何与自然生态协调平衡的大课题。这里所说的人文生态，是指社会劳动力，据其所处的经济地理条件和它达到的智力水平，形成何种生产结构以达到最高的生产率，以及劳动力的组织形式、劳动成果的分配形式等达到最佳配合的历史进程。说通俗一点，就是人们干什么最为有利？怎么干才最有效？

从定西的实际情况看，该地区共有1076万亩耕地，其中在靖远、会宁北部和临洮、渭源西部有引黄河、洮河之水灌溉的水田112万亩，有梯田260万亩，其余绝大部分是广种薄收的坡田，坡田中已退耕种草的为280万亩。如果我们把在一般年份平均亩产粮食约100公斤上下的梯田也算作适于耕种粮食的土地，再加上旱涝保收的水浇田，共计372万亩，只占总耕地面积的1/3强。除了水田，定西有90%的耕地要靠雨水滋养。然而据统计，全区耕地有70%以上处于年降雨量小于500毫米的干旱或半干旱地区，还有一小部分耕地在海拔2300米以上。

土地状况和自然条件表明，定西很大部分地区不宜种粮而适于种草。这两年栽种的280万亩草地长势良好也说明了该地区的种草优势。

有种草的优势，然而人们并没有在种草上得利。问题就在于草的转化还不具备条件，自然优势受到社会经济结构的制约，它不仅不能得到充分发挥，反而成了种草无用的证据。

鉴此，定西的干部意识到，以钱、粮补草的老办法应当改变。要发挥优势，就得从改变农村经济结构着手，大力发展畜牧业，为草的转化提供条件。他们设想将原来的补助款粮作为牧业生产的基金，发放扶助性的低息有偿贷款，实施以牧促草的新措施。

在定西大力发展畜牧业，可以说是为生产力的提高找准了突破口，走上了正道。可是从原有的经济结构上看，牧业不是正业。因此，要实施以牧促草的措施，必须认识定西经济结构的现状及其形成的历史原因。

三

1983年，定西农村的经济结构是，乡镇工业占总产值的11%，农业占98%。在农业产值中，包括畜牧业的产值。1984年，据定西县的一个乡介绍，种植农业占总收入的比重为76%，牧业比重为1.5%，其余主要为工业收入。另据有关部门的统计数据计算，1984年，全区每个农户平均饲养的畜禽数为：牛、驴等大牲畜1头，猪2头，羊2头，鸡4只，兔0.1只。

由此可见，定西经济结构的现状仍是以农为本，以种植业为主的封闭自给性结构。在这一结构中，牧业不但微乎其微，而且完全是从属于种植业、为种植业服务的畜禽饲养。据介绍在全区每户1头的大牲畜中，绝大部分是毛驴，因为毛驴是上山下坡最好的脚力，运送肥料、种子靠它，驮回粮食、柴草也要靠它，其发挥的生产作用比城市工人上下班的自行车还要大。养猪羊也多半是为了生产有机肥。定西干部称这种牧业为农本牧业。

长期以来，在一个基本上不适宜种粮的地区，居然能形成以种粮为本，畜牧为种粮服务的生产结构，这不能不发人深省。

根据1982年的人口普查资料，全区少数民族人口只占总人口的1.26%，其余均为汉族。那么这些汉族人是从哪儿来的呢？据考证，万历六年整个西北地区大约只有400多万人口，清代大量向这一地区移民，使这一地区的人口急剧增长。我问了几个定西的老年人，他们都说自己的祖宗是从山西的"大槐树"迁来的。这使我联想到内蒙古的赤峰地区见到的情形。历史上汉族移民一到那儿，就在草原上抡起锄把开"荒"种庄稼，搞广种薄收，种一块丢一块，使土地大量沙化。游牧的蒙古族不得不一步步退缩，两种原始的生产方式的对立造成了民族之间的隔阂。据位于定西西南的甘南州的藏族同胞说，很早以前藏民游牧的地区比现在要广阔得多，后来才退却到现在这块海拔在3000米左右的甘南州。由此看来，在定西这个地区有可能是内地去的汉人，把自己数千年的农本传统，移植到定西这块不宜种植作物的土地上。

以农为本的传统发展到它的顶峰，便是不到十年前还普遍实行以粮为纲。这一政策在这地区带来灾难性的后果甚于其他地区。尽管不顾条件的以粮为纲使人们尝到了苦头，然而在以农为本的基础上培植起来的文化传统是不那么容易改变的。

看来，在思想观念里也要"反弹琵琶"，来一次意识领域的革新。要确认自然条件和商品经济规律是决定利用土地的原则。我在定西访问的几家农户，就看到他们中间已有一些专业户开始改变了见了土地就想种粮食的观念。

在定西县内官营乡，1户姓张的家庭由老兄弟3对夫妇及他们的子女组成，有15口人，10个劳动力。管家的是老二，他分工搞家庭牧业，养着十几头猪、几十只羊、一群鸡和几个蜂窝，老大负责种植业。由于牧业的需要，他已抽出5亩粮田种上了牧草。老三则开粉坊、磨坊和负责饲料加工。这是一个种植业、牧业和农产品粗加工混成一体的家庭经济结构。这户农民在没有搞牧业和加工业之前，1983年全家收入仅1083元，1984年收入一年就翻了三番，达到8470元，今年上半年仅出售羊毛一项就收入800元。

在同一个乡，有1户养兔专业户。那是1对有3个孩子的年轻夫妇，男的初中毕业，才31岁，他家的庭院内共有4个兔房，2个是半埋地下的泥土结构，每个混养着几十只皮肉两用兔，另外2个则是用砖砌成的分层隔笼式兔房，有6层，每层10个笼子，每个隔笼养1只长毛兔。在男主人卧室的墙下，一排挂着6种报纸，有《农民报》《市场信息》等。他告诉我，为了学习养兔，他自费跑了好几个省去寻师取经。现在家里的4亩水田也种上了兔草，夫妇俩一心扑在兔子上，全家收入也只靠出售兔毛和小兔。

这两家农户具有的共同特点是，靠发展商品化的畜牧业生产勤劳致富，而且都把种植业作为畜牧业的基础，使其为牧业服务。这一特点在定西被称为牧本农业，即以牧业为主，农业（种植业）从属于牧业的需要。

在由农本牧业向牧本农业的转化过程中，我们看到这两家的程度是不同的。前者保留了一部分农本，后者则完全是牧业专业户。这或许反映了定西发展商品化畜牧生产的必经之路，即由农本牧业到半农半牧再转向牧本农业。

四

定西的乡镇工业起步并不晚，1976年前后曾掀起过一阵工业的热潮，可此后又沉寂下去，走了一段弯路。

1983年，是定西乡镇工业摆脱起伏，走上健康发展道路的新起点。从统计数字上看，1982年全区的乡镇企业才220个，职工2万人，收入为1925万元。1983年企业数增加到766个，职工3.3万人，收入为4737万元。1984年地委书记带着各县县长到江浙沿海去考察学习找差距，回来后办工业的劲头更足，到1984年底，企业数增至2913个，总收入为8000万元。

两年来，定西发展乡镇工业有三大特点。

第一是企业规模小。从现有企业数与职工数来看，每个企业不足6人。据介绍，定西对于发展工业提出了户办、村办、乡办、县办、区办五个轮子一齐转的要求，其中以户办为主。例如临洮县搞编织地毯的就有1000多户，今年该县的乡镇企业的收入正向亿元奔进。

以户办和户联办小企业为主，既符合现阶段资金薄弱、技术和经营水平较差等具体条件，也符合办工业要使千家万户富起来的根本出发点。因此搞工业的神秘感破除了，群众觉得工业不难办，在家里就可以干，热情一起来，门道也就越来越多。现在除了众所周知的农牧产品加工业，建设、运输、服务业以及小采矿业等，一些原来不为人注意的资源优势也正在利用起来。例如那些形状奇异的老树根被用来制成根雕艺术品，又如不少农家姑娘用新发现的一种低档玉做成可与酒泉产品媲美的夜光杯。据介绍，类似的工艺美术项目就有61项。由此可以说，办工业进一步挖掘了资源的潜在优势。

第二个特点是联系面广。听说渭源县有一姑娘嫁到陕西，她在那儿学到了刺绣技术，于是就动员丈夫一起回到老家，办起了刺绣厂。这是群众自发的联系。在定西的城关，我看了一个杏脯厂，女孩子坐在那一边剥杏核，一边说笑。这是去年定西与北京市议定的21个项目中的1项。北京市郊一家果脯厂派出一位女同志正在那儿传授技术，把质量关。这是政府之间的无偿援助。我到定西的前一天，该地区的专员领着各县县委书记刚从江苏回来，听说这次与镇江的四县一区已初步议定了大理石开采加工、猪毛加工等7个项目的联营或技术协作。这些项目还需要企业对企业进一步洽谈订立合同，这是企业之间的联系。在定西县的一个乡，从济南市以技术转让方式引进了一个项目，我没有想到的是，这一联系是《市场信息报》发生的作用。

现在，定西正在组织专门搞横向联系的干部队伍，准备用各种方式加强地区之间的经济交流。

第三个特点是再生力强。在内官营乡，有一家与兰州化工厂挂钩的塑料编织厂，原料由兰化提供，制成的塑料编织袋送回兰化装化肥。有趣的是这个只有340人的小厂却蕴含着另外4个生产项目：涂料、超薄型地膜、丙纶和化妆品。这些项目虽说都属化学工业，但它们在工艺上与塑料编织完全是两码事。听说这些生产项目上路以后，就要分厂了。像这样一个厂可以裂变，孵生出几个厂的情况是很普遍的。

上述三个特点是定西乡镇工业健康发展的表现，它来自干部群众对乡镇工业地位、作用的正确认识。地区干部算了这样两笔账，一是从1983年以来两地区农村的人均收入的比较，本地区每年只增5元左右，而苏南乡镇企业发达地区这两年每年增长值为100元。二是即使在工业基础较差的情况下，几年来定西农民乡镇企业直接获利人均55元，乡镇企业利润用于支农和修建农村设施的总额为2200多万元，还吸收占全区30万农业剩余劳力的1/5以上进了工厂。由此他们认识到，无论从发展农、牧业商品生产的需要，或是从治穷致富、赶上先进地区发展水平的需要出发，定西必须大力兴办乡镇工业，而且非办好不可。

五

要办好乡镇工业,当前突出的问题是缺资金,缺技术。一位同志到无锡考察,看到那儿的乡镇企业把泥土变成了值钱的惠山泥人,联想到定西农民用大理石垫猪圈的情形,他深有感触地说,有技术点土成金,没有技术金子化为土。

缺乏资金办不了厂,没有技术开不了工,怎么办?应当缺啥找啥,创造条件。那么技术、资金在哪儿呢?首先要把眼光盯住东南沿海的城市和乡镇工业。

定西的干部这样做了,而且取得了初步成果。为什么会有成果呢?我认为那主要是东部的城乡企业到了必须向外扩展的时机。东部在这几年里发展很快,可是在城市受到土地、劳力(招工指标)的限制,在乡镇受到原料、能源的限制,使它们的技术与资金不能充分利用。然而市场的需求和竞争又不允许它们停顿下来,一停顿就意味着企业生命的终止。在这种两面夹击的情况下,它们要生存、要发展,就必须进行内部的改造和地域的扩展。这是工业发展的规律。所以西部的发展要到东部去找技术和资金,东部本身的发展也产生同样的需要,只不过需要的内容是场地、劳力、能源和原料。前两年苏南就有一些出资与边区共同开掘煤矿。今年由于宏观控制,在资金外流上表现不明显,但宏观控制不会是长期的,企业发展的经济规律还是在发生作用。因此,西部地区应不失时机地与东部地区挂起钩来。

当然,西部与东部之间的钩能否挂上,还得看采取什么样的原则,对东部来说,西部如果是穷亲戚上门,就不容易建立联系。定西的领导说,过去他们总有一个观念:我穷,请你来帮忙,结果就不那么理想,这就是说,只有单方面得利,联系不易建立,也不可能牢固。所以东西部之间的挂钩应遵循互利互惠的原则。

西部地区的主要优势在于资源和土地,要互利互惠就得提供部分资源或场地给对方。一句话,就是用资源换技术,借你的脑子,发挥自己的优势,共同致富。

最近,我听说西部地区的几个省为保护地方工业,相继采取了限制羊毛出省的措施,这种措施能否保住地方工业值得研究。在这种措施下羊毛实际的流通状况如何又值得研究。而类似羊毛等资源的限制,对于东西部的资源、技术互助的影响倒是实实在在的。鉴此,我建议有关部门订立一条原则,只要在对等基础上的技术、资源互换,就应当允许流通。

东、西部之间的挂钩,建立在各自经济发展的基础之上,这就要求在联系的过程中,采取企业与企业直接挂钩的方式。定西的干部就尝到过行政领导满口应承,跑到基层毫无踪影的酸果。当然,行政应当有领导汉,可企业也必须有洽谈权和自决权。这两者并非一对矛盾。这里我想强调的是东西挂钩要进行毛细血管活动,即企业与企业直接见面、商定,这样的互通有无才有基础。

六

在对外协作联系上,定西乡镇企业提出的要求是背靠兰州、面向全国,这就是说,除了上述与东部直接发生的横向联系,他们把兰州作为省内纵向联系的支柱和乡镇企业的中心。

问题是在西部重镇兰州市，是否起到了它对地方工业的应有的辐射作用？从上面说到的那个塑料编织厂来看，兰州化工厂的确是背靠的支柱。可从总体上看，兰州的工业体系尚未充分发挥这种作用。有人认为兰州的技术力量本身薄弱，再要扩散是心有余力不足，对此我了解得还不够。但从苏（州）、无（锡）、常（州）、（南）通四个中等城市的经验看，前些年它们采取"产品脱壳""一条龙"等各种形式扶持乡镇企业，结果是越向下扩散，城市本身的企业素质越强。道理有两条，一是通过区域性的联结，使企业取得了规模效益，这叫以多取胜。二是周围的乡镇工业发展了，就迫使城市本身做结构调整，并向上海、南京等大城市伸手求科技。这叫更上一层楼。

由此而言，兰州市的扩散是有潜力的。它不仅可以成为甘肃全省工业体系的核心，还能对整个西部地区的经济起到中坚、枢纽的作用。因此，兰州的地位十分重要，它有可能在将来建成"中国的芝加哥"，东部的经济力量通过兰州这块跳板，促进西部的开发和经济振兴。

由兰州市的地位，我进而想到甘肃各地区的首府、各县的县城乃至有条件的乡镇，都应当敞开城门，发散各自的力量，扶持乡镇企业。这种由上而下的层层扩散将造就一个错落有致的地方工业群落，这一群落的良性生长又能起到自下而上、层层保护的反馈作用。

五六十年代，中央各部在边远地区布了不少点，叫作三线工厂或二线工厂。这些企业现状如何？乡镇工业的发展是否也能借助它们的力量呢？这些问题值得有关部门深入调查。

今年我走访了就在定西城里的敬东机器厂。敬东厂是1970年由四机部投资1200万元办起来的三线厂，生产军用电子产品。地区干部介绍说，在1983年以前的十几年中，工厂与地区是鸡犬之声相闻，老死不相往来。地区的同志觉得自己是种洋芋蛋的，而工厂是搞电子的，高攀不上，工厂也自成体系，凡事不求人。

从1983年开始，地区和工厂的领导才互相走访，热络起来。就在那一年，工厂主动帮助地区扶持一家常年亏损、濒于倒闭的毛巾厂，改产由工厂扩散的电视机高频头的零部件，当年就扭亏为盈。1984年，这个已成为电子元件厂的小厂，产值达到140万元，实现利税15万元。现在小厂职工人数已从最早时的100余人扩充到320人，今年计划产值为300万元，实现利税为22万元。

除此以外，在1984年5月，敬东厂又拉出一条生产线，与地区劳动服务公司搞实体联合。即工人在总厂培训，技术由总厂指导，原材料供应、质量检验、产品销售等全由总厂负责。实际上是总厂的一部分，一年来该厂收入加工费42万元。

今年3月，敬东厂资助7.5万元给城关的乡办塑压厂，塑压厂为敬东厂加工零部件。4个月来完成产值30万元，实现利税3万元，安排了农村社员50人。

听完地区介绍，我就到敬东厂，厂长和总工程师热情接待了我，他们坦率地说，扶持地方办厂是该厂发展的需要。原来在1980年以前，这个中型军工厂按计划生产的产品销不出去，连年亏损，亏损总额达137万元，工资发不出，只得靠贷款吃饭。在这种情况下，工厂决定转军工为民用，生产电视机的高频头、偏转线圈以及骆驼牌收录机，这一转马上见了效。

1983年，工厂生产高频头的数量达到了50万只，为初转产时的8倍多，这时再要提高产量，工厂感到力不从心，招工指标不足，场地、资金都受到限制。扩厂不可能。面对市场上越来越大的需求量，怎么办？于是，该厂打开大门，采取实体联合、协作加工、外协合同等多种形式，与省内外的30多家工厂挂上钩。其中有上述定西的3个，省内其他地区8个和浙江十几个。一搞对外协作，这个厂也就如鱼得水，迅速发展起来，成为全国的先进企业。1984年生产了185万只高频头，今年有把握拿下300万只。工厂基本上只做总装，现在每天装配5000只。据说全国每天生产电视机为4万台，这就是说，全国1/8的电视机采用敬东厂生产的高频头，1984年该厂盈利1200万元，还招了本地职工440人，现在共有职工2800人。

敬东厂的厂长总结说，产品救了一个厂，发展带动一大片，如果不搞扩散，达到这样一个生产规模，工厂就要胀死。

敬东厂为所有的三线厂提供了很好的经验，它表明，国营大企业只有走开放扩散道路，扶持地方工业，形成区域性的工业发展体系，其自身才能保持经济活力。

可是，只在生产上搞产品扩散仍然是半开放。敬东厂的企业结构仍然是封闭式的工厂办社会。对此，厂领导也颇感烦恼。职工宿舍要厂里造，分房纠纷还不少；职工子女要厂内包，托儿所、幼儿园、医务所都要厂来办。总之，职工的衣食住行，生老病死基本上都要由厂来管。幸亏这是一个年轻的工厂，老职工和成年子女还不算多。即便如此，厂领导仍必须拿出1/3的精力应付生产管理以外的事务，看来，长此以往，这里也会如同包钢那样发生人文生态的失调，即一个企业系统如果与环境割断了社会性的能量交换，那么由系统内部社会结构变化产生的力量就会形成内耗，内耗力量滋生到一定程度，原先的社会结构就会瓦解，系统也就崩溃。

定西地区和工厂的领导都赞同关于封闭性企业不能永葆青春的看法。我希望他们能够携起手来，再创造出一条好经验来。

七

要办好乡镇工业，必须有一大批精明能干的企业人才。这些人才从哪儿来？如果靠学校分配的大专生，定西每年只有百来名，其中绝大部分是教师，而且如果学校教育的内容与现实经济发展的需要不相适应的话，大学生也未必能顶用；如果靠引进，目前定西的人才流失尚未止住，而且从长远观点来看，必须要以边区人为主体开发边区。那么，造就人才的途径在哪儿呢？

去年我曾谈到在定西的万余个体专业户里有一批能人，我还走访了其中几位，觉得他们很有前途，只要各级领导注意选拔培养，其中的一部分是可以脱颖而出，担当起发展乡镇企业重任的。

一年后，他们的情况怎样呢？我选择其中两位作了重访。

一位是姓谢的电焊工，去年他新盖了五楼五底的楼房，屋内还是空荡荡的。今年他让我在卧室边的会客室落座喝茶。一套捷克式的沙发，前面是茶几，书桌上放着四喇叭的收录机，沙发旁是18英寸的日立彩电。我注意到他手上的表也由"海鸥"换成了"英纳格"。除此以外，家门口还停着一辆价值2800元的"嘉陵"轻骑。不用问，我就可估出一年来他的收入不下万元。

这位初中毕业生告诉我，他妻子虽然还是在务农，但已学会了电焊操作，农余时间就做电焊工。可是他觉得家庭电焊工厂再办下去就要忙不过来了。因为从去年开始，他承包了县医院两幢大楼的建筑任务。他说，接受承包以后，他先后组织起了一支有120余人的农民建筑队伍，现在大楼已基本竣工。我听说承包合同签订后，建筑材料费涨了价，于是就问他有没有再向医院提出增加建筑开支的要求？回答说是既然订了合同，就得守信用。

从客厅出来，在他家的阳台上，看到不远处由他指挥盖起的那幢三层楼房，我同时看到一个经营管理人才的成长。

第二位是一个开磨坊姑娘的父亲，他叫刘仰吉，40余岁。去年他正在制作自己设计的提斗，可以用电把麦子提升到一定的高度，倒进磨斗中。据说后来他一共做了7部提斗，有一部就装在他女儿的磨坊内使用，为女儿省了不少力。今年，磨坊中增加了他的一个儿子，只有17岁。我估计那是为了女儿出嫁后，由弟弟来接班做准备的。

那么，刘仰吉本人现在在干什么呢？原来，他与另一位同村人一起承包筹建一个村办榨油厂。三大间新厂房，机器正在安装，预计到9月胡麻籽成熟后就可以开工榨油。

我听说县城早已有一家国营的榨油厂。我就问他，如果他们办的油厂竞争不过国营油厂，投资收不回来怎么办？他说，他有把握在一年内收回投资数。因为村办油厂与国营厂比有三大优势，一是开工时间足，可以不受上下班限制；二是他肯定即将招收的20来名工人的服务态度要比国营厂好；三是办厂初期工人工资可定得略低些，并节约开支。

如果地、县、乡各级领导能注意和重视类似谢、刘这样在基层成长起来的人才,用短期集训等各种方法为他们助长补缺,定西发展乡镇工业的人才是会层出不穷、源源不断的。

八

发展牧本农业要考虑肉给谁吃,毛为谁用,发展工业更要考虑如何开拓商品市场。那么,定西工业和整个西部工业发展起来,它的市场在哪儿呢?

从国内市场来看,至少可以在畜类加工产品和重工业产品两大类上占领全国的主要市场。在不便于运输的其他食品和毛纺产品上占领西部市场。我在甘肃3周,跑了3个地区,喝到的汽水都是上海生产的。我未曾做统计,但心想这样的瓶瓶罐罐,装运到数千里外的西北,所占的运输量比重一定不小。

从国际市场看,如果面向东面海外,则西部的产品恐怕很难冲出去。因为东面有两道关口,一道是与西部唇齿相依的东南沿海工业区,另一道则是环绕沿海的。日本、南朝鲜(韩国)、台湾地区、香港地区和新加坡等所谓东亚几只小老虎。这种格局至少在一段时期内相对稳定。

"何立从东来,我向西方走",这是一句佛家寻找极乐世界的语言。西部能不能也向西方走,去找到西部轻工业产品的"极乐世界"呢?

我们的祖先曾用丝绸和瓷器,敲开过西部亚洲、中东、欧洲和北非各国的大门。这条陆上商道就是举世闻名的"丝绸之路"。这是可以借鉴的历史。

南亚有巴基斯坦、印度、尼泊尔等,中东有两伊,与新疆接壤的北部有苏联、蒙古，再向西是东欧各国。这块广阔的地区都有经济结构失重的方面，正是我们可以分析的现实。

这次定西考察之后，我又到了临夏回族自治州和甘南藏族自治州。在临夏，回民制作的羊肉的确是地道的清真，完全靠得住，而且味道鲜美。我建议他们与阿拉伯国家建立贸易关系，开拓伊斯兰市场。听说他们已经有了这种计划，而且实施计划可能性很大。因为除了合同，临夏与阿拉伯之间还有不少民间关系和往来。在甘南，听人介绍说，甘南藏族不仅几乎独占拉萨的酥油市场，而且甘南出产的极普通的塑料底布鞋在尼泊尔市场大受欢迎。这可以说是甘肃人民重开丝绸之路的尝试。

有历史，有现实，有尝试，重开丝绸之路不仅可能，而且应该说是势在必行。问题在于我们必须对西北的工业方向做深入的研究，抓得准，抓得早。那么西北市场的开拓或许比东南沿海更有发展的潜力。

丝绸之路得有路，公路、铁路和空运都应该有一个适应开拓西方市场的计划，尽快改变那种类似马帮式的赶着牛羊、驴驮皮毛进行交换的西北交通落后的现状。

故里行

(1985年8月29日)

从农村到小城镇,再到小城镇群体和中等城市,3年前我们以吴江农村为基地,循着这条路线,把小城镇研究的范围在这几年里逐步扩展了开去。

1984年年底,当我结束了第一个回合的探索,从扬州踏上归途时,觉得离开出发点的距离远了,时间久了,仿佛自己也成了一名离开土地的"农民工"。然而谈论中国的任何问题都离不开农村,离不得人数最多的农民。我盘算着应及时抽回身去,重返故土,从头做起,并在这再循环的过程中检验自己以往的看法。

原定今年5月返故乡,可是身不由己,故一直拖到7月中才成行。时值盛夏,年已七十有五,居然还能敌住江南的酷暑,安然无恙。这应当感谢吴江县的干部和工作人员对我的特殊照顾。

在吴江两周,我跑了1个村、4个乡和3个镇。飞车往返,如蜻蜓点水。可到基层走一走,就多一点实际的感受。既然是家乡,对新的变化自然就比较敏感,乡亲之间也免了许多客套话,可以直截了当地提问题。在访问后期,县委、县政府和各有关部、局的领导同志还特地腾出两天时间给我上课,使我学到了不少新鲜的知识。这里我就把自己对乡镇工业、农业和小城镇发展问题的思索写下来,作为学习体会向家乡人民汇报。

我屈指一算,为了调查研究到江村去访问,这已是第九次,所以这次是"九访江村"了。

一

江苏的乡镇工业产值中有没有水分?苏南农村经济发展的高速度会不会是第二次"大跃进"?这是1985年初在北京大家普遍关心的问题。为了答复这个问题,我在《光明日报》发表的"政协小记"里专门写了一篇千字文,提出乡镇工业要速中求稳。

在城市里写的文章,与农村的实际之间不免会产生距离。一到吴江,新上任的孙书记就向我介绍全县的经济发展情况。他说,1984年全县工业产值达13亿元,农副业产值为4.2亿元,分别比1983年增长33.6%和31%。在工业发展中利润和职工工资的增长率都超过产值增长:实现税利1.3亿元,比1983年增加39.1%,职工工资额为0.88亿元,增加了47%。从财政收入来看,1984年首次突破亿元大关,增加21%,跨入了全省8个财政收入超亿县的行列。农村的人均收入从1983年的373元提高到570元,增长了52.7%。

1984年的发展速度在吴江历史上是最快的一年。上述一连串的数字告诉我们,工、副、农三业是同步发展的;工业的产值、利润、工资是同步增长的;国家财政收入和人民生活水平是同步提高的。这三个"同步",表明吴江的经济发展是协调健康的。

在快速的经济发展中，国家、集体和个人都得到了各自的利益。其中增长幅度最高的是农民的收入，这一点在农村市场和农村面貌中充分反映出来。震泽镇的镇长介绍说，去冬以来，商店里有三样热门货：洗衣机、电冰箱和彩色电视机，货一到人们争相购买。庙港乡党委书记告诉我，现在农民手头的钱活络多了，一些老年人把养兔挣来的钱替孙儿女买电扇。小小的庙港镇上，一次来了100台电视机，每台售价430元，不到半天时间抢购一空。在开弦弓村，1981年我三访时，只有一幢我在1957年住过的2层楼，今年那幢2层楼已变成了3层楼，30多幢新的2层楼房建了起来，据说门前垒起砖瓦准备盖楼的，全村不下60户。

1958年大跃进时的景象，人们至今难忘。可如今，我在吴江，不但没有看到虚假和浮夸的迹象，恰恰相反，我所感受到的是一种百业兴旺，人民开始小康的气氛。回到县里，问了银行的储蓄额，1984年城乡人民的存款余额为8700万元，以当年年末总人口73万计算，人均储有119元。

吴江经济的主体是工业，它占总产值的75%。在农村，工业以平均年增30%以上的速度向前推进，这的确容易令人生疑。然而盖屋置物，手中有余款，这些都是实实在在的事，来不得半点虚假。

因此，要回答高速发展是否扎实的问题，还得追问，乡镇工业持续发展的高速度是从哪里来的？

庙港乡缫丝厂在1967年筹办时并不是社办厂，而是由开弦弓村周围的7个大队集资联办的。27300元办厂资金分为21股，每股1300元，由这7个大队根据自己集体积累的实力认领股份。当时招收的 65 名工人也就按出股多少，把名额分配到各大队。

缫丝工艺并不复杂，办厂的困难却不小。厂房因陋就简；设备在脚踏丝车的基础上稍加改进；用大铁锅煮茧，缺煤就烧东山的硬柴和当地的桑梗，甚至还用太湖边挖出的黑泥炭；缫出的丝卷则在铁皮敲成的烟筒管上烘干。

在最初创业的几年里，月工资一律为 21 元的工人们，不分男女老少、职务高低，从搬砖、平地到开动 12 台机车，样样活都得干。离家远的工人挤在 6 间漏雨的草棚里过夜。就这样年复一年，赢得利润不还本，股份不分红。赚钱投资，投资赚钱。厂房扩建了，设备更新了，新工人一批又一批送往苏州培训，以适应新机器，掌握新技术。1980 年，工厂终于还清了由 7 个大队筹集的股金。1984 年，这个拥有 360 名工人的丝厂已拥有 55 万元固定资产和 28 万元流动资金，产值由最初的近 2 万元提高到 152 万元。现在工人们夜班住宿有了楼房，吃饭有了食堂，劳动有了保护，伙食有了补贴，人均月工资为 63 元。

庙港丝厂只是千万个社队厂中的一个，丝厂的历史也是乡镇工业历史的一个缩影。从中我们看到除了一笔可数的集体积累之外，还有一本算不尽的账。十几年来，那些拖着泥腿进厂的农民不计工时、报酬，不顾辛苦、劳累，把自己的血汗投入工厂。

有投入必有产出，待到投入积累到一定程度，产出的旺季也就到来了。应当产出的规律加上可以产出的社会条件，苏南的乡镇工业便开始腾飞了。因此，乡镇工业今天的高速度主要来源之一是农民的集体积累，它是十几年来农民工劳动的结果。乡镇工业的发展是有深厚的根基的。

但由此说乡镇工业的资金都来自自身的积累，那也是不切实际的。从80年代开始，从中央到地方，各级政府制订了扶助乡镇工业的贷款和税收政策。贷款的无偿或低息，税收的减免或低率，使乡镇工业得以养生和滋长。同时还应看到，这几年各级政府也在乡镇工业的滋长中取得了财政收入的增加。因此从长远的观点来看，只要政策对头，收入无疑将会大于支出，至少也会打平，这还仅仅是从金融管理的观点说的，至于在达到收支平衡的过程中，农村经济发展的社会效益是无法估量的。

金融政策对乡镇企业的发展具有一定的影响。可是政策要掌握得适当也不是一件容易的事。去年下半年，不知什么原因，贷款口子大开。农村干部反映，那时各家银行还真有点争风吃醋，项目一来就批，唯恐贷不出去，似乎有支不尽的钱。

看来在去冬的那股贷款风中，不切实际地要求扩厂、增加项目的倾向还是存在的。但是这种倾向既不是主流，也不能说乡镇工业本身走上了浮夸，因为那是金融政策出了毛病。当然，我们必须认识到，基本建设摊子铺得过大是不合理的，到头来是会吃亏的。到了今年的二季度，银行的信贷一紧再紧，刀子切下来不容有任何例外，也不分贷款贷得是否正当。

在数月之内，信贷的大起大落不能不说是一种盲目性的结果，后果现在还没有暴露清楚。至于借钱搞建设和靠自身积累去发展，究竟哪个方式利多弊少，那是需要经济学家才能说得清楚的问题。对于基层的干部们来说，重要的是如何把钱花在刀刃上，即服从宏观控制，进行微观调节。为此，吴江的新老两位县长正在绞尽脑汁想办法。他们把全县63个投资数在50万元以上的在建项目全部梳理了一遍,叫作项目排队。其中经过论证效益不高的有9个停了下来,其余的也做出了分期分批发展的计划。同时,他们还用清理往来款,扩大集资,吸引外资,企业内部挖潜调剂等办法进行微观调节。他们告诉我,现在有42个在建项目的资金已全部或大部落实。

从被动的受制约变为自觉的有计划发展,这是宏观控制以后带来的一个积极后果。可以说,在贷款问题上虽然喝了几口凉水,但乡镇工业又一次经受住了考验,它将会更扎实地向前迈进。

二

为什么乡镇工业能有如此大的适应性和如此强盛的生命力?要回答这个问题,就应当进一步去认识乡镇工业所具有的独特性质。

我认为,认识乡镇工业的性质有两种眼光。一是从西方工业革命到现代工业发展的历史经验上看去,苏南的乡镇工业则是不伦不类、难以理解的东西。二是从中国农村的家庭经济结构上看去,乡镇工业却是顺乎自然的事物。那么,在被人称为土头土脑的乡下人眼里,是怎么看待由他们自己办起来的乡镇工业的呢?

首先让我们提出一个纯属假定的问题,即如果苏南的农民只在土地上进行单一性的粮食生产,他们能否满足自己生活的需要?

在30年代我第一次到开弦弓村做调查时,了解到当时的水田每亩产稻谷平均在400斤左右,而那时吴江人均也只有两亩耕田。土地上的收成去掉农本和税收仅够供人的食用。可是,农民的生活不光是吃饭,还有住房、穿衣、社交、娶媳妇等等,这些基本的生活内容一样也不能少。显而易见,农民光靠土地满足不了生活的需要。这一矛盾用四个字来归结,就是人多地少。

解决人多地少这一矛盾的办法有两条,一是把多余的人挤走,移居他乡,去开辟新的土地。可是苏南人却没有地方去移民。另一个办法是提高单位面积的产量,这一点苏南农民做了,世世代代精耕细作,实为举世罕见。可是这个办法在一定的历史阶段和一定的技术条件下总是有一个限度。

在历史上,苏南农民另辟蹊径,他们很巧妙地把畜牧业、种植业和手工业三者有机地结合在一起,最典型的便是栽桑、养蚕和缫丝,这便是所谓的家庭副业。其实副业并不副,如果按照我在30年代的调查结果,农民的生活是吃用各半的话,那么副业满足了农民除吃粮之外的另一半生活需求,吃靠土地,用靠副业,男耕女织,农副相辅,这种家庭经济结构,充分显示了苏南农民为谋求生活所激发的特有的创造性和主动性。这种结构作为历史传统一直流传下来,成为当时最理想的经济结构,苏南这块地方也成了人们向往的"天堂"。他们的命根子被掰成两半,一半是土地,另一半就是包括手工业在内的家庭副业。

可是,苏南农民的家庭经济结构没有一定的社会制度做保障,它就显得特别脆弱。封建制度容不得农民有长期稳定的康泰生活,特别是当封建制度与帝国主义侵略结合在一起向农民下手的时候，苏南的家庭经济结构就很快被瓦解了。我在30年代所得到的深刻印象是，帝国主义凭借先进的机器工业把中国农民的土丝挤出国际市场，与此同时各色洋货又打进中国市场，于是苏南农民的副业萎缩以致完全衰败，农民失去了半条命根子，可是农民不能不生活。要生活下去就得靠借债，地主、高利贷者乘势加重盘剥，土地兼并的速度越来越快。农民从生活无着到丧失土地，原先处于掩盖状态下的封建矛盾趋于表面化、白热化。土地矛盾的激化引起农民的反抗，终于酿成了一场席卷中国的急风暴雨式的革命。

革命的结果是生产关系的彻底变革。解放以后，土地还家激发的生产热情加上集体劳动的力量提高了土地的利用率，单位面积产量直线上升。在苏南，50年代末亩产粮食在800斤上下，60年代末超过了千斤，70年代中期达到了1200斤左右。

粮食产量的增加固然能提高土地养活人口的能力，然而在土地与人口这两个变量中，人口的能动性远胜于土地的弹性。自70年代开始，粮食产量一直停滞在现有技术条件下的临界状态，可是人口却剧增起来。人均拥有耕田从解放前的2亩下降为1亩，所以尽管产量翻了接近两番，每人从土地上获得的粮食却只有1200斤。如果吃粮水平为600斤，那么还剩600斤。在扣除农业税、农本和提取集体积累之后，农民所余无几。

与此同时，在农业政策上片面性也越来越大。农民的家庭副业成了"以粮为纲"的对立面而被严加限制，集体副业也差不多只剩下为粮食生产提供肥料的养猪一项。

反省起来，在20多年时间里，由于没有认识到人口增殖对经济发展的制约作用，使人多地少的矛盾再度尖锐起来，由于忽视了传统的农民家庭经济结构中合理、积极的成分，致使农业独木难支，长期徘徊不前。这就是苏南农民在实行农业责任制以前人均收入始终处在百元上下水平的根本原因。

历史的经验表明，对苏南农民来说，只从土地上去讨生活是不足以维持生计的，要使生活富足起来，就得把握住另一半命根子，而增加家庭收入的副业门道，这是人们最熟悉、最有感情的途径。因此，即使当时的政策把所谓"七种八养九行当"的传统副业都列入禁区，农民还是顽强地寻找能开辟活路的新的副业行当。于是在 60 年代末期的特定的社会条件下，苏南农民又创出了一条新路，他们纷纷起来兴办社队工业，用搞工业的方式取得生活所必需的收入。

因此，在农民的眼光里，社队工业是开辟增加收入，满足生活需要的一个新的副业。它的作用与过去在家里饲养几头羊并无差别，至于手段和形式的不同是另一回事。因为副业的本性就是易变，什么收益最大就搞什么，怎样搞赚钱最多就怎样搞，七种八养九行当轮着转。

如果我们用以工业为手段的农村集体副业这一根本性质去观察社队工业，那么对于社队工业的种种特征也就很容易理解了。例如，副业的项目变化不定，社队工业也可以经常换牌子、转方向；副业是把耕作之外的剩余时间利用起来变成生产性的劳动，社队工业的工人也是亦工亦农的农民工，他们既不离乡，离土也只是部分时间，回家还得帮助种田，实际上是劳动时间的分业安排，而决不是如同西方工业革命时那样，劳动力被抛入市场作为商品出售。家庭副业的收入是由所有家庭成员分享的，社队工业也在社或队的范围内搞利益均沾，招工一户一工，工资尽量缩小差距，保证收入均摊；搞副业只求收入,讲究勤快,而不计成本,缺乏精密计算的效益概念,所以社队工业兴起时工人也不太关心工厂的经济效益和产品成本核算,工资虽低,对工人来说总是一笔现金收入,可以贴补家用,有收入就可以,因而不计较工时长短和劳动强度。副业与农业是共同负担吃用各半的"亲兄弟",谁也离不了谁,社队工业自然也就要补农、贴农,农业上技术员、拖拉机手、管水员以及社队干部、民办教师、农村医生等等,他们的名字都可挂上工厂的花名册,从工厂支取报酬……凡此种种,与现代工业的特征相背离而使人费解的事,在农民看来极其自然,理应如此。道理就是工厂并不是别的东西,只不过是他们自己的又一副业园地而已。

农民搞副业的一个特点是一哄而起,遍地开花。在初期短短几年里,苏南的社队工业也到处蔓延,落地生根,历经艰险而不衰。社队工业的这种强盛的生命力和普遍的适应性,不能不使人联想到那野火烧不尽、春风吹又生的小草,草根深深地扎在泥土之中,一有条件它就发芽,就蓬蓬勃勃地生长。这种社队工业,可以称作草根工业,Grassroots Industry。

与西方工业革命的历史相对照,草根工业无疑是中国农民的一个了不起的创举。西欧工业的发生,一股出自城市侵入农村的力量把农村作为工厂的猎地,农民变成工业发展的猎物。而中国的农民却发自一股自身内在的动力,驱使他们去接受工业。他们有力量冲破资本主义工业发展初期的老框框,他们根据自己的生活需要去改变工业的性质,让工业发展来适应自己。在草根工业中,农民表现了充分的主动性,这不是当今中国社会的一大特点吗?

三

任何事物的发展都是相互作用的结果。一旦草根工业破土而出,它就会按照自身固有的规律运行。这就是说,在农民接受工业的同时,工业也在接受农民,影响农业,改变着农村的面貌。从这一意义上说,农民最终还得去适应自己创造的工业的发展。

应当看到,草根工业虽然具有副业的作用,但它毕竟不是完全等同于传统副业。首先,传统副业以家庭为经营单位,而办工业的经营单位一般都是集体性质的,至少是几家联户才能办得起来。所以,草根工业把个体经济转化成为集体性的合作经济。其次,传统副业是小农经济的一部分,它是一种小商品生产,副业生产的商品往往是农户生活的多余部分。例如鸡鸭卖出去成了商品,卖不出去也可以留着自用或待客。而工业则完全是商品经济,它的商品率远比副业高,而且它把生产者与消费者严格区分开来。第三,传统副业大多是农产品的一次性转换或手工进行粗加工,所以它在资金、设备、技术、人才和管理等方面要求很低。而工业在上述诸方面的要求比传统副业高得多。

正是由于这三个不同,草根工业就不能像以往的家庭副业那样,长期停留在一个水平上,它必须不断改变分配、人事、管理等各种制度和技术素质,以适应工业经济的规律。否则在急速的市场涨落和激烈的企业竞争中,草根工业就有被淘汰的危险。

在同里乡有一家小厂,与一家城市企业商谈建立协作关系。上午在小巧别致的退思园观赏,印象颇佳,中午用餐以鱼虾河鲜招待，亦使来客满意。可是下午到厂里一看，厂房窄小，设备陈旧，来客爱莫能助，摇头而去，协作之事就此告吹。

在北厍乡，达胜皮鞋总厂拥有1400多名工人，3年来实行企业改造和企业管理的结果，使它做到要批量有批量，要质量有质量。去年一年就生产了50万双中、高档女式皮鞋，"达胜"这块牌子在上海市场一打响，该厂身手不凡的萧厂长也就特别引人注目。一次他从广州飞回上海，机场上竟有好几家上海商业公司的经理开车去"抢"他，要向他订货。据说这件事在乡镇工厂同行里不胫而走，流传很广。因为从来都是乡下人巴结城里人，而今天倒了个头。上海人要巴结乡下人，这在吴江乡镇工业的历史上还是第一遭。

这一悲一喜的两个小故事告诉人们，早期社队工业的一部分优势正在转化为劣势。例如"船小好掉头"，在当时表现出企业灵活的一面，而今却突出了经不起风浪，容易翻船的另一面。又如"土法上马"，成本固然轻微，但它也意味着质量不行，产品上不了市场。因此，乡镇工业发展的重心开始移到上批量生产、拼技术实力、强化质量管理、讲究经济效益上。

从切身经验中认识和掌握现代化工业运转的规律性，并按照规模经济的要求改造自己，这就使得一部分乡镇工业在草根工业的基础上上升了一步，开始脱离副业性质，朝着现代化工业的目标发展。北厍乡的吴江绣服总厂与上述的达胜皮鞋厂就是两个离副变工的上升型乡镇企业。

去北厍乡是临时决定的，我比较喜欢这种令人突如其来的常态访问。可看来那位姓陆的绣服厂厂长根本无须做准备，全厂所有的数据和情况似乎都装在他的脑子里，在电扇轻摇的产品陈列室里,他井井有条地向我们做了简洁明了的介绍。

绣服总厂现有 4 个分厂,1000 多名职工。它的产品是绣了花的丝绸服装,其中有 30% 为内销,70% 出口海外。3 年前,它还是一个只能做化纤料裤子的百来人的小厂。当时化纤服装处于低潮,在关厂还是继续办下去的抉择面前,他们分析了服装的面料、款式、色调等市场信息,决定充分利用"丝绸之乡"的本地优势,改产绣花丝绸服装。这一改,使工厂气象更新,面貌大变。3 年里产值每年翻一番,利润每年翻一番半。1985 年上半年,实现产值 450 万元,全年利润可望达 150 万元,还可为国家创汇 300 万美元。他们用自己的实际行动,使一个原先不相信社办厂能生产外销服装的省级公司,不得不主动找上门来,将它列为外贸的定点厂。

北库绣服厂走到今天这一步,那是大刀阔斧进行企业整顿和改革的结果。在工资制度上,他们变固定式的低工资为用百分考核计算的计件工资制,打破了平均主义的大锅饭。在干部制度上,他们取消了退出农业第一线的老干部仍然进厂当干部的惯例,实行任聘结合的新制度,不论是什么人,不讲情面,有多少本领就授予多少权。在招工制度上,废除了一户出一工的老办法,新工人必须通过文化考核和技术考核才能进厂。工厂握有完全的用工权,工人在 3 个月的实习期间,工厂有权择优录用,不适宜的可以除名退厂。目前,这个厂正在进行强化科室领导、分层把关的改革,厂部设了 10 个科室,各车间除了 1 名主任,还配齐 5—6 个检验员、收发员和统计员。他们相信,通过以全面质量管理为目标的改革,工厂将会有更新的起色。

听完介绍,我觉得自己把过去的社队工业或现在的乡镇工业作为一个不加区分的统一体的看法应当加以修正。看来我们应把乡镇工业分为两个层次,一层就是现在的村办工业,它仍然保持着草根工业的性质;另一层则是现在的乡办工业和镇办工业,它是从草根工业向现代工业过渡的工业。这一层次的工业正在把草根工业的种种特征逐步抛开。例如北库绣服厂除了上述的各种制度改革以外,已经建造了600人的职工宿舍,有60%的工人不再每天回家。据说,在其他几个类似的工厂中,农民工们通过工会提出了修建职工家属宿舍的要求,厂方也正在制订这类规划。这层过渡性的工业所具有的特点,应当引起我们的注意,值得我们去深入研究。

从吴江来看,从草根工业内部分化出一批初具现代工业特征的乡镇工业,是在最近一两年里发生的事。乡办或镇办工业之所以上升一层,除了工业发展的规律在起作用外,财政上的包干制,各级政府都要分灶吃饭,恐怕也是一个重要的原因。

据庙港乡反映,不包括乡镇建设在内,仅仅用于维持一些必要的开支,乡政府一年就要花费20万元左右。其中第一笔是行政人员的工资,乡党委、乡政府和经联会三套班子有84人,而由国家支付工资的干部仅27人,其余57人需由乡财政支付工资,全年为4万元。第二笔是公共事业和文教卫生费用,约8万元。第三笔是防洪、石驳岸等等的兴修水利费,约5万元。第四笔是修桥铺路的开支,需3万元。这20万元的维持费就要由乡一级的工业利润来负担。

其他乡、镇的情况也是如此。据介绍,乡办和镇办工业的利润在上缴税收以后,一般做三等分,分别用于工厂的再生产、乡镇一级的财政开支和小城镇的建设。例如盛泽镇,1984

年全年镇办工业的利润为300万元,除去税收145万元,上缴镇政府54万元,镇区建设集资付出61万元,只剩40万元返回到再生产。

镇区建设的集资费用是做什么用的呢?从盛泽镇和震泽镇来看,1984年分别集资61万和54万。建设的项目有办托儿所、建公园、街道铺建、盖老干部活动室、修订镇志、造敬老院、改进自来水设施、修防洪设施、办文化中心或俱乐部、造职工教育楼等等。

既然乡和镇都作为国家基层一级的财政单位,那么国家下拨的经费又到哪里去了呢?回答说是有的,但数量极少。北厍乡1984年才9万元,而实际的乡镇建设经费为60万元,缺额部分只得向乡办工业去化缘。

听了这些,我心中泛起一股说不清楚的滋味。在乡、镇一级的开支中,应当由国家开支,而现在转给乡镇工业负担的项目是太多了一些。据说连乡派出所的民警制服也要由乡镇工业出钱去买。问题究竟出在哪儿呢?这不能不引人深思。

为了满足这么众多的经费需要,乡、镇一级的工业自然必须讲究经济效益,以争取更高的利润。然而,赢利和非生产性开支之间是一对矛盾,这是目前普遍感到负担过重的原因。可是从农民的角度看,乡办和镇办工业赚的钱,除了付给农民工的工资、奖金以外,主要用于集镇建设,为镇上的聚居人口服务。所以乡办工业与村里农民的生活之间已经隔了一层,相对疏远了。村办工业与农民生活的联系就要密切得多。从报表数字看,村办工业的经济效益最低,而实际上,村办企业把自身的经济效益转成了全村的社会效益。例如村办工厂通过一户一工、多招工人的方法,使工厂的劳动生产率变成了农民家庭的工资收入。在吴江，凡是村办工业，都起到直接补贴农业、补助农民的作用。村办工业办得越好，补贴和补助就越多。据县委办公室提供的资料，八坼乡的农创村，由于村办工业办得有起色，在过去的5年内集体给农民的补助共计77.2万元，人均得870元。补助的项目有兴修农田水利、农民建造楼房、修筑村道、集体应提取的公积金和公益金及管理费、发放养老金、修护石驳岸、合作医疗、计划生育、学生学费、烈军属补助、困难户补助、农民购买电视机补助共12项。其中接近和超过10万元的有前列的四项。

与村办工业的作用相比较，乡办工业的作用与农民生活是隔了一层。但乡办工业毕竟是从草根工业中脱胎出来的，因此，尽管它为提高经济效益而改变草根工业的性质，但它始终没有抛弃支农、养农的主旨。这就是由农民发展起来的现代工业与资本主义工业的根本区别。一方面，乡办工业以支撑乡财政、资助小城镇和兴办乡、镇范围的公共事业、社会福利事业的形式，间接为农民服务；另一方面，一些先进的乡办工厂开始用联营的方式去扶助村办工业。

北库乡有一个村办的皮鞋厂，由于缺乏技术、信息不灵和经营不善，年年亏本，一直处于危机状态，可它养着200名农民工，关不了厂。1985年1月，乡政府决定将该厂划归乡办的达胜皮鞋厂管理，成为它的一个分厂。半年来总厂只给分厂添了点设备，建立起与总厂相一致的管理制度，分厂的经济效益就提高了10倍，今年分厂的利润可达40万元左右。乡村联营不但带动了村办厂的发展，而且可以通过分散经营和协作生产，使乡办厂自身在不增加人员设备的情况下扩大产品的批量，更具有规模效益。

乡办和镇办的工业上升了，草根工业的力量是否因此而削弱了呢？看来情况恰恰相反。吴江乡镇工业局的同志说，这一年来村办工业的发展势头比乡办工业旺得多。统计资料也表明，工业的发展速度是县不如乡，乡不如村。在产值上，1984年乡办工业为3.1亿元，村办工业为2.7亿元，两者已相当接近。在发展速度上，今年上半年与去年同期比较，县属工业只增长18.7%，乡办工业增长87.8%，村办工业则增长111%。

把这一现象与上述的工业和农民生活之间的关系联系起来，使我们明白了一个道理，即工业与农民生活的关系越密切，发展的动力就越足，发展的速度也就越快。所以乡一层的工业一上升，农民就觉得它离自己的生活远了一点，于是就把积极性投入到仍然作为草根工业的村一层的工业上去。就这样，一批草根工业离了"土"，又一批草根工业长了出来。由此而言，乡、镇一层工业的升级，不但没有削弱草根工业，而是助长了草根工业的发展。

四

草根工业上升了一层，再滋长一批，这个过程当然不可能永远进行下去。可是现在乡镇工业还刚刚上升，就亮起了红灯叫它暂停。

部分同志从宏观控制出发，认为乡镇工业已不能再承受劳力的冲击了，他们希望至少在目前不要再提劳力的转移。另一部分同志则从农业现状出发，觉得乡镇工业不能再挖走农田上的劳力了，他们希望不要再讲无工不富，要讲无农不稳。

对于前一种看法，我以为宏观控制的对象是失控，乡镇工业的发展并没有失控，自然它就不应当成为控制的对象。至于宏观控制带来的影响，也必然会随着失控现象的扭转而消失。因此，只要农业上有劳力剩余，就会产生冲击力，谁也挡不住。关键就在于农业上究竟还有没有多余劳力？按照第二种看法，农田上的劳力紧张起来了，农业开始告急，草根工业的基础在发生动摇。

情况是否果真如此呢？

根据统计资料，1984年，吴江县的农村劳力总数为39.14万人，其中有12万人已转移到乡、镇、村工业和县集体企业工作，从事建筑、运输等其他非农业的劳力为6万人，从事林牧副渔的劳力有3万人，从事耕作的农业劳力为19.32万人，以全县96.24亩耕田计算，每个劳力平均拥有5亩耕田。另据县农工部测定，若按现有耕作技术条件下每亩耕田需用34个标准劳动日计算，每个劳力可耕种8亩田。可这是在理论上算账。如果考虑到劳动力的不平衡性和农田耕作的季节性，现在的生产条件实际上一个劳力能种好5亩田已经很不错了。人均拥有的耕田数与一个劳力能够耕种的田亩数正好相等。由此可见，从全县的大账算来，吴江的农业劳动力应当是既无剩余，也不缺乏。

然而，在我走访的几个乡，除震泽以外，干部们都说农业劳力颇感紧张。可替他们算一算账面上的劳力，又都与全县的情况相符，基本上能够满足农业耕作的需要。看来只算账面数字而不看实际，就不容易把真实情况摸清楚。

开弦弓村合作社的社长谈雪荣，今年刚满40岁。他家有口粮田和承包田共7亩多。原先，这些田主要由他60多岁的父亲在负责耕作,农忙时则全家帮忙。今年他父亲病故,失去了一个农业上的全劳力,种田的担子则落到他的肩上。虽然家务事由老母亲做,在村丝织厂工作的爱人和一个儿子也可在工余时间做帮手,可他既要工作又要种田,夏收夏种时家中又饲育春蚕,在最紧张的那些日子里,每天十七八个小时的劳作累得他躺在床上动弹不得。

北厍乡的柳书记告诉我,这个乡共有劳力1.5万人,其中从事以乡镇工业为主的非农劳动人数有1万人,还剩下1/3的劳力在种田。他强调说,从人数上看农业劳力并不缺,但农业劳力老的老,少的少,质量太差,是个不实足的数。梅堰乡的徐圣祥书记是老熟人了,他说在梅堰这个铸件之乡,青壮年劳力绝大多数被工厂吸收了,留下的都是60岁上下的老人和病弱者。所以在群众语言里多了个词,他们把联产到"劳"称为联产到"老"。

强劳力进厂,半劳力种田,这无疑是农业劳力紧张的一个原因。如果联产到"老"的趋势继续下去,有可能造成极为严重的后果。去年,在梅堰乡的庙头村有3家万斤粮户,今年大概都保不住这一称号了。据说是因为这3家的青年不听家长要他们留下种田的劝阻,都跑到工厂去了。大家普遍反映,现在农村的青年人都不愿当农民。对此,有人惊呼,10年以后将无农夫。

青年人之所以不愿留在村里种田,据说一是因为农忙时劳动强度太大;二是社会地位低下,不进工厂甚至连对象都难找;三是农业的收入少。

我注意到的是第一和第三两条,第二条是从这两条派生出来的。第一条这里姑且不说它。先看第三条,种田的收入少到什么程度?

请县有关部门计算1984年每亩粮油作物的物质费用,结果是,以亩产粮食1433斤和油料61斤计算,亩均收入是255元,而种子、肥料、农药、机耕、排灌、小农具添置等物质费用每亩约为78元❶。又据开弦弓一户记账农户提供,去年他家的5.7亩田地共缴纳了两金一费和农业税为330元,每亩为58元。以亩均收入减去物质费用和缴纳费,农民在每亩农田的耕作收入为119元。如果一个劳动力全年耕种5亩田,则可收入595元。

据乡镇工业局领导同志介绍,去年乡和村两级工业职工的年平均工资收入(包括奖金在内)是727元。所以务农劳力收入要比务工劳力的收入少132元。这里应当指出,务农劳力的收入中有相当大的部分是以实物形态兑现的,即全家所需的粮食、食油、柴禾等都包括在上述的收入中。以全县农业户户均人口为4人,每人需自耗农产品的价值为100元计算,那么,耕作5亩田的农业劳力只到手现金195元。还应当指出,一户人家耕5亩田必须有一个劳力被钉在土地上,而在耕种和收获时节,全家人必须都扑到土地上做帮手,由此算来,一个农业劳力的现金收入就是微乎其微了。

计算数字不免使人枯燥乏味,可所得的结果却十分重要,它可以使我们悟出不少道理。平望乡的干部说,现在种田不如一位老太太在车站上卖茶叶蛋,不如在乡镇办厂当工人,更不如到上海做小工。所以该乡的溪港村就有3户人家不肯种田,弃农经商,留下的7亩田只好由村里的塑料厂派人代耕。开弦

---

❶ 该数字是在县农工部提供的每亩物质费用资料中扣除管理费一项后计得。

弓村有一户人家因特殊困难退出了3亩田,村干部为了重新分配这点田召集社员开会。会议从下午7点半一直开到午夜11点半,无人愿意领受,最后还是请大家看在乡亲、乡邻的面子上,才分掉了2亩7分。北厍乡为了防止农业劳力的盲目外流,下行政命令不准农户白田抛荒,外出经营需三级证明。这种现象,包括前述的青年不愿种田等等,不都可以在这计算结果的数字中找到根源吗?

因此,农业劳力的紧张,农民地位的低下,根本的原因就是农民所说的一句话:种田赚不着钱。干部们把它翻译为:农业的经济效益最低。由于农业的经济效益最低,土地的价值在农民心中便失去了其数千年来的传统魅力。土地价值的跌落是一盏真正的红灯,不过它不应该是暂停的信号,而应成为提醒我们警惕农业有可能产生危机的标记。它要求我们必须深入研究在农村工业化的过程中怎样发展农业这一迫切课题,从而使农业现代化与工业化同步进行。

目前我们在吴江看到的实际情况是,农民尽管不愿种田的思想普遍存在,尽管有弃农的苗头出现,但在吴江,从总体上看,眼下的农业生产还是稳定的,农民拼死拼活也要把落实责任制时分到的几亩田种熟种好。这是因为农民的商品经济头脑还没有发展到把粮食也包括在内的程度。所以农户的食用粮和家庭饲养牧业用粮还得靠自己种出来才放心;盖屋时请人吃饭亏空的粮食也不是到市场上去买,而是到亲戚家中去借。

因此,粮食必须自给自足的传统和几十年来粮食并不富裕的教训,维持了目前农业生产的稳定。可这种维持的局面是不可能长久的,假定从工业得利和从农业收益之间的距离进一步拉大,农民的商品经济头脑再向前迈一步,那么农业生产就会出现危机。

上述两个假定并不是研究者的空想。在苏南一些发达的地方，已经出现了所谓"产值四年翻一番，市场缺少鸡肉蛋"的情况。在吴江，当农户把前两年打下的粮食用塑料袋储放在家里以后，1985年出现了改水田为旱田、变粮食生产为其他经济作物生产的新情况，以致县领导觉得国家下达的2.75亿斤派购粮任务过重，担心今后有可能完不成。

因此，用行政命令不准农业劳力流动的办法只能暂时奏效。要真正做到有一个稳定的农业，就得从提高农业生产的效益出发，去寻求发展农业的新途径。

在吴江，我听到两家农业大户的情况。一户在八坼乡，全家10口人，承包了近100亩土地，而且把粮食生产与饲养畜禽相结合，成了以农业生产致富的典型。今年，这家农户还买了汽车，准备形成农业、副业和运销的家庭经济新体系。另一户在同里乡，夫妇两人加上女方的父亲和一个渡工，承包了130多亩耕田，预计今年的收入逾万元。

人们从这两个大户身上总结出一条：农业生产要提高效益，就得搞规模经济。县委办公室的一位副主任说，实践证明，五六亩责任田只能拖住农民，却不能安住农民的心。只有扩大经营土地的面积，形成一定的规模，才能产生较高的经济效益，也才能有人安心种田。

这使我想到了在日本时参观过的家庭小农场。一对夫妇，一二个雇工，经营着相当于三四十亩土地的小农场。在日本，这种家庭小农场的收益并不算高。但若与苏南每家耕种五六亩田相比，它的效益显然要高出一个层次。那么，我们能否在责任制的基础上，也实行这种土地小规模集约的经营方式呢？

从上述两个农业大户的情况来看,第一,在他们承包的田地中,绝大多数是围湖后的湖田,因此没有像其他土地那样重的派购粮任务。第二,在种子、化肥、水利、仓库以及农机等方面,集体为他们撑了腰,提供了高于一般的农业服务。这两个条件显然不具有普遍性,因此,吴江的农业大户也仅此两家。

要做到土地的一定规模的集约经营,离不开农业耕作技术的提高和农业生产服务体系的建立。现在的农业技术与服务情况如何,我这次来不及做详细了解。但看来农业技术的提高很缓慢,服务也没有大的改进。调查时,人们说到这样一件事:一位农民在梅雨季节过后打算翻晒粮食,一天他听广播说是"晴到多云",于是就把谷子摊在场地上,他自己去镇上的茶馆喝茶了。谁知转眼间下了一阵雷雨,等到他赶回家,粮食已全部被雨水浸泡透了。一气之下,这位农民举起铁锄,把挂在墙上的广播喇叭敲得粉碎。当然,天气预报并不能保证万无一失。我举这个例子是想说明,对于在现有技术条件下的农业生产来说,对自然力量的抗御力还很弱,冒的风险较大,故而优良的服务更显出其不可或缺的重要性。一旦服务不周,农业的规模经济自然也就不可能形成,只好将农业生产的风险让众人分散去承担。这就是县干部所说的发展农业服务难,农业风险要共担。

农业负担的减轻,耕作技术的改革,服务体系的建立,都需要雄厚的经济物质基础。这一力量在现在的农业里是不具备的。农业这条腿目前还很软,靠它自己还站立不起来。所以农业由小农经济向规模经济过渡,必须有一外来的触发和支撑的力量。我以为这一力量就来自草根工业。实际上,现在苏南农村不发生大批农民外流，农业还能持续高产，是得力于基层草根工业的支持。

工业的进一步发展把农民一批批地吸走，农业劳力的紧张导致土地经营的相对集中，工业的利润则为农业的集约经营减轻负担和增强技术服务提供经济力量，而农业的规模经济又反过来以释放更多劳力的方式促进工业的进一步发展和飞跃。这就是我对草根工业的意义和农业发展的前景和动力的认识。至于苏南农业究竟以多大的规模进行集约经营，人们估计现有技术条件下大概可达到 20 来亩。对此还有待于我们去研究。

从现有包产到户的小农责任制转化成相当规模的小农场，给农业机械化和现代化的真正到来创造条件，是当前已经提到日程上来的现实问题了。显然，农村体制改革已要求更上一层楼。这也应当是我们今后研究的重点。我觉得现在回到农村里去进行调查是及时的。农村是乡镇工业的基地，乡镇工业促进了小城镇的发展，形成了苏南地区全面的繁荣，要跟踪追进地观察这个历史过程，我们不能放松农村本身的调查研究。这可说是我九访江村总的体会。

甘南篇

（1985年9月25日）

一、上高原访藏族

一个人大概总是会有一些想要做而事实上又不大可能做得到的事。在我来说，上西藏就是这样的事。1956年，陈老总率领中央代表团去西藏，我当时还年轻，未过半百，而且又报上了名。但临行前却让医生给否决了，没有去成。我心里一直憋着一口气：不能上西藏，见不到藏族的实际社会生活，怎配得上说是个研究中国民族问题的人？时间过得真快，一瞬间已近30年，我亦老矣。年过70还要向医生乞求为我上西藏开绿灯，该认为不太有自知之明了吧。但是上高原，访藏族之心，我却并没有死。

1984年我伴随民盟一批专家去甘肃，在考察定西种草种树时，听说从兰州坐一天汽车就可以到甘南。甘南是高原又是藏区，已建立自治州，称甘南藏族自治州。于是又打动了我上高原、访藏族之心。1985年我再一次跟这批专家去定西，回到兰州，就同他们分道扬镳，单独南行了。西藏去不成，甘南不妨试一试。

西藏是世界屋脊，海拔平均4500米，拉萨市区据说不到4000米。甘南在青藏高原的东北隅，是它的边缘，和西北黄土高原相接，在长江和黄河的分水岭上，海拔在 3000 米上下。4000 米我高攀不上，3000 米也许还有我的份。我说服了接待我的主人，在保证"有反应，即回头"的条件下，取得试一试的机会。沿途还有医生同车，每天要检查血压三次。

1985 年 8 月 13 日一早，我从兰州启程。同去定西考察的专家临行时还在汽车旁一再叮嘱：少说话，少活动，少劳累。为慎重起见，一天的路程分两天走，中途在临夏打尖休息，住一晚。临夏海拔 1986 米，离兰州 160 公里，刚逢有一段公路正在修整，车行近 4 小时。

第二天从临夏启程去甘南州首府合作。合作是个地方，藏语原名是 ju: ou，意思是羚羊出没的草滩，音近汉语"作"字，好事者取民族团结之义，加上了个"合"字，这样的地名和青海的互助土族自治县，无独有偶。

合作海拔 3000 米，比临夏高 1000 多米，行程 107 公里。地势逐步上升，很少陡坡，对新客威胁不大。我闭目静坐，一任车座颠簸，时而瞌睡，时而清醒，不知不觉中竟被提升了千米。

海拔高，空气稀薄，氧分低，所以不习惯高原生活的人，突然被提升会有头痛、憋气的反应，心脏弱的人更会心跳加速，难受，晚上不易入睡。说来确实出于意料之外，我这次在合作 3 天，在夏河 3 天，又几次越 3000 米上限到草原家访，活动频繁而体检正常，除了每过几分钟，自然地深呼吸一次外，没有发生什么高原的特殊反应。

18 日从甘南归来，所见所闻的记录比较杂散，不宜成文，因此用杂文体裁写"甘南篇"。

二、陇西走廊南端的民族

我这次从兰州去甘南是沿洮河,靠着陇西黄土高原西部边缘南下的。到合作就跨入了青藏高原的东界。紧接青藏高原的这一缕黄土地区出现了一条成分复杂、犬牙交错的民族地带,不妨称之为陇西走廊。在现有的分省地图上,这条走廊正是甘、青两省接壤地区,往南延伸便到云贵高原的六江流域。这里是对民族研究工作者具有吸引力的地区。

我对西北各民族很不熟悉,过去只限于一些书本知识。书本上告诉我,在青海和甘肃接壤的地区居住着一系列的小民族。这些民族不但人数少,而且只在这地方有。其中不满1万人的就有撒拉族、保安族和裕固族。较大的土族不到1.5万人,东乡族不到3万人。为什么有这么多小民族挤在这个陇西走廊的南端呢?

这次路经临夏回族自治州,虽则只住了一个晚上,也没有下乡访问,但从言传口说中听到了许多富有启发的提示。临夏本身是个少数民族自治的地方——回族自治州,而在它境内却还包含了两个自治县:一个是东乡自治县,另一个是多民族联合自治地方,即积石山保安族东乡族撒拉族自治县。这是一个少见的多民族聚居的地方。

从临夏到甘南的路上,汽车越爬越高,沿途我看到四围变化的景象,便开始体会到地形对民族分布的制约作用。海拔超过3000米之后,体质上不具备一些特有适应能力的人是住不长的,而且自然地理条件使高原上的生态环境与平原地带不同。这里一般不宜耕种;如要耕种,不长稻麦,只长青稞,但广阔的草原却适宜放牧。这些地方对于习惯农业生活的民族是不具有吸引力的。所以青藏高原长期以来几乎成了藏族所独占的生息之地。

当然,我不是说其他民族不能上高原或没有上高原的人,何况人的体质是有适应能力的。但是看来历史上许多来源不同的民族一上青藏高原,就会逐步接受已在这个地区创造了适应这个地方的生活习惯的藏族文化,而和藏族相融合。这段历史现在还没有被人发掘出来。但是我们知道不同地区的藏族自称不同:有自称"兑巴""藏巴""卫巴""康巴";"巴"是藏语,译成汉语是人。在西藏北部、四川西北部、甘肃南部、青海地区的藏族却自称"安多娃"。安多语和藏语及康语有区别,前者没有声调,而后者有声调。这些事实表明藏族也和汉族一样,是个在历史过程中融合许多不同成分的民族统一体。

那些上了高原的民族,很可能还留下一些人在靠近高原的黄土地区,或是有些外来民族移动到高原脚下就停住了。这样,高原的外围地区,如陇西走廊,就会存在一些保留了自己原有面貌的民族集团了。

现在居住在这走廊里的各个民族的人,大多还说得清他们祖先并不是本地人,而是从别的地方迁来的移民。从历史记载来看,汉族进入甘肃的时代很早,甚至早在秦、汉之前。但是,现在在洮河流域的汉人却很多还是明代移民的子孙。我去甘肃前从朋友处借到一本顾颉刚先生写的《西北考察日记》。这本日记是抗战初期 1937 年 4 月至 1938 年 1 月间写的。日记里有一段话说:洮河流域一带的汉人都说祖先来自南京、徐州、凤阳三地,乃"明初戡乱来此,遂占田为土著"。许多人家如宋姓、李姓等都有家谱,记录着可以追溯到明代封过官的祖先。看来明代曾在这一带用过兵,中原的军队带进了一批移民,扩大了汉人在甘肃分布的范围。

至于这个地区的回族,一般都认为:13世纪蒙古军队征服了中亚,挥戈东征时把中亚信伊斯兰教的各族人民编为"探马赤军"签发东来,称"回回"。后来其中相当重要的一部分就在甘肃河州一带"屯聚牧养",繁衍至今。临夏一带的回族就是其中的一部分。

同回族前后移入黄河两岸的还有驻扎在这军事要地的蒙古军队和其他中亚移民集团。他们的后裔形成了目前居住在这个地区的一些小民族。土族就是蒙古军队和曾经统治过这地方的吐谷浑的后裔霍尔人相混杂而成,至今说蒙古语。东乡族和保安族都是信奉了伊斯兰教的蒙古人的后裔,说蒙古语。撒拉族说突厥语,是另一群中亚的移民,信伊斯兰教。

至于这些外来移民进入之前住在这地区的究竟是什么民族?我现在还说不清。这次访问甘南时,听到当地藏民说,他们的祖先曾经在洮河流域居住过,后来回族进入才退居高原。这种传说是否有根据,我也不能判断。但联系我上面所说的话,可以设想,原来有一些居住在青藏高原外围的民族,在某一个时期,由于某些原因移上了高原逐渐为藏族所吸收,成为现在居住在青藏高原北部的藏族,即自称为"安多娃"的藏人。这只是一种设想,是否符合历史事实,还待进一步研究。

包含在一个较大的少数民族聚居区里的某些民族小岛有它们的特点。这种"少数中的少数"在民族工作上很容易被忽视。这个问题在现代化发展过程中更为突出。由于人少,他们必然要和其他较大民族紧密协作才能开展自己的物质和精神建设。而在这种协作中既能贯彻开放和改革的方针进行现代化建设,又要维持民族平等的地位,发扬民族特点,确是个必须重视的问题。

三、藏族现代化的跳板

甘南在甘肃的西南角上，西接青海，南通四川，占甘肃省总面积的1/10，约4.5万平方公里。地方不小，但偏居于偏僻省份的偏僻地区，历来不太为人所注意。我本人对它也只有耳闻，多少有一点过高难攀之感。直到这次亲身到了这里，才发现地势不算过高，在现有交通设备下，离甘肃中心兰州也不算远，当天就能到达，而且在促进藏族现代化的工作上有它特殊重要的地位。

甘南是甘肃省内藏族聚居的地方，所以成立了藏族自治州。甘南藏族人口24.7万，占甘肃全部人口的46%。在甘肃省总人口中虽然只占1.9%，但在整个藏族382万人中却占6%，而且相当于西藏藏族的1/10。甘南的藏族重要性不仅在其人口比重上，而且还在于它地处藏、汉接触的前哨。它有条件成为藏族现代化的跳板。

我们一提到藏族，一般就容易想到居住在西藏自治区境内的藏族。其实西藏自治区里的藏族只有174万多人，不到全部藏族的一半。有一半以上的藏族住在自治区以外的青藏高原上，分别建立了10个自治州（其中一个是和其他民族联合自治的）和2个自治县。这些自治州、县分布在甘肃、青海、四川、云南等省。甘南藏族自治州就是其中之一。

为什么各地建立起行政上不相隶属的同一民族的自治地方呢？这要回溯一下藏族的历史。在公元10世纪到12世纪期间，青藏高原分布着相互独立的许多藏族的部落，是一个分裂割据的局面。这时候甘肃中部和青海西部的藏族有些却已受中央王朝的册封，并发展了汉、藏之间的茶马贸易。元代结束了藏族的分裂局面，使其统一在中央王朝的统治之下。为了适应当时具体情况，设立了3个行政区域，平行地直属中央领导。现在的青海和甘肃的藏族属于一个单位。这里采取了土司制度，分别册封当地上层，受中央王朝管辖。明、清两代这些地区均沿袭这种行政区划，西藏地区则实行着和甘、青、川各地藏族不同的行政体制。清朝末年到民国初年改土归流，取消了土司制度，西藏地区之外都实行了和内地一般的行政设置。各省区内的藏族早于西藏地区得到解放，先后在50年代按原来的行政区划成立了自治地方。嗣后西藏地区和平解放，1965年西藏自治区才宣告成立。

这段历史告诉我们，藏族和汉族人民之间的接触最早是发生在青藏高原的东北部，也就是现在的甘青地区。我在这里提出这个历史背景是因为它还有现实的意义。藏族要现代化必须和其他民族一样走开放和改革的道路。开放要有具体渠道。熟门熟路，甘南藏族聚居区的历史地位就值得我们重视了。

从地理上说，甘南离拉萨航空距离1400多公里，地形图上看更使人吃惊；要翻越多座崇山峻岭，其中唐古拉山海拔6000米，真是比上青天更难。但是出于我意料之外，听说甘南藏族竟有一半人到过拉萨，玛曲县的藏族去拉萨是人均1.8次。现在经常来往于甘南和拉萨搞运输的私人汽车有302辆，车上固然可以搭些人，但进藏的人并不都是坐汽车去的。他们和祖祖辈辈一样靠步行和骑马。

曾在拉卜楞寺住过多年的李安宅先生在他所著的《拉卜

楞》一书中提到：从拉卜楞寺到拉萨共28个马站，就是说骑马要走28天，步行得好几个月。这样艰苦的路程对甘南藏族来说却并非畏途，这种勇气一般说来和他们的宗教信仰是分不开的，但是信仰后面却还有经济的动力。我已说过，在七八百年前甘南已经是汉藏茶马互市的中心。藏族生活上离不开茶叶，所以很早这个商品就成了汉藏接触的媒介。甘南也成了汉藏物质和精神文明流通的渠道。

甘南入藏的商道至今还是畅通的。上面所说302辆卡车主要是运输商品入藏的。其中单是酥油一项去年一共运出了75万公斤。这不是个小数目，试问在没有卡车运输的时代，要多少人、多少马才运得完？我们还听说，近来甘南运去的塑料底布鞋，在尼泊尔是项热门货。今天拉萨的自由市场据说基本上是由甘南藏族所控制的，拉萨市仅坐商中就有二三百人是从甘南去的。各种日用品都有出售，其中啤酒是重点。从西藏带回来的有不少从印度进口的手表、呢料，甚至西服。在拉卜楞，我们就看到有人穿印度制造的西装。

如果现代化和商品化是不可分离的话，甘南藏族已经在藏族地区起着商品流通的作用，为现代化开了门。我们看到合作市内有许多运输用的马拉板车，一问很多是藏族，不少原是住在郊区的牧民。他们这几年发现运输业容易致富，就投入了这个行业。这不是件小事，藏族牧民开始变了。

少数民族的现代化必须由少数民族的人自己来搞。藏族的现代化就得在藏族聚居区里由藏族人民自己接受新的科学技术开始。从历史上看和从这次我访问的印象来说，甘南大有条件可以作为藏族现代化的一个起点。也就是说，我们可以集中一点力量，帮助这个地区的藏族在现代化建设上先走一步。

四、白龙江话林业

开发少数民族地区必须从发挥它的自然优势着手,以甘南来说,就是林和牧。先说林。

我这次去甘肃,先是重访定西。从定西回兰州,通过兰州经临夏去甘南。车出兰州,进入洮河流域,心神为之一畅。那是因为我已被光秃秃的黄土高原憋了一个星期的气。尽管说定西这几年种草种树大有成绩,但荒山面积太大,种上草、种上树的还不过是集镇附近的一些山头。沿公路看去,被急流冲刷成的条条深沟,把黄土割裂成为无数大大小小的丘壑,这些黄土丘壑像是剥光了皮,赤裸裸地撅起背脊,伏在大地上的大爬虫,看上去令人恶心难受。坐飞机去过兰州的人,谁也忘不了从机场到市区路上所见到寸草不生的一片荒山。想到这曾经孕育我中华民族文化的摇篮,现在被糟蹋到如此地步,怎能让人心平气和呢?!

一进临夏境内,景色焕然一新。四周山色,虽说不上郁郁葱葱,但满山浅绿宜人。我不禁回头和同伴们说,哪一天全甘肃都能装扮得这样就好了。山坡上有草、有灌木,偶尔还看得到一些范围不大的密林。平地上的村庄都有绿树为屏,公路两旁的穿天杨已粗壮成材。大田里的玉米长势正旺,割下的小麦,一垛一垛地排列成行。我好似刚从黄土堆里钻出来,看到这一派丰收景象,真觉得换了一个世界。向导见我露出欢愉的情绪,也笑了,但是接着他便说:假如你能早来20年,到甘南白龙江去看看,不知会高兴成啥样了。

白龙江藏名舟曲,东西横贯甘南南境,主要在迭部和舟曲两县境内,系嘉陵江的支流。甘南南部的岷迭山脉(海拔4920米),是洮河和白龙江的分水岭。洮河流入黄河,白龙江通过嘉陵江流入长江，属我国的两大水系。这两条河的两岸往昔同是甘南的富庶之区。

白龙江流域是我国重要的林区，盛产云杉、冷杉，面积220万公顷，木材蓄积量1.56亿立方米。这地区分属甘、川两省，但海拔都是三四千米，居民以藏族为主。1958年实现公社化，森林全部收归国有。1966年建立了直属于林业部的白龙江林管局。1972年下放到省，由川、甘分管。

自从林管局成立之后的20年里，林区的变化是很大的，向导所说白龙江媚人景象指的是20年前的事。据藏族人士告诉我，这个林区实际上并不同于东北的自然林区，绝大部分原来都属部落村寨所有。林区里住着16万多居民，90%是藏族。他们历代以林为生，这片森林同时也就受到居民的保护和栽培，因而能经久不衰，保持了山清水秀、熊猫出没的胜地美景。以林为生的藏民生活向来优于甘南的牧民和农民。但是，这20年里却颠倒过来了，林区居民已退居末位。甘南在甘肃原来是个偏僻的不发达地区，1984年全省人均收入是189元，甘南是156元，林区舟曲只有83元，最穷是40元。20年来的变化和林管局的经营大有关系。

看来林管局并不是依靠当地藏族来经营白龙江林业的。在这20年里，这里已从东北和四川移进了一万几千名林业工人，加上他们的家属现在已超过三万多人。据说林场和原来林区的藏民不同，对这个丰茂的林区除吸取经济收入外别无感情。砍伐很积极，栽培则无心。想一想，一万几千工人整天用现代化工具在这林区里砍伐木材，像是用剃刀刮胡子那样，怎能不很快地把白龙江两岸的山坡一片片地刮得精光？！林线后退，生态破坏。被撇在一旁的藏民，对这片有着深厚情感的森林,现在只剩下保护的义务,而没有染指的权利了。他们只能在高寒山坡上种青稞度日,日子当然越过越穷。

据统计,现在和50年代比较,森林面积已缩小了1/3,木材蓄积量已少了1/4。完全是过量砍伐造成的。因而白龙江的含沙量增加了60%,流量减少了约8%,生态平衡已遭破坏,白龙江成了"黄龙江",这些变化使甘南白龙江流域水旱受灾面积达60万亩,仅舟曲岩石滑坡就有260处。上游犹如此,对长江中下游的影响不言而喻了。

把破坏森林的责任全算在林管局的账上是不公道的。应该说,这主要是那个时代过"左"的政策造成的恶果。在少数民族地区这样对待当地资源,明明是违反民族区域自治原则的。1980年有了一些改正,村寨附近的林木大约百分之四点三的面积已划给藏族群众作为护村林,归群众自己管理,其他的还是由国家、州、县企业来经营,情况并没有根本扭转。问题不是在林场所有权上,而是在林木的经营权上。群众得不到直接利益,很难使他们对森林起保护作用。市场上买不到木材,在急切的需要下,就会纷纷到林场来自行砍伐。所谓乱砍滥伐的现象当然也就挡不住了。看来要使白龙江变成名副其实的白龙江,还得从经济体制上贯彻各民族共同繁荣的政策入手。这件需要下决心进行改革的事,在这"天高皇帝远"的地区,更需要有人替他们反映情况,说说话。

五、河源草甸的牧业

说过林,该说牧了。

甘南西部和青海接壤的边区，包括夏河、碌曲和玛曲3个县，地属青藏高原的边缘，海拔都在3000至4000米之间。这里是九曲黄河的第一曲，恰把玛曲县绕了个大半周。玛曲就是黄河的藏名。黄河的两条支流——大夏河和洮河都在这里起源。这里水源充沛，多开阔滩地。河谷宽广，形成一片片微有起伏的平岗。气候高寒湿润，适于长草，被称为亚高山草甸，是理想的优良牧场。甘南全州有草原3700多万亩，平均每亩产草165公斤，是甘南的一大资源。主要牧区就在上述3县。

这三个县坐落在高寒地区，常冬无夏，6月里会下雪，而且阴晴变化无常，忽而晴空万里，忽而大雨倾盆。我到夏河草场赴宴，算是好天气，虽遇到两场雨，不算大，也没有冰雹，大家说我福大。这里没有无霜期可言。除了一些谷地外，显然不宜于种植其他农作物；农作物中也只有青稞适应这片土地。但是，青稞播下20公斤种子，也不一定能收到100公斤粮食。甘南全州在1949年只有25万亩粮田，后来强调粮食自给，毁草种粮，最多时达110万亩，总产量不过1亿公斤。现在政策对了头，已退耕还草70万亩，1984年共收850万公斤。看来，农业在这里是搞不好的，要发挥当地优势，只有发展牧业。

我们打算到牧业的重点县——碌曲和玛曲去访问，但是主人怕我吃不消，竭力劝阻，所以只能在夏河参观了牧场。车子离开市郊不远就是开阔的草地。空气清新，使人胸襟为之一敞。正值草花盛开之季，阵阵香风，令人心醉。

车子停下来休息时，我一阵高兴，弯腰摘了满手的草花，有白、有紫、有黄，十分欣赏。不料主人却指着这些草花对向导说："这片草地怎么退化到这样地步，你看满地是这样的花。"原来开花的不是好草，有不少还是毒草，牛羊不吃。草场退化是当前甘南牧业的一个严重问题。

当地主人支起了3个帐篷,就在帐篷里设宴招待我们。大家边吃边谈,使我了解到当前牧业发展上遇到的一些困难,草场退化据说主要是由于多年畜量超载。超载是指一片草地上负担的牲畜太多了,好草被吃掉,来不及长,毒草则蔓生,草场逐渐变质退化。

据统计,全州牲畜头数已有好几年超过了90万头。按每个羊单位需7亩草地计算(1头牛合9个羊单位),现有草地面积实际上已超载20万头。牛羊多而草少,结果越吃越不够。发展牧业不能只看存栏的牲畜头数,牲畜多不一定好。这是个牧业效益问题,在商品化之前牧民是看不到这个道理的。

有效地利用草地必须从自给牧业转变为商品牧业。也就是说,养了牲畜不是为自己食用,而是准备出卖,换得货币来购买消费品,从甘南来看,这种转变才刚刚开始。过去这几十年来,藏族牧民已过上了没有剥削的太平日子。我在合作镇通过翻译和藏民谈话,发现他们对当前生活充满着满足的乐观态度。一家人养两三头牛、三四十只羊,骑在马上扬鞭驰骋,真是其乐陶陶。当地民谚:"三十只羊、两头牛,骑上马,满山游。"当然在这种精神世界里讲求发展商品牧业是有困难的。

比如说要讲求效益,就得讲究畜群结构,多养那些强壮年轻的母畜,幼畜出生率就可以提高。及时出卖,以减轻草地负担。同样一片草地,同样定量的饲料,回收的价值就大得多了。这应当是很容易明白的道理,但是在自给牧业中就难以做到。牧民们只看谁家牛羊多就算谁家富,牛羊群里壮大的牲畜多就算养得好。而这种传统的标准恰恰与牧业效益相反。效益重在出栏率,畜群结构重在生育期的母畜所占比重,要牧民从传统意识中转变过来，还得加强工作。

然而，现实却在教育牧民。草地超载，秋天牛羊吃不饱，抓不到膘，到冬天就容易死亡。这点牧民是清楚的。但是怎么办呢？近来甘南出现了一种新的办法，就是在严冬降临之前，就把畜群赶到北面的临夏去出售。关于临夏，我在前面已说过，是回民自治区。回民以务农为本，但各家各户都要养几只牛羊供自家食用。他们不从事放牧，而习惯于舍饲，各家各户把少数牛羊养在棚圈里，用饲料喂它们。这样到了冬天，既不怕寒冷的气候，也不愁饲料缺乏，因为这个地区种的是玉米，有大量的精饲料。他们在初冬从甘南牧民那里买回牛羊，舍饲一冬，长得肥肥的，过年上市，就可获得高利。这可说是商品牧业的开始。

我觉得这种区域间和民族间在牧业上的协作，是很值得有计划地推广的。这种协作可以使放牧和舍饲结合起来。甘南牧区闹牲畜超载，如果冬季把大批牛羊及时赶到临夏农区去催肥，不是可以减少目前畜群过冬大量死亡的情况发生吗？看来发展牧业也需采用农牧协作的办法。这个办法会促进牧业的商品化。商品化使得牧民明白牧业效益的意义，而接受改良草地，防止退化的措施。不仅如此，这个办法也会在经济上把两个自治州结合起来，加强民族团结。这不是一举两得的好事吗？

六、培养人才第一

按上两节所谈到的关于林牧的情况来看，把甘南建成藏族现代化的跳板是不是空想呢？我看不能这么说，但得承认，要实现这个设想确是要费一番工夫。甘南理在藏族现代化上先走一步，就得恢复林牧业和发展工业。发展工业一要原材料，二要能源，三要技术，四要资金。我说的不是空想，是因为甘南在原材料和能源上底子好，得天独厚；我说还得费一番工夫是因为技术和资金两不足。

得天独厚的资源主要是指森林和牧场。现在情况诚然不那么好，森林还在破坏，草场还在退化。但是情况一明，扭转局面决心就大，领导上确实是在为改变恶性循环、朝着平衡生态的方向努力，并采取了一些有效措施。金饭碗毕竟还是金饭碗嘛。

说到能源，甘南不用愁。它有两条江，即白龙江和洮河。它们分别是长江和黄河的上游，水势湍急，落差很大，大可发电。据估计可以利用的水力资源有2400万千瓦。现在只开发了20万千瓦，还不到1%，可谓潜力巨大。

技术和资金不足是甘南发展工业的最大困难。技术要人去掌握。从目前情况来看，能够或已经掌握现代工业技术的人在少数民族中确是不多的，甘南也不例外。要迅速发展甘南的工业，第一位重要的是必须抓紧人才的培养和引进。培养人才之关键又在于教育。说到这里我们不妨了解一下甘南的教育情况。

民族地区办现代学校教育可不简单，民族间语言不同。如果缺少会说本民族语言的教师，上课时学生听不懂老师说的话，教学实际上是无法进行的。甘南在1974年前就碰到了这个困难。甘南人口几乎一半是藏族，但是连小学都找不到合格的藏族老师。请了汉族老师来，学生不懂汉话，教室里秩序很难维持。据说有一位老师在教学生念书时，学生乱闹，他大声喝了声"不要吵"，全堂顿时齐声跟着说"不要吵"，还以为是在念课文。这样的课堂自然吸引不住学生，学生到课率很低。有些家长索性不让孩子上学，入学率因之也很低。

1974年以后，情况好些，少数小学里对藏族学生用藏语上课了。目前这个问题据说基本上已经解决了。但是教师质量不高，小学的入学率还不过64%。我没有得到分民族的统计，说不出在入学率上藏、汉的比例。

这里的中学，除了民族中学外，其余都用汉语上课。之所以可以请汉族老师，是因为藏族学生已经学会汉语，语言上没有隔阂了。但是要到外地去请老师上高原来执教又很不容易。尽管已经采取优惠政策，在甘南工作的干部一律有高原津贴，现在一个小学教师每月的工资可以有100元，中学教师150元，可是这点优惠吸引力并不大，甚至留不住人。从1979年到1985年这7年里，省里分配到甘南来的师资名额为193人，实际报到的只有157人，同期调走的教师为96人，结果实增仅61人，平均每年不到10人。分配来的是新手，调走的大多数是老教师。可想而知，在这种情况下，要保证教学质量是很困难的。根据当地教育机关的统计，目前各中学共有教师1400人，缺额达469人，竟占1/3。

另一方面，1977年恢复高考以来，从甘南录取的大专院校新生共605人，每年约75人，这些学生毕业之后回来的极少。甘南不仅教育战线上人才流动出现出超，其他战线上同样发生人才外流的情况，主要是外地干部要求回原籍工作。

当地人才要当地培养最为可靠，这是这几年的一条经验教训。甘南教育战线已有打算，他们准备设立一所培养本地中小学教师的师范学院。这所学院的师资又从哪里去请来呢？这又回到老问题上了。但是，现在他们已经摸到教师的心理，要把他们调到高原来是困难的。有句话说："上珠穆朗玛峰不怕，因为下得来，去甘南可不成，一去回不来。"因此，他们想出了个办法，这个学院筹划着要同兰州师范学院联办。教学部分由兰师负责，拨出一部分兰师的教师来甘南担任教课，每周、每月来回，半年、一年轮换都行，经费由甘南担负。

联办学校是一个提高民族地区教育的新构思，在甘南这样离开城市不远的民族地区是具有可行条件的。我想各地民族学院是否可以考虑采纳这种创见，灵活机动地发挥民族教育师资的作用，在民族地区就地培养本民族的工作干部。当然这种设想能否实现，还有待于甘肃省政府和兰师是否有决心、肯出力把甘南迅速发展起来。

甘南藏族的现代化可能是整个藏族现代化的先行者，而走上这条道路的第一步是培养人才，教育要先行。要办好教育，师资的培养又是第一位的。我对甘南师院的创建寄托厚望。

七、外助自立建设工业

我们花了一个上午和甘南领导同志讨论教育和人才问题，会上空气并不那么令人舒畅。虽则我们找到了联办师院的设想，但目前人才似乎还在流失。甘南是不是真的吸引不了人、又留不住人呢？

饭后，和我一起去的同志说皮鞋跟脱落，走不成路了。一打听，市中心街头就有修理皮鞋的摊子。我午休起来一看，那位同志的鞋跟竟然已经修好了。他兴冲冲地对我说："谁说人们不敢上甘南，街上有的是内地来的手艺人。"接着他讲了以下的情况：

修鞋的是一位女工，浙江诸暨人，在这里设摊修鞋已经两年了。同她一起来的有 20 人，都是修鞋的。她和另外一个同伴合租一间房，月租 14 元，每天收入多则十几元，少则六七元，一年净收入可以达 2000 来元。家里有个孩子由婆婆带，每年回家一次，家里的田地请别人种。

从外地到甘南来做活的人并不只是修皮鞋，更多的是做成衣的，干木活的，理发的，等等。做成衣的南方叫裁缝师傅，他们在甘南有的只替人裁剪款式时兴的衣服，有的来料缝衣，还有的是备好各种花色的衣料，供顾客选择。顾客可以不费事就做成一件合身合意的衣裳，因此很受人欢迎。这些从内地来的手艺人有摆摊子的，有租房开铺营业的，有的还挂招牌。木匠大多是流动的，由顾客提供膳宿，承做各种家具，一家完工，再走一家，似乎没有空闲的日子，收入比修鞋的要多得多。最艰苦的要算养蜜蜂的人。他们以同乡关系结成一个小帮，搭火车，包卡车，到这遍地是花的草原上来放蜂采蜜。在公路上我们常常看到放蜂的帐篷。我曾经下车访问过他们。他们操着四川口音告诉我，他们每年结伙来草原，住四五个月，回家时可以净收 2000 多元，兼制蜂乳的人收入就更多了。采蜂的每人一个帐篷，食宿都在里面，基本上是各自经营，风风雨雨，生活十分艰苦。

这种流动的手艺工人，现在在边区各地都会碰到。1985 年我去赤峰，深入到小镇上去，就见浙江人挂牌的成衣铺。后来我在包头、伊克昭（今鄂尔多斯市——编者）也见到这样的手艺工人。真想不到这次上高原，又遇到他们。他们分别来自浙江、江苏、四川等省，总数不好估计。从本乡来说，他们是劳动输出的一部分。我以前曾说过江苏省劳动输出大约有1万人，但只指地方集体单位同其他地方订立合同的建筑工人，并不包括这些单干的流动手艺工人。

这些流动手艺工人是以自己的劳力为边区居民服务的，所以受到边区居民的欢迎。边区城镇服务行业不发达，穿了皮鞋蹩了跟没人修。有这些手艺工人前来不是正中下怀吗？这些外地手艺工人一方面是由于当前的户口规定不能落户，另一方面还有离乡不离井的习惯，所以他们有较大的流动性。通过这些流动手艺工人的手，边区每年要汇出大笔资金。我在伊克昭盟东胜市得悉，通过当地邮局每年汇到浙江去的小宗汇款总数达40万元。以每人汇去2000元计，50个人就是10万元。东胜这个镇上的流动手艺工人不下200人。如果以此类推，整个边区通过这个渠道外流资金必然数以亿计。

从表面上看，这可以说是边区的资金流失。但事实上，这些外地工人把手艺送上门来，比向外地购买时兴服装、家具等消费品，还是便宜些。归根到底，边区自己的工业还不发达，手艺工人还没培养起来，第三产业尚未发展，资金外流是挡不住的。目前边区经济的实况只能用原材料到内地去换工业品，入不抵出，就要靠中央补贴。这决不是长远之计，可说是一种输血的办法。

变输血为造血，就应改补贴为投资，帮助边区发展工业。工业发展了，西北自己就有钱维持自己的行政机构，而且可以积累资金，自己发展工业了。这才是造血，也可以叫作外助自立。

当前边区技术力量不足怎样发展工业呢？看来得在人才上采取造血措施。上一节所说联办学校的意义就在这里。学校教育是基础工作，但远水救不了近火。当务之急是要引进一些手艺工人和工厂里的技工和工程师。手艺工人虽然已经来了，但是属流动性质。变流动为固定，首先是使那些愿意落户的人落下户来。更重要的是引进他们的手艺，培养一批本地工人。撒种出芽，落地生根。

我们那天下午参观了合作市的毛革厂。接待我们的是该厂负责人，一个藏族转业军人。这个厂原是夏河皮革厂的一个毛皮车间，1980年独立建厂，当年投产。现在已有职工286人，其中158人是汉族，73人是藏族，还有回族、满族，是个多民族的工人队伍。1985年产值达174万元，利润8.7万元；一年定制皮夹克2万件，远销东北。厂里甚至想向国外"伸伸腿"，已经和美商联系出口兔毛皮加工品和土拨鼠皮毛套。我参观这个厂，看到这番情景很激动，这是甘南工业化的种子，生机勃勃，充满活力。

我问起他们的技术状况。他们告诉我起先是从夏河制革厂里传下来的。这是我曾说过的乡镇工业细胞分裂法的例子。这位藏族转业军人，就在夏河厂里结识了三个南京同行，建立了联系：一个是南京皮革研究所的，一个是南京虹光皮革厂的，一个是南京黎明皮革厂的。靠这三个人，合作市的毛革厂得到了传递信息的渠道和技术支援。他们每年来甘南几次，带来制革所需的机械和化学药剂。1985年这个厂为东北制造的皮夹克就是他们穿针引线的。这也是我曾说过的超距辐射。南京的技术能力可以直接辐射到甘南，不必经过中间梯度媒介。

我又问：南京人为什么愿意帮忙呢？他们说：一是有交

情，二是靠优惠待遇，三是不要求他们长期住到高原上来。他们还在南京供职，每年来几次就行了。但是，到甘南来的时间，工资加倍。

群众是聪明的，他们在实践中创造了符合当时当地具体情况的行之有效的办法。上述三条，我看也适用于其他民族地区。这是一条兴办新厂、吸引技术的道路。交情一条可以扩大一些，超出个人之间的关系，代之以支边的各种渠道。

我们对甘南人才外流的担忧，至少已看到了解决的办法。也就是说，"造血"有门了。如果能推广毛革厂的经验，最近几年甘南的小型企业就能搞出个底子来。更值得提出的是，在这里我们看到了少数民族工人队伍的形成。正是这支队伍在把甘南建设成藏族现代化的跳板。如果把这个实例和白龙江林区那种撇开当地藏民而去移入汉人来开采的情况相对照，何去何从，不是极为明白了吗？

八、访拉卜楞寺

甘南行的最后一站是夏河拉卜楞寺。拉卜楞寺是甘青地区喇嘛教的圣地，每天有从各方来的藏族善男信女到这里朝拜。他们绕着寺院打转，口中念念有词，有些甚至每步一叩，四肢舒直，五体投地。拉卜楞寺自从开放以来又成了各国旅游者的胜地，他们手持相机，东跑西窜，寻觅新鲜镜头。

我去拉卜楞寺既非朝圣，又非猎奇，也许可说是还愿，偿还我很久以来的宿愿。人类学这门学科里最难念的一课应当说是宗教。一个无神论者怎样去认识另一个民族的宗教精神世界呢？耳闻不如眼见，我总想有个机会亲自访问一个藏族地区的喇嘛教寺院。这次既然到了甘南，怎能不去久已闻名的拉卜楞寺呢？8月16日午休后，我们从合作启程去拉卡楞寺的所在地夏河，行程只有70公里，但因正在修筑公路，傍晚才到达。

车子在曲折的山岗里走了半天，夕阳西下时，接近夏河，眼前豁然开朗。遥望山谷里一片人烟稠密之区，平顶土屋中矗立着不少寺院的金顶。公路穿过市区，一座座宏大的庙宇，闪过眼前。夏河市容别具一格，和临夏、合作迥然不同。直到此时，我们才真正感到身入藏区。

拉卜楞寺初建于清康熙四十七年（1708年），正是《平定朔漠方略》编成的一年。这一年可说是清朝统一版图的鼎盛时期。其时与清皇室联盟的青海和硕特蒙古前首旗黄河南亲王创议在他的势力范围内的甘青地区建寺，一方面迎合清廷"兴黄教即所以安众蒙古"的政策，一方面用宗教巩固他的地方势力，他物色到了本地出生、正在拉萨"留学"的嘉木样大师，迎他返籍选择扎希奇谷地建筑这个寺院。最早称扎希奇寺，后来因为嘉木样的名声大振，就用他住所专称拉卜楞作为一般习用的寺名，而且在拉卜楞寺的势力扩大的过程中又被用成该寺控制地区的地名。

该寺创始人嘉木样一世，从他的传记来看，是一个好学深思、在神学上颇有造诣的喇嘛教徒。他矢志要在他的家乡建立一个可以和拉萨匹敌的喇嘛教佛学中心。拉卜楞寺不只是一般祀奉神明的寺院，而主要是个喇嘛教的高等学府。从嘉木样一世起，拉卜楞寺在230年中不断发展，陆续建立了6个学院，不但在神学上，而且在天文、历算、医药、艺术等学科上都有专业设置，在保持和发扬藏族文化上起了很重要的作用。

拉卜楞寺作为一个高等学府，它的主干部分是嘉木样一世创业时（1710年）建立的闻思学院。在这里进行喇嘛教经典的基本训练，因而也是藏族文学的研究中心。学习时间最长，课程也多。解放前在学院学习的经常有3000喇嘛。其次是续部下学院，也是嘉木样一世1715年建立的，可称之为神学院。第三是时轮学院，1763年嘉木样二世所建，可称之为艺术学院，学习宗教舞蹈和音乐。第四是医药学院，1784年嘉木样二世所建。第五是喜金刚学院，可称之为历算学院，1881年嘉木样四世所建，学习天文和算法。第六是续部上学院，是与续部下学院性质相同的神学院，1939年嘉木样五世所建。在这五个专科学院里学习的喇嘛为数较少，最盛时也不过百余人。

作为一个高等学府，该寺有严格的学制、课程、班级、考试和学位。无论什么人都可以入学，但必须拜一个在寺的有学问的喇嘛为师。一个老师只收少数学生，负责指导他们参加各学院各班级的日常功课学习。学生的生活都得自理，对寺院或老师不交学费，但要为老师服役。师徒之间存在着亲密的关系，听来他们确有尊师爱徒的好传统。寺内所有喇嘛都是由自己家庭供养的，只在有人来寺布施时才能吃到"大锅饭"。每个学院的公共厨房里都有个大锅，可以煮几百人的斋食。普通喇嘛生活清苦俭朴，当然寺庙本身过去拥有巨大的财产，因为许多信徒甘心情愿地把一生劳动的积累，一下子都施舍给寺庙，自己再去过乞讨的生活。

这座藏族的高等学府在群众眼里只是一般的大寺庙。在这里进香朝拜，做功德，祈求来世的幸福。我这个世俗者的心里实在有说不尽的感叹。这是一种社会制度，一个人生出来就在这种制度里成长,把这种制度的一切思想和行为规范视作当然,封锁在这笼子里过一生。他们那种忠厚虔诚的性格只应引起人们的尊敬,但是他们所得到现世的报答却是艰苦和悲惨,那又怎能使我心安呢?

我这次到拉卜楞寺做客被视为嘉木样大师的上宾。承蒙他和我同起同坐、同车出游,我对他的热情真是不胜感激。出行时,所遇到的藏民无一不毕恭毕敬地低着头,鞠着躬,摊开双手,站立在路旁。车子一停,他们就一拥而上,把头伸过来,意思是要求我们摩顶,有人甚至用头冲撞我们的汽车,这些行为,完全是他们内心世界一片虔诚的自发流露。我对他们真是感愧交加。他们是值得尊敬的人,因为他们是有理想的人,没有理想怎能这么虔诚?但是他们自小从社会接受的理想又给他们带来了什么呢?如果一个无神论者也可以用祈祷来表达他的心愿,我很想祈求他们所信奉的神明能允许他们在现世预支他们后世应得的报应。

我参观拉卜楞寺的藏书院和医药学院时,听到闻思学院1985年失火的事件。当我看到这么多珍贵的经书重屋叠架地堆积在黑黝黝的经堂里,想的却是这样一大批藏族文物的安全保障。与其受灾之后动用大笔款项去重建,实在不如赶紧采取一些防卫措施。亡羊补牢,未为迟也。

我是18日离开拉卜楞寺返回兰州的。朝发夕至,乘对草原印象犹新。在车上口吟一绝:

朝辞甘南古寺前,千寻高原早入秋。
草香醇处如容醉,牛羊同群不羡仙。

闽东行

（1985年11月）

海口明星

1985年冬我曾到日本能登半岛去访问一个名叫姬村的渔村，想不到还没有过一年，又会在闽江口参观到姬村的姊妹村——福建长乐县营前乡的海星新村。对姬村的传说是：很早的年代有个大官漂洋到此落脚，因为他有个秀丽的姑娘名传四方，被称姬村。我当时脑中一闪，这位大官和秀丽的姑娘会不会是从我们大陆漂流过去的呢？这次到了海星新村就不免联想起姬村，仿佛找到了答题的线索。

我们大陆上很早的时候确会有漂洋出海的渔民，至于是否有个大官，遇到了什么挫折，带了秀丽的姑娘亡命海外，那就难说了。要牵强附会的话，我们沿海渔村里原不乏秀丽的姑娘，著名的西施，还不是在钱塘江口水边长大的？"越女如花"，不也应当包括闽越在内吗？福建古称闽越。

可是这两个隔海的姊妹村的身世却不大相同。姬村传说是大官之后，海星的先人在不到半世纪前还是被歧视的贱民。说起海星前身的历史就会牵涉到解放初期民族识别上的一番讨论。也不妨用"很早的时候"开头说起：我国大陆东南部浙闽粤诸省的大小港口常住有一些被称作疍民的人（疍音诞）。他们世世代代住在小船上，而且不知什么时代和什么人下的命令，不准他们在陆上居住。这些水上居民势孤力弱，贫苦困乏，历来被人贱视，多少有点类似印度种姓制度里的贱民。他们的起源我不清楚，但各地的疍民都说所在地的汉语方言，排除了与汉族不同的另一民族的可能。他们散居浙闽粤各港口，虽有联系，在经济上并不形成一个聚居和独立的社区，也丧失了构成另一民族的条件。但是他们确是一种被压迫、被歧视的人，形式上有点类似民族压迫，所以在解放初期有人主张他们是一个少数民族，但是经过讨论和研究，还是否定了这种主张。他们是汉族的一部分。

这一部分汉族人在生活上却有他们的特点。由于世世代代住在船上，经营渔业，生活也就不同于一般在陆上居住的汉族。这个特点有消极和积极的两个方面：消极方面是由于社会歧视不准上岸，他们的社会经济缺乏了正常发展的条件，长期处于贫困落后的状态。这必须加以改变。积极方面是他们长期在水上生活，创造和积累了传统的航海和渔业知识，成了他们的专长，这必须加以发扬，使其成为今后发展的基础。解放后，社会不平等的制度被废除了，疍民翻了身。带着歧视意味的这个名称也取消了。所以这次同行的朋友中有些人对他们历史上的不幸遭遇已经不很清楚。但当我谨慎地询问他们的历史时，带领我们进行参观的这个海星新村的女村长却毫不忌讳地承认他们就是过去不准上岸居住的那一种人，而且还在一家后楼阳台上，指着下面河道里的一艘小船说，这就是留作忆苦思甜的旧物。她告诉我，人民当了家，封建时代那种不平等的禁律立刻被取消了，人民政府划了土地给他们，帮助他们在陆上定居。海星新村就是在这个基础上发展起来的。

被迫永远住在船里的生活,对我来说,用想象来描述都觉得困难。一家老小几口人怎样能在这样小小的船舱里挤着过日子的呢?这条小船不仅是生活资料,而且又是生产工具。他们得向大海里去讨生活。海里水产固然不少,但是靠这样小小的一条船怎么去捕捞呢?几百年,甚至超过千年,他们世世代代就是这样生存了下来。这种艰苦的生活也把他们锤炼成不怕海浪的人。他们视海如家,片叶小舟,在大浪里翻腾,北上渤海,南下南沙群岛,处处有他们的踪迹,真不愧是我们民族的一支久经锻炼的民间航海队伍。这支队伍里怎么不会发生有些秀丽姑娘被风吹到东海那边,留恋该地风光而留了下来的事迹呢?这可能是附会,也可能是事实,我们且不必多去辨别了。

现在这些水上人民都已经在陆地上安居落户了。闽江口还有他们的新村。那位女村长用她流利的普通话为我说明他们的经历:解放后,他们就开始上陆定居,不平等的歧视烟消云散。到60年代开始建村,但是我们这次并没有机会看到他们初上陆时所住的房屋或窝棚。我们所见到的是80年代开始翻造的新村。那时已开始用现在的村名。据说有一位领导同志看了之后说,这真是闽江口的一颗明星。他们听了高兴,就用海星作了当时大队的名称。近年改称海星新村。

这个新村是由一幢幢一个格式的长条楼房组成的。两条楼房中间是一条街道,楼房背后都有一条河道。前门是陆,后门是水,有点像我幼年时所熟悉的苏州格局。这样,出海的小船可以一直靠到家门口。我们被招待到好几家去做客,每户住房面积人均16平方米以上。上面是楼房,楼房后边有个平台,种着各种鲜花。从这里想起小小船舱真是小巫见大巫了。这些人家给我最突出的印象是清洁整齐,上楼梯都得脱鞋。看来这是他们从船上带来的优良习惯。船舱小，容不得杂乱，船靠水，随时可以洗刷。我没有看见过别一个农村比得上这个新村那样清洁整齐的。

接待我们的这位女村长能干利落，使我不住地连声赞叹，这地方的妇女真是能干。她笑着说，这里的男人都忙着出海，不常在家，一出去个把月不稀奇，地方上的事不就落在妇女们身上了，不能干也得干。这大概是渔村的特点，日本的姬村也是这样，白天在街头很难见到壮健的男子。我在海星访问的各家，没有遇到过一个男主人，他们都正在海上作业。

海星新村一共300多户，1700多人，迄今没有改变他们航海捕捞的专业。出海的主要是男子，据说现在已有27个妇女跟着出海捕鱼。我一问起捕鱼的情况，主人们都很兴奋地说，现在和过去大不相同了，过去是各家各户划了小船出海，在风浪中颠簸，冒着生命危险，才捕得一些鱼，勉强维持生活。现在小船已不用来捕鱼了，他们已有24艘装有200匹马力的柴油机的小渔轮，每艘排水量150吨，载重80吨。过去在近海合作用网捕捞，出海一次大约1个星期。现在活动范围已经大为扩大，有些已到达渤海湾和黄海东部，可说是远海捕捞了，往返有时达1个月。他们在完成国家计划收购外，再向国家提供议价鱼1元1斤，这笔上百万元的收入对这样一个小村来说并不是一件小事。

他们在50年代已成立了生产大队，是个集体经济的实体。这笔巨额收入除了分给各户人均600元到800元外，都作为集体积累。这10多年的积累，使这个集体经济实力相当雄厚。他们有力量拨款盖造新村，并购买和装备这些出海的渔船。他们还逐步完成配套的渔业现代化的设备，如制冰厂、冷库、船舶修理、渔网制造等等，最近已向鱼品加工方面进行建设。那位女村长很自豪地说：我们的渔业已经实现了机械化、电讯化、渔网尼龙化。我对渔业是个外行，听到的许多名词，记都记不下来。我不会忘记的是集体经济在这里发挥的作用太显著了。而在集体经济里，每个人能那样勤奋的劳动，向大海索取财富，眼看集体积累得这样快，个人生活提高得又这样快，可见这决不是那些躺在集体身上吃大锅饭的人们所能做得到的。什么力量使他们这样不懈地劳动？我看这和他们念念不忘过去受歧视、被压迫的日子是分不开的。正如女村长指着河边的那条小船说：我们不能忘记那时的生活，对比现在，才心里明白社会主义实在好。

我们参观的项目排得很紧，准备告辞时，女村长却坚持要我们去看一看正在建设的码头。她又不止一次的惋惜，他们的渔轮全都出海了。但是指着两艘装饰得十分俏丽的别村的渔船说，海里的渔船都机械化了，船身要比这些高大得多；二十几条船一起整队出发时可气壮哩。这幅画卷我是能想象的，好像就在眼前，但是要能深切体会到这位在小船里生活过、翻身到拥有一个大队渔轮的新村村长的那种自豪感，那就不那么容易了。

我感谢海星新村给我的教育，依依惜别地让汽车把我带走，但这颗闽江口的明星却会永远亮在我的心头。

福建山海经浅识

这次访问闽江口只用了两天。时间过得很快，说不上调查研究，但求择要浏览。如果要用一句话总结此行，我想不妨说是匆匆翻阅了一遍福建山海经的摘要。福建面积广，闽江口只是它的小小一角，所以只能说是个摘要。

"大念山海经"这句话在福建几乎家喻户晓，对我来说是这次访问中学到的。这是福建省委近年提出的经济发展战略方针，意思是说福建的经济建设必须充分发挥它的山海资源优势。我短短两天走马看花的旅途中对此只取得了一点粗浅的体会。

从海星新村出来，我们就直奔长乐县城。车停在华发花岗石材厂的门前。这个厂用机器把大块花岗石切磨成薄薄的光滑的石板，板面上显出的天然纹理比大理石简朴优美，石质又结实得多，作为建筑材料用来铺地贴墙，耐用美观。福建利用花岗石作建材不是近年开始的。只要注意公路两旁的老房屋，就很容易看到普通人家都利用花岗石块砌墙筑路，甚至用石片密排竖立当作篱笆，这使我这个从江苏水乡来的人看来十分惹眼而且觉得颇为别致。大量利用石块来作建筑材料，表明了这地区山多地少的特点。依我想来，石料的运输和切磨决不如烧土为砖那么容易。舍易就难，必有苦衷。苦衷也许就在泥土太珍贵，而石料到处都有的缘故吧。福建确是个山国。

用机器把花岗石切磨成纹理大方美丽、光滑耐用的薄片，固然是有传统石工的基础，但这一加工，却起了质的变化。一大块没有切磨过的花岗石，作为建材，其价值不过几块钱，在机器里一切一磨，价格一下提高到几百元。它立刻成了值得输出的商品。我看了十分高兴。福建的山，连石头都能这样值钱，我过去实在没有想到过。

访问回来，我很兴奋，逢人便说这真是点石成金。有个内行朋友听了却说，充分利用花岗石切磨成高档建材当然是一条值得开拓的道路。但不是那么简单，关键是在机器。现在这套设备是引进的，而且日常所需的刀片和磨料都是用外汇去购进，我们的工艺也没有跟上，浪费太多，成本太大，加工过程里创造的价值给外商吃了大头。而且如果要建厂还得靠近专用矿，因为原料不宜从远处运来，运费太大，效益上不去，甚至还会亏本。这位朋友给我上了一课：如果引进的机器老是要靠外来配件才能运行，那就不是利用外资而是被外资利用了，这哪里是开放的正道。大念山海经时这一点是值得注意的。

说过了山，该看海了。到了长乐的第二天，主人把我们引导到长乐的海边。我在苏北调查时只听说有广阔的滩涂，但始终没有机会亲眼去看一看。又是出于我预想之外的是这里海边上的沙滩，有的竟会和内蒙古看到的沙丘一样凶猛，大风起时，飞沙走石，能把海岸上房屋门窗堵塞。但是近年来沿海种起了层层的树林，把风挡住了，把沙固定了。接着开辟了果园，大种福建有名的柑桔。桔树能在干干净净的沙地上丰满地成长，这也是我从来没有见过的。

我们踏着细白的沙径，直入果园。来得适时，一行行碧绿的桔树上挂满了橙黄的果实，压得树枝弯腰垂头，丰收喜人。我们一面在桔林里穿行，一面随手摘果尝新。回想到幼年时每过春节，老祖母一定要捧着一手福桔，分给全家儿女以取个吉利。福桔原来是福建的特产。我不禁又想到：如果带着这种象征意义的水果，推广到了凡事要讲吉利的香港人中，这个财源会有多大，真不易估计了。发菜不就是个前例吗？当然，福桔要在国外畅销，单靠这个吉利的名字恐怕不够。它的看相是不差的，质量却似乎已没有我记忆中幼时的那样甘美了。这是出于我心理上的原因，还是这几十年柑桔品质发生了退化，我不敢断言。如果以现在的质量，特别是这么多的核，要在国际市场上特标一帜，恐怕还差那么一点儿。

关于海，我们还去看了海滨的养育场，过去只靠自然捕捞的海味珍品，现在已能人工养殖了。提到海味，可谈的太多了，我的这几篇速写实在容纳不下，只能割爱。但从这部福建山海经里摘出的这几段短短的叙述，也够我们多思索一番了。这些摘要都告诉我们福建的山和海已出现了大变局。用历史眼光来编写这部山海经似乎不能不分前后两篇了。前后分期大致上可以党的十一届三中全会为界线。在前篇里的花岗石，只是些用来铺路筑墙不值钱的东西，滩涂又只是荒沙垒垒的废地；可是在后篇里，不值钱的石块变成了外销的热门货，荒沙滩涂变成了茂盛的果园。前篇穷，后篇富。前后联在一起，正写出了福建怎样走上富裕的道路。

福建原来是个边沿省份，和中原相比，也是个穷省。据说，如果以人均国民收入为标准，把全国各省区排个队，福建1980年站在21位，离尾巴不远；到去年，力争上游，才到了17位，还没有超过中间线。又据说在解放前的1946年，福建工业产值只占工农业总产值的1%，近于工业空白区。这是什么原因呢？过去不少人的答案是由于"八山一水一分田"，怪福建这部山海经不好。

这个答案也不能说错，如果把山水划开，人们只在一分田里打算盘、过生活，尽管这地方气候好，土地肥，但人均不到半亩耕地怎能养活得了不断增殖的人口。人口压力在福建一直是很严重的。幸亏是个沿海省份，还有一条漂洋出海的活路。现在世界各地福建籍的华侨估计有600万人。实际上从福建出海的人只会多不会少，因为许多出国的人，过了几代之后就同化于当地人了。而且现在1700多万的台湾籍人的祖先，绝大多数是从福建搬去的。加在一起，历年来从福建出去的人和现在留在福建的人数目上可能相差不大，从这个角度看去，福建的穷是穷在山太多，地太少；幸亏有个海，不然不知会挤成什么样子了。

山海经写到这几年可转了调。福建人明白了过来，原来八分山一分水并不是包袱，而是金山银水，何况还有个大海，财富会从大浪里滚滚地卷进来。福建山海经的后篇新章正在等着福建人民去编写，我这次只看了几行摘要，大好文章当在下文。

浪子回头金不换

长乐的主人听说我在江苏调查过乡镇企业，特地为我安排了一个半天去访问他们县里乡镇企业比较发达的金峰镇。金峰镇前几年曾经出过名，但不是好名声，这是1980年的事了。那年这个沿海小镇从9月到年底这几个月里突然成了商贾云集的焦点，那条狭小的土公路上天天有来自全国各省的几千辆汽车穿梭来往，卡车、轿车、面包车各色俱全，热闹得一时被称作小香港。

原来当时我们向台湾提出了"三通"，不知谁起的头，钻了这个空子，嚷什么"官不通，民先通"，在海面上搞起了个物物交换的大市场。大批手表、家用电器、布匹衣衫，从海面上倾销进来，既无检查，又不纳税，成了一条离奇的自由流通渠道。金峰这个偏僻小镇，由于它的地理位置，首当其冲，顿时成了个自发的港口和码头。摩肩接踵，热闹异常。到处是大小商摊，摊上摆了五颜六色的吸引人的洋货。汽车一行行把原来的农田挤满了，农民一天唾手可得几百元停车费。这真是经济战线上突然吹来的一阵台风，一时性质不明，措手不及。

不说这阵台风对国家经济秩序带来了多少危害，单说金蜂镇这个镇损失也实在可观。金峰附近 7 个乡镇、50 几个大队的群众直接间接地卷了进去，搞得农民不种田，渔民不捞鱼，工人不做工，学生不念书，正业停顿，精神失常。直到 1981 年中央下达政策，禁止走私，没收私货，这阵风才算刹住。这地方的干部整整 3 个年头没有好好过新年。

这种特殊历史条件下发生的传奇式的经济骚动怎么安定下来的呢？主人语重心长地说，根本上是靠发展了乡镇工业，老百姓有了正路走，就不再去走邪路了。浪子回头还得有个物质基础。

长乐这个县，现有人口 57 万，耕地却只有 27 万亩，人均只有 0.47 亩。这样一丁点儿地，怎样养得活一个人？1978 年集体分配一个社员一年只有 40 元到 70 元。这个地方隔海就是马祖列岛，地处前沿，长期以来谈不上投资建设工业，因而这地方的人活路太狭，一有机会就容易走上歪路。

长乐县 1982 年落实生产责任制，同时开始抓乡镇企业，情况才扭转过来，这几年的工农业总收入的增长就看得很清楚：1978 年是 2400 万元，1980 年就是大刮歪风时只有 6200 万元，到了 1983 年上升到 1.2 亿元，今年预计可以达到 3 亿元。

地少人多，农村里一直有大批剩余劳力，闲着无工可做，风吹草动，易起波浪。办了乡镇企业，为剩余劳力开辟了正当的生财之道。长乐全县有17万个劳动力，现在已有7万人吸收进了乡镇企业。他们每个人每月有七八十元的固定收入，自然安心乐业了。长乐县这3年里发展起来的18000个中小企业是把社会秩序安定下来的主要因素。

我们在金峰用了半天时间去访问大街小巷里的小工厂。我们在一家针织印染厂里坐定。这个厂的厂房还正在建筑中，已完成的楼房屋檐下密密麻麻地晒满了刚染色的长条针织坯料，把屋里的光线都遮住了。厂房里黑压压挤得满满地转身都不容易。追问时才知道，这厂是前年投产，外地买来的机器最初都安放在股东们的家里，经过两年，积得了资金，今年才盖这厂房，边建边开工，所以显得杂乱和紧张。

这个厂是在1982年由群众集资兴建的，每股1万元，共18股。农民一家能拿出1万元来投资的实在是少有的。所以认股的人得分别去向亲友集资，几千几百不等，所以实际上是百家农民凑合力量办成的。这厂的工人开始时也就是股东家里的人，大多是小姑娘。他们说前两年不发工资，只记一笔账，算作股本。现在已向外招工，并发工资，但还是到年终才发。通过几年的积累，原来18万元资金已增加到了固定资产250万元，流动资金40万元，其中贷款只有10万元。今年计划产值250万元。发展的速度确是惊人的。

我用好奇的语气问他们怎么会想起办这个针织厂的呢？说是有人去江苏看到了苏南乡村里都办工厂，因而动了念头。长乐据说原来有点纺织的基础，所以想到办个针织厂。从苏南请了8个技工，又从苏南买回了一套机器，这样就把这个厂办起来了。先在各家借屋开工，积了钱才建厂房，孩子们先做工，站稳了才发工资。这些是土办法，而就是这样播下了乡镇工业的种子，逐步发展成长。

我没有料到在福建闽江口会又看到我最近在《九访江村》一文中所提到的"草根工业"的一个典型。"草根工业"的意思就是由农民省吃俭用，在农业里积累了资金，利用简单的机器设备，逐步成长起来的农民自己的工业。有限的耕地吸收不了不断增长的人口，农民在人口压力下千方百计找活路，要把农业里剩余的劳力转化为生产力。他们找到了工业这条路子，就抓紧不放，死劲地支撑下来，许多也就发展成了颇具规模的小工厂，在苏南甚至已出现了十分现代化的小型企业了。这种草根工业植根在农民，它不仅是靠农业里挤出来的资金诞生的，而且长成了也不忘本地不断"以工补农"。这种工业和农业是血肉相承，脉脉相通的。这是农民自己创造的活路，生产积极性极为旺盛，自己的住所可以让出来安装机器，自己的儿女可以不计报酬地参与劳动，这一切赋予了这种草根工业无限的生命力。亏本不认输，倒了又爬起来，真是野火烧不尽，春风吹又生。我在这里看到了祖国工业化初期可爱的秧苗。中国的农民取得了革命的胜利，又在为现代化工业建设里发挥出历史性的创业作用了。

我们在金峰走访好几个和上述针织厂性质相同、经历相似的小工厂，有些甚至是一家人开办的个体户企业。受了篇幅的限制，不多写了。

今天的金峰充满了朝气，5年里完全改变了它的面貌，改变之大，改变之速，实在值得我们深思。过去那个不太好的名声相应地也根本上改变过来了。它将成为从正道上致富的一面先进的旗帜。我在结束闽江口访问的归途上，反复地对自己说：中国农民实在可爱，力量也实在大，只要政策对了头，振兴中华势在必胜。一旦农民抓住了工业，我们经济腾飞就会势不可挡。这不应视为奇迹，而是客观规律的必然结果。

温州行

（1986年5月）

近几年来，我主要是在江苏农村做调查，同时还到内蒙古、甘肃、北京郊区等地区进行比较性的观察。我看到了三中全会后，农村经济普遍活跃了起来，而且发展速度出于一般人的预料，但也注意到各地的经济发展很不平衡，农民的致富门道各具特色。去年听说有人提出农村经济发展有着不同的模式，这引起了我的兴趣。于是抓住今年政协召开全国会议前的一段时间，来到浙南看看颇为闻名的温州模式。

2月27日从杭州出发，途经东阳、丽水、青田来到温州。3月7日取道台州、绍兴回到杭州，历时9天，行程1518公里。限于时间仓促，我在温州只走访了四县、五镇和参观了市区的两个街道厂，算不得是深入的调查，只能说是一次初探。

以商带工

比较是科学认识最常用的一种方法。行前，我脑子里带着的是一套苏南农村经济发展的模式。到了温州，就试图去寻求两地的异同，从而在具体的比较中去认识这一地区的发展特色。

从相同方面而言，首先是江、浙两省都具有人多地少的特点。浙江全省面积10万余平方公里，与江苏大致相仿；人口是4000万，比江苏少了2000多万。可是两省的地形特点差别很大，浙江是"七山一水二分田"，也就是说可耕田面积远少于江苏，因此，浙江的人均耕田比江苏更少，只有六分八厘。就温州来说还要少，人均不到半亩田。其次，在三中全会之后，特别是进入80年代的三四年间，温州地区的农村经济如同苏南一样，也有令人惊异的高速发展。1978年温州市农村的人均收入仅55元，1980年为165元，1985年达417元。农村的经济结构也同样发生了革命性的翻转，1978年温州总产值中，种植业占64%，工业与其他各业加在一起只占36%，而1985年的25.3亿元总产值中，种植业占25%，工业产值猛增到16.5亿元，占了65%，其他各业占10%。

同是人多地少，也同样是由贫变富，为什么人们对苏南肯定的较多，而对温州的看法却有较大的分歧呢？我就带着这个问题去探求它们之间的不同之处。

汽车刚驶进金华以南地区，只见公路两旁不时出现一块块木牌，上书"货运温州""货运山东"等字样，这是我在江苏未曾见过的新鲜事。运出运进的货物都是什么呢？来往运输的数量怎么会那么多？货又到底怎么运的？哪些人在运？我的这些疑虑直到走访了温州的桥头镇才得以释然。

桥头镇坐落在瓯江北侧的山岙之中，偏离杭温公路3.5公里，属永嘉县桥头区管辖。该区共有5000多户人家，近25000人，人均耕田0.28亩，如果只从事农业，全区8000名劳力就会有70%至80%的剩余。据介绍，历史上桥头人解决人多地少的办法是外出经商，靠农商结合维持人们的生计。用当地流传的话说："桥头生意郎，挑担奔四方。"70年代中期，桥头镇开始出现了一些经营表带、手套、发夹、塑料花等小商品的市场。1979年据说是一位姓王的弹棉郎从江西买回一批处理钮扣，在镇上摆起了钮扣摊。谁知这一摆竟成了气候，一年之后，镇上卖钮扣的摊子发展到100多家。1983年初，县政府批准桥头镇为钮扣专业市场，至今全镇有700多个钮扣店、摊，全国300多家钮扣厂生产的1300个品种的钮扣在这里都有销售。1984年桥头镇销售的钮扣共计50多亿粒，相当于全国每人五粒，日成交额高达16万元。去年的年成交额为8000万元。1981年，桥头人不再满足于单纯做买卖，他们开始用经商积累的资金办厂，生产钮扣，现在全区有430家钮扣厂，其中300家是家庭工厂。桥头市场销售的钮扣有40%是这些工厂自己生产的，年产值近2000万元。这是温州模式以商带工的一个典型。

桥头钮扣市场的繁荣不仅消化了本地的剩余劳力，还吸收了大批邻近地区的劳动力。现在市面上做钮扣生意的就有5000多人，全区工业从业人员也接近此数。特别引起我注意的是还有9000人在全国各地搞采购和销售，他们人虽不在桥头，但牵动着钮扣市场的生命线。据说这批人大都是昔日的"卖货郎"，现在的新名称叫"购销员"。这批购销员组成了遍布29个省、市、自治区的流通网络，将各色钮扣和其他生产资料采购进来，"货运温州"，同时把桥头的钮扣推销出去，"货运山东"等地，将商品直接送到各地的售货店、成衣铺和用户手上。正是有了这支队伍，桥头的市场才充满生机，越搞越大，被人誉为"东方第一大钮扣市场"。

小钮扣、大市场——桥头群众闯出了一条富裕之路。据估算，1984年全镇工商两业收入占总收入的86%，全镇600余户人家中万元户达80%，人均收入600元，钮扣市场上缴国家的税利也逐年向上"翻"，1983年是95万元，1984年是182万元，1985年是311万元。5年来，全镇建房845间。有趣的是在街道两旁鳞次栉比的3层或4层的新楼内，底层设铺面，一般由女主人经管，二楼是生产车间，大多由儿女当家，三四层是居室，男主人则外出担任供销员的角色。设摊经商、办厂生产和外出供销等商品经济的环节，就这样有机地结合于一个个家庭之中。

听完介绍，我想去市场转一转，不料刚参观了一家店铺，就被凑热闹的人群团团围住了，反倒成了"参观对象"。当地干部解释说，由于桥头钮扣品种齐全，在上海等大城市转悠一星期不能完成的采购任务，在桥头只需个把小时就如愿以偿，所以现在每天来桥头镇的外地客商总有二三千人。这下可好，本来就很窄小的街道被挤得水泄不通，保卫人员怕出意外，就将我塞进车里一溜了事。

八仙过海

桥头的生意郎勾起了我对近半个世纪前的一段往事的回忆。那是1937年的夏天，我从伦敦到柏林去和我的哥哥一起度假。一天，有人敲我们的房门，打开一看是一位拎着手提箱的中国人。异国遇乡人自然是大喜过望，可我们彼此的方言不同，话语不通。只见他极有礼貌地鞠了个躬，然后打开手提箱，一看里面都是一些日用小百货，看来他是请我们买东西的。他走后,哥哥对我说:"在柏林、巴黎等欧洲大陆的不少城市中,这样的小生意人数以万计。他们大多来自温州、青田一带。起初他们背着青田石漂洋过海,在意大利、法国、德国做石刻手艺,待到石头用完了,就转而做小买卖。这些人靠着挨家挨户地送货上门和彬彬有礼的优良服务态度,经商赚钱。"1938年我回国时,打听到法国马赛有一些往返中国的轮船,有为欧洲华侨专设的低价统舱,我就买了这种船票。在统舱里我结识了一些语言相通的朋友,了解到他们千辛万苦的经历,可是从他们的脸上却看不出有丝毫痛苦的痕迹,我清楚地记得有一位老人对我说,他在欧洲一辈子,已经在家乡盖起了两栋房子,修好了自己的墓地,这次回去是想送老了。他觉得自己已完成任务,该到叶落归根的时候了,脸上露出一副心满意足的神情。

50年前的记忆,50年后眼前的情景,其间脉脉相通,也可说是历史的必然联系。从中我领悟到这里存在着所谓"温州模式"与"苏南模式"之间不同特色的关键。苏南的历史传统是农工相辅、男耕女织,可以说是"牛郎织女";而温州地区的历史传统却是"八仙过海",是石刻、竹编、弹花、箍桶、裁缝、理发、厨师等百工手艺人和挑担卖糖、卖小百货的生意郎周游各地,挣钱回乡,养家立业。这些漂泊异乡的手艺人和商贩同居家耕地的农家女相结合,就是艺商与农业的结合。在这两种不同的老根基上,苏南长出来的是社队工业和后来兴起的乡镇工业,浙南冒出来的是家庭工业和加工专业市场。苏南是从农副业出工业,以工补农,浙南是从商贩业出工业,以工扩商。

不同的历史特点总是要顽强地表现自己,然而历史传统的现实体现必须具有强大的动力并满足一定的条件。苏南人说70年代初期的社队工业是因人多田少、农业上抢工分，而把搞工业的逼上"梁山"。在温州也听到了"抢"和"逼"这两个字。温州在那个时期，由于地更少，情况更严重。据说前几年，苍南县金乡镇发生过群众到区机关食堂抢饭吃的事，出走逃荒的农民也不易统计，平阳县据说就达60%，市委政策研究室的一位同志总结说，温州人走今天这条路就是群众生活的需要逼出来的。

温州与苏南被"逼"的时间虽然相同，可是温州家庭工业起步要比苏南约迟5年，这是由于温州的经济发展方式所需的客观条件成熟得较晚。苏南当时面临的是社会生产与社会需求之间的矛盾，即在城市搞"停产闹革命"时社会需要并没有降低，而城市工业生产却严重不足，加上沪宁一线城市里长期培养出来的一大批技工被"内战"驱散到乡下。农村劳力要找活路，城里下放的技工要工作，公社、大队等行政机关由于"分灶吃饭"需要自己找财源，最终是社会要商品，这众多的因素凑合在一起，就出现并形成初期社队工业的基本模式。温州地区情况却不同。原是个名不符实的"商埠"，在历史上没有发展起上海这样的工业基地。解放后又由于它面对台湾，地处前线，长期没有投资，加上温州人传统的商贩活动，又被斥为"资本主义泛滥"，多次被抑止。在这种情况下，温州要振兴经济是不可能的。只有到了三中全会以后，农村落实了生产责任制，农业经济有了起色，剩余劳力造成的压力就更显突出，外出找活干的人越来越多，才形成了一支劳动输出的大军。起先这支大军还是躲躲闪闪，在"地下"奔走，只有个体商贩合法化后，温州人民特有的传统技艺才有了用武之地。据估计，目前温州在外流动的手艺工人已达22万，其中经商的约10万。这是构成"温州模式"的骨干。

由贫致富

温州广大农民发挥了他们在特殊历史条件下培养出来的才能，在短短三四年的时间里改变了家乡贫困落后的面貌，特别是该市沿海的一些县，可说是发生了巨大的变化。择其要者来说，首先是商业活动异常活跃，至今全市已有415个大大小小的专业市场，其中类似桥头那样年成交额在8000万元以上的就有10个。这10个市场是：宜山的再生纺织品，金乡镇的徽章、标牌，肖江的塑料编织袋，北港的兔毛，仙降的塑料草鞋，塘下和莘塍的塑料拉丝编织，柳市的小五金、低压电器，虹桥和钱库的综合商品。据统计，每天上市的总人数达45万，1984年，全市商品零售总额为18亿元，其中10大市场就占了9.58亿元。

其次是商品生产高速发展。1985年农村的工农业总产值比1978年的6.6亿元翻了接近两番，其中引人注目的是133000个家庭工业和联户工业的发展，它们的年产值已占农村工业产值的60%以上。

第三是商品流通和生产的迅速发展，增加了国家税收。据称，6个沿海县的财政税收主要靠商品税，仅10大专业市场和生产基地1985年就创税收7450万元，比上一年增加了一倍多。

第四是结束了90%的农民搞饭吃的局面。1978年温州市农村劳动力为180万人,其中从事种植业的为160万人;1985年约210万劳动力中,务农的只有六七十万人,其余140余万农民从农田上解脱出来。这些解脱出来的劳力分配状况是:乡镇集体企业44万人,家庭和联户工业33万人,为商品市场流通服务的22万人,还有10万人是供销员,从事其他劳务输出28万人。

最后是农村富裕起来了。如果以每户每年净收入超过5000元为标准,全市已有40万户,占总户数的1/3。所到之处我见到的几乎全是崭新的楼房,联成街道,聚成村落。这些楼房盖得很有气派,连二层的都很少见到。我到有关部门了解,1985年温州地区的货币净投放为12亿7千万元,镇上百户抽样调查所得的户均收入为6000元,这和我在现场观察到的情况可以说没有多大出入。

温州变化的基本经验是什么?有的同志总结了两条:一是在生产领域发展了家庭工业,二是在流通领域开辟了专业市场。在走访了金乡、塘下、柳市、虹桥等镇之后,我觉得自己的认识还有待进一步深化。毗邻福建的金乡镇,主要是靠生产徽章、塑片、红膜、标牌四类小商品。现在全镇有2800余户家庭工业,1984年人均收入达574元。我走了几个家庭,一户用废铝作原料,制成"五好"家庭的牌照和新疆乌鲁木齐锅炉厂的标牌。另一户是一些姑娘通过印刷等工序制成各式粘贴塑料商标,其中一枚是北京人大会堂用具的贴标。家庭工厂市场之广,真是令人惊异。

区政府的同志告诉我,金乡致富是靠了"一双手、两条腿、三分邮票、四种产品"。所谓两条腿是指最初抓购销的全靠供销员在各地到处跑,现在这种方式已部分被更快捷的邮寄方式所取代,即所谓的"三分邮票"。金乡用发信联系购销的有800多户,1984年全镇共发出业务信件1134万封。这种业务信又使邮局收入猛增,1978年为63000元,1985年为183万元。近来这里还产生了一套专门为发业务信服务的民间机构,从写信到封口、贴邮票、送邮局等均有专业分工。尽管如此,金乡仍有7000名供销员在外面搞活流通。

在塘下、柳市和虹桥,我分别走访了几户家庭,并看到他们生产的松紧带、小电器。我们一再询问他们的生产是谁在组织,又是谁在帮助推销。我之所以提出这些问题,是因为我看到了当前在我国经济中一个极为重要的"大市场"。这个市场不仅包括在各镇上街巷里看得见的数以万计的店面或摊子,而且还包括撒在全国各地10多万名每天在火车、轮船上运转,甚至深入到偏僻边区活动的商贩大军,各家各户的生产者就是靠同千千万万零售商店和摊子,甚至同无数消费者个人之间建立起了一个生动活泼而又似乎无形的流通网络。这次我未能深入到供销员这一层次去摸清他们的活动,不能不是一个遗憾。但又无时无刻不感觉到这一网络在温州经济中发挥的巨大作用,而且这个力量已冲出省界,在全国,甚至已越出"国境",在国营商业渠道触及不到的领域里发挥着促进商品流通的作用。这是一件极有意义的新生事物,不仅为理论工作者提供了新的研究园地,而且是当前体制改革必须重视的民间自发的流通网络。

小商品　大市场

这10万名供销员的前身大多是走南闯北的手艺人和货郎

担。这些年我在北京随时都能见到叫卖棉胎、修补皮鞋的浙南人，就是远在新疆、内蒙古以及海拔3000多米的甘南高原，也都见过他们的身影。这次听人说，桥头镇每天收到从全国汇来的款子达六七万元。真是涓滴泉流，汇成湖泊。这些属于个人所得的劳务收入正是温州地区10余万家庭小工业的原始资本。有了资金，家庭工业才能在时机成熟时如雨后春笋般地遍地生长。家庭工业的发展又使原来到处流浪的手艺人和购销员摇身一变，成为这个地区生产事业的组织者。这些人物的发展历程是很有意思的。如前所述，他们最早是出卖手艺的流动匠人，即所谓劳动输出。后来他们就把外地商品捎带回家乡出售，成了商人，然后自家生产商品，出外采购原料和推销成品，又成了购销员；接着发展到和各地签订合同，带回家乡，分给各户生产。这时，他们已是邻里间的经纪人了。有的甚至用贷款或预付货款的方式支持外地生产，在这种情况下，他们所经营的商品的厂家，实际上已成了区域间产销的组织者。现在我们就可以看出，这些人物的个人经历正反映了商品经济发展的过程。

在温州，我没有听到有产品积压滞销的情况，桥头的商业资本约20多天就周转一次。这里甚至没有提到仓库储存的问题，也没看到家庭工厂出现关门转户的现象，因为温州基本上实行以销定产，合同来了就按约生产。看来，苏南的一些乡镇工业的供销员不少是产后为企业奔走的服务员，而温州的供销员很多是走在生产前面开拓销路、指挥生产的联络员。

由此可见，温州家庭工业或联户工业的发生和发展一刻也离不开"大市场"，也可以说它是依托这个大流通网络的附属品。因此，我觉得温州农村经济发展的基本特点是以商带工的"小商品，大市场"。

从这一特点看去，"温州模式"就超出了区域范围，而在全国范围内带有普遍意义。农村经济体制的改革，使农业的商品生产迅速发展。商品生产本身就要求有相应的流通服务。去年和今年的中央一号文件都提出和强调这个问题。年初我在北京跑了4个县，看来北京存在的主要问题也是商品流通不畅。在原来的流通体制下过于单一的渠道已远远不能适应农村商品生产的需要。由于这种流通渠道与生产脱节，这就迫使温州的农民自己行动起来组织流通网络。他们依靠自己传统的才能和遍及全国的手艺人，通过自己组织起来的这种流通网络，形成了面向全国的大市场，为流通体制的改革创造了新鲜经验，为从根本上解决买难卖难问题树立了一个标本。所以我认为"温州模式"的重要意义倒不在它发展了家庭工业，而在于它提出了一个民间自发的遍及全国的小商品大市场，直接在生产者和消费者之间建立起一个无孔不入的流通网络。

这种专业市场在流通上确实有它的优越性。制造工业需要的多种零部件，在专业市场上有充分的选择余地和诸多采购上的方便。在北白象镇的建筑材料专业市场上，从钢筋、水泥、木材到砖瓦、石砂、玻璃、油漆，应有尽有。消费者若想购买一幢楼房的建材，只需半天时间即可配齐。

专业市场本身的发展产生了各种各样的专业户。除运输专业户外，还有信息专业户。前面讲到的金乡镇，有30家为家庭工业提供信息的专业户，还成立了信息协会。其中一位姓许的农民订了97种报纸，请了5个帮手研究整理信息，随后发信联系业务合同。1984年共签订20余万元的合同分别转让给生产者。家庭工业对商业信息反应灵敏。据说报上一公布信用社体制改革和颁发居民身份证的消息,全乡人就把社员股金证、身份证等样品送去,联系生产业务。具有这样经营头脑的"农民",我在别的地方是少见到的。这使我不能不又联系到温州长久的历史传统的培育了。

商品生产需要一系列为它服务的设施。在柳市和塘下,我们看到了技术、信息、维修、邮电、运输、包装等生产运销服务系统。有人若想把货物运出,打个电话或到河边随便叫一声,就有车有船。柳市的货物转运站能在20天之内将货物运往全国任何地方,这样的速度是国营单位远远赶不上的。

温州购销员所创立的大市场不仅地域不断扩大和深入,而且在市场结构、分工联系和内在性质方面也在不断发展,并出现了为生产者服务的多种方式。在肖江镇,供销员从外地订来合同,大部分是自己垫本购买原材料,然后公告规格型号、加工金额和交货限期,供加工户选择,合意者上门领料,回家生产,按期送货,经检验后领取加工费。据说平均一个供销员订来的合同可安排100人就业。

苍南县钱库镇,往昔是个有名的"讨饭之乡",现在已是万商云集的综合商品市场,成了浙闽交流的农村贸易中心。他们靠着能人当家、发挥专长、价格浮动、薄利多销、重视信息、勤进快出、讲究态度、热情周到等灵活的经营方式,全年销售总额已超过3500万元,流动资金周转期平均在25至30天之间,比国营商业快3倍。

温州市农民搞活流通的具体经验不胜枚举,归结起来就是"服务"两个字。他们懂得在大规模的商品生产和日益提高的社会生活里,生产者和消费者之间必须有一批服务人员。这种分工是任何性质的商品经济所必需的。温州商品经济的发展使 10 万购销员和邮电、运输、信息、科技等众多的服务人员从直接的生产部门中分离出来。正是他们用"千山万水、千言万语、千辛万苦、千方百计"编织起的巨大的民间流通网络，把千家万户的商品生产同千变万化的社会需求衔接了起来。虽然流通网上的每个成员都要从商品流转中获取报酬，维持生计，甚至较易致富，可是作为社会的一个分工系统服务于生产者和消费者之间，其运转是否有效，这是商品经济能否发展的关键。从这个角度看去，才能理解温州各地为什么都如觅宝一般地招聘能干的供销员。他们服务于千家万户，人民群众需要他们的服务。由此出发，我们才能正确对待当前农村经济发展的"温州模式"。他们在商品流通环节上取得的经验是具有中国特色的，也是值得其他地区结合当地实际予以借鉴的。

走向联合

同时，我们也看到温州农民所创立的这个"大市场"的另一面，那就是它的自发性和原始性。自发性带来个体经济的盲目性。原始性表现于这个流通网络的联系纽带大多利用亲戚、朋友及其延伸的社会关系。这种自发性和原始性在商品生产发展的初期或许是不可避免的，然而随着开放和改革的步步深入，它的局限性会逐渐显现出来。这就意味着温州的民间流通网有一个不断提高和完善的过程，需要正确地引导。也就是说，要为这一流通渠道提供它所需要的各种服务，使其合法化、公开化和社会化。如果设想这种服务性的引导能来自改革后的国营流通部门，那么，温州经济就有可能发展成有计划的商品经济的这种雏形。

温州的大市场是从小商品发展起来的，进而以商带工，把农户卷进商品生产的洪流之中，这固然有其城市工业基础薄弱、农村能工巧匠较多等客观条件。但是要看到现有的家庭工业对于生产力的进一步发展是有限度的。人们对桥头没有异议，而对柳市就不以为然，原因就是桥头生产的是钮扣，柳市生产的是电器，而电器在家庭工厂里生产，质量难有保证。

对此，我们首先应当想到的是，种地的农民在两三年内能转变为搞电器的工人是一件多么了不起的大事。可是从另一方面看，产品的技术、工艺要求较高，单家独户地生产的确暴露出技术不高、设备不足、测试手段不齐等弱点，于是对柳市家庭工业产品的各种批评责难纷纷而来，甚至怀疑家庭工业和专业市场的优点。我们必须承认，柳市现有产品中确实有一些质量没有过关，但是，我认为对此应当采取鼓励和帮助的态度，而不应该采取打击和扼杀的措施。事实上我们已经看到，为了克服这些弱点，柳市的电器生产开始出现了联合的苗头，听说这种联合体中不少是几户人家合股添置设备，仍以家庭为单位进行生产和经营，区政府也正在筹划建立一个电器测试中心。这些都是可喜的事情。

柳市的联合苗头给人以启迪。首先，联合是生产力发展到一定阶段的产物和必需。只要生产力继续向前发展，温州的家庭工业就必然趋向于"联"。我在塘下时，两位从事家庭工业的妇女告诉我，她们编织的电灯拉线和松紧带由于织户多，赚头越来越少，对市场激烈的竞争流露出忧虑之情。是的，我也在想，如果她们的家庭工厂利润再降下去，到了无利可图时该怎么办呢？如果停产关门，回到老路上去，群众是不甘心的。那么出路只有转产或提高劳动生产率，以保持一定的利润。而要避免频繁的转产，必须有一个高于个体的企业管理组织为家庭工业服务，只靠现在原始性的供销队伍怕是难以做到的。提高劳动生产率的途径必须是联合经济和规模生产。所以无论是柳市对产品质量的要求，或是塘下对生产利润的要求，最终都将迫使家庭工业在管理、资金、技术、生产、运销等方面走上多种形式的联合道路。这就是说，我们一方面应当吸取过去操之过急搞"一大二公"的教训，另一方面要积极地去创造促进生产力发展的条件，总结群众的实践经验。在此基础上建立起来的联合经济才能稳固。

其次，在我们看到的众多的联合形式中，大体上可以区分为两种基本的形态：一是单纯生产者之间的合作，二是各种基层政权的经济手段和力量加入其间的"联合"。上述的几家合股是前者，测试中心是后者。

在家庭工业个体经济的基础上，逐步走上联合的道路，这是温州模式发展的前途。但是，并不是所有的家庭工业全都会演化成企业。相反的，我认为家庭工业个体经济在中国国民经济中具有长期存在的客观历史条件。它所需要的是社会性的服务，而这些服务行业可以是联合性质的集体经济，也可以是国营经济，有类似于农业里"统"与"分"的双重结构。我们可以设想，在相当长的时期里，多种性质的企业可以共存，而且发生协作关系。从所有制上来说也是多层次的：除了全民所有制和集体所有制（包括乡镇企业和企业成员联合性质的集体所有制）外，还有基本上属于个体所有制的家庭企业，但由于它又依附于国家或集体的服务，所以也不是纯粹的个体所有制。我认为，这种结构可能是有计划的商品经济的轮廓。

在对苏南和温州两个模式的比较中,我对苏南乡镇企业的性质有了进一步的认识。苏南乡镇企业是从过去的社队企业演化而来的,而且现在还在演化过程中。这些社队企业是当时公社和生产队所办的企业,实际上还保留了它原来政企不分的性质,后来为了提高效益,政企开始分离,企业的经营管理逐步取得独立,但是依旧属乡、村政权领导。实际上它正向着地方政权领导下的社区联合所有制演化。社区联合所有制是指以村、镇等基层社区为单位,由全体住户联合成的经济实体,属联合性质。这和从个体经济基础上生长出来的联户经济还有所区别。联户社并不一定包括整个社区的居民在内,它只是参加联合的各户的联合体。温州模式中的家庭工业就有从个体企业向联户演化的趋向。简单地说,苏南模式是从公社制里脱胎出来的集体企业,而温州的家庭工业则是个体经济,它们在这基础上正向着联合演进,其中部分已成为联户企业。

如果把温州模式说成是家庭工业加专业市场的话,那么,这就是突出这个地区经济特点的表述。温州经济中不仅有和苏南模式一样的乡镇企业,而且还有一些国营企业,加上个体企业,三者的比例大概是一比三比六。由于家庭工业比重大,而且比全国其他地方更为发达,所以作为温州经济的特点而予以强调是符合实际的。

在虹桥镇,我参观了一家很有生气的村办工厂,它是完全由村政权掌握的,村支书兼厂支书,村长兼厂长。这是政企未分的苏南模式早期形态。在金乡镇有一位名叫叶文贵的中年农民企业家,他从专业户发展起了一个为全镇家庭工业提供再生塑料薄膜的小工厂。在谈话中,他生怕被人扣上"资本家"的帽子,表示真诚地愿意在不改变现有企业管理方式下,接受地方政府的领导，成为一个地方社区联合性质的企业。

看来，温州也存在着苏南模式的乡镇企业，而且在家庭工业基础上已出现了向乡镇企业演化的趋势。可见，温州模式和苏南模式并不是互相对立的，而是相互补充的。

新事物 新问题

无论是苏南模式，还是温州模式或群众创造的其他模式，评价它们的唯一标准应当是视其是否促进了社会生产力的发展，是否提高了人民大众的生活水平。这些模式在中国历史上乃至人类发展史上都是古来所无的。唯其如此，方显出中国社会现代化的特色；唯其如此，才需要我们对伴随这些新事物一同出现的新问题进行科学的认识。

在温州地区我们可以看到，农业相对落后，以及西部与东部沿海区域之间的发展差距等问题，都是值得认真研究与解决的。尤其是在商品流通和商品生产中诸如金融、财政、税收、劳务和收入分配等方面出现的新问题，既相当之多又相当之深刻。

以劳务来说，我看到了雇工大户。这些雇主大多心神不定，为了扩大再生产，不能不雇工，而且从起先雇亲戚朋友逐渐向外扩张，可是雇多了又怕挨整。雇的工人从哪里来？我一问这些工人大多数是从温州落后的山区下来的，每年可得800元左右的工资。这样的收入在本乡是得不到的。在地区之间经济发展不平衡的情况下，劳动力的流动是必然的。在金乡我看到十五六岁就在干活的姑娘，总觉得她们应当在学校受教育。

可是人们说这里小学毕业生的升学率不到50%，升高中的比例更低，怕这些孩子闲着惹出事来，不如"穷人的孩子早当家"。我还看到几个五六岁的幼童一边嬉笑、一边跟着祖母在院子里拣塑料片，简直就像城市里幼儿园的孩子捏橡皮泥一般。这究竟是教育还是劳动，使人难以分辨。

再如，在收入分配上，市政协的一位同志说了一对在国营单位工作的大学毕业生夫妇，被三张同事婚礼的请帖难住的事。他俩的月工资只有100多元，可是吃这三次喜酒的花费却超过此数。总的来说，个人收入的情况是国营不如集体，集体又不如个体，城市不如农村，以致不少城里人眼热乡下人。因此，出现了不少国营职工搞"第二职业"，集体企业能人外流、散伙、各自经营的趋向。有人把这些现象归结为对国营和集体企业的冲击。从这股冲击力中确实反映出某些不正常的因素。温州市曾对九个县的147名供销员进行过调查，其中仅发现10人有行贿等行为，而绝大多数供销员、工商专业户的高收入主要来自创造性的经营和勤奋的劳动。从收入悬殊中我们看到一个显著的反差，即拥有先进技术、设备的企业，职工的积极性较低；反之则积极性较高。这一反差说明了生产力发展的桎梏，是一个值得注意的问题。

因此，要消除收入过分悬殊带来的种种问题，还得从消除这一反差入手。怎样才能把收入拉平一些？看来需要因地制宜地进行体制改革。目前所实行的"一刀切"的信贷控制等等，不仅不能缩小这些反差，反而在扩大反差，使一些集体企业趋向于分散成个体企业。反差的消除还有待于在城市经济体制改革过程中完善各项具体政策。在这一过程中，温州作为一个开放城市，是否适当下放一些权力，使地方能采取一些与本地区发展特点相适应的政策。这是温州各级领导极为关注的问题。

　　凡此种种新问题,我还缺乏研究,更谈不上有深入的认识。但是既然客观现实已经把这些问题提出来了,如果我们不去认识它,就必然会陷入盲目性,还有可能重犯过去"割尾巴"的错误,用"割"的方法是不能奏效的,割了还会长出来。我们只能创造条件去推进客观事物向高一级演变,以消除矛盾。要做到这一点,社会科学研究必须紧紧跟上实践的步伐,去深刻地认识它。认识的立场应当尊重群众的创造,认识的根本途径应当是实事求是地做分析。我们知道,中国社会主义建设的特色没有现成的概念,前所未有的新事物、新问题不可能在原有的本本上找到现存的答案。

淮阴行

（1986年5月12日）

原来还想早一点来淮阴，开完政协会就想动身，暮春三月，江南草长，下扬州正是好时候。前年也是这个时候，我同几位同志一起从徐州到连云港、盐城、淮安，后来转到扬州，走了一圈，大约20几天，那是我第一次到苏北去看一看。

为什么我两年前要到苏北去看一看呢？这是因为我从苏南自己家乡出发，看到一些问题，想再到苏北去比较一下。我研究工作的方法是从基层逐级上升，从一个村到几个镇，再从一个县到苏、锡、常、通四个市，这是第一年。第二年从苏北徐州到扬州，后来到南京绕道扬州，把江苏走了一圈，写了四篇文章，写的是这两年中看到的江苏农村经济的发展，特别是乡村工业的发展和小城镇的发展。在党的十一届三中全会之后，实行了联产责任制，放松了以前对农民的许多束缚，农民的生产积极性调动起来了，因而产生了一个蓬勃发展的形势。这不但在我的那个小村子里可以看到，在全国也都能看到。联产责任制的政策取得了极大的成功，改变了农村的面貌。

回顾我国解放后的30多年，近7年才是变化最大的7年。以前我们曾停顿了一阵子，甚至走了一段回头路。这7年农村有了史无前例的发展。我每年回家乡去看，每年都有所不同，都有新的发展，出现新的问题。所以，我说在这个时代，正是学习研究的大好时机。尽管我年纪不小了,离80岁也只有4年多,趁我还能动脑筋、还能跑的这段时间里,多看看我们国家的这个变化。同时还想把这个大变化记录下来,给我们的后代人也看一看。

我们这个国家是靠广大农民取得革命胜利的,我看经济体制的改革、经济的发展也得靠农民。目前经济方面,农村正在包围城市。中国农民的力量确实很难估计,对此,人们常常估计不足。我们过去看不起的乡下人里面已出了新的一代。他们之中已有一批懂得经营、懂得商品经济,会搞商业、搞工业、搞现代化经济的新人物。

我这两年来心里常有一个问题,就是一个没有大城市可依靠的、以农业为主的地区怎么发展起来?因此我就去看苏北了。两年前我从徐州下车,向西走,到丰县、邳县,在这里我看到了与苏南的差别。我用两个指标来看:第一个是工农比例,第二个是小城镇数目。徐州城里我不讲,只讲附近的农村。这里工业和农业的比例是"三七开",农大于工,而且这几个县的工业又集中在县城里。我说这有点像"独生子女"。一个县抓一个镇,这个镇因为是"独生子女",所以喂得好些,打扮得不错,一看就比我们吴江县城要好看得多。可是一出这个县城,走半天也看不到几个烟囱,即便看到几个高一点的烟囱,也是石灰窑的,再看到烟囱时已到了另一个县城了。这些地方一般农民只靠土地过活,他们的收入相应地也不太高。这些地方的商品经济很不发达,建成的镇还很少,人们进行交换主要靠赶集。

从徐州向东到了连云港,工业比例就不同了,大约是四比六,工业比例高了一点。这高了一点的地方就不是"独生子女"了。1个县里除了县城以外，还有2到3个镇。从连云港向南便到盐城。盐城的农工比例大约是一半对一半；后来又到扬州，工业开始超过农业了；过了长江，农业的比例就更低了。我们的家乡吴江是中间偏低的，和徐、扬相比，工农比例刚刚倒过来是七比三。无锡、沙洲两年前就到八比二。我说的只是大概情况。江苏的农业比重越来越低，并不是说农业不好。其实江苏的农业也在发展，我是说工农业的比例，农业的比例越来越低，工业比例越来越高。苏北北部农业占7分，到苏南逐渐降低，靠近上海的沙洲，低到了只占2分。

我那次苏北之行有一个空白，就是淮阴地区没有去，洪泽湖周围情况不清楚，我今年去就是要补这一课。

我心里有一些问题，想在这次摸出一个初步的印象。这次，淮阴市长可帮了我们很多忙。据他告诉我们，去年全市工农业总产值76亿，成绩很大。这76亿是怎么组成的？其中农业是39亿多，工业是36亿多，工业不如农业，如果把村一级的工业加进去，工业比重就稍稍超过了农业。1983年之后淮阴工业有了很大的发展，主要是市区，这是我的印象。看来农村里的工业发展还不很快，相当一部分农民的收入仍在200元到300元之间，收入200元以下的农民还不少，大约还有六七万的农民收入在150元以下。淮阴市各县的发展也是不平衡的。我上次来就听说从安徽划进来两个县给淮阴，在洪泽湖的西部。这两个县的经济结构类同于安徽，就是说工业极不发达，所以总的平均数拉下了一点。因此，尽管淮阴在过去的3年中取得了很大的成绩，本身来说比过去发展得较快一些，但是就全省来讲，地位不是上升而是相对地下降了。因此我就注意到第二个问题，农村经济的发展常常反映在小城镇的发展上。

淮阴市11个县共有22个镇，1个县2个镇。过去有一个"孩子"，现在比过去是多生了一个"孩子"，但毕竟只多生了一个"孩子"，可以说农村发展还是比较慢的。尽管如此，在这两三年里，淮阴还是找到了自己发展农村经济的办法，有些人叫它"耿车模式"。我去看了一下，印象很深。

有人说耿车模式是温州模式和苏南模式的结合。在这里要问一问，什么叫苏南模式？什么叫温州模式？苏南模式的特点是什么？温州模式的特点又是什么？耿车模式是不是抓住了这两个模式的特点？苏南模式主要抓乡办、村办工业，叫乡镇工业。对于苏南模式大家都比较熟悉，我就不多说了。温州模式比较复杂，也是几个轮子一起转。它的乡办工业在产值上比重并不低，但是家庭工业较普遍，有些乡村几乎家家户户搞小工业。在家庭工业的基础上，又出现一种具有合作性质的联户形式。

温州名义上是个商埠，但是并没有发展成为"小上海"，因为它没有发达的工业。长期以来，由于它处于前线，面临台湾岛，所以国家也未投资发展工业，国营工业也很少。温州人均耕地比苏南还少，淮阴是1.5亩，苏南是1亩，温州只有0.46亩，人口密度很大。1980年以前，人均收入约55元，比淮阴还差，的确没饭吃，很多人出去讨饭。靠近福建的县出去"讨饭"的占人口的60%，甚至有到饭馆里、机关食堂去"抢饭吃"。可见人口压力比淮阴还要大，公社解体以后才产生工业。由于集体经济基础差，虽然也有一些乡镇企业，但主要是家庭工业、街道工业。

有人讲温州模式是家庭工业加大市场。这个说法基本揭出了温州模式的特点。我认为大市场是发展家庭工业的前提。

什么叫大市场？举个例子，衣服上的钮扣，全国的1/5都是从这一地方买来的，但并不都是当地生产的，而是把全国各地几百家钮扣厂的产品拉到桥头镇，然后再贩卖到全国，甚至出国，这样形成了一个钮扣大市场。钮扣很小，市场却极大。

温州的发展速度快，主要是抓了流通。流通这个领域，几年来，始终没有搞好。原来的国营流通网络适应不了当前农村经济的发展。商品经济不能没有流通，流通要找套办法，要有人去干，要有一个网络。家庭工业要发展，必须要靠一个大的流通网络，否则就发展不起来。温州人懂得要搞商品，就得搞流通。你不办的我办，你不搞的我搞，"逼上梁山"，闯出了一条路子。学习温州模式，要学其实质，不能只看它的外形，要有商品头脑。要学温州模式，就要组织流通网络，这是要费很大劲的事。

现在谈谈耿车模式。淮阴急于找到自己发展农村经济的路子，我很感兴趣。耿车给我留下几个印象。第一点，他们做小商品，搞家庭工业，这点和温州相同。有一家父子四人做木锨，老头在外面有许多老相识，利用这些关系将木锨卖出去，这个家，甚至这个村没有他是不行的。他扩大了内外联系。这一点带有温州模式的性质，但是规模没有温州的大。还有个旋木专业村，生产简单的木器。温州是电气化，这里是人力化，脚踏手摇。温州生产的再生腈纶，成本很低，不太结实，但价钱很低，适合市场需要。我在耿车看到的再生塑料，也是这种性质。

第二点办工业要资金。温州人外出贩运和走码头卖手艺有了原始积累。淮阴怎么办？资金从哪儿来？看来由于公社已经解体，不易从农业里搞集体积累，乡一级的工业力量又不太强，积累不大。讲到贷款，又碰上宏观控制，能搞到的贷款也很少，只有靠农民集资。耿车村异型玻璃瓶厂就是靠集资搞上来的。不过，有个问题是要考虑到的，耿车搞用人力运转的、简单的小商品，它的市场究竟有多大？这需很好地调查一下，还要具体分析各种条件。

耿车模式并不是苏南模式和温州模式简单的相加。在基本特点上，它既不具备苏南模式集体经济的基础，也不具备温州模式的大市场。能不能这样说，耿车模式更适合那些缺乏工业基础的农村，因为它是走采取简单加工的方式，以制造工业为主来发展家庭工副业的路子。这对提高农民收入已产生良好效果。用当地干部的一句话，叫"四个轮子一起转"。苏南和温州都没做到这一点，在苏南，家庭工业这一个轮子就太小了，不怎么转动，温州模式中，集体的轮子又没有家庭工业这个轮子转得快。所以，耿车模式是很值得研究的。

我们国家的整个经济里有许多轮子，也就是说有许多层次：第一层是计划经济的国营企业，原料国家给，产品国家销，按计划办事；第二层是小国营，部分原料是国家供应，部分产品国家收购，其中还分部属的、省属的、市属的，甚至是县属的，都是各级政府所办的半计划性的企业；第三层是"二轻"，就是以前各种合作社合并起来的轻工业，它不能进入国家计划经济，不能由国家供给原料；另外有一大批计划以外的企业，首先是社队企业，国家不投资，不给原料，不包市场，可是它属于地方政府，最初时期书记就是厂长，现在政企分离，搞现代化经营了；再下一层生产大队，现在是村，也办企业，也在计划之外，现在这些企业在尽量想办法和计划经济挂钩，为国营企业制造零部件等，到可能取得一些国家供应的原料，但绝大部分还是在计划之外。

在计划之外的企业里还有个体专业户，即家庭工业，和专业户联合体，即合作工业。家庭工业是一家一户搞的小规模的简单工厂，这种简单工厂再发展一步，联起来，叫作联户。联户实际已进入合作性质的经济。这种联户，大体上都是用原来的老关系联起来的，如耿车乡五星村一位老大爷，三个儿子已分了家，现在大家一起做，通过老大爷关系联合起来。所谓老关系，主要是亲属关系。这种联合如果进一步扩大，亲戚关系就不够了，听说耿车乡有100户的联户企业，这就成了民间的合作组织，它们是在计划之外的，又不是政府所有的。

各种企业，总起来，可分为三个大部分：第一是完全或不完全的计划经济里面的国营企业；第二是国家基层政权所有的，但在计划之外的乡镇企业，第三是个体企业和合作企业。个体企业实际不能成为一个企业单位，它需要一个流通和服务网络。流通网络有几种方式，一种由个体户形成，一个一个人分别出去拉生意。如耿车乡的那个老头，因为他在山东有熟人，就可以包三个儿子的产品到山东去卖，他有力量的话，还可以包得更大一点。他已从生产劳动中分离出来，去跑码头，自己不做工了。这种人也可以成为专业户，即所谓商业专业户、流通专业户、贩运专业户。我在耿车乡还看见一种集体的服务机构，这个机构名称叫"两户一体服务站"或"农民企业服务站"。

这使我想起了在实行家庭责任制的时候，各地方采取了不同方式，解决统与分的双层结构。有的地方，比如北京市附近，统的部分较大，分的较少，而苏南在农业上则统得少，只保存了机耕一类的事情。现在多采取另一个渠道去为个体农户服务，由乡镇办的工厂去支农和补农。实际上是在个体户之上加一层集体的服务。这个方式用到工业上面去，就是我看到的耿车模式了。能不能说这是农业里面的双层结构转移到工业上呢？部分关系，是集体与个体的关系，有的地方集体多，有的地方集体少。耿车模式的要点是在个体户上边产生一层集体服务机构，造成一个草根工业的双层结构。这样，我们的个体户不是单纯的个体经济了，而是一个依附于集体经济的个体经济。这一点可能是将来我们农村经济的一个特点。有许多经济活动有必要分到个体，可这个个体与西方资本主义国家的个体不一样，我们是在一个集体之下的个体。我在耿车模式中看到了这一点。在耿车模式里，这是刚刚出现的新东西。

现在摆在淮阴市面前的问题是，耿车模式怎么进一步发展。依我看：第一要有现代化的技术，第二要有灵活一点的头脑，能人要多一点。搞商品经济必须有市场观点。这里的潜力很大。大就大在这里身居要津，位置处得不错，四周的经济技术水平都比较高，可以利用外边的力量、外边的市场、外边的购买力。如果淮阴搞小商品，搞各种商品，又懂得市场的话，就能利用这个地方的优势了。

现在最困难的是资金，大家说没有钱怎么办？我并不悲观，我在福建看到过一件事，他们搞乡村工业也没有钱，可是，有5个人，通过亲戚，各自串联几十家，共凑了50000元，然后，他们找到门路，到常州去买淘汰的便宜的针织机器，又请了两位技师。机器运到家没有厂房，怎么办呢？他们就将机器搬到5户中的1户家里去。没有工人，就叫儿女做工，两年没拿工资。他们说不搞也白吃饭，搞就有前途。我们去年去福建时，这个厂的厂房已经造起来了，虽然很挤，他们却对我说：我们以前挤在家里呀！现在一个厂建起来了。资金就是农民自己搜口袋搜出来的。

我后来一想，苏南开始也是这种样子的，都是农民集的资。当时哪里有政府贷款？他们靠自己积累资金，大概3年就成功了。这些工厂的原始积资是从农业里面长出来的。农业里面挤出来的钱变成工业资本，是微血管活动，看着很小，可积少成多。现在江苏，乡镇工业占全省工农业总产值的1/3了！

生产出来的商品要有市场，我们吴江县以前是不很发达的，现在他们将丝织成绸，绸留下一部分做衣服，把衣服卖到外国去，这一下子赚得更多。吴江县这批人脑筋灵活，皮鞋厂几天就可换一个样子，一个星期一个新品种。所以现在我们要注意的是头脑灵活的人有多少，特别是干部，干部没有商品经济的头脑，就带动不了整个局面。

淮阴的技术不行，靠上海支援技术，比较远了一点。所以我想必须集中力量在这一地区发展一个中等城市，这样，这个地区才能真正建立一个有发展前途的经济实体。我的意见，在苏北中部应当搞两个中等城市，一个盐城，一个淮阴，各自带动十几个县，这是一个目标。有没有力量？有没有潜力？我看是有的。我很高兴地说，这里地下有盐矿，又有水。水是个好东西，怎么利用洪泽湖，完全有可能使之成为这个地区的宝盆。地下盐开采出来可以发展一系列的工业。当然我还希望县市能多"生"两个乡镇，在发展乡镇上不要搞"独生子女"，不要搞一县一镇。一个县大约要有四个卫星镇，有四五个小镇。一个县几十万、上百万人，分散在农村，靠一个县镇是带不动的。耿车模式要推广，不管是简单的、复杂的，都叫它上去。同时必须提高，提高就要有个中心城市，有几个小城镇，这是我的设想。这个问题比较复杂，可能缺乏的东西还很多，但不要紧，越做越会感到困难多，困难越多就表示工作向前了。

两年前在徐州碰到一位干部，我和他聊天。他说："现在好了，实行责任制了，我松快了。"这句话给我印象很深，直到现在我还记得。当时我说："糟糕了，你这个领导怎么感到松快了呢？不去瞎指挥是对，可是你指挥的事情更多了。"这是一个新的课题，指挥好可不容易了，处处要你想办法。可是这种心理，两年前就存在于苏北，看不到当地任务的艰巨性，反而感到可以松口气了。这样不行，现在需要我们自己主观上有所改造。我们得看看这个问题，看看我们现在中国处在什么地位，看看江苏省在全国所处的地位。江苏的工农业总产值在全国占第一名，令人感到高兴。不少人说现在"鞭打快马"，发达的地位不好处。如果说我们江苏背了一个先进的包袱，那我看这是光荣的，能为国家多做贡献，还不光荣吗？

江苏的地位也给淮阴带来了困难，因为淮阴是先进中的落后部分。在这个地位上应当怎么做好？不从全局找到自己的地位、自己的前途，那就没有紧迫感，没有紧迫感就没有责任感，主意就出不来。淮阴人说，"我们还得争一口气"。是的，自古以来，这里就是个发达地区，名人辈出，代代都有。周总理也是这儿人。淮阴有这么一个传统，一定可以后来居上的。

盐滩行

(1986年6月)

江苏省以长江为界分为南北两部,简称苏北和苏南。从经济水平来说,苏北不及苏南。尽管江苏的工农业总产值已占全国首位,苏北还属中等地区。苏北本身发展也不平衡,南高于北,但近年沿陇海路各县发展较快,出现了两头高、中间低的形势。中间部分是指淮阴、盐城两市。这两市的北部,沿灌溉总渠两岸还有十几个乡被称作准贫困带。

有些地区先发达起来,有些地区相对地显得落后,那是客观规律。作为社会主义国家,一方面固然要承认发展上的不平衡,另一方面却有责任促进不发达地区赶快发展起来,缩小地区间的差距,进一步帮助他们力争后来居上。所以我认为,江苏近年来提出着重开发苏北的方针是正确的。为了跟上这形势,我这几年已3次访问苏北,最近一次是今年9月间到盐城去看滩涂,因写此"盐滩行"。

开发苏北看来不能硬搬苏南的经验,那是因为两地条件不同。苏南这十年来经济发展得力于乡镇企业的兴起,而这个地区的乡镇企业能兴起得这样快,是以原有的苏州、无锡、常州等中等城市为基础,还有上海这个大城市为依托的。苏北的中等城市不发达,特别是中部,淮阴和盐城还说不上是工业中心,因而苏北学苏南见效不大。

苏北却有它自己的优势，那就是自然资源比苏南丰富。且不说徐州的煤矿，最近在淮阴又发现了巨大的盐矿，矿层厚、幅员广，蕴藏量还在勘测中。还有那些显而易见、但过去却不大被人注意的，是盐城的滩涂。苏北的自然资源一旦得到开发利用，它的前景很有超过苏南的可能。

盐城市东倚黄海，海岸线有500多公里。这里正处于长江、黄河两股水流的汇合处，带来的沙泥靠海岸沉积，形成滩涂。现在贯穿盐城市境的通榆公路就是以宋代范仲淹在这里所筑的海堤为路基的，离海岸线已有50多公里。据说目前还是每年以三四百米的速度向外延伸。盐城市所属滨海各县的滩涂共有700多万亩，正在初级开发中的仅有200多万亩。

潮涨不淹的叫滩，潮落才出水的叫涂，都是大可利用的宝地。1000多年前即在此地开场煮盐，至今这一带地名中还保留着场、灶、仓等名，乃是当时煮盐中心。扬州盛极一时，就靠盐商的集聚。

滩地去碱之后，即成沃土，宜于植棉。本世纪初，南通的实业家张謇就在这里废灶兴垦，开辟棉田。现在还可以看到范公堤以东早年人工开浚的纵横水道，布局整齐，规划一致，颇有现代农田的风貌。这里出产的棉花品质优良，是当时苏南纺织业赖以兴起的原料基地。

解放以来，苏北大兴水利，卓有成效。巨大工程之一就是在这滩涂建成400多公里的海堤，配上30多座挡潮闸，围了几百万亩土地。这部分新从海里拾来的土地，现在已部分用来发展水产养殖业和畜牧业。这几年对虾丰收，成了创汇的重要商品。但是总的说来，这700万亩土地还只有小部分做到了初级开发。离地尽其利的标准仍有很大的差距。

我过去没见过滩涂，所以到了盐城就驱车去大丰和射阳两县，沿滩涂访问和观察了3天。我们固然饱尝了对虾、鳗鱼、蛤蜊等新鲜海味，还见到了稀有的丹顶鹤，但是总的印象是地广人稀，在堤上环顾，使我想起了内蒙古的草原风光。试想，就在每平方公里平均有600多人的地区，边缘上却有这几十万亩土地废弃未用，怎不耐人寻味？

不妨算一算，盐城市现有700万人口，人均占有耕地在1.5亩上下。如果按此标准，这片滩涂不是可以养活其中的半数而足足有余吗？人均收入不是很快就能翻一番了吗？如果在这里进行多种经营，深度开发，像现在已行之有效的养殖水产，农牧结合，多种经营，广植果树，这块宝地完全有能力使这里的居民富过苏南。

但是为什么这样肥美的土地，人口却还是这样稀少？一是政策，二是条件。

先说政策。封建时代盐民是最低层的劳力，只有破了产的农民才愿意走上这一条可说是明知的绝路。悲惨的生活限制了人口的繁殖。废灶兴垦之后，果然吸引了一批移民，据说有10万人，但是这是苏南的"第三世界"，供应廉价原料，人民收入极低，贫困的生活不具吸引能力。解放后新围的这片处女地却采取了"国营农场"的体制，大多用来作劳改之用，经济上是赔本的。当"四人帮"在上海掌权时，在这块滩涂上还圈去了10多万亩土地，至今是上海飞地，鞭长莫及，任其荒废。直到拨乱反正之后，政策上才起了变化，不仅允许个体农民在优惠条件下移入滩涂搞生产，而且全民、集体和个体企业一齐上，开池培育鱼虾，植树造林，试种各种经济花木，找到了深度利用的路子。但在时间上说，实在还不到5年，只移入了

25000人。政策对头，开发滩涂的大门是敞开了。

开了门还得有人愿意走进去，那就看条件怎样了。条件主要有两条，一是包括运输在内的交通，二是体力之外的能源。论交通，现在固然可以坐汽车从盐城市区直达大丰、射阳等县的滩涂了，但是除市区到县城外，上滩涂的车路大多利用新旧海堤，还是早年的土石路面。这3天的旅行不能不说是对我这副老骨头的考验，最后还是以医生叫"暂停"结束。在堤岸上行车，过几十公里，已有一些为附近居民服务的小镇。邮电通了，日用品的供应也有了。但是要比堤内的老区，就是解放前已发展起来的农村，似乎还有相当显著的差距。当然人多起来后，情况是会跟着好起来的。所以关键还是在怎样把滩涂的生产搞上去，改善居民的生活条件。

80年代开发滩涂应当和本世纪初的办法有所不同。本世纪初是废灶兴垦，从简单的采集自然资源提高到开垦种植，出售原料。80年代就不应当满足于"兴垦"了。就是说，要从第一产业进入第二、第三产业。对这块土地上所提供的资源要进行加工，不仅是粗加工，而且要深加工；不仅供应原料，而且要供应成品。这就需要发展工业。在这块地区要发展工业还不是那么容易，一无铁路，二无港口。发展工业的先行条件尚不具备。铁路一时恐怕还谈不到，港口却是现存的，只待开发。

从连云港到长江口这条700公里的海岸线上，连一个可用作运输商品出海的码头都没有。这原是我国海运系统上的一个薄弱环节。从秦皇岛海运南下的煤，上海港现在已承受不住，中间少了一个接力的港口。盐城的射阳港却正处在这条海岸线的中距。但这个港一直是个渔港而不是个商港，据说只在日本占领期间，曾有千吨级轮船从这里深入内河，运输军需。原来从这里可直通日本长崎，相隔只有400多海里，是中日间最短的航线，但是解放后为了需要蓄水防潮，所以在射阳河口造了一个闸，而且并无通航的配套设备，从此这条内河通道也就堵塞了。

开发苏北中部地区必须在射阳河口建成一个海运码头，那是显而易见的。没有运输口岸就不可能在这地区大兴工业，发展商品经济，这大片滩涂也只有任其荒废或停留在初级开发的水平上。港口建设应当看作是开发苏北中部地区的突破口。据闻这项建设项目已列入国家计划。由于射阳河口不能停靠万吨货轮，所以正计划在河口海面上建一个平台，作为中转站。这个平台听说已经在设计中了，愿能早日动工修建。

港口的建设还要有许多配套项目。其中之一是疏通内河航道，使汇集在射阳河口的五条河流都能畅通无阻，直通京杭运河，扩大这个港口的腹地，使苏北中部各县都能分享效益。

其次，也更重要的是兴建电站。缺电是苏北普遍的情形，而以中部的淮阴和盐城特别严重。盐城全市人均用电只有全省人均用电的40%。工业生产上因缺电，各厂开工率平均只达70%。一旦遇到旱涝，因缺电，许多农业排灌机具不能充分使用，农业损失更大。今年射阳县遇涝，没有电抽水，棉花减产15万担，少收粮食8000万斤。这一带的乡镇企业基本上还停留在手工业水平，也是缺电的结果。

瞻视前景，射阳港口却具有兴建电站的优越条件。一旦港口建成后北方的煤可由秦皇岛直运到此，运输成本低。在滩涂上设厂，需要多少土地就有多少土地，而且环境保护、储灰场场地都容易解决。由射阳河供应的淡水可以保证100万瓩电厂的需要。正如有关专家所论证的,在射阳河口建设电厂,位置上是适中的,条件上是优越的,技术上是可行的,经济上是合理的。万事俱备,只欠东风。东风就是建厂的资金。如果建一个40万瓩的电厂,估计需要3亿元人民币。在优惠税率下,这笔投资据说5年可以收回。但这笔款至今还没有着落。

开发苏北这个地区,资金不足已成了当前突出的难题。我所到的地方几乎都在叫"有计划、没有钱"。接下去又说:"生不逢时,刚起步就碰上了宏观控制,没赶上向国家贷款上马这班车。"在国家项目轮不上,外资引不进,贷款又无门路的形势下,他们眼睛不得不向下看了。苏北这个地区历史上原是比较贫困,但解放后水利建设见效后,农业有了很大发展,绝大多数农民温饱问题已解决。这几年农村里的副业搞得好,加上有些地方已有了家庭手工业,农业收入有显著增加。但由于主要是发展了千家万户的个体经济,所以集体积累少,农民的收入都分散在各自的腰包里,连存入银行的还不是大部分。所以在这类地区的问题是怎样才能把这笔分散在民间个体户手上的资金集合起来办大一点的企业。我问不出来盐城市700多万居民腰包里究竟有多少钱,但是这个市为开办一个25000瓩的小电厂采取了发行"股票"的办法,半年里已收到了5000万元。至于其他如带款入厂当工人等集资兴办乡镇企业的办法那就更多了。总之,中国工业化的资金来源,说到底是农民的积累。中国农民既能勤俭起家,也就能勤俭兴国。越下到农村里越会被中国农民深厚的潜力所感动。

话还得说回来。成龙配套地把射阳港建设成一个能促进苏北中部迅速发展起来的发动机,单靠盐城市的农民是会感到心有余而力不足的。所以我认为既然兴建射阳港这个项目已经得到国家的重视,那就应当明确地列入"七五"计划,提早建成。如果国家力量还有所不及,不妨采取国家、地方、集体、个人一齐上的集资办法,加快配套工程。必须看到在东部沿海人烟密集之区增加这样一片700多万亩肥沃的土地,对国民经济带来的效益,一时还无法估计。这块宝地像现在这样半荒废下去,实在太可惜了。

我对盐城滩涂的开发是有信心的,信心来自这次访问中一路上遇到的许多新接班的各级基层干部。他们个个精明强干,大有摩拳擦掌争着上阵的气概。他们对当地情势了如指掌,分析得切合事实,很少空话;对今后工作心中有数,不说大话。事在人为,困难尽管大,我相信他们还是能一关一关地闯过去,把这大好滩涂建设成黄金海岸,赶上并超过苏南。

海南行

（1987年3月）

一

首先讲讲我为什么要倡议开这次研讨会。

1985年我在广州参加一次学术讨论会，得知国家民委有关单位要收集文物，准备搞一个民族博物馆，要到海南岛去收集文物。再说海南岛冬天的气候很好，风景也好，因此也把我引进来了。来到海南岛后，这个美丽富饶的宝岛把我吸引住了，结果逗留了一个星期，跑了一圈。给我印象最深的是：在我们中国要找一个比海南岛自然条件更好的、资源更丰富的地方是很难的。海南部分地区属于热带，有着特殊的自然条件和自然优势，对经济发展十分有利。当然风景也特别美，三亚地区的风光在世界上也是少见的。但是，这个富饶地区的居民有不少还没有摆脱穷困，特别是自治州少数民族地区。

最近几年我在全国跑了不少地方，包括汉族地区和少数民族地区，从江苏沿海到西北和内蒙古。在我的印象中，最穷的要算海南岛的少数民族，有些黎族同胞住的还是草房，一根竹、三块砖、一个炉子、一块板，其他什么都没有了。在这么一个资源丰富的地域，还有这么贫困的人，是我这几年跑过的地方中印象最深的一次。

海南岛这个有着丰富资源的地区至今还没有很好开发，潜力很大，开发起来有可能成为全国最富的地区。但眼下自治州还是比较贫困的，很多人还生活在贫困线以下。全州还有1/5的人年人均收入在120块钱、200公斤粮食以下。这个地区客观上是具备了富起来的条件，可是还未富起来，我一直惦记着：怎样才能尽快地改变这种状况。

进入80年代以来，我们国家面貌大变了。就拿我的家乡长江三角洲苏南地区来说，从80年代开始，差不多每年人均收入都以100元的速度递增，而自治州的情况至今年人均只有200元，整个海南岛是300元，广东省是400元。就是说，自治州的人均收入是最低的，海南岛内的少数民族地区与本岛沿海汉族地区相比也相差一半。我们有条件富而为什么不可以富起来呢？问题不在天，而是在人，其中就包括我们这些人没有尽到力量。

80年代是我一生中最好的时期，我经常到农村去调查研究。这7年里我就去过苏南农村十多次，观察那里的农村是怎样发展的。那里不仅房子在变，人的生活在变，而且头脑在变，精神面貌在变。这样快速的发展实际上还不到10年时间，显著的变化是最近5年。去年江苏的工、农、财政收入都是全国第一，我看了很兴奋。家乡的发展使我想到海南岛，所以就提出了发展海南的设想。

二

解放后我曾经做过民族工作，现在还是国家民委的顾问，我还是关心少数民族的。少数民族地区如何发展起来呢？在全国来讲这确是一个大问题。

我在海口看到不少名胜古迹，如苏东坡的祠堂。海南岛在封建时代是充军的地方，封建王朝把反对他们统治的人流放在海南，是让他们在这里自生自灭。苏东坡居然没有死在这里，而是"改正"之后于回乡路上死在常州的。以前海南是一个蛮荒之地，苏东坡是个文人，给海南带来了当时中央的文化。

历史上海南岛虽然没有开发，但在靠近大陆的地方却受到大陆文化的影响，后一段时间还受到海外的影响。宋家三姐妹就是文昌人，文昌是出知识分子的地方。天不怕，地不怕，明代那个连皇帝也敢顶的海瑞也是海南人。但是大部分地区却是很落后的。这种不平衡的发展在相当长的时期以来就已经存在了。

解放后海南岛曾有个发展战略目标。50年代初，人们看到了海南的重要地位。海南是中国独有的热带地区，那时整个社会主义阵营还没有一块热带地方可利用来生产橡胶。因而想利用海南的天然优势来种植当时社会主义阵营的战略物资，所以当时只是考虑怎样利用这块土地而没有综合考虑海南的经济发展，没有一个全面的发展规划，但是能看到海南这块土地的优势就比以前前进了一步。

解放初发展海南的战略目标很具体，就是发展橡胶这个当时社会主义阵营急需的军用物资。橡胶在海南并不是传统的经济作物，也是引进的，从南洋、马来西亚引进了专家，从大陆引进了农民，围绕着这个战略目标，建立了许多国营农场。由于上面讲到的历史原因，海南的经济长期以来一直是以单一作物为主的经济，缺乏一个全面综合发展的观点。

现在国内外的形势已经变了，工作的重点也变了。不同历史时期对海南岛应有不同的发展战略。我们有责任客观地把海南岛的真正情况调查清楚，提供决策参考。我想当前我们知识分子可以在两个方面出力：一个方面是我们国家经济建设需要科学的资料。依靠个人意志做决策的做法已经过时了，现在搞经济建设，提高效益，就要靠科学的资料。中央领导同志明确指出决策科学化、民主化是政治体制改革的重要课题。这是对领导同志讲的，领导同志要处理当前的问题，不能像过去那样光靠个人的脑袋，要民主化、科学化。我们面临的是一个新的局面，错综复杂，瞬息万变，常常是牵一发而动全身，所以必须要有综合性的、实事求是的、科学的、可论证的资料来帮助领导同志进行决策。

三

另一方面是知识分子也需要理论与实际相结合。知识分子在过去一段时期唯书、唯上，不敢越雷池一步，怕当"右派"，养成了不敢接触实际的作风。不仅社会科学是如此，自然科学也如此。讲权威，权威说的都是对的，都跟着做。我的经历也是这样。我从1957年之后基本上没有说话了，但在"文化大革命"中也没有逃过，还是挨了一番整。党的十一届三中全会后，政策改变了，进入80年代变化就更大了。学术界的思想随着也活跃起来了，开始在实践中找问题，从实践中发现群众的要求、经济发展的要求。这是一个可喜的变化。越来越多的知识分子，搞学术研究的人，要求走到群众中去，把理论和实际结合起来。但是联系实际要有一定的条件，没有条件不行。于是我就想到了民盟。民盟是一个知识分子的政治集团，民盟的成员都是愿意为祖国贡献力量、为四化服务的知识分子，民盟组织有责任创造条件来满足他们联系实际的要求。作为一个为社会主义服务的政党，就应当发挥其成员为四化服务的作用。我找杨应彬同志商量，能否由广东省政协带头，发动各方面知识分子来共同研讨开发海南岛的问题。杨应彬同志赞同我的倡议：决定由广东省政协带头进行这一项工作。这是这次会议得以召开的由来。

解放以来知识界有一个毛病，就是过于专业化。我们当学生时，知识面就比较广，不像现在从中学就开始分科了，分科后就开始专业化。这样，学生出了校门，接触实际时就感到吃亏了，这主要是其他学科的基础不够。特别是现代社会的发展，许多问题都是综合性的，不可能由一个学科单独解决，所以我们要提倡多学科综合性的研讨会，使各种专业的学者能有机会听取其他学科的看法，从中得到启发，提高专业水平。我希望大家能提倡这样一种新的学风。首先要树立知识为国家服务、为四化服务的思想，这也是民主党派一项重要工作。第二是专业知识要联系实际，把多学科组织在一起，讨论一个地区具体的发展战略。我们这次研讨会就有从事水利、地质、经济、农业、工业、民族等研究的各方面的专家，大家一起来讨论，互相学习，提出一些有实践意义的意见。我把它叫作"决策的智力支持"。我们这次会议成果的好坏，不是个人说了算，首长说了算，要看是否在实践中有效，实践是检验真理的唯一标准。我们要发动知识界的同志都关心当前的经济建设，要使他们有机会把学有专长的知识贡献出来，促进经济建设，提高社会生产力，这是方向。

总之，要通过理论联系实际这条路子培养出一批真正对国家有用的人才。人才并不是天上掉下来的，不是哪一个人封的，不是靠文凭，而是要靠真才实学。真才实学从哪里来呢？课堂学习固然重要，但仅仅如此是不行的，搞社会科学一定要接触实际，到实践中去锻炼，在民主讨论中，吸收别人的意见，逐步充实自己。我们不能老是埋怨别人不用自己，真的到了别人使用自己时就慌了。我自己也是这样。我写文章，当然希望别人说我写得好，但是听到别人说我写得好也就紧张了。因为我要负责，社会影响究竟好不好，不能凭别人口说。这时候就会感觉到自己的知识越来越不够了，这是心里话。我在海南不能多说话，因为我自己没有很好地调查研究。知之为知之，不知为不知，希望大家一起努力根据可靠的事实说话，创立一种新学风，培养一批符合时代需要的人才。

四

接下去我讲一讲粗粗地看了各位的研究材料之后的想法。这个材料使我越来越深刻地认识到各个地区的发展有着不同的路子，需要承认因地制宜，多种模式。我国幅员广大，各个地方的历史发展不同，具体的条件不同，只用一套办法来搞必然要吃大亏。例如大寨，开始是不错的，在黄土山区搞出这样一个发展农业的办法来是了不起的，后来捧得那么高，要各地都来学，结果就出了偏差。这是一个教训，就是各个地方都要创造自己发展的办法,可从别人的模式中吸取有用的东西、经验和办法,但不能照搬。

我自己开始时对这一点也不清楚,没形成这一观念。这里做一点自我批评:我曾经说过"今天的苏南是其他地区的明天",这句话说得很漂亮,但实际上是不全面的。其他地区都要发展,都可以发展,可是都要走苏南那样发展的模式却不行。不讲其他地方,就拿苏北来说也不能照搬苏南的办法。苏南包括苏州、无锡、常州等地区,他们在合作化时期已有集体工业,后来实行生产责任制时,集体工业并没有分散,至今还保持了社队集体经济实体。这个经济实体的集体积累就是苏南乡镇企业开始发展的基础。苏北没有这样的工业基础,公社时没有集体工业,实行责任制以后筹集资金办工业就困难了,所以不能像苏南那样发展。今年3月我到温州,这个地区公社时期没有留下什么工业,但它发展起来了。他们近几年从家庭工业发展了起来,走出了一条温州的道路。温州模式也有它的前提,它的传统。温州人商业意识较强,农村里的多余劳动力很多在外地讨生活。这些在外地做买卖、卖手艺的几十万人在这几年里组成了一个流通网络、信息网络,发展千家万户的小商品生产。我在温州就意识到在不同的基础上,乡镇工业都可以发展起来。各个地方发展的模式可以各式各样,而且必须找到自己的优势,自己的办法,这样才能发展。这是我认识上的变化。

我在苏南总结了四个字,叫"无工不富",农村不搞工业不会富起来,到了温州我又总结了四个字,叫"以商带工"。然而,各处农村的特点不同,"无工不富"在苏南完全对。可是光靠农业能不能富呢?如果只说"无工不富",好像单靠农业就不能富了。最近我到了湖南洞庭湖地区去访问，这个地区走农业商业化的路子同样可以富。他们种苎麻、种桔子、种油菜、种油桐等，利用丘陵地带来发展大农业。这两年发展真是惊人，他们盖了房子，买了家具，可以说富起来了，但是他们还没有搞工业，主要是种植经济作物富起来的。农产品靠国际市场和国内市场成为商品，所以说搞农业也可以富，这里指的是大农业，不光是种粮食，只要真正走上商品化的道路，就有富起来的可能。当然这并不是说不要工业。洞庭湖地区现在还是小农经济，发展是有限度的，要进一步发展，还是要有加工工业，否则只能出售农产原料，好处给别人占去。

五

在湖南的调查中，我还注意到农民富了怎么办的问题。就是说农民手上有了钱，钱怎么花法，我们的农民过去穷有穷的办法，现在开始富了，"富了怎么办"却成了个很值得注意的问题了。处理手上的钱，大体上不外三种办法，一是消费掉，二是放在口袋里，三是拿出来再生产。刚刚脱贫的农民首先是要吃饱、穿暖，然后造房子解决住的问题。洞庭湖地区的农民正在从满足了温饱进入大兴土木，盖房子的时期。有一部分农民衣食住基本上都解决了，下一步怎样呢？一般说，主要还在按照第一个办法，就是花钱消费。自己造了房子，再为儿子造房子，甚至已经有为孙子盖房子的了。手上钱多了，手面也宽了，自己吃饱了，就找机会请亲戚朋友大吃。听说有人结婚请客花了一万块钱，真把我吓坏了。我们知识分子就花不起。中国农村里的办法就是这样，讲热闹、讲场面。这是从小农经济养成的传统。土地有限，吸收不了多少资金，所以投资再生产的观念没有客观基础。不消费就只有放在口袋里，压在箱子里。旧社会农村里的地主，不都是把银子窖藏在地下的吗？

我在甘肃会宁的农村里访问一家农民，他说："我现在边房里都堆满了粮食，有一万多斤，3年都吃不完。"我说："你吃不完可以卖出去呀。"他说："不行，粮食怎么能卖出去呢？"他宁愿囤粮喂老鼠，也不愿上街卖粮食。后来我们到了临夏回族自治州，访问一家农民。他告诉我，去年看见羊毛值钱，就把粮食卖出去，拿了钱买羊皮，剪下羊毛又拿出去卖，得了钱把粮食买了回来，净得了一批羊皮。这家回民就有商品经济的头脑。在新的政策下临夏回族有许多人到青海、西藏去做买卖，买了汽车跑一趟就赚几万元钱，富起来了。为什么会这样？这就要讲到民族的特点了。简单地说，回族从历史上就是个会经商的民族。在新的条件下，他们发挥了传统的特点。相对比来说，以农为本的汉族农民在这方面却远远不如回族了。

六

联系海南岛的具体情况，我想谈谈海南岛的经济社会发展战略。大家都认识到，海南岛有着丰富的自然资源，假如我们能把现在人类已经掌握的知识、科学技术利用到海南岛来，就可以把海南岛建设成一个很富的地区。海南岛具备良好的客观条件，问题就在于怎样把这一套新的知识、新的科学技术用来发展海南岛的商品经济。这是我们这次会议研讨的主题。在这个会上专家们提出的论文里，围绕这个主题提了很多好的意见和看法，有的很有价值。但我想指出一点，这些论文里，写"人"的不多，没有狠狠抓住这一关键。发展经济必须利用科学知识和科学技术，但科学知识和科学技术必须通过人的头脑，通过人的积极性才能发生作用。我们要改变海南岛的面貌必须通过人。可是对海南岛上有什么人，这批人有什么特点，却考虑得较少。

我们现在讲的自治州，是少数民族的自治州。我们一定要通过本州的人来改变本州的面貌。海南岛的自治州是黎族苗族自治州。自治州一共有200万人，其中90多万是少数民族，100多万是汉族。汉族是怎么来的，想法是怎么样的，有什么本领？少数民族又是怎样来的，他们生活怎样，想什么问题？这些我们都要摸清楚，要分析海南岛人的因素。

我在上面提到过要发展回族地区的经济应该充分利用回族的特点。很多同志对回族的历史不熟悉，我在这里简单介绍一下，中国的回族是两个部分构成的：一个主要部分，一个次要部分。次要部分是从沿海一带来的。这一批是信伊斯兰教的商人，福建的泉州，浙江的杭州，甚至江苏的扬州都有他们的遗迹。这一部分后来都吸收到回族里去了。另一部分，也是主要部分来自大陆。13世纪成吉思汗西征，占领了中亚、西亚，把当地的技工和商人组织起来为军队服务，这些人大多是信伊斯兰教的。后来蒙古人进入中国，这些信仰伊斯兰教的部队就掺杂其间，在西北沿西藏高原通往中亚的商道一带定居下来。他们主要是靠做生意，从事茶马贸易，在牧区和农区之间进行商品交换。茶是指农产品，马是指牧区的产品，茶马贸易代表了当时农业、畜牧业之间的流通。这种贸易在唐宋时代已经很发达了，元代统一了青藏高原，这样和内地的贸易也必然得到发展。定居在这个地区的回族主要做这件事情，并一直保持了这一特点。全国各个大城市都有回族，主要也是搞商业，形成了一个全国性的流通网络。现在我们要把农村的自给经济转变为商品经济，在这个转变中回族就可以发挥作用了。

去年我去了一趟甘肃临夏，今年又去了一趟。这一年里临夏的经济发展得很快，对我很有教育。我发现自己过去对少数民族的看法有很多不正确的地方。我对少数民族很有感情，少数民族的朋友也这样说。为什么呢？我分析一下自己，主要是感到历史对少数民族很不公平，以致他们在经济和文化上落后了。我有一点"抱不平"的心情想去帮助少数民族。因为很少从积极方面去发现他们的优势，所以一谈到帮助少数民族就变成了对少数民族讲照顾和补贴，而很少从扶助他们用自己的腿走路去考虑使他们发展起来。

七

一个民族能不能靠自己的力量发展起来，这是一个基本问题。我到过加拿大，加拿大有很多印第安人，我到他们家里去拜访过。现在加拿大印第安人基本上吃得饱、穿得暖了，有房子、有汽车，都是靠国家给的钱置办的。事实上印第安人已起了变化，一部分人不愿意接受这种被养活的机会，抛弃他们原来民族的特点，而要求参与到社会里面去。可是他们一进去就碰到很大的实际困难，大多数人只能留在社会的低层，很少人能爬上去。另一部分人接受救济和补贴。温饱问题虽然解决了,但却失去了精神支柱,活着有什么意思呢!拿到钱就喝酒,糊里糊涂地过日子。看来这个民族面前只有两条路:一条是国家养到他最后死亡,人越来越少;一条是被同化,作为一个民族就消亡了。这是资本主义下少数民族的前途。我们需要走一条社会主义制度下各民族共同繁荣的道路,这是一个根本问题。一个民族首先要自己站起来,自己走路,自己发展,绝不能依靠别人过活,一切伸手。这方面的教训太多了。现在我们首先要考虑的是怎样让各个民族发展起来,这个课题在历史上没有先例可供我们学习,要我们自己去创造。在中国历史长河里既要承认各民族的区别,又要各民族自己站稳脚跟,参加创建和丰富我们中华民族的共同事业。

我们建国以来,在民族工作上是取得很大成绩的。首先是消灭了民族压迫,实现了民族平等。接着花了不少力量去帮助他们发展起来。帮助少数民族有两条办法,一条叫作"输血",一条叫作"造血"。过去我们花在少数民族身上的钱不少,可是花在"造血"上的不多,用在"输血"方面的较多。"输血"是怎样"输"的呢?汉族的劳动者把自己的劳动成果通过税收等各种渠道集中到中央财政,再由中央财政分配到各个地方,包括海南岛这个自治州。海南岛自治州的财政一半要靠中央补贴,单靠自治州的经济力量是不够建造我们在这里开会所用的这个房子的。其他民族用他们的力量帮助建成这个大楼,自然是好的,应该做的。可是决不能满足于这样的帮助,应当赶紧想办法帮助海南"造血"。怎样才能形成一个能自己积累资金的机体?请大家多多考虑这个问题。

八

自治州的前途可能出现一种不太好的状况：一方面是自治州和岛上沿海的地区差距越来越大，另一方面是自治州里少数民族和汉族的差距越来越大。这两个差距如果继续扩大，就不是好现象，但是又不能叫走在前面的走得慢一点，等等后进的队伍。我们要利用前进的力量来促进后进的加速赶上去。事实上，这几年我们已初步开辟了这样的路子。例如，现在西北开展横向联系，后进的地区不是靠上级补贴过日子，而是吸引外地投资来开工厂，提高社会生产力。人才不够就和先进地区搞合营，甘肃的定西就是这样做的。他们和江苏的镇江市结成了姐妹地区，由镇江派人带钱，带机器到定西来办合营工厂，这样就把定西的人培养起来，自己能办自己的工厂了。这是说在开始时要别人拉一把，这不是"输血"，是"造血"。苏州姑娘刺绣很好，定西就到苏州请了三个小姑娘来教刺绣，包吃包住包路费，每人还给3000块钱。三个月后定西的一个村子所有的小姑娘都学会了刺绣，为成衣厂在衣服上、头巾上绣点花。就靠这个手艺这个村子发了财。苏州的小姑娘拿了3000块钱回家也很高兴，这件事看起来很简单，但道理却很深。

过去我们并不是这样做的，少数民族生活苦，我们就给他们送东西。1950年，我参加中央慰问团到广西少数民族地区，带了两样东西去，一是歌舞团（当时叫文工团），去唱去舞，把少数民族吸引来看；二是米，没有米吃的地方就当场发米。这个办法开始时应当这样做，但不是长期的战略方针。

九

现在民族平等了,歧视没有了,我们可以有条件、有意识地帮助少数民族站起来。我去年来这里时就感觉到这方面做得不够。责任不在地方,是在上面,口头上是讲重视少数民族,而头脑里缺乏真正帮助少数民族发展的观点,还停留在刚才讲的那种心理阶段,就是把帮助少数民族看成是救济和补贴,并没有真正帮助少数民族站起来的有效措施。有几位同志提到要教育、要人才,这很好。我的看法是教育一定要,但首先经济要活起来,然后少数民族自己才要教育。识字用来干什么?这个问题我们知识分子是不会多想的,我们不识字没有饭吃,教师不识字怎样教书?但事实上很多人不用识字也可以有饭吃,那他就不要识字了,而且识字还会影响他找饭吃,只有经济发展了,才需要识字。

少数民族要创造自己的文字我赞成,要满足他们民族的感情。可是少数民族要发展就得开放,向先进民族学科学、学技术、学文化。要向汉族学习就得学汉语,不懂汉语就容易孤立自己,不能参加到整个国家的大社会里边去。何况现在大家要进入商品经济,要做买卖了,要到汉族地区去占市场,这就更要懂汉语。民族语言文字是民族内部交往的工具,要和其他民族交往就需要懂得其他民族的语言文字。为什么现在我们要念英文?因为我们要向英语国家学习知识。

要考虑开发海南岛,不能不注意到海南岛发展的不平衡。不要一刀切。汉族、黎族、苗族的具体情况不同;黎族中靠近县城的和偏僻的地方差距也很大。如王下这个地方,中央民委几个同志都去过,回来告诉我,那里的确还是自然经济。有人说他们已经"从刀耕火种进入了科学种田",这句话只是方向,目前还不是事实。我们搞科学研究的不能只讲方向,不讲事实,在这样的地方现在离科学种田还遥远得很。像王下这些地区"刀耕火种"还很普遍,为什么他们还要刀耕火种呢?不是他们笨,他们和其他民族一样聪明,原因是他们的耕地太少了,不到当地去看看简直不敢相信。海南岛是个人少地多的地区,但他们每人却分不到一亩耕地。一亩地上种出来的粮食不够吃怎么办呢?只好上山去垦荒,于是"刀耕火种"就保存下来了。"刀耕火种"是落后的,但他们没有饭吃,不这样又怎么办呢?

十

我们一定要认真研究为什么少数民族的经济一直落后的原因。谁人愿意经济落后呢?经济落后固然有历史原因,但是解放已经30多年了,为什么还落在后面呢?不能不承认我们过去有些政策不对头。具体到海南岛,不能不看到过去决定在海南岛发展橡胶生产时,没有考虑到少数民族要发展,没有给他们留下足够的土地来发展农业。为什么会出现"富饶的宝岛,穷困的少数民族",这正是我们在研讨海南岛发展战略时不能不注意的问题。

海南岛的情况使我深深觉得我们必须提出一条原则,就是民族地区的发展必须是民族本身的发展。不能离开民族的发展来讲发展民族地区的经济,否则会走上美国、加拿大、澳大利亚的道路。这是条社会主义所反对的道路。海南岛的发展必须包括岛上各民族的共同繁荣。这是发展战略的前提，用这个原则来检查海南岛过去30年的历史，有许多经验教训值得汲取。我们要发挥社会主义的优越性，正确处理从这段历史里出现的内部矛盾。对海南岛要有一个整体的看法，要实事求是地、冷静地看到我们应当走的方向，排除阻力，才能理顺关系。要做到这点当然是不容易的。困难既有几千年来使少数民族仍处在自然经济水平的历史，同时，有些困难又源于30多年来少数民族基本上被封闭在现代经济之外的历史。这个长期历史造成的局面，要进入现代化的商品经济，就得花很大的力量。

总之，海南岛一定要发展起来，而且一定要摸索出一套最优的办法。这是大家的共同愿望。

临夏行

（1987 年 10 月）

过去两年里我曾到甘肃省临夏回族自治州访问过两次。第一次是 1985 年 8 月，访问甘南藏族自治州时，往返路上都在临夏停过，听到了一些有关这地方的情况。第二次是 1986 年 8 月，先去定西，再到临夏住了一周。时间短，还是走马看花，了解不深。但现场观察总有一些印象和想法。早想写篇访问记，一拖已过半年。今天追记可能还没有完全过时。

一

临夏回族自治州在兰州之南，甘南之北，东接定西，西连青海的海东。黄河自西过境北上，地处青藏高原与黄土高原之间的过渡地带。从经济上看，正是介于青藏牧区和内地农区之间的一条走廊上。我在《甘南行》里称它作"陇西走廊"。这条走廊沿着甘青两省边界，北起祁连山，南下四川，接上横断山脉的六江流域。民族成分颇为复杂。临夏处于这走廊的中段和古代丝绸之路的交叉点上。它是个回族聚居区。总人口 145 万，其中回族有 51.6 万人，占该州人口的 35%。如果加上同样信仰伊斯兰教的东乡族和保安族，总数略大于汉族。临夏回族自治州建立于1956年，州内包括积石山保安族、东乡族、撒拉族自治县，及另一东乡族自治县。

我初访临夏时，刚从荒秃的黄土高原进入洮河流域，精神为之一爽。四周山岗已染上淡淡的一层绿色，路旁农田里长着丰茂的庄稼。当时我心里想，这地方农民不至于太贫困吧。这次在州内转了一圈，才知道该州脱贫还只有3年。1983年人均收入不到100元，1985年才提高到226元。为什么呢？原来这个地方也是吃了人多地少的亏。全州耕地只有220多万亩，人口1950年约70万，1985年增长到了145万，人均耕地从约三亩半减少到了一亩七分。粮食产量又不高。70年代以来，老是在亩产300斤上下摆动。人均粮食相应下降，50年代到过600斤，1985年却只有420多斤。

临夏要靠农业致富看来很不容易。靠工业一时还困难。1985年全州的工业产值，包括个体专业户在内，按1980年不变价格计算，约7700万元，为农业产值的1/3。农大于工，八二开。人均工业产值在甘肃各州中为数最低，仅33元。这样说来，这几年里怎样脱掉贫困帽子的呢？

当地居民给我的答复是：临夏居民大约一半是信仰伊斯兰教的少数民族，其中回族约50万人。他们善于经商，农业搞不过汉人，在以粮食为纲的时期，吃了苦头。所以他们对农业体制改革最积极。临夏是甘肃最早落实责任制的一个州。这倒并不是因为农民承包了土地提高了农民的积极性，而是因为农村里的劳动力从此可以自由流动了。这几年里大批劳动力从农业里解放了出来，有的外出劳动，有的搞远距离贩运，一下子把农村经济搞活了，生活很快得到了提高。

劳务输出看来是贫困地区脱贫效益最快的路子。因为这种致富措施不需要本钱，吃苦耐劳又是中国各族农民的最大优势。临夏输出的劳动力大多是到青海、西藏、新疆、宁夏等地去承包建筑。其次是到黄河上游去淘金。搞建筑的小工每月可以有100元的收入，淘金的每天可以到手10元到15元。还有不少是到各城市去串门走户的工匠。这些人得来的钱养家活口之外，还可以有些积蓄。出门惯了，熟悉了外地的门路，结交了朋友，不少人就搞贩运。贩运所得又刺激了家庭手工业的发展。一些家庭开始制造商品运到别处去卖。这几年，不少个体专业户或家庭小企业发了财，造了新房子，改变着这一带的农村面貌。

我在广河县城关镇拱北村访问时，走进了一所新盖的楼房。楼旁的边房里，贮满了一屋子的皮毛，气味很大。这家主人是个20多岁的回族青年，名叫杨麻尼。他家原来很穷，靠贩运蔬菜过活。1979年听人说四川藏区的人们需要穿毛皮袍子，肯出价钱。他就在街上买了一些羊皮，缝了几件袍子，一路打听，换了几次车，到了甘孜。一下车就被人围住，争着要买。一件皮袍成本不到20元，在那里可以卖到上百元。从此，他家里的妇女一有空就缝皮袍子。他跑单帮往来售货，4年来已走遍甘孜各地。现在新房子也盖起了，一个小小的家庭皮袍作坊也很像个样子了。

我一连走了好多家小作坊，几乎全是这样起家的。这使我想起了温州行。和温州相比，临夏的家庭手工业规模和水平还差几个档次，主要是缺少专业市场，还是停留在各家各户各自小本经营的阶段。

我曾问当前临夏在外地搞劳务和经商的人数。据估计，全州50万个农村劳动力中外出的约16万多人，占33%。其中从事建筑的有 6 万人，在陕西、宁夏、青海、西藏、新疆、内蒙古等地承包建筑房屋、桥梁、堤坝、公路、铁路等；从事淘金、采矿、伐木的约有 3 万人；经商的有 5 万人，大宗商品是茶叶和皮毛。拉萨有 2000 多人，已形成了有 600 多家商店的一条街。广州、北京、南京、西宁、拉萨、乌鲁木齐都有临夏人开的穆斯林饭馆，共有 118 处。这些饭馆也是他们提供信息的中心。另外零星外出，三五成群，搞收购、修理等业务的，约 2 万多人。临夏外出劳动力之多居甘肃各地区之冠。其中大多数是回族，当地汉人也跟着多起来了。看来就是靠这批人把临夏人均收入的水平提高起来的。

二

临夏是回族在甘肃的一个重要聚居区。回族善于经商可以说是他们的民族特点。如果要问个为什么，那就得从回族的历史和分布上去找答案。回族的先人是中亚各地信伊斯兰教的人。他们很早就从丝绸之路进入中国内地，海运通航后又有不少来到我国沿海诸港口，定居下来，繁衍生息，当时被称为番客，至今广州、泉州、杭州、扬州、长安等地均有他们遗下的墓地。

回回这个名称最早见于北宋的文献，但到元代才通行。公元 13 世纪初叶，蒙古军队大举西征，横扫中亚各地。一路把所征服的各城市中的工匠、商人和文人编入后勤队伍，为远征军服务。据述撒马尔罕城陷落后被征的工匠即达 3 万多人。当蒙古军队回师灭宋，统一中国时，这支被称为"探马赤军"

的伊斯兰教信徒的队伍随着进入中国，在各军事重镇"屯聚牧养"，定居下来。其后即和早来的番客混合，并不断吸收汉人，形成了各地大小的回族聚居区。这段历史说明了回族善于工艺和经商是有悠久传统的。

甘肃临夏和青海的海东这个地区在唐宋时称河州，正处在上述陇西走廊和古丝绸之路的交叉点上。从民族方面看正处在藏汉两大民族之间。藏族一向在青藏高原上经营牧业。在历史上虽曾多次扩张到平原地区，但是很少能适应低海拔地区生活，久住下来。汉族自古以农为本，擅长精耕细作，尽管有些汉人上了高原而且生存下来，但为数不多，更说不上大规模的移民。汉藏两族杂居的情况比较少。这条陇西走廊可以说是汉藏两族的分界，也是农牧两大经济区的桥梁。

这两大民族和两大经济区并不是相互封锁和隔绝的。农牧之间经常互通有无，彼此依赖。这种经济上的往来在史书上称为"茶马互市"。茶是牧民生活必需品，并用以泛指其他农产品和生活用品。马是农区所必需的畜力，而且是重要的军用品，当然也包括其他如羊毛、牛皮等牧业产品。"茶马互市"是农牧贸易的简称。这条陇西走廊为农牧贸易提供了便利的场所。河州原是欧亚交通要道，丝绸之路的商站，从历史和地理背景就不难看到这地方在商品流通上的重要地位。明代就在这里设立了管理农牧贸易的行政机构"茶马司"。

明代挑选建立内陆商埠的河州正是元初以来已形成的回族聚居区。即使撇开这地方由于回族经营了近百年在事实上已成为农牧贸易的中心不说，也可以设想河州经济地理上的地位原来就具有十分适合于回族发展的条件，建立"茶马司"之后更便于他们进行商品流通活动，因而巩固了这个民族聚居区。

以上这段历史回顾，给我深刻的启发，结合当前形势，似乎在眼前展开了一幅重兴"茶马互市"和重开"丝绸之路"的前景。

三

自从前年访问甘南藏族自治州以来，我心里老是惦记着怎样开发青藏高原广大牧区的问题。现在这高原上的牧民基本上还是在自然经济里过日子。饲养牲畜主要是为了自己的食用。他们衣食住行的日用必需品大多取自牧业产品。自给自足，和外界往来很少。他们用畜群的大小来衡量贫富，以致较大的畜群里老弱牛羊占了多数，增加了草地载畜的负担，一遇风雪，大批死亡。因为商品经济的程度太低，谈不上科学牧业。这是藏族牧民长久以来摆脱不了贫困的经济根源。

怎样改变这种自然牧业为商品牧业呢？怎样使牧民为了出卖牲畜去换取消费品和生产资料而经营牧业呢？这一条改变青藏高原经济面貌的必由之路并不是短期里可以走得通的。最初的一步，我认为必须有人把提高牧民生活所需的用品送上高原去换取牧业产品。也就是说要在流通上找出个突破口。看来只有商品的力量才能逐步打开封闭性的牧业大门，使其改变成开放性的牧业。治贫致富有赖于牧业的改革，改革则有赖于开放，开放主要就是让商品流通。这样说是容易的，但不应忘记藏族牧民居住在3000米上下的高原和交通十分不便这一事实。商品自己不会走动，要有人去运输，还要有人去出售。这支流通队伍在哪里呢？藏族牧民还很少有商品意识，汉人又大多不习惯上高原去活动。我曾为此发愁。这次访问临夏，却见到了这支队伍事实上已经形成，而且正在活动。这支队伍主要就是我在上节里所谈到的历史上形成的，生长在陇西走廊里的回族。

访问期间，我在广河窦家巷乡卫家村见到一家靠沟通甘藏贸易而发迹的回民。他名叫马达吾，35岁左右，全家18口，三世同堂，兄弟四人没有分家，但都已成亲，父母健在。1978年开始加工皮衣，销往四川、青海等藏区。1981年积了钱，买一辆卡车，贩运小百货上西藏，回程从拉萨运回羊毛、皮子和尼泊尔的呢料，摸出了一条经商之道。在拉萨和西藏的一个汽车队联办了一个门市部，后来又自立商店，有2人常住拉萨，接着添置了一辆卡车，每周有车往返一次，可收入1万元。去年在临夏县城里开了一个门市部，家里盖了一座三层楼的住宅。他从1982年开始和同村的马继业合伙经营，先带一户，逐步扩大，现在已有70多人参加甘藏之间的流通活动。全村只有42户，所以这村子里家家都有人上西藏做买卖。

据说这几年来像马达吾一样起家的人不少，确数不明，一般估计全州6万个出外经商的人中大部分是在藏区活动。有人告诉我，现在拉萨的临夏坐商有600多家2000人，他们所开的铺子已形成一条街。他们在亚东有个站头，通过藏人和尼泊尔人做买卖。现在临夏街上可以见到穿尼泊尔运来的西装的人。看来，在过去不到10年里甘藏之间的农牧贸易已经在民间自发地恢复了。现在临夏的民间卡车有1000多辆，1985年据说由卡车贩运的销售总额约2亿4千万元。4吨的卡车往返拉萨一次，可以获利3000到4000元。

目前甘藏间的商品流通可能主要是靠这一支民间的自发

队伍。他们还没有引起应有的注意和扶持。举例来说，商业活动需要资金。这些白手起家的企业家，一般是靠个体户劳动输出积累的资金开始营业的。要达到马达吾的经营规模至少要五六年。他们最感困难的是缺乏流动资金，现在唯一的办法是向私人借贷。利息很高，而且多是以市集周期计算，负担很重。1984年在临夏出现过一个称为"便民银行"的民间金融组织，周转金只有5万元。当时很受这些跑高原的商贩欢迎。但是不久这个"银行"由于不符合国家规定而被取缔。我同这些搞商品流通的个体户谈起这事，他们还迷惑不解，因为事实上是帮了放高利贷的人而让搞流通的人吃亏。从大处看，也就是限制了这个正在发展中的流通渠道。"便民银行"违法固然应予取缔，国家银行是否也可以做一些"便民"的事呢？

如果我们认为要促进青藏高原的经济发展必须推动农牧贸易，那么我们应当对这支民间自发的流通队伍加以扶助和培养，不仅在提供流动资金上可以做些"便民"之事，流动过程中许多环节上都有"便民"之事可做。比如货源供应、仓库设备、交通设施、运输工具、市场信息以及各种保险，处处可以为这些搞流通的个体户服务。更重要的我认为是如果一开始就以国家或集体的力量为这些积极性很高的个体商贩提供服务，我们就可以通过服务使他们不越出社会主义的大道运行。

四

处在农牧中间地带的陇西走廊，应当自觉地抓住经济地理授予它的特殊地位，来发展自己的优势。上面只提到了作为农牧间互通有无的流动媒介，我还看到农牧结合的具体实例。

在临夏拜家村我们访问了一位阿訇。他有个儿子，28岁，很精干，会驾驶卡车，从当司机开始，现在已买了车，自己搞贩运，上个月才从拉萨回来。去年这位阿訇出了个主意，从甘南买进架子牛55头，在家宅边办起了一个饲育场。经过一冬把这些牛育肥后，屠宰了，由他的儿子把牛肉运到拉萨去出卖。本地1斤牛肉只有2元，在拉萨却可卖4.5元。贩运一次净收1万多元。这位阿訇兴冲冲地带领我们去参观他的饲育场，有100只牛买来不久，准备育肥后赶上古尔邦节出售。他说，只是牛奶一项，每月可收入350元。这几年里这位阿訇已成了一个面团团的农民企业家了。

这种从草原上买了"架子畜"到农区育肥是这地方的老传统，称作"养站牛"。在草地上放牧的牛或羊到了秋天骨架已经长成，肉层还没有肥厚，需要大量吃草的时候，由于已经超载的草地供应不足，缺乏营养，到了冬天就有许多在冰天雪地里死去。牧民想出了一个办法，在冬天来临前，把牛羊赶到农区卖给当地的农民。农民有饲料，在冬天可在自己家里喂牛羊，使他们继续长膘，称作育肥。架子畜育肥是农牧结合的一个方式，既充分利用了草地来放牧，又利用农田长饲料进行舍饲。放牧和舍饲相衔接，实际上是初级产品和再加工相结合，双方都可以取得较大的经济效益。我前年在赤峰访问半农半牧区时，曾提出过这种意见，主张在这类地区发展为牧业服务的农业，除了必要的粮食作物外，尽量发展饲料作物。粮食作物和饲料作物并不互相排斥，麦子和玉米可以衔接成两季作物。想不到这次在临夏访问到了具体的实例。而且听说，在临夏这种经营"养站牛"的人家正在增加，那是因为这几年临夏的农民手上有了钱,能出去买架子畜了。采购架子畜的地区也正在扩大,从附近的甘南、海东扩展到了川北、海西,甚至内蒙古、西藏;销售的地区也同样扩大,远到银川、西安和拉萨。原因是现在有了现代运输工具。临夏千辆卡车在改变经济面貌上起着重要作用。

养架子畜育肥是商品牧业的一种方式,是促进牧业发展一个值得重视的信息。

五

如果在临夏市上走一圈确会得到一派兴旺的印象。同样的,如果到传统皮毛中心的三甲集去赶一次场,那种车水马龙热闹拥挤的景象,令人直觉地感到这个地区的经济正在苏醒,前途宽广。现在可以清楚地看出,近几年来这个地方经济转机的关键是在一个商字。经商是这个地区的老根子,这个根子,在当前政策的雨露下,正在茁壮成长。但是如果进一步去观察他们所从事贸易的商品,却可以发现其中绝大多数并非本地特产,还没有突破近千年来"茶马互市"的老框框。主要商品还是农区来的茶叶和牧区来的皮毛。换一句话说,现在临夏是在以贩运为主的传统经济模式里取得复苏的,刚刚开始有了一些贩运和生产相结合的苗头。临夏要再前进一步,我认为必须注意使这些苗头发展起来,简单地说就是"以商带工"。

我在上边已经说过,临夏的工业底子是很薄弱的。但这几年中却出现了一大批户办和联户办的家庭企业,为数在1万以上,大多是我上面所说过的那种皮毛加工成皮袍一类的家庭小企业。业主既管企业,又参加劳动,还要从事贩运。劳动力来自家庭成员,全家老小人人动手。

我们在从临夏市经广河回兰州的路上,参观了七八个比较大的家庭企业,有少数是联户办的,并雇用了一些工人:计有拖车厂、皮革厂、化工厂、翻砂厂、圆钉厂、食品厂、啤酒厂等。其中规模最大的有工人20多人,但资金总额没有一个超过20万元。厂房都是住宅的一部分,或在院落中搭了个工棚。据统计全州户办和联户办的企业1985年的总产值大约有7000万元,所以这还只能说是尚在初级阶段的一些可喜的苗头。

怎样才能把这苗头培育成长呢?我根据在温州所看到的情形来说,主要一条就是这种加工业必须与流通结合起来,工要联上商,也就是说,要掌握市场上需要什么,就制造什么。

临夏商品的市场在哪里呢?答案是很清楚的,现在是在西边,主要是青藏高原。我在临夏市上逛过一条街,几乎所有的商品全是出售藏族的生活用品,从妇女围在腰下的氆氇到代替念经的转轮,种类繁多,几乎像是置身于藏族文物馆里。我没有调查这些商品是在哪里制造的,看来大宗还是从别地贩来。

像临夏这样一个没有工业底子的地区,怎样从简单的手工业发展出较为现代一些的工业呢?这不是轻而易举的事。主要的困难,一是没有资金,二是没有技术。

论资金,向上看确有困难,国家投资希望不大是事实。能不能向下看呢?不妨先看看现在这1万户家庭小企业的资金是从哪里来的。大体上说,最初是来自劳务输出,接着是来自贩运。目前那近千辆的卡车每天都带回来可观的利润。这些钱分散在千家万户。问题是怎样能把民间分散的资金集中起来。

我在临夏市访问时，市中心新建的民族市场正接近完工，我前往参观。这市场规模不小，是座有7200平方米建筑面积的5层大楼。在临夏是最高的大厦了，造价240万元。这笔资金就是采取了民间合股集资的办法得手的。每股2500元，有150户入股。股东有在大楼里租设面柜的优先权。这座大楼全部启用后，商品总值约1000万元，全将由民间集资。我参观后觉得如果能发动群众，临夏要办小型现代工业，资金不会是个过不去的难关。

技术哪里来？这使我回想起前年在甘南看到的皮革厂。我在《甘南行》里已经提到过，这个厂是由3个南京来的技术工人帮助建立起来的，现在这3个师傅已经回去，但是这个厂还是从他们那里得到信息和技术的支援。这个事例启发了我，为临夏提出"东引西进"的方针。从东部发达地区引进技术，在本地发展加工工业，向西开辟市场，为牧区服务。

现在"横向联系"这个名词已经不胫而走，确是这几年群众创造的一条发展较不发达地区有效的战略概念。横向联系的概念改变了过去想开发西北眼睛总是盯住国家投资的观念。现在看到资源丰富的西北地区如果能为东部工业保证原料供应，就能从对方那里取得技术支援。而且认为许多原料的初级加工可以在原地进行，把一批工业移到边区。这种内移的工业如果能和内地乡镇企业挂上钩，就能在内地培养出大批现代技工，边区工业也就生了根。

"东引西进"在目前向西固然还只能进到青藏高原，但是如果临夏这个地区工业果真能发展起来，西方的市场还可以大大地扩张。我们不要忘记了历史上的丝绸之路。这条陆路上的国际商道就是从长安通过包括现在临夏和海东的河州向西延伸的。更值得我们注意的是这个商道经过许多伊斯兰教徒的聚居区。也许正因为这个原因这个商道上的临夏在伊斯兰教世界里被称为东方麦加，至今科威特和临夏还有民间的联系。这许多伊斯兰地区和国家正是一个待开发的市场。举例来说，如果临夏的食品工业能以青藏高原的牧业为基础得到发展，它就具有在伊斯兰世界市场上的特殊地位。这个前景我们应当及早看到，成为促进我们加紧建设临夏地区的动力。这是重开丝绸之路的一个重要措施，希望我们不致坐失良机。

镇长们的苦恼

（1987年10月）

今年9月我有事回乡，顺便想了解一些苏南小城镇的近况，但是限于时间，不能像过去那样到各镇去访问，只得改变办法，商请吴县作东，邀约我曾访问过的一些镇的镇长，聚谈一天。应邀参加对话的有苏州市属四县两市的14位镇长。他们大多是我的熟人，可以开门见山，谈他们在工作上碰到的新问题。听来各镇有共同的问题，也有各自特殊的问题，值得择要提出其中的一些供关心小城镇发展的朋友们参考和研讨。

一

先交待一笔，这14个镇都是建制镇，经过一度萧条，在80年代重新繁荣起来，全镇的居民从1万人上下，增长到了2万和4万之间，在镇区生活的都已超过1万人，每天还有上千的流动人口。

这几年来苏南的小城镇真有点像雨后春笋，长得快，又长得鲜嫩动人。前不久我去苏州灵岩山附近的木渎镇。贯穿全镇的公路干道，宽阔平整，两旁新栽的绿树和花木一旦长成，俨然是一座公园城镇，可和都市一些新修的道路比美。更不用提已经出名的常熟碧溪镇了,它是全部按规划平地新建,井井有条,既实用,又美观,吸引了大批中外旅客。苏南小城镇的新面貌,固然体现了具有中国特色的社会主义的优越性,但是不大为人所体悉的是这里渗透着多少镇长们的苦心和烦恼。在这次对话里,到会的镇长们如见亲人,争着要把心里的话向我一吐为快。

我怎么会不明白呢?小城镇发展的速度当然不可避免地会给镇长们带来巨大的压力。镇上的居民几年里增加了几倍,原有的房屋不够了,新修房屋要土地,原有的小巷通行不了汽车,修马路,就得拆迁。现在的居民要看电影,有病要进医院,连孩子都不在家里生了,孩子长大了要进学校。这一切都得镇长来经营管理。人多了建设得跟得上,跟不上,居民就哇哇叫,向人大和政协提意见,矛头对准镇长。镇长们说工作繁忙倒不怕,怕的是巧妇难为无米之炊。有名的常熟碧溪镇的镇长说:"出了名就难了。参观的人一批批地来,我就不敢领他们去看我们的中学,校舍破旧,场地狭窄,必须改建,已经打算了几年,就是筹不到150万元的搬迁费。镇上的医院还算见得人,但是太挤了,怎能让病人排长队?要扩建又没有钱。"

碧溪镇长发愁的是中学和医院,其他的镇长听着却自叹望尘莫及。他们愁的是烧柴和饮水。很多大城市用上了煤气,但苏南的小镇里还在烧稻秆煮饭,这太浪费了。要改用蜂窝煤,价钱太贵,镇上贴不起。喝水已成了相当严重的问题。原来我在家乡时用的是井水或河水,还靠天雨积水泡茶。现在城镇水源污染严重,吃用要靠"自来水"。自来水并不是"自来"的,必须挖深井,汲地下水,用管道输送到各家去,这些都得花钱建设。到场的14个镇长里只有两人说镇上居民用上了自来水，其余都说还做不到。一般说来，镇上的居民至少还有30%用不上自来水，原因是无钱敷设管道。

在场的镇长们当前感到最头痛的有6件事，用他们的话说是：烧煤、喝水、用电、看病、上学和最近突出的菜篮子。菜篮子指的是镇上蔬菜价格比城里还要贵。小青菜已涨到一元两斤。总之，这些巧妇已感到无米之苦了。

居民日增，镇的建设相应要跟着增扩。建设经费从何而来呢？这就提出了小城镇由谁来建设的问题。一般说来，镇的建设经费有三个来源：一是上级财政拨款，二是水、电、工商税附加的城市维护税的一部分，三是乡镇企业的利润。在江苏第一项很微小，除在编干部工资不列入镇级财政外，公路、桥梁、医院等专项建设，如果上级财政宽裕，有时可以得到部分补贴。可是即使拿到一项几万元的项目，公文往来和人员上访要几十次，也得拖上几年。柳亚子先生故乡黎里镇，入镇大门口的桥，狭得只容汽车单程来往，修建计划已提出几年，至今仍没有着落。

第二项是规定为镇建维护专款，三税（水、电、工商）附加，由县拨出一部分给镇，多少不定。在工业产值超过亿元的镇，每年可得大约十几万元，占建设经费的5%—10%。碧溪镇建设去年投资806万元，而拿到的维护费仅12万元。参加座谈的14个镇里还有一部分因为建制较晚至今没有拿到过这笔款。

目前苏南各镇的建设费用有80%以上来自乡镇企业的利润。一般说乡镇企业利润中至少有10%是用来作城镇建设费。至于乡镇企业提供镇财政的经费，还不只建镇一项。镇级干部在编的只占少数，不在编的人头费，包括工资和奖金全得用乡镇企业利润来开支。乡镇企业要上缴给乡或镇的总数不少于全部利润的 1/4，这还不包括临时的专项摊派和其他方面各色各样的"化缘"。

乡镇企业本来是乡镇居民自己办的企业，拿出一部分利润来为自己家乡修桥补路，养老育幼，应当说是合理的。问题一是不公平，二是负担过重。不公平是指每一个镇上都有一部分居民只有权利没有义务，在城镇建设上享受到公益，而不出钱出力。这些就是设在镇上的上级的企业和机关。比如吴县的东山镇去年装置了三部电视差转台和三种服务车（消防、救护、殡葬），所有经费均用镇财政支付，而在东山的不少省、市、县企事业单位，享受相同而分文未出。又如常熟的塘桥，上级单位人数众多，而且收入高，却要地方义务供应社会设施，油粮补贴都得地方负责。

再说负担过重。小城镇和乡镇企业血肉相连，兴衰与共。乡镇企业的发展把大量农村劳动力转移出来，发展了小城镇。乡镇企业又以它的利润去哺育小城镇。这才有这 10 年来苏南农村的一片兴旺景象。但是好景能不能长，却已引起了镇长们的忧虑。从去年起，乡镇企业赖以发展的许多优惠条件被取消了。不仅如此，它们要用议价的原料和享受平价权利的国营企业竞争。目前镇上的物价上涨，工资也跟着提高。廉价劳动力的优势正在消失。贷款紧缩，利息提升，周转困难，眼看到农民刚刚摆脱贫困，就把他们当作肥肉，人人想吃它一口。镇的负担加重，立即转移到乡镇企业身上。上面开口子，下面付钞票。独生子女、应征军人都得基层出钱，基层政府哪里来钱？还不是落在乡镇企业头上，乡镇企业是垮不得的，它是上亿农民的生命线，基层政府的支柱。镇长们的忧虑应当是我们大家的忧虑。

二

从我个人来说,这次与镇长们对话最触及思想的是他们提出了重点文物保护的问题。我在城市建设问题上一直是主张保护文物的。早在解放初期,我是支持梁思成先生保护"三座门"的人。这事已成文人轶事。但是这里确实存在着一个较深刻的问题,没有在理论上好好解决。什么是文物?什么文物应当保护?和人民生活紧密联系的文物又怎样去保护?当同里镇的镇长说"古镇已成了苦镇"时,我不得不警觉到这些问题必须提出来再加思考。

同里镇是国家的重点文物保护对象。把古镇作为重点文物来保护,理由是我们这个国家应当为自己历代祖先的优秀创造感到自豪。凡是一个时代在文化业绩上的代表作品,后世子子孙孙自应妥为保存,以培养世世代代的爱国情操。因此我们不仅要保护地下发掘出来的古代文物,而且要有选择地妥善保护地面上、现在还在使用的有时代代表性的建筑群。

太湖周围的水乡确有其独特的优美传统风格,小桥流水,诗情画意,对于一些自幼喝太湖水长大的人更有它引人入胜的魅力。但是50年代以后,这一地区的城镇萧条萎缩,许多历代的名镇都已破旧不堪,80年代初以来,乡镇企业的发展使镇容也随着大变。眼看着许许多多小城镇原来的风格情调将一去难返,于是有人提出了是否可以选择一两个典型的古镇,作为重点文物保护的对象。还有人提出,由于旅游事业的日益发达,这样做在经济上也是合算的。我一直是这一种意见的支持者。

同里可以称得上是个古镇。处于河荡水网之中,现代交通设施进入较迟，前年才通公路，所以在这一带古镇变化得较少。要看百年前小镇的面貌，同里还是比较完整的。因此入选为重点保护的古镇。同里是我父母的故里，得此宠遇，我自然觉得高兴。

这次与镇长对话时发现，过去我竟没有想到这个被保护的古镇里还住着近万居民。如果把这个古镇一切如旧地保护下来，对镇里的居民生活会有什么影响？他们是否能在古老的建筑群里满足现代生活的要求呢？同里镇镇长在古字上加个草头，点明了这矛盾。

举个最简单的事实：同里是水乡古镇，过去镇内水道纵横形成网络，家家户户门前屋后有小河可通，百步一桥，桥桥相望。可是现在镇上居民上工下班不再用小船摆渡，而靠自行车代步了。他们不得不逢桥下车，扛车过桥。涵养深的见桥兴叹，年轻人不免要登桥骂娘。群众意见太强烈，镇长不能不违反文物保护的精神，把入镇大门的高桥平了。方便了群众，但也招来了不少破坏古城面貌的批评。

有苦难言的镇长说：既要方便行人，又要保护古镇，造一座两全其美的桥，哪里来这样多钞票？不要说造桥了，新建的那座电影院，由于要符合古镇风貌，请专家设计，添了一个门面，造价增加了3万元。钱向哪里去要呢？别的镇办工厂，同里只能办"无烟工业"，因而修理了"退思园"，游客不少，但对镇财政来说无烟也无利，因为旅游业赚的钱另有去处。

这番话摆出来的事实是够明白的。我没有能力为镇长排忧解难，但学到了一点：只提要保护古镇，而没有具体的保护办法和保护经费，这是给人出难题。我们不应当把一个古镇当作一件古董来保管。古镇里有居民，居民有权利争取现代化的生活。古镇既要能满足居民的要求,又要保持传统优美风貌,不仅需要高水平的设计,还得有物质支持。建设这样的"古镇",其负担单单落在镇上居民身上显然是做不到的。

  我感谢这位镇长为我提出了这个问题。我想我既然表示赞成保护古镇,就有责任根据实情向文物保护者反映,进行进一步的思考和讨论。

海东行

（1987 年 12 月）

依照年初的日程安排，1987 年 8 月 8 日至 17 日，我如愿第二次去青海。在 10 天里，我走访了少数民族聚居的海东六县，获得了一些新的印象。上次去青海，在整理《临夏行》那篇考察报告时，便对少数民族地区经济发展有些想法，后来到海南黎族自治州考察，这些想法深化了。这次再来，种种想法明晰起来，也丰富多了。

沟通农牧地区的商品交流
叩开青藏高原繁荣的大门

地处青藏高原，有 400 万人口的青海省，是中国西部一块多民族的聚居区，这地区的东部在西北开发事业中居于重要地位。它的特点和甘肃临夏一样，都处在中国的大农区和大牧区的走廊里边，是两大地区农牧产品流通的贸易中心。发展大西北，发展西北民族地区的经济，必须走商品化道路，从封闭的自然经济过渡到商品化经济，这就需要一支沟通农牧业地区商品交流的队伍。我这次访问互助土族自治县，就看到一支沟通城乡经济的"倒蛋部队"，也就是那些往来互助和西宁之间的一支贩运鸡蛋的队伍,大约有800余人,沟通城乡经济要有一支贩运队伍,沟通农牧区经济的发展同样需要有一支贩运队伍,以促进牧区的发展。在临夏考察,我看到了回族同胞有这样的本领。这次发现土族、撒拉族人同样也适于做这个工作。这是历史赋予各民族的人才资源,这个人才资源不是短期造出来的,是历史遗留下来的财富,必须充分利用,把它发挥出来。

我还要谈到的是海东地区在青藏高原开发中的地位。这块地方人口集中,约180万人。在青海,这里就是农业最发达的地区了。同时,它又是历史上茶马贸易的中心。现在这里已成为农牧业两大地区的结合部。我们在此地吃饭,桌上有肉有菜,不就是农牧结合的一种象征吗?这地方的少数民族在商业流通上确有能量。循化的撒拉族贩运青藏高原上的羊,在这里宰杀后贩运到商业发达的农区去,不到两年光景(1982—1984年)循化成了一个惹人注目的转运中心。在商品流通上,海东的循化和临夏同样,对开发和繁荣青藏高原有很大的意义。看来,这条用商品流通的渠道打开青藏高原繁荣的大门的路子可能走对了。

对整个海东来说,我想应该发展多种经营。这地方农业潜力很大,牧业搞饲养也不错。同临夏相比,两个地区的相同处是工业都不发达,乡镇企业刚刚开始,规模都很小,农畜产品的加工业也不多,应以商促工。农业上海东比临夏强,而在商品流通方面则不如临夏。所以双方的协作,既有取长补短的一面,也有共同发展的一面。

我希望临夏、海东地区能成为一个供应青藏高原牧区所需要的日用品生产基地,以促进牧区经济的发展。只有用牧民们喜欢的、适销对路的日用品来促使他们进入流通领域,才能搞活牧区经济这盘棋。用这个办法来改变牧区经济结构的路子,是否走得通呢?我在摸索,提出来供大家讨论。我希望临夏、海东这两个地区都发展乡村工业,是因为这两个地区具有发展乡村工业的条件。除了具备流通渠道、劳务、商业贩运的能力外,其实也有发展乡镇企业的资金。

进入80年代以后,这里的农民也和全国农民一样,生活至少提高了两三倍,过去每年人均不到100元收入,现在达到了300元至400元。实际上已经有不少资金散在民间。要想法子集中起来办乡镇企业。临夏成立了河州穆斯林融资公司,这是一个向私人筹集资金、专为个体和集体工商业服务的资金融通组织,很适应伊斯兰教群众的宗教信仰和习惯。这种集资的形式就可以借鉴。

这两个地区技术力量还很薄弱,必须从东部地区引进。我在海东看到不少成功的例子,当然也有教训,要好好总结经验,研究一下如何向东部地区引进技术、人才,也可以从东部吸收一部分资金。有了资金、技术,加上本地的劳动力,在短时间里有可能把乡镇企业搞起来。将来牧区的自然经济有了变化,牧区的市场比较广大而又稳定。

办好海东、临夏经济协作区
开辟发展边疆民族经济的试验田

在循化,《青海日报》记者曾问我:"看来您是把临夏、海东经济协作区当作一块开发边疆民族经济的试验田,是否打算用《民族区域自治法》给这两个地区带来好处，或者说给它们争得一定的优惠权利？"这问题提得好。我这几年就是想研究怎样把民族地区的经济发展起来，或者叫作"边区开发"。我一直认为民族地区的发展，必须是民族本身的发展，不能离开民族的发展来讲发展民族地区的经济，否则会走上美国、加拿大等国的道路。这几年，我走了很多民族地区，到过包头，也去过海南岛，在一些地区出现了这样一种现象，看来整个民族地区可能发展、进步了，但这些地区中的少数民族的经济、文化却没有得到相应的发展。这些地区的资源被开发了，但是少数民族没有得到多大好处。这些现象一定要避免。应该是通过发展少数民族本身，发展民族地区经济，同时也不排除国家资源的开发，不排除用外边的劳力去开发，但是一定要把当地少数民族的经济、文化提高起来。

少数民族人口在青海占了近40%，在青海各项工作的开展必须考虑到这一地区民族的发展。每一个民族在中华民族大家庭中，都有它自己的优势。循化的撒拉族就很突出，虽然它的人口不多，但是它具有别的民族不具备的条件。他们有强健的身体，擅长在高原上作强劳动，又善于经商贩运，能上青藏高原做生意，搞劳务。将来在现代化高度发达的民族大家庭中，各民族不可能是封闭的，是要在共同繁荣的大家庭中，各自做出自己的贡献的。

为什么撒拉族具备特殊的优势？这要从历史上去研究。撒拉族的发展同藏族有亲姻关系，称藏族作"阿舅"。一个民族不能孤立、封闭、排外，民族越小，越要开放，否则人的素质就要降低。开放，搞活，同样也适用于民族经济的发展。开放对人的素质的提高，对民族的振兴是必要的。

中央在几年前制定《民族区域自治法》时就指出中国民族之间的差距，并制定了缩短差距的有关政策。这些基本政策，都在《民族区域自治法》中有所规定，有所反映。各民族无论大小，都要重视《民族区域自治法》的实施，有了法不付诸实施，还有什么用？在少数民族地区，要依法办事，用法律保护民族地区和各民族人民的发展进步。

现在，少数民族在全国范围内的地位越来越重要了。我们在临夏、海东搞协作区，就是想找出发展民族地区经济和促进少数民族繁荣的办法来。这是一个跨省区的试验田，有许多问题还需要进一步研究、探索、总结。同样，这个协作区的成立，作为具体落实《民族区域自治法》的试验田，也需要进一步探索，要由两省的同志共同研究。不过，有了这块试验田，就可以利用《自治法》来寻觅各自治区经济发展的途径。

看来，海东的发展既走不了苏南模式，也不能走温州模式，黄淮农业区的模式值得学习。豫东的民权具有一条龙的经验：全民、集体、农民个体户三种所有制结合起来，以千家万户生产的农产品为基础，搞集体加工，国营企业最后搞成品。这种方式最容易学，而且见效较快。我在湟源曾提出，发展工业必须从千家万户着眼，不是为办工业而办工业，办工业就要考虑当地的各族群众，着眼于当地各族人民的利益，使他们富裕起来。办地方工业切忌仓促上马，不要贪大，看着好看，弄不好可能一下子背上包袱，使自己长期陷入被动。

临夏、海东协作区的优势是看得很清楚的，它是将来发展牧区经济的纽带，搞流通的桥梁。不要狭隘地看待协作区，仅仅看到两个地区之间的互通有无的作用，还要把它看成是一个联合体，为整个青藏高原的繁荣服务。当然，协作区内部的各民族人民可以各有分工，有的民族可以偏重农业、矿业、提供原料，有的民族可以偏重加工制造业，有的民族可以偏重流通、发展商业和运输。但是大家要共同考虑的一个问题是将来怎样打开青藏高原的市场，用什么办法使广大的牧区发展起来。

这几年，在流通活动中，自然形成了许多贩运和贸易中心，这是好事，因为老百姓愿意这样搞，符合客观需要。现在，铁路和公路已经连接了海东几个县，交通更方便了，如何发挥这里一些城镇的作用，还要我们做实事求是的调查。

大西北在相当长的时间里还是以牧业为主的，牧业的现代化必然是最大的课题。改变牧业结构，第一步就是要发展商品经济，打破牧区的自然经济。这需要研究生活在青藏高原的主体民族——藏族的优势是什么？藏族可以在海拔4000米以上的高原上劳动生息千百年，站住脚跟，发展牧区，有其他民族无法比拟的优势。我们还要研究藏族生活的高原环境、气候、生态和他们的文化传统。发展藏族的文化，必须先把经济发展起来，只有经济水平提高了，新文化才进得去，钱才不至于白花。

承认现实，本地利益不能不照顾
根本出路仍在深化改革，进一步开放

我还听说，像青海这样的省份，开放就要冲击现有的大企业，因此又采取保护性措施。有同志问我，怎样解决这一矛盾？我认为，目前阶段，出现这种现象并不奇怪，因为像青海

这样西部省份同东部省份相比，有很大的"落差"，"落差"大，竞争不过，只有保护原有的设备和原有的产业结构。西宁的毛纺业就采取了这种保护措施。我们首先要承认事实，不能不照顾本地区的利益，全行业2000万元的产值数目很大，不保护一下就会出问题，但要保持2000万元的产值，就得在毛纺企业改革上打算盘。现在实行的保护措施是在原料上打主意，就是控制较低的羊毛收购价格来降低产品成本。我想，既然人家可以用抬高羊毛价格把羊毛截走，而且能在高价原料的条件下取得利润，就是由于他们经营水平高。那么，西宁的毛纺业就应当赶紧改革技术和经营，去和外地竞争。改革才能开放，开放才能改革，这个道理在这里表现得很清楚。看来出路只能改变企业的技术和经营，当然一下子做到这点不容易，要逐步调整，在保证羊毛供应的情况下，逐步改革。我们可以先搞几个毛纺厂，做个试验，或者对外联营，或者承包。从外边引进技术、机器、甚至资金。当地的毛纺业改革成功了，羊毛价格也就可以开放。羊毛价格调整了又可以促进青海的牧业，形成良性循环。当前，必须抓紧把毛纺工业经营质量提高。东部的丝绸业这几年变化很大，每年都在革新，其中有的办法可以借鉴。

我看青海的国营企业要赶上国内先进水平，抓企业经营的改革不是一下子就能见效的，可以逐步展开，找出适合本地区可行的路子。但想依靠行政手段保持老水平，事实上恐怕维持不下去。黄金问题也是一样。这里的采金业要走现代化道路，现在还是老的采金方法，甚至是马步芳时代的老办法，采金人的生命都没有保障。今后要走现代化的经营道路，换言之，就是要按经济规律办事，使国家、集体和个人都受益。

青海是一个宏大而有魅力的地方，越观察越有意思，越有劲头。由于时间短促,许多都是一隅之见,偶有所得,用一句话概括我的观感:引人入胜,学而后知不足。我愿同青海的同志一道继续探索,争取再上青海高原来。

以上这些想法,曾与青海的一些新闻记者交谈过,并由索文清同志整理出来,这对最后成文是有帮助的。

农业发展的新台阶

（1987年底）

今年5月下旬和6月上旬，我访问了苏南无锡、常熟、吴江、吴县四县。为了想跟上改革形势的发展，我这几年每年去苏南访问两次。这次访问的目的主要是了解这一地区工农关系的新发展和新问题。我看到在乡村工业的反哺下，这个地区的农业正在现代化的道路上迈出重要的一步。

我在苏南的工农关系上用"反哺"这个词，是想点明它们之间存在着有似亲子的血缘关系。苏南的乡村工业一开始就是农民用从农业里积累的资金办起来的，可以说这种工业是从农业的母胎里诞生出来的。工业逐步成长起来，不断地进行补农、建农，进而促进农业的现代化，这不正是一种反哺作用吗？到目前，有些乡村工业比较发达的地方，已经有一部分地区通过增加投入逐步提高农业机械化程度，扩大农田经营规模，促进农业专业化，使得务农的农民在收入上赶上甚至超过了乡村工业里的职工，从而稳定了粮食生产，使农业向现代化的目标前进一步。这是当前农业改革的一个新台阶，一个值得重视的信息。

令人刮目相视的变化

1986年对苏南来说是个好年成。苏州和无锡两个市的工农总产值都超过了300亿元。在全国务农市中进入了前5名，仅次于沪、津、京。这两支新秀之所以能红杏出墙头，靠的是农民办的乡村工业日益成长，农业也随之持续增长。

我在这一地区跟踪观察了5年，每次都不得不刮目相看。以无锡县来说，从1957年到1977年的20年里农民的人均收入每年只增加2.5元，始终在100元大关上徘徊不前。但是从1978年到1986年的8年里，人均收入每年平均增加78元，1986年已达853元，工农总产值达57.7亿元，创全国县级新纪录。这次我访问的其他三县1986年工农总产值：常熟49亿元，吴县32亿元，吴江28亿元。如果全国都能达到这个水平，我们就可以跨入中等发达国家的行列了。

这个地区发展得这样快，首先要归功于农业体制改革。1982年这个地区实行了家庭联产承包责任制，打破了"八亿农民搞饭吃"的封闭僵化格局，亿万农民被压抑的巨大积极性释放了出来，不仅使农业生产力成倍提高，而且在乡村工业中创造出了"异军突起"的惊人成绩。

苏南的乡村工业可以说是被不断增长的人口压力逼上梁山的。70年代苏南的人口比解放前增加了近一倍，这使本来就人多地少的苏南农村压力越来越大，继续搞单一的粮食经济，只能越搞越穷。于是不得不"围绕农业办工业，办好工业促农业"，土法上马，办起乡村工业。乡村工业一上来就被看成是农业的辅助活动，所以当时实行"劳动在厂、分配在队"的制度。务工的农民的工资归入生产队统一核算，平均分配到全体社员。实质上这是以工补农的原始方式,也说明工农一体的紧密联系。

1982年苏南实行农业体制改革,把集体所有的土地按3个指标分配到各户去经营:人分口粮田、劳分责任田、猪分饲料田。这里的口粮田一般在半亩上下,产粮300到350公斤,足够一人食用。分完口粮田和饲料田后再按劳动力分责任田,各村耕地面积不同,责任田多少各村不一致,一般也在半亩上下。责任田上所收的粮食上缴或卖给国家作商品粮。一个四口之家所经营的农田面积不到5亩。从集体经营转入包产到户,调动了农民的生产积极性,提高了农业产量,这是显著的成效。但同时也出现了农田经营面积过小和过于分散等对发展农业生产不利的因素。

与此同时,由于农业体制改革从农业释放出大量的剩余劳动力,促进了已经起步的乡村工业的大发展。80年代初期,苏南农村产业结构是农大于工,农工比例为7比3。5年的时间,这个比例翻了个身,工大于农,有些乡和村已达8比2和9比1。这些如雨后春笋般在乡村发展起来的工业,继续保持了社队的集体所有制。公社制度解体后,尽管所有制没有变,名称上社改乡,队改村,但是付给职工的工资却从此直接交给职工,不再通过生产队统一分配了。只是工业利润仍由集体掌握。这样就使乡村里的农业和工业形成了双重结构。农业已分到户,而工业仍统在集体。

工资发到职工之后,在厂职工(即务工农民)和未能进厂的农民(即务农农民)在收入上出现了差距。从目前无锡的情形来看,一个种4亩农田的农户一年农业上的纯收入是600元。当地人均收入853元。以一家4口计算是3412元。这比纯农户高出5倍多。人均收入是务工务农两类收入加起来总平均的结果，纯农户虽然受惠于以工补农，收入有所增加，但和乡村的人均收入相比差额还是极大。务工和务农收入上差距的出现，乡村工业的发展是否会引起农业萎缩呢？

粮食稳中有增的缘由

事实上苏南乡村工业的迅速发展并没有引起粮食减产。尽管苏南粮田面积有所减少，粮食产量在这些年里却稳中有增。以乡村工业走在前列的常熟市为例：70年代后期年产4.75亿公斤。去年已增到5.2亿公斤，同期农田减少5万亩。吴县也是这样，70年代年产粮食6.45亿公斤，去年已增到6.6亿公斤，同期农田减少8万亩。

对农民来说，在收入上农不如工的事实面前，一般说并没有弃农就工，他们既不愿多种，又不愿不种，还是一心要把分到手的田种好。

"不愿不种"的原因首先是他们觉得手上有块田心里才踏实。土地是生活的保证和根基，这是长期自给经济养成的习惯意识。再加上一条，就是害怕政策变动。这种心理相当普遍和顽固。其次是苏南农民分到手的土地并不多，一家只有4亩以上。经营这样小的一块农田，一个劳动力就够了，而且家里总有些进不了工厂的人。即使主要劳动力进了厂，也只需农忙时回来几天，平时家里其他人照顾就行。第三是现在苏南农家生活主要已不靠农业收入来维持了。无锡农家收入平均只有17.6%来自农业，但是口粮还得自给，所以口粮田还是放松不得的。农民说:"农忙苦一点,农闲带一带,口粮有保证,烧柴不用愁。"

还应当看到,农民自己办的工业一开始就是为了贴补农业收入的不足。尽管农业承包到户以后,社队工业改称乡村工业,但以工补农的功能未变。直到目前,乡村企业税后利润中至少要抽出 20% 去补贴种粮的务农农民。去年以前,大多数地方硬是按责任田面积给予补贴。张家港市欧桥村,每亩责任田每年补贴 60 元。无锡有些地方高达 100 元,"六五"期间补农总数达 4.5 亿元。以工补农稳住了农民种粮田的积极性。

到目前为止,总的说来,苏南愿意放弃口粮田的农民还是极少数,愿意放弃责任田的也不多。他们一般还没有觉得手上的几亩田是束缚他们手脚的累赘。但是在工农业总产值达到 40 亿上下的县,有大约 10% 的粮田(主要是分散在各户的责任田),已开始集中成为较大的农场了。

试验中的规模农业

既"不愿不种",又"不愿多种"是小农经营的停滞局面,固然可以保住现有的粮食产量。但是,从长远看却不利于农村经济进一步发展。承包到户,亦工亦农使农村经济摆脱僵化状态,走上了发展的第一台阶。至于这一步的巨大成就和带来的深刻变化,在这里不必多说了。现在应当指出的倒是这些改革的局限性。把农业经营分散到各户,打破了大锅饭,提高了农民的生产积极性,但是由于人多地少底子薄,农场的经营规模缩小了。在 4 至 5 亩的土地上搞经营,不易引进先进的技术,又拖住了一部分主要的劳动力。如果兼营工业，农业变成了一种附带性的产业，整个农业经济不可能进一步发展。

要使农民安心务农必须使他们的收入至少要相等于乡村企业里的工人，甚至还要高一些。能不能做得到呢？能。现在一个农业劳动力的收入一年大约600元，乡村企业工人平均工资约1000元。如果一个农民所经营的农场能扩大一倍，收入不就有可能赶上工人吗？所以问题在于怎样能扩大土地经营规模，这叫作"规模农业"。

我所访问的苏州和无锡两市里已经有一些地方进行规模农业的试验，而且在实践中证明在保证农民平价口粮的供应和加强社会化农业服务的条件下，分散经营的土地是可以逐步集中的，而且粮食产量确能提高。各地采取的方式不完全相同，大致归纳为三种：

第一种办法是口粮田各家自种以保证农民口粮。原来分散的责任田集中起来，由种田能手承包，称"种粮大户""家庭农场"等。例如无锡县的东埠乡共4500户、2万人口，1万亩粮田，其中责任田2000亩。从1984到1986年两年里逐步在自愿基础上集中了1100亩责任田，分包给87户，117个劳动力，每户平均约17亩，劳均10.8。又如无锡县的蓉南村，1984年分散在337户的529亩责任田全部集中，由70个劳动力承包，平均7.5亩。无锡市乡村各级社会化农业服务体系办得较好，需要重劳动的翻地、收割等农作活动都已由机械代耕作，所以一个劳动力经营10亩粮田并无困难。为了保证务农专业户的收入，无锡市采取了务农专业户和乡村企业挂钩的办法。承包专业户和工厂签订合同，确定产量，扣除自给口粮后，全部交厂，超产有奖，亏空罚款。每月由工厂付给相当于工厂职工的工资。按农民的说法是"平时生产各有责任，基本报酬以工为准，福利待遇一视同仁，超产奖励各跳龙门"。目前无锡市已有5万多个种5亩以上责任田的务农劳力实行和工厂挂钩，占责任田总面积的40%和粮田总面积的10%。

第二种办法是口粮田和责任田一并集中，交种田能手承包。例如张家港市欧桥村，1985年秋集中了所有耕地1400多亩，调整成片，由68个劳动力承包，劳均约20亩，最多的达30亩。除优惠提供包括插秧和收割在内的全套农业综合服务外，每亩补贴60元。承包户所产粮油扣除自给部分外全部以国家比例收购价出售给村，不务农的村民以人均300公斤原粮的标准按国家统购价向村购买口粮。全村向国家承担的商品粮任务由村统一交纳。采取这种办法的地方还不多。

第三种办法是村办合作农场，例如常熟市的元和村。该村400户近1000人，粮田约500亩，人均只有半亩。地少人多，但村办工业很发达，1986年产值912万元，利润81万元。他们在1982年农业体制改革时没有把土地分到户，而承包到组。1984年在承包组的基础上创办了4个小农场，由18个劳动力经营，劳均22.5亩。农场和村签订承包合同。规定平价交售粮油基数，超产村场均分，每50公斤还补贴3元，减收由场赔村每50公斤1元。农忙时村办工业提供必要劳力。遇到灾年，农场劳动力收入低于村办企业平均工资部分由村补足。村还须向农场提供农作的综合服务。采取这种办法的地方，也不多。

总的说来，苏州和无锡两市各县的规模农业尚在试办阶段，大多数只有两年时间，主要是从集中责任田入手，并强调自愿原则。到1987年上半年，估计这类所谓规模农场的总面积约占全部粮田的 1/10。农场规模平均在 10 亩以下。初步实践的效果是好的，最显著的是进一步调动了务农农民的种粮积极性，亩产增加，劳动生产率提高，务农农民收入一般高于乡村企业里的工人。由于提高了粮食商品率，还保证了商品粮的供应。

据吴县 1986 年 37 个规模经营单位（种粮大户）统计，共经营粮田约 3000 亩，产粮 130 万公斤，劳均产粮 6000 公斤，产值 3300 元。劳均产粮和产值分别高于全县平均水平 5.6 倍。元和村 4 个小农场 1986 年劳均产值 6700 元，是 1978 年的 10 倍。劳均提供商品粮 15000 公斤，商品率达 97.7%。

由于农业专业化，投入有所增加，管理也较精细，加上社会化服务系统的支持，亩产量均有提高。蓉南村 60 家承包户，1984 年水稻单产比全村平均水平高 14.6 公斤，比 1985 年高 54.5 公斤，比 1986 年高 57 公斤。元和村 1986 年夏粮单产 321 公斤，水稻单产 526 公斤，比常熟市平均水平分别高 17% 和 21%。

专业务农的农民收入一般高于乡村企业的工人。据常熟市 22 个规模经营单位去年的统计，每亩产粮 524 公斤，收入 227.3 元，支出 109.9 元，纯收入 117.4 元，每个劳动力平均 25.4 亩，纯收入 2356.5 元，是同年乡镇企业平均工资 1120 元的 2.1 倍。元和村的农场劳均收入 1986 年 2272 元，情况相似。实际上这些种田专业户比起乡镇企业里的工人有更多自由支配的时间，农忙季节总共不过 3 个月，其余期间都有空闲来从事其他生产活动。蓉南村里这些专业户 1986 年平均从事多种经营的收入达 3000 元，一家育蚌的大户收入 2 万元。

需要较高的技术装备

规模农业能取得提高农业生产力和农民收入的效果，这是有条件的，即必须有较高的物质技术装备和社会化服务。不然，只求农场面积的扩大，效益并不能提高。我所知道的两个具体例子可以说明这个道理。

吴县越溪乡张墓村搞了一个合作农场，由23个劳力承包400亩粮田，人均17.4亩。按吴县的调查，如主要靠体力劳动来经营粮田，一个劳动力至多可承担6亩左右。这个合作农场在插秧和收割时，23个劳力就照顾不过来了。去年一季请工就花了1.3万元，每亩33.5元。成本提高，效益大降。

又如吴江县同里镇仪塔村，有一家承包了124亩土地，家里只有2个劳动力。他利用较廉价的雇工来经营，共请2121534个，每工5元，单产914斤，亩均收入220元，支出高达127.6元。每亩平均收入92.4元，比全村平均低37.6元。这个大户总收入虽近万元，但是广种薄收，利用大量雇工的经营方式，不是发展农业的正道。这家大户去年也不再承包了。

要有效地扩大农场规模，农业机械化是必要的条件。据吴县的调查，用上插秧机每个劳动力可负担13至20亩，再用上收割机，每个劳动力可负担20至25亩。换一句话说，要有20至30亩的农场，必须配备全套农业机械，以水稻为主要粮食作物的苏南，要实现规模农场，插秧机和收割机是不可缺的设备。

我国在农业机械化这件事情上不能不承认走了一大段弯路。农业机械化作为发展农业的方向，早在50年代就已提出来了。60年代雷厉风行地办起了大型拖拉机制造厂，各县各乡办起了农机修配厂,但是拖拉机的实际使用率却提不高。原因很多,主要一条是农村剩余劳动力太多,机械化向农民抢工,因此不受欢迎。算算账就清楚:耕翻平整一亩地,使用机器机耕费约8元,使用手工劳动至少要花4个工,过去人工便宜,以1天1元计算,使用人工就比用机器省4元,机器就吃不开。现在苏南农村里最低的工价一天至少5元,使用人工就比使机器贵14元。农民看到了机器的好处,对农业机械的态度也就改变了。但是,我们国家的政策又常常不配套,存在时间差。机械下不了地时大搞农业机械化,等到农民需要农业机械时,农机生产却停滞萎缩。农民说:"机械化以前不是不想要,而是要不起,现在要得起了,却又买不到了。"

说来使人伤心。插秧机是我国最先发明的,但是日本接了过去,普遍推广,近年来在日本很少看到排成一行行弯腰的妇女在田间埋头苦干了。而我们呢?苏南的农民插秧时还得弯腰肩挑,几十年没有多大变化。他们说:"但见卫星飞上天,不见插秧机下田来。"为什么下不来呢?苏州、无锡机械工业实力雄厚,生产配套农机历史不短,这几年就是不搞这一路货。这又是为什么呢?我请教一些内行朋友,他们认为主要原因是政策跟不上。农机生产正处在工农产品剪刀差的叉口上。在各种原材料和机械产品价格普遍上涨的当口,由于怕增加农业成本,农机价格因此受到限制,不准提高。制造农机的工厂当然不去理睬这个冷门了。现在农民急切需要农机,部分发达地区农民手上已有了钱,于是只有用外汇从国外进口了。我在苏南看到的插秧机全是日本制造的。

苏南农民购买农业机械的积极性是高的。1984年苏州市乡村两级用于购买农业机械的钱达1000万元,比1982年增加一倍。这两年投资额还在增加。吴县农业机械总动力大约56万匹马力，亩均约半匹。但是"头大尾小"，配件不齐，主要集中用在翻地、灌水和运输上。栽插机只有39匹马力，联合收割机只有6台，都是进口货，可以说是一个大缺口。

尽快建立社会化服务体系

当然，只有机械可买还是不行。在以户为单位的小农经营下，不联合起来，个体农户也买不起机械。在苏南农村里，凡是用上机械的都是靠集体力量。县、乡、村三级都建立了社会化的服务体系，为务农户进行有偿服务，主要有两种形式：

第一种是以乡村企业为依托，把服务体系作为工厂里的农业车间，或是把农业服务人员纳入企业编制，由工厂给予经济支持，并保证农业服务人员取得略高于工厂里一般工人的收入。常熟市有200多个村采取这种形式。

第二种是农业服务体系自己成为一个经济实体，实行"以工养农"，基层同志把它叫作"条线工厂"。这种服务单位自办工厂，以工厂利润补贴农业服务。无锡县墙西村27人的农业服务站办有一个水泥综合厂。农忙时在田间操作，农闲时在厂里做工。蓉南村76人的农业服务站办有一个无线电配件厂，其中28人专门做工，另外48人农忙下田，农闲务工。

实际上苏南绝大部分农田已在社会化服务的覆盖之下。由于公社制解体过程中保住了乡村工业的集体所有制，通过"以工补农"，维持了农民经营责任田、生产商品粮的积极性。这里从1984年开始逐步加强"以工建农"，把补农资金重点投向农业基本建设，主要包括农机、农技、植保、水利等项服务。没有乡村工业的支持，农业的社会化服务是不能设想的。现在农业社会化服务的覆盖面还未普遍。无锡县587个村中有上述四项服务齐全的服务队476个，占81%。服务内容也不够全面，劳动强度最大的插秧和收割这两项服务还极少，这两项农作的机械化是当前农民急切的需求。

没有强固的乡村工业，农业现代化是空想

实现农业现代化必须增加投资。没有钱就买不起农业机械。我们和无锡有经验的基层干部一起计算过，在目前的物价下，实现该地以水稻为主的农业生产全过程的基本机械化需要多少投资。计算的结果是每亩1000元。无锡市共有粮田300万亩，共需30亿元。30年来农业建设上总投入是9亿元，而现有机械和设施大部分已陈旧，需要更新，匡算下来，全市实现全面机械化，还得25亿。1986年全市以工建农的资金，只有7000万元，以此速率全面实现机械化大约需要35年。1986年为了巩固"以工建农"的基金，无锡县规定：乡镇企业税后利润提取10%—15%，村办企业提取20%用来建农，这样把乡村工业对农业的反哺作用制度化了。以这个比例计算，一个县要能每年提出1亿元作建农基金，使10万亩粮田机械化，这个县的工业总产值需在50亿元之上。稳定粮食生产和发展现代化农业，还得反求于从农业里生长出来的乡村工业，要使农业早日现代化也只有大力发展乡村工业。没有强固的乡村工业为实力，农业现代化是空想。

继续发展乡村工业是农业现代化的前提，不仅农业发展有赖于"以工补农"和"以工建农"，而且更重要的是把蓄积在农业里的劳动力进一步吸收出来，也必须有赖于乡村工业的继续发展。从上述已看得很清楚，农民只有在劳动价值提高了才愿意接受农业机械下田。现在的实际情况是，农民虽然已不愿多种田，但还是不愿不种田。他们伸在土地上的这条腿，仍是他们生活的保证。这种情形不改变，苏南能集中起来建成规模农业的农场至多也不过是农田总面积的一半。留在个体小农经营的那一半农田虽然可以因扩大农业服务体系的覆盖面而进入机械化的范围，但总是拖住大量的农民停滞在亦工亦农的状态中，不易从专业化中提高他们的现代化工业所需的劳动素质。

在短短的 10 多年里，农村的工农关系正在起着极有意义的变化。农民从农业生产中积聚了资金，投入工业，发展了乡村工业。他们中的一部分从单纯的农民变成了亦工亦农的农民。亦工亦农的农民人数日增，包括乡村里大部甚至全部劳动力。工农业收入上的剪刀差，引起了"以工补农"和"以工建农"，引进了机械化。在一个劳动力可以经营较大面积的农场时，有部分亦工亦农的农民放弃"亦农"兼职，成了乡村企业里的工人，同时一部分农民放弃"亦工"兼职而成了农业大户，出现了规模农业，提高了农业效率，为农业现代化开了路。

要推进规模农业，必须进一步使亦工亦农的农民继续向专业分化。只有更多的亦工亦农的农民放弃他们的小片农田，才能实现规模农业，这也需要在工业方面开辟更广阔的就业机会。张家港市欧桥村是向这个方面发展的典型。农民在有可靠粮食保证的条件下是愿意交出口粮田的，并达到在工农结合的社区里，实现工农分别专业化。这是具有中国特色的基层社区的新形式。

我国广大农民正在社会主义道路上探索自己发展的前途，尽管方向是一致的，可是各地有各地的具体情况，在方式方法上必须因地制宜，找出自己的模式。我把这次访问苏南所见到的关于这方面的情况写下来，提供给读者参考。

话说呼伦贝尔森林

（1988年4月）

有人描述内蒙古自治区的经济结构大体上是"东林、西铁、南农、北牧"八个字。东林，指的是北部呼伦贝尔盟（今呼伦贝尔市——编者）大兴安岭的森林。我想去见识见识林区经济，于去年8月访问了呼伦贝尔盟（简称"呼盟"）。

"呼盟"过去与现在的人

呼盟幅员辽阔，有25万平方公里（比江、浙两省合在一起还要大），东靠黑龙江，西北隔江和苏联相望，西南是蒙古人民共和国。以纵贯南北的大兴安岭为主轴，全盟可分三部：中部是山岭林区，西部是草原牧区，东部是河谷农区，已发现的煤矿在西部。

西部草原有呼伦和贝尔两个湖泊，相联为盟名。两湖地区水土丰美。经考古学证实早在1万年前已有人类生息其地，称这时的人为扎赉诺尔人。然而曾在这草原上居住过，而且在这里发育成长的民族却是不少的。许多虽都成了历史的陈迹，如东胡、匈奴、鲜卑、室韦等，但其后人和当前国内各民族联系尚待考证。我这次曾到大兴安岭里的阿里河镇附近去游览嘎仙洞。洞巨而深，可容千人。洞口有一碑记载北魏在华北建国后，遣使到此祭祀其先祖。我以前不知道，这个以雕塑和书法碑刻著名于史的拓跋王朝，原来是兴安岭森林里猎民的后人。触景生思：看来我国历史上南下建国的北方民族中，可能有不少是走过鲜卑老路的。他们从森林里狩猎开始，下山到草原上放牧，壮大后驱骑南下，入驻农区，然后在中原的文化大熔炉里化成其他民族的一部分。

在两湖地区兴起的民族至今还有人居住在这里的只有蒙古这个民族。成吉思汗就是在这片草原上团结了许多部落，从而形成蒙古族。但是据历史记载，现在居住在呼盟的蒙古族则是在18世纪30年代迁入的。当时清朝政府为了防御帝俄继续入侵，调兵驻扎在呼盟草原，又移民实边，引进了蒙古牧民。调入的士兵中除蒙古族外还有鄂温克、达斡尔等族，总数约7千人，加上后来进入的家属和牧民大约3万多人。他们的后裔在这片草原上繁衍生息，形成了今天呼盟民族分布的基本格局。

兴安岭林区早年就有以狩猎为主的居民，上述鲜卑族的先人就是一证。17世纪初期，帝俄开始侵入黑龙江北岸的广大地区，原在该地区居住的达斡尔、鄂温克、鄂伦春等族人被迫越江南迁，一部分进入了兴安岭林区。现在还在林区居住的是鄂伦春族，人数已不多了。

目前呼盟人口中占多数的还有汉族。清朝末年东北地区对汉人开禁之后，闯关东的移民数量很大，但很少进入呼盟这个偏僻的山区和草原。1903年东清铁路修通，才使大量移民迁入成为可能。铁路西头有俄国人移入，近十几年来这些俄国人几乎全部遣返。铁路东头不断有汉人移入，主要居住在沿线的城镇里。我们没有掌握人口逐年增长的数字,只了解到1949年呼盟解放时总人口约31万。原有3万多人经过1947年的自然增长可达10万人。那么可推算出,在铁路修通后到解放前夕这段时间大概移入了20万人。可是,据1984年的统计,呼盟人口已达239万,如果其中原有人口的自然增长以60万人估计的话,那么在解放后的35年里约移入了180万人之多。

由盟外移入的汉人至今仍然只有很少一部分从事牧业。50年代我初次访问呼盟曾在海拉尔草原上了解到一些情况。那时给我留下的印象是,这里从事牧业的几乎都是蒙古族和鄂温克族。当时还是游牧性质,畜群按节气在草场间流动,人跟着牲畜逐水草而居,几乎都住在可以移动的蒙古包里。过去草场都有一定的归属,由部落所有,汉人是插不进去的,至今呼盟西部牧区里的汉人仍然集中在市镇和矿区。所以在西部草原上汉族是少数。以新巴尔虎左右两旗为例,蒙古族人口分别占74%和68%。

大批移民进入呼盟的一个原因是林区开发和矿业发展。1945年冬在呼盟开始建立国家林业机关,其间机构的名称改变过多次,现称林业管理局,所属各局、场、厂、站、队形成一个行政系统,称林业系统。这个系统的职工和家属初期约4万人,1984年已增至55万人,占当时全盟人口的23.8%。1958年后呼盟煤炭工业有较大发展,1984年这个系统的职工和家属估计已有5万人。

呼盟的农业原来是不发达的。早期的居民中只有达斡尔族经营一些农业。多在嫩江河谷一带,当前大部分耕地是解放后外地移民开垦的。60年代内地农村凋敝,大量农民移入呼盟东部各族。这些移民都是个体自发流动的,被人称为盲流,实际人数很难统计,一直到80年代才逐渐减少,1984年呼盟农业人口约80万。

严重隐患与青山长在

大兴安岭是我国东北重要的林业宝地,仅就呼盟范围而言,林区就有1200万公顷,占全盟土地面积的48%,占全国森林面积的1/10。1984年估计林木总蓄积量8.8亿立方米,占全国总量的9.5%。到1986年止累计提供木材1亿立方米,现在每年可提供360万立方米。至于森林里可开发的其他资源就无法估计了。从宏观上看,其经济价值更值得重视。我认为,这片大森林是我国整个东北部生态系统中的主要环节。我们进入山区就注意到公路两侧山坡暴露的土层很薄,大多不到1/3米,土层下面就是碎石。这样薄的土层如果没有林木覆盖,很容易被雨水冲蚀成为现在西北所常见的光秃秃的山头。我们现在就靠这片林海保护住了大兴安岭的土层,吸住流水,为东北的河流提供水源,灌溉我国最富饶的东北粮仓。怎样利用和保持大兴安岭这片大森林,是关系国民经济全局的大事。在这里我们有必要回溯一下痛心的历史,以便从中吸取教训。

本世纪初清朝在帝俄强迫下同意修筑从呼盟的满洲里起穿过我国东北境内到海参崴的东清铁路。应该说修建铁路当时对发展经济是有利的,但是这条铁路毕竟是为帝俄掠夺我国东北资源服务的。首先遭到破坏的是沿线的林木。筑路时要就地取材,大肆砍伐。当时俄国人的住宅也是大量用木材构筑的,甚至墙壁都是用完整的巨大木材垒成的。这种房屋现在在满洲里等城市里还能看到。帝俄利用这条铁路将木材不断地输出，以致沿线原有的森林几乎完全砍光。我们现在坐在火车里已完全看不到也想不到这里曾经是丰美的林区。30年代到40年代，日本侵略军占领及伪满统治时期，森林被肆无忌惮地进行了大规模的掠夺性采伐。这两次大破坏估计损失木材达1.5亿立方米，几及全部蓄积量的1/6。

1946年起呼盟的林业才开始由国家管理。1953年林业管理系统改由林业部领导，并规定了"采伐与更新并举"的方针。从此，掠夺性的采伐得到扭转，并且开始进行了有计划的采育。这里首先修建起林区铁路，以便利木材的运输和人员的交通，然后组织林业工人进入林区作业。同时，林区成立了队和站，建立起工作人员的工作和生活据点。随着铁路的延伸，这里不断建立起新的林场，采伐也逐步深入。我们这次访问就是坐正规的火车直到额尔古纳左旗的满归镇——呼盟林区铁路最北的一站，已接近边界。也就是说呼盟林区南北的运输主轴现在已经修成，木材就是通过这条铁路不断从森林运到外地。据说，为了开辟新林区，铁路线还计划继续延伸。其实到1984年止，沿铁路线已有124个林场，296个小工队，星罗棋布于呼盟的林区里。

周恩来总理生前曾提出要做到"青山长在，持续利用"，林业资源的开发必须有长期打算，有伐有育。如果只伐不育，青山变成荒山，林业资源就遭破坏。呼盟森林在解放前的两次大破坏就是只伐不育造成的。再说，呼盟地处高寒山区，树木长势缓慢。俗话说："十年树木，百年树人"，在这里树木如树人，一棵树要长一百年才能成材，所以更需要做到采伐数量和树木生长周期相配合，即使有伐有育，也必须控制在和总蓄积量的一定比例之下。

呼盟林业资源在国家实行管理之后是否能做到不再受到破坏呢？单就国家林业系统的采伐和培育的比例来看，呼盟林业并没有真正做到"采伐与更新并举"的方针。据介绍，1976年到1984年8年里采伐量超过生长量达80%。有大片已采伐过的林场没有进行次生材的培育。

国家伐多于育的数目是可以查得到的，无法计算的是非计划内的采伐。100万的林区居民，生活上所需要的木材，实际上都是就地砍伐的。最大一项消耗是日常需要的燃料，高寒山区室内取暖的时期又长，家家户户门前成堆的烧柴都是用成材的树木劈成的，我们这些外地来访问的人看了真是心痛。平时木材的消耗还有可说，盲流大量进入林区的时期里，为了建屋和偷运，损失的木材更无法估计。而这样被砍伐光的林区根本谈不到培育新林。呼盟大兴安岭的森林正在不断破坏和消蚀之中，看来这已是难于否认的事实。对于我国东北宏观经济中的这个严重隐患，不能不引起足够的警惕啊！

行政上的双重结构与多种经营

我们这次访问特别注意了林业管理体制问题。

林区在有计划采伐之前原本没有基层地方行政设置。现有的行政管理制度和设置是在林业开发的过程中逐步建立起来的。进入林区伐木和运输的工人由林业系统的基层单位——队和站负责管理，同时由于森林里荒无人烟，职工的生活必须由林业系统自身经营。因此林业系统不得不担负起经营、管理职工和家属的各种社会需要的职能。从孩子出生到老人死亡所需的教育、就业、婚嫁、退休、疾病、娱乐以至丧葬等一切社会职能都得由林管局统筹。换一句话说，林业系统既包了林，又包了人。由企业性质开始，终于成了一个"大家庭"，而且"大家庭"的成员越来越多。50年代招来的职工，到80年代，都已子孙满堂了。林业系统也跟着扩张，除建立起队、站、厂、场、局上下各级的组织外，还有种种专门机构。1984年牙克石林业管理局所属单位共44个，其中17个局（公司）、7个厂（局），所属林场124个，小工队296个。另外还有20个事业单位，包括林业研究所，各级学校（233所）、医院（24所）、防疫站、森林警察（1000多人）、公安部队（1000多人）、物资局、文工团、日报社、宾馆等等。这个庞大的系统到1984年已有职工13万人，加上他们的家属和不在编的工人据估计有50多万。50年代总共不过4万人，30多年里增加了8倍。这个"大家庭"是个基本上"不求人"的自给自足、独立封闭的社会单位。真可谓企业办社会的典型。

　　林业系统是我国实行计划经济时期里建成的国营企业。这个企业全部由国家投资，按国家规定下达的计划采伐木材，所采木材全部由国家调拨，属一类物资，价格由国家规定，没有计划外的合法销售渠道。同时，它又是一种专业企业，只有为国家提供木材的任务，不兼行其他"分外"的生产。它的收入除按规定的价格向国家支取木材售价外，所得利润还要按成上缴，亏空由国家补贴。国家规定的木材价格一般偏低，影响林业管理机关的收入。但支出方面却由于企业办社会，人口越多支出也越大。在这样的体制下，林业管理机关不得不紧缩育林投资和加速木材的采伐。这不能不认为是采伐率超过育林率的根本原因。但是林业系统供养这一大群嗷嗷待哺的人,不多砍些木材又怎能维持这支庞大队伍的生活呢?!

企业办社会加重了企业的负担,其他国营企业也有这种情况。但是,林业还有其特殊情况,依法说林管局能管的只有林业系统里的人。但住在林区的却还有林管局管不到的其他居民,他们是在林业开发过程中移入林区的各业人员和他们的家属,为数往往超过林业系统的人员。林业局是无法包下这整个社会的。呼盟全部人口中林业系统只占1/5,在林区里比例虽高一些,但还是占少数。林业系统之外的人是由盟旗这个地方行政系统管理的。因此在林区里存在两套并行的行政系统。这两个系统却又不能都完全划地而治,因为两个系统的人多混杂和交叉居住,甚至一家人分属两个系统。这种状况引起行政上的复杂性是可以想象得到的。

我曾向双方领导谈起这件事,他们都说现在双方很讲交情,问题不大,就是说,大家是靠人情而不是靠制度来解决问题的。人情碰着实际利益时就不易生效了。据说地方上曾提出愿供煤给林业系统作居民的燃料,把省下来的木材作价给地方派用处。这本是合理的建议,用木材当柴烧实在可惜,但是至今没有成议。今后地方和林业两个系统都要发展多种经营,在林区资源的分配上双系行政之间的矛盾也就更难免了。

在林区开发之初,由林业系统代行地方行政的职能是难免的。在一个时期里出现行政上的双重结构也是可理解的。这应当看成是过渡阶段,企业办社会原本是不可取的体制。企业的利润用来维持社会福利,削弱了自身的积累和活力。何况企业不能包社会全体,企业所包的和包不下的两部分居民之间的矛盾滋长起来必然会损害企业的正常运行。现在由于企业系统之外的居民得不到木材和燃料，已经引起严重的偷伐和滥伐，前几年所谓"盲流"问题一时闹得很紧张。

目前林业系统急于要解决的问题是自身收支平衡，以保证伐育并重。现在已经实行的办法是改变单一经济为多种经营。林业系统技术力量是相当雄厚的，只要政策开放，允许他们利用科技知识进行多种经营，满地的财宝都会加倍增值。

但是，如果不解决行政上的双重结构，在开发林区资源的过程中难免互相牵掣，互相扯皮。行政上的统一领导问题迟早会提出来的。两者怎样合而为一呢？一个办法是由林业系统统一林区的管理，不但管现在林业系统的人，也管在林区住的居民，就是政企合一。据说黑龙江伊春的林管局就是这样办的。地方行政领导由林管局的领导兼任，林区的地方行政费用由林区自给。据说伊春林管局在地方行政上，每年要花费8000多万元，影响了企业本身的发展。再说，这种体制事实上是把林区划成行政特区，直属林业系统，对省一级的经济发展也是不利的。看来并不是一个可取的方案。

另一个可行的办法是林业企业化，行政归地方去管理。理论上讲是个较好的办法，但是结合林区开发的特点这个办法也有它的困难。我们曾就林区的学校能否由地方统一管理的问题和双方一起研究过。林方愿意继续承担一定数额的教育经费，作为对地方的补贴，但对于保证教学质量却不放心；地方则顾虑自己无力负担学校的发展。双方的这些顾虑一是出于两个系统的人员来源不同，文化不齐，对教育的要求不一致。林业系统里有大量技术人员和工人，而一般居民则是各地来的农民。更重要的是地方在经济上不如林方，林方想卸的包袱地方没有接过来的实力。所以要实行政企分开，还得从提高林区的经济着手。在现有的水平上是难于做到的。

改善林区经济状况,最根本的一条办法是开放多种经营,发展多种多样的小企业,个体、集体、全民一齐上。以小企业来保护大企业,使森林资源能持续利用,青山长在。从呼盟的实际出发,看来目前必须由林方采取主动,在技术上、资金上协助当地居民兴办各种小企业,而且要开放林区资源,在规定的范围和条件下,使全体居民,包括林业职工的家属,都能投入到利用林区资源的生产事业里去。这样才能人尽其力,物尽其用。林区这块宝地可以比较快地使居民富裕起来。地方的财政雄厚了,林管局才有条件从办社会里脱身出来,专心一致去发展林业。

鄂伦春人的前途

最后我还应当提到的是原来在大兴安岭里居住的鄂伦春人。他们是我国人数最少的民族之一,1978年共3200人,现在为4000人,有一半居住在呼盟的兴安岭林区。1951年成立了鄂伦春自治旗,当时全旗只有778人,其中4人不是鄂伦春族。1986年该旗的鄂伦春人增加到1672人,超过一倍,但是该旗的总人口已达29万人。相对来说,鄂伦春人只占全旗人口的0.6%。这里林区铁路已经修通,镇集已经形成,鄂伦春人的生活也起了很大的变化。

鄂伦春人什么时候进入兴安岭林区,我们还不清楚,至少其中有一部分是17世纪帝俄侵占黑龙江北岸时渡江而来的,现在隔江还有他们同族的人。这个民族原本是森林里的居民,衣食住行都取自于森林资源。森林里多野生动植物,他们以狩猎和采集得到食物,以白桦的枝杆和树皮搭成尖顶的小棚称"仙人柱",用兽皮作衣穿。他们饲养驯鹿,供驱使和运输。多少世纪以来他们就过着这种自给自足的生活。森林以外的世界的变化,打破了他们封闭的安定生活。最早就因为外地的人看中了他们猎得的毛皮,清朝政府强迫他们进贡貂皮。帝俄的哥萨克亡命的商人冒险进入林区欺骗和掠夺毛皮,最后实行武力侵略,占领我们的国土。森林里的猎民为了提供贡品和商品引进了火枪,林区的生态平衡开始被破坏。但森林尚无恙,他们的生活来源还有保证。主要的也是根本的变化开始于这片广阔的自然森林变成了供应外地的林业资源。树木砍了,他们的生活也就不能不变了。因此发生了鄂伦春这样以林为生的民族怎样生存和发展的问题。

我们访问了林区的鄂伦春族自治旗。自治旗所在地阿里河完全是个新建的小镇。我们见到的是一排排崭新的住宅、学校、商店、医院、银行、电影院。"桦皮做房地当炕"的日子已经看不见了。在额尔古纳旗的奥鲁古雅猎民乡的一个小型博物馆里,我们初次看到"仙人柱"和"四不像"。"四不像"就是驯鹿,博物馆里陈列着一具装饰得很美的标本。在远处的密林里是否还有过着传统生活的鄂伦春人呢?我们不知道。眼前见到的这个小镇和林区其他的小镇基本是一个样子。如果说有区别的话,这里更整齐更中看些。据记载,国家对这个自治旗从1951年至1978年的建设投资累计达1.1亿元。

按照民族政策,这里十分注意培养鄂伦春族的干部。据说现在已吸收为国家干部和职工的,就是在国家编制里的人数约占全部呼盟鄂伦春人口的1/3。学生从小学起就有补助金,不是干部和职工的成年人可以领取护林费。鄂伦春族同胞的基本生活是有保证的。但是据介绍，4个猎乡共200户中却有120家贫困户，也就是说这些人生活还没有超过年收入120元和粮食400斤的贫困线。这个情形不能不引起我思考了许多问题，其中最严肃的问题是，一个民族假如脱离了生产，会不会成为无根之木、无源之水呢？

我一向认为，一个民族，不论大小，要发展和繁荣起来，必须有个坚实的经济基础。一个民族要在发展中保持其民族特点，那就必须利用其民族特具的优势来发展其经济。不然的话，这个民族难免要衰亡或失去其原有特点而名存实亡。如果用这样的认识来看现在鄂伦春族的情况，我不能不为他们的前途担心。在社会主义制度下，一个几千人的民族，国家是供养得起的。但是怎样使鄂伦春人作为一个民族发展和繁荣起来还要多加思考。

在森林里以狩猎为生的时代，对鄂伦春人来说是一去不复返了。但世世代代生活在森林中所养成的特点，也就是其他民族不具备的优势，如果能加以发扬和提高，促使经济实力增强，鄂伦春族的前途就是光明的。我看他们的优势就在熟悉怎样利用森林资源的这点上。在正确的林业政策下，森林是能持续存在的。鄂伦春民族的用武之地应当是常在的，需要提高的是利用森林资源的手段，从原始狩猎到科学利用。

我们知道，解放后国家就帮助鄂伦春族建立养鹿场，自治旗曾有3个养鹿场。鹿全身是宝，即以鹿茸一项就可以使家家户户富起来。养鹿原是鄂伦春人的传统特长，如加以扶助，养鹿业应当而且可以发展起来。但出于我意料之外的是，自治旗的几个养鹿场据说已经关闭了，有些领导同志说驯鹿由于长期近亲繁殖，已经退化。总之，我认为鄂伦春人应集中力量奠定本民族的经济基础，我们的政策也应从这方面去多考虑。当前这里的产业结构对这个民族的发展是不利的。近一半的人家还没有富起来，就足以说明这点。

最后我愿意再一次强调，大兴安岭林业的发展，必须考虑到林区经济的全面开发，而在开发林区资源的过程中决不应忘记了原来居住在森林里的鄂伦春民族。我们不仅要保证青山长在，还应保证各民族的共同繁荣。

阿拉善之行[1]

(1988年7月18日)

我很感谢阿拉善盟的党政领导同志和工作同志,特别是内蒙古自治区政协的乌力更副主席陪我到这儿来,很愉快地住了几天,也碰到了这里多年没有的大雨,心情很愉快。我们这次来的目的,是想了解阿拉善的情况,最初我是从乌力更同志的话里边听说的,叫我到骆驼之乡看看。我们一起工作了5年,从赤峰到包头,又到了呼伦贝尔。从东到西,从南到北,农林牧铁我都看了一下,先后4年,最后我们一起到阿拉善来看看骆驼。这几天学到了不少东西。原来阿拉善并不是个很荒凉的地方,它资源丰富,已经开始现代化的建设了。我们看到了腰坝一个人造的绿洲。用电把地下水提起来进行灌溉,没有电是不可能的,有了电,打了水,就可以种庄稼,经营饲料基地,可以发展牧业。我们也看到了吉兰太盐湖,是个人口比较密集的工业区,开始了现代化的化工建设,势头很好,走上了路子。尽管工农牧业发达的点还很少,而且刚刚开始,但集点成片,今后一定能建设成一个比较繁荣的地区,我感到高兴。

前几天我们在兰州开了一次会,想在西北搞一个大的课题,即准备建立一个黄河上游多民族经济开发区,这个开发区

---

[1] 1988年7月18日在阿拉善盟干部座谈会上的讲话。——编者

包括1000里黄河，1000万人口，包括两省一区（青海、甘肃、宁夏），实际上应该把内蒙古纳进去，成为两省两区的协作。此事已经酝酿两年了。过去各省、区都各自为政，我管我的一省，你管你的一区。我们的行政区划是历史上遗留下来的，主要从财政观点来规划的。例如清朝，建立一个省，总是要一个好地方，搭配一个坏地方，江苏的苏南要搭配个苏北，苏北很穷，而和苏南相接的钱塘江流域却划给浙江，又搭配上荒凉的西部山区。实际上苏南、浙北是一个经济区，为了财政上的平衡分成两个省。总之，行政区划不是以地区经济为基础的，这种行政区划已不符合当前发展的需要了，甚至成了一个限制发展的东西。甘宁争一个水坝，所谓大小之争，已争了20年，因之现在应当从整体发展出发进行各省区之间的协作。

去年我访问了甘肃临夏和青海的海东两地，这两地在历史上本来是一个地区。一个经济区，叫作河州。河州原是一个农区和牧区互相交易的地方，是茶马贸易的中心。牧民要吃奶茶，茶在西藏是没有的，都要农区运去。农区需要马来耕地，要马来打仗，而马主要的产地是西北草原。农区和牧区之间的产品就在这里交易。我们后来搞了"以粮为纲"，这种贸易就断了。三中全会后，才重新放开，这里的商业马上就发达起来了。

这个地区还是回族的聚居区，回族是经商起家的。我建议青海的海东和甘肃的临夏，搞一个经济协作区，经过领导批准，协作区于去年这个时候成立，这是第一步。西北两个省的主要领导人在临夏开了个会，会上一致认为，同一个经济区域里的开发工作必须大家一起来想办法进行协作，中央也支持这个观点。

今年在开人大、政协会时，甘青两省和宁夏自治区的领导同志一起到民主同盟中央开了一个座谈会，在会上决定大家来搞一个黄河上游多民族经济开发区，民盟组织了一次专题调查。前几天在兰州开了一个研讨会。

这块是个穷地方，可是水利和矿产资源很丰富，在这1000里黄河上游从龙羊峡一直到青铜峡已经过测定，有些已经设计了的，可以搞15个水坝，也就是15个发电站。在中央的支持下，我们想办法一个一个地把它完成，以此作为开发大西北的基本能源。另外，还有很多的矿藏，青海的盐，甘肃各种各样的金属矿，宁夏的煤，就可以用电转化为多种产品，在此基础上发展加工业，不要把原材料全部都送出去，而要就地加工，再加工。农牧业上，黄河水可以灌几百万亩。你们靠电抽地下水，开发了腰坝，就是很好的例子。但地下水干涸了怎么办？所以必须要工业跟上去，你来原料我制造，工业不容易有限制，农牧业限制很大，今年靠一点雨可以多养一些羊，明年雨不来就吃不了饲料了。需要把自然的局限打开，就要抓工业，搞原料加工，原料自己没有可以从外边引来，这样，这里的经济就稳了。这是一个设想，有待实现。

为什么这样想？为什么要西北有一个大的、更大的发展？那是因为这十多年来我们东部、沿海发展了工业，特别是乡镇工业，沿海的乡镇工业的产值已超过了农业，与国营工业差不多可以并驾齐驱，相等了。可是乡镇企业发展这么快，原料跟不上，这几年开始抢原料，原料十分紧张，价钱高，但它还可以赚钱，主要是管理得好。沿海地区发生了一个问题，原料怎么办？这里有，没开发，运不出去，再这样下去他们就要遇到更大的困难了。有人提出了个新的战略方针，就是从外国把原料搞进来，产品卖到外国去，叫大出大进，使我国沿海的工业不致被原料来源限制住，三来一补是我们广东珠江三角洲搞出来的一套经验，广东珠江三角洲的乡镇企业与我们江苏不同，江苏主要是用自己的原料制造产品。比如说绸，是用自己出产的丝织成的，卖到国外去换外汇。广州不搞这个，它搞来料加工，你拿材料来我加工，成品由你去出卖，这就是"三来一补"。用这个经验来扩大我们沿海的经济发展战略，这是今年年初提出来的。

这个战略目前很需要，也很重要。长期来看，最多走到南朝鲜、台湾、香港、新加坡这四个小龙今天的地位。可是我们比它们强，应该超过它们，因为我们背后有个巨大的资源在西北，而它们没有。台湾都是靠"三来一补"，它自身没有资源，都是向外商买了原料来加工，最后再到外国去销售。它们这几个小龙很厉害。我到美国去看，人家家里的用具，吃的、喝的、听的，都基本上是台湾的、南朝鲜的、新加坡的、香港的，当然最厉害的是日本，日本把美国都掏空了。美国不搞这一套，不搞这些小东西，主要靠资本输出和金融来控制。

我们分析四小龙的经验，看到了我们正逢到世界经济的又一次大调整。有机会可以用廉价劳动力去接受一些劳动密集型工业转移到我们中国来。

工业品的成本里工资很重要，越是经济发展了，生活水平高了，工人要的钱就多了。比如，江苏苏南的农民现在已有不愿意养蚕的了，因为种桑树养蚕太费劳动力。所以，农村里部分地方的养蚕副业就转移到了苏北，因苏北劳动力便宜。就是这个差额使大量的劳动密集型企业要向劳动力价值低的地方走，不是你要不要，这是经济规律。我们沿海地区有廉价劳动力,可是原料没有,怎么办?就要利用这个规律,采取"三来一补"的战略,这样,我们的工业发展就稳住了。目前香港的工业已在向广州扩散,台湾的工业也会向大陆转移。可是,我们工资马上也要涨,沿海工业发展起来,就形成一个西部与沿海地区的经济差距。为此,西北必须要趁这个机会发展工业,不能再等了。

我在甘肃跑了4年了,看到这地方大工业是有底子的,乡镇企业还刚刚开始。在定西有一个专员是苏南人,他到江苏去取经,带回来3个乡下的小姑娘,搞刺绣。她们一到定西,教会了几个村子的人绣花,这几个村都富起来了。甘南有个皮革厂到南京请了几个师傅,以前一张皮硬得要命,像你们的蒙古皮靴重得很,南京师傅教了他们把皮分割几层,皮变得软了,鞋也好了。这几个人教会了甘南工人,就回南京了,每年来指导一次,他们把新的办法技术传授了甘南藏族,这个厂子就发展起来了。

我说要用西部的资源、材料去帮助沿海地区;沿海地区要用技术力量、设备来支持西部。要请技术能人,不一定要请大工程师,要请老师傅、小姑娘都行。不要都想搞大的,厂子建起来了,收入也大了。光搞大的,官可以富,民还是贫。临夏有一家请五六个江苏木工,家里老婆管饭,女儿管账,他自己出去联系销售,这个家没几年就变样了。

只搞大工业,老百姓是富不起来的。内蒙古的包头是个例子,我们做什么事都要先想到让老百姓富起来。比如腰坝,就是好榜样。每家有一块地,一块地就有20亩,我看了都眼红,我们江苏哪里有呀?如果工业净搞大工业,搞单打一,这个地方就不会富,盐场搞了很久了,几百年了,可老百姓很苦，穷人不少。必须要大小配合。我们需要搞大的，但光有大的没有小的，结果地方资源是出去了，从中央拨回来的钱只够养活政府里的工作人员，至多建立几个漂亮的大楼，老百姓分不到多少。这就是我们西北地区的毛病。过去我们在大西北投资很大，三线工业总共投了有3000亿元，但在这个地方还是脱不了贫困。所以需要一个大改革，要开放。我上个月到了宝鸡，宝鸡是重工业城市，他们就积极地搞军转民，大帮小，利用集中在大企业里的科技力量去发展乡镇企业。不要以为西北技术力量少，宝鸡技术力量从比例上说高于上海，职工中工程师一级的人员占到15%以上，但这个力量过去没有充分利用。最近这几年开放了。这一批技术力量发挥了作用，工资也高了，整个地区也富了。

总之，要看准一条，最后考验成功不成功，要看你这个地区发展起来了没有？人均收入是不是提高了，如腰坝人均709元，赶上了我们苏南。你们人均收入不低，但你们是吃资源优势，还没有很好地利用资源。你们不能满足于地广人稀，自然资源充足，这是低层次的富裕，还要发展加工工业。不要怕人多，如果每个人都增长经济价值，这里会更富。我还没见过这样一个地广人稀的地方，连甘肃也不是这个样子。昨天坐车一路在草原上见到了一些骆驼和羊，但一个人也没看见，这也说明这里发展前途很大，要更快地发展起来。现在条件好了，改革开放带来了发展的机会，但要自己想办法，像过去那样按红头文件办事，要怎么办就怎么办不行了，要自己用头脑，拿主意了。

对民族自治地方，国家已经有了很多政策，主要包含在《民族区域自治法》里，但现在大家还不会用它，没有知道这里边给民族地区的经济、文化发展带来多少好处。前几天会上同志们就讲，政策里面也有含金量。《民族区域自治法》给了这么多发展的机会，下放了许多权力，就看你会用不会用。一个民族自治地方的行政工作人员中要有多少少数民族这一条大体上是普遍做到了，可是发展经济上的优惠条件却并不明白，也不懂怎样去落实。去年乌兰夫同志说："我们这么多年争取了一个民族区域自治法，可是你们不用，不会用呀。"民族地区多少林木和其他原材料以最低的价钱卖给了国家，而用高价去买进工业品。这些地区怎么能富呢？大工厂、大企业建立起来了，但老百姓没得到好处。民族区域自治法里是规定了开发少数民族地区的资源要给当地自治机关留成用来发展地方经济。法律上规定留下原材料，马上可以用来发展当地的工业。这个法定了好多年了，先是区域自治条例，后来是纲要，一步一步升级，到现在《民族区域自治法》已公布了几年了，可是呢，这个含金量大家看不出来。所以，你们要好好研究《民族区域自治法》，最近我听说你们几个自治区打算每年开个会，交流经验，我很赞成。

去年我去呼伦贝尔盟，满洲里靠近苏联，他们要到我们这边来买蔬菜等等。可是对外贸易的上级机关却不准他们去做这项生意。我说你为什么不去告他违背《民族区域自治法》，他们说不敢，实际上是可以拿出《民族区域自治法》去争的。这是绿灯，让你走，结果人家一挡，你就不敢走了。据说苏联蒙古那里很需要土豆和蔬菜，我们这里很多，他们主动到内蒙古来要了，我们为什么不可以和他们搞贸易呢？如果你哪个部不允许我搞，我可以依法告到国务院或全国人大，人大应当过问，任何部门都不能违法。所以你们要研究自治法里有多少

"含金量"。这里面有许多有利于自治区经济发展的条件和权力，当你们认识到它的作用后你们就知道怎么行动了。

你们要大胆地依法办事，把《民族区域自治法》赋予你们的权力充分使用出来。思想要开放，少数民族地区要开放，不开放不行。不要怕人进来，但有一条，你要来，要对我们有好处，帮助我们发展生产力，而不是来白吃饭。特别是要请有技术的人进来，不一定非要有文凭的，有些老师傅，有专业技术的人正是你最需要的人才。我们江苏的乡镇企业都是上海的一些老技术工人帮助当地搞起来的，使江苏的经济发展名列全国第一。现在更有条件了。东部的发展已越来越趋于饱和，有许多技术要向西部转移。我认为你们应该千方百计地去找那些有专长的人才，出大价钱，把他们请来，帮助你们发展生产，实际上有的厂子有两三个人就行。只要他们来工作就可以，不一定让他们迁移户口。（刘晓旺插话，我们阿左旗有一个雕刻厂，就是请河南的3位老师傅帮助办起来的，现在有50多人。）很好。你们这里不是还有3000多待业青年吗？如能像这个雕刻厂一样，多请一些区外有专业技术的老师傅来开办一些能使千家万户都能受益的中小企业。问题不就解决了吗？这里需要我们各级领导首先应该转变观念，要发现和聘请那些有专业技能的人来。而不一定非强调要有什么文凭的人。当然，像你们阿盟要发展碱化工需要科技人员这是另一个层次的事。现在你们更需要发展基础工业，要有一批中低级的专业技术人员来帮助你们发展成为一个区域性的经济实体。

我看首先是领导思想要开放，要国营企业、集体企业、个人企业一起上，特别要鼓励发展乡镇企业。现在形势发展很快，我们有些跟不上，弄不好就会影响群众的积极性。要打破旧框框不断地促进生产力的发展，这就叫改革。要充分发动群众，把发展生产力作为检验我们工作的标准。甘肃全省正在开展发展生产力标准的讨论，划清是非的界限，这个问题很重要，我们不从思想上搞清这个问题，就不能促进经济社会的发展。

近8年来我一直对江苏进行观察。江苏各级干部基本上换了一茬。在那里，不懂经济不懂管理，不能促进生产力发展的，根本不能当什么长的，有不少乡长、村长都是农民企业家。

当然，少数民族地区也不能发展得太快，因为商品经济的观念差。在内蒙古，到别家的蒙古包里吃东西，还是不掏钱的。这里人好客的背后有个道理。由于地域辽阔，荒无人烟，过客进入任何一个蒙古包都可以有吃有喝。这是因为你自己今后也要出去，也可能会遇到像他这样的情况，也希望能得到别人的帮助和接待。这样养成了风俗习惯，所以一下子让蒙族牧民去经商摆摊，还不适应，要慢慢来。你让他变得比汉族还快不大可能。因此，在民族地区发展经济不是一个简单的事情。

在经济发展过程中一些民族的民族意识会增强。这是由于与其他民族的经济发展差距造成的。这个差距使他在心理上感到有一种压力，于是就形成民族意识，特别是生活在海南岛的少数民族，由于他们和农场住得很近，而生活差距太明显，这种民族意识反映得更突出。相比而言，在阿拉善盟这里蒙族同志的民族意识反映不是太强烈的。但是，你们要注意不要把汉族与蒙族之间的发展差距搞得太大了。（乌力更插话，阿盟情况还不错，额济纳旗年人均收入800多元。北部牧区牧民年人均收入500多元。腰坝农牧结合地区年人均收入700多元。所以总体情况看，蒙汉族经济发展状况基本相同。前年我沿这里的中蒙边疆走了20多个苏木，看他们的发展情况，因为过去乌兰夫同志曾经提倡他们与蒙古人民共和国搞竞赛，到底这些年情况怎么样，需要了解一下，发现他们与其他牧区的发展还有差距。这里有许多历史原因，需要我们引起注意。后来，我给自治区党委做了汇报，近几年有不少的变化。）阿盟地广人稀，有很多的资源，随着商品经济的发展，牧区还有很大发展潜力。在赤峰有个明显的农牧矛盾的问题。而阿盟发展了饲草料基地，农牧矛盾解决得就比较好。农业为牧业服务，解决了农牧矛盾问题，内蒙古的民族矛盾就不突出了。但从今后阿盟的发展前景来看这个问题，还是应该引起注意的，将来引黄河水发展农业，发展工业，肯定会进来不少汉人。怎么解决好与当地农牧民的关系，要提前考虑到，把他解决好。因为我们是民族地区，这个问题事关当地经济社会发展的大计，要认真对待。（乌力更插话，阿盟与昭盟不同，那里地少人多，蒙汉杂居，农牧交错矛盾比较突出，而阿盟从一开始农牧结合这个问题解决得就比较好。费老在这里强调注意这个问题，是希望阿盟能沿着这个正确的路子走下去。那样的话阿盟的民族问题、农牧业发展问题、经济发展问题会越来越融洽。）

同时，在阿盟要实现牧业现代化和蒙族的现代化，不能满足于搞土特产贸易，单纯卖驼绒、羊绒，说得不好一点，那是一种殖民地经济。因此我认为应该有你们自己的小规模的系列加工工业，将来把驼毛在多层次、多种类的企业里进行深加工，创造较大的经济社会效益。

这里有一点，就是你们始终不要忘记在实现牧业现代化的过程中要实现蒙古族的现代化。你们不能安于穿袍子、吃羊肉。要搞现代化的牧区，要对得起祖先，要把这里的蒙族建立在现代化牧业的经济基础之上,要有自己的特点。我认为阿盟的蒙族牧民可以把养骆驼、山羊作为自己经济发展的特点和优势。(乌力更插话,像鄂伦春什么事情都由国家包起来,而自己没有个自强的精神和自身经济发展的特点是不行的。)

阿盟是骆驼之乡,你们应该加强对骆驼的科研工作,把骆驼的品种改良好,在骆驼身上多做文章。并在发展牧业的基础上发展加工业。同时要紧紧抓住盐煤等资源的开发利用,这就会形成你们地区民族经济的特点。如临夏的回族善于经商做生意,我在那里提出一个"以商带工"。让他们放手去干,任何民族都要找到自身生产的经济基础,而且这个经济基础要现代化,不能满足于传统的办法。

为了发展养驼业,我建议你们可以到养驼好的蒙古人民共和国去考察一下,搞好品种改良,把养驼发展起来。你们应该和蒙古进行经常的交流,学习人家先进的东西。要把这个作为你们蒙族发展的经济基础,拿出办法来搞良种,增加生产加工,有了各种加工,这就靠得住了,不能满足于做官。少数民族做官不容易,做官责任大呀。

我最后再总的说一下,一是今后要进行深入的系统调查,由北大和内蒙古的研究机关合作进行。希望当地党政能支持,给他们条件,把这几个点深入调查下去,不能走马看花。二是重视提高骆驼的素质,引进良种,加强同蒙古人民共和国的联系。最好派人出去,看一看,尽早组织些人去考察一下,把骆驼搞得胖胖的,壮壮的。三是昨天和晋盟长一同去看了驼绒厂,提出了如何去改进,打入国际市场,我们民盟中央社会服务部可以帮助和苏南的针织厂联系进行技术协助,甚至进一步搞联营。总之,要找出一条路子,发展骆驼事业,使牧区的千家万户得到好处。碱厂做得很好,希望你们发展起来胜利完成。四是水的问题。把它包括在黄河上游多民族开发区的计划里,把内蒙古、阿盟包括进去成为二省二区的协作计划。

全国一盘棋

从沿海到边区的考察

（1988年9月）

中央沿海发展战略提出后，东、西部发展的关系就成为一个很重要的问题。

从种桑养蚕业北上谈起

东部地区这一年半来变化很快。以江苏为例，我们曾经把江苏省分为苏南、苏中、苏北3个发展程度不同的地区。我们看过"苏南模式"，也看到了苏北发展中的一些问题，但是对苏南、苏北的关系问题却谈得不够。其实，苏南、苏北的关系最近也发生了很多变化。就拿"丝绸之乡"的江南来讲，近来这里的丝绸工业大呼原料紧缺，埋怨苏北不肯出卖蚕茧。这种类似"羊毛大战"对原料的争夺，反映了地区之间关系的变化。过去苏南自己种桑养蚕，原料自给。这几年，桑蚕跨过长江在苏北安家落户，苏北的桑蚕产量已经超过苏南。苏北、苏南有了更密切的经济联系。

桑蚕北上，是商品经济规律的必然结果，像世界经济产业结构目前发生的变化一样。产业结构的调整和转移主要有两种方式：一种是通过人口转移来实现。表现为人口向城市的大量集中，工业在城市高度聚集，如当前的墨西哥城、新加坡等。中国的上海也发生过这种现象。另一种是通过工业转移来实现。表现为劳动密集型的产业向外扩散，苏南的乡镇企业的兴起就是这种扩散的结果。由于商品经济的规律，苏南农民不愿再种桑养蚕。这就促使种桑养蚕向经济相对落后的苏北转移，当然，目前这种产业转移程度还很低。

我们在小城镇研究中，曾经提出"离土不离乡"的概念，这是根据当时的经济发展情况提出来的。现在随着经济发展的变化，我们认为农民"乡""土"都可能离。前提有两个，一是农业规模经营，二是社会保险制度。我在苏南进行了规模农业的研究，一般认为，一个农村劳力如果有产前、产中和产后的社会化服务，又能利用机械耕种，经营10—20亩土地，收入就可以等于务工的劳力收入。另一方面，土地对于农民长期起着社会保险的作用，在新的社会保险体系建立之前，农民轻易不肯放弃土地。

苏南要上新台阶，出路仍在乡镇企业的深化发展。苏南的丝绸工业不仅要有丝织，而且要有印染，进而发展成衣生产。这几年成衣时装发展很快。过去认为时装表演是有伤风化的事，现在虽然开禁了，但苏南目前仍以初级产品生产为多，以成衣为最终产品的比例还很小。只要苏南乡镇企业向技术密集型方向发展，种桑养蚕等劳动密集型的北上就不可避免，苏北完全有可能成为新的桑蚕基地。这个例子说明了这样一个道理，国际、国内经济产业结构的变化和转移，完全不是人为设计安排所引起的，而是商品经济规律的必然结果。对商品经济规律，我们只能努力去认识它、尊重它，而不是想当然地人为干扰它。在这个基础上,我们才能处理好各种关系。

中部地区也是如此,湖南具有一定的代表性。东部沿海地区的变化直接冲击着中部地区,形成一个"次沿海地区"。湖南和广东交界的湘南,目前就成了一个弹性过渡地带。例如广东市场需要大量生猪,湘粤边界的几个县就兴起了"养猪热"。目前广东和湖南形成了一个"接力赛"的有趣现象。湖南的生猪卖到广东供广东人消费,广东人的生猪卖给香港出口创汇,因为广东养的是香港市场所需要的"瘦肉型"猪。

广东接受香港的经济辐射,并向内地传递。例如广东的来料加工企业中有很多工人是湖南人。这些工人之中有的成为继续扩散的媒介。目前这种"接力赛"和梯度扩散还在由沿海向内地进行着,过了韶关就直接进入湖南。但是我们应该清醒地认识到,这种扩散不是无限制的,它是由商品经济规律决定的,也是由国际市场的变化情况所决定的。广东吹来的"南国风",是受香港经济繁荣与否的影响,而香港的经济又受世界经济起伏的影响。而面对瞬息万变的国际市场,我们又缺少经验,外贸体制还很不适应。因此,我们的"大进大出"还是攥在别人手里的"大进大出"。这是目前外向型经济发展中最大的问题。比如,我们还没有自己的面对世界市场的信息中心,信息中心在香港,在日本。我们只能通过别人的信息中心得到订货单。这种被动的情况不是短时期能够解决的,只能在实践中不断提高自己对国际市场的适应能力,同时还要始终保持清醒的头脑,努力削弱对外的依赖性,才能减少大起大落的损失。

西部地区的发展同样应该尊重商品经济规律,而我们对商品经济规律的认识还很不够,跟不上事物的发展变化,西部的路子还在探索之中。

市场导向与经济运行的启动

现在首先应该解决经济发展的启动问题。我常比喻，一个地区的经济运行要有一个"发动机"。这个"发动机"的功能就是启动整个地区的经济发展。西部地区现在出现了"富饶的贫穷"现象，资源丰富，但经济落后。西部的企业如果搞得好，可以带动资源开发，带动当地各业发展，形成良性循环，搞不好就会成为沙漠中的"孤岛"，与周围社会自我隔绝。这个"发动机"的启动关键在哪里？我认为是市场导向的确立。沿海地区"外向型"经济体现了国际市场导向，但是也不能忽视国内市场导向，这就是我常说的"两个市场，左右开弓"。

在甘肃临夏，我提出"以商带工"的启动战略。我在那儿考察时，发现了一支农民流通部队——"倒蛋部队"。他们在农村收购大量鸡蛋，用自行车运往兰州出售，搞活了流通，促进了生产。我认为西部各地都要有这么一支"倒蛋部队"，由这种贩运队伍引火启动整个地区的经济运行。我进一步考察了这个地区回族的历史，提出发挥回民善于经商的优势，搞活区域经济。这个地区商品经济的发展，产生了更大区域联合的趋势，需要更大的商品经济发展的基础，甘肃、青海、宁夏三省（区）的协作应运而生。这个"协作区"在历史上就属一个经济地带。以河西走廊为主的黄河1000里流域，善于经商的回族就在这个地带长期生活。现在我们把这1000里黄河连起来看，提出建立12个大型水电站，以解决这个地带的能源问题。

由水电产生能源,能源推动矿山资源开发。通过资源开发带动这个"协作区"3000万人民的致富,从而促使整个区域的商品经济的良性循环。这个经济启动的结果,将形成西北地区一个经济发展中心。

这个经济中心的恢复和发展,更长远的意义就是重开向西的"丝绸之路",打开西部国际市场。从某种意义上来说,西部国际市场比东部国际市场更有潜力。东进的外向型经济发展,势必受到日本和亚洲"四小龙"这道屏障的阻遏,而西进中亚、西亚和中东地区,我们却具有一定的优势。充分发挥回族的民族优势,提供伊斯兰国家所需要的各种生活用品(包括热水瓶、毛巾等在内),我们完全可能建立一个很大的西部国外市场。这方面,苏联正在同我们赛跑。总之,外向型经济不是单一的,同样要发挥各民族的优势去开辟国际市场。

市场导向,国际市场急待开发这是没有异议的,但是目前国内市场的潜力远远没有发挥,特别是国内农村这个大市场。这几年全国各地农民的收入都有所增加。1980年前,全国大部分地区的农民收入在100元以下,而现在的贫困线已提高到200元。全国虽然还有6000万人口在这条线以下,但绝大部分地区农民的收入都超过400元,有些地区发展更快。例如湖南沅江县1986年一年农民通过苎麻种植就有2亿元的收入。这些钱是怎么花的?苏南农村是通过集体积累发展了乡镇企业,这笔钱转化成工业积累。但是大多数地区的农民拿这些钱盖房子,或吃掉了,没有转化成生产力。

农民手中的钱主要有两条出路,一个是生产性的,另一个是生活性的。农民刚刚从自然经济里走出来进入商品经济的环境之中,出现了许多奇奇怪怪的现象,包括农民生活消费的奇异现象。我们参观沅江农民的新房子,房间里几乎看不到任何配套家具用品,但是很多农民却买了收录机、电视机甚至高级音响设备。这些电器给农民多少益处,很难说清楚。很多地方现在还没通电,或电力不足,农民看电视,不是图像不清,就是老看"再见"(因电停止)。有些地方的农民用洗衣机装稻谷。尽管如此,农民还是大买家用电器。可见,我们对于农民手中的钱,既不重视,也不注意引导。

农村大市场包括两个部分,一个是农民需要的生产资料,另一个是农民需要的生活资料。现在农民有钱想买化肥、农药等生产资料,但买不到。这怎么能使农民手中的钱转化为生产资金?农民新房里没有合适的生活用品配套,这怎么能合理地引导农民用手中钱去改善生活?

总之,对于农民手中的钱,农村这个大市场,我们应该给予充分重视。商品经济的发展不仅要有国际市场导向,而且应有国内市场,特别是农村这个大市场的导向。扩散效应与东西联营我以为西部各地区的经济发展都要以内外市场为导向,但各地又要因地制宜,选择自己的启动模式。例如,甘、青、宁"三省协作区"就是以"能源先行"为启动模式的。总之,经济运行急需启动,而启动方式又要因地制宜,切忌"一刀切"。根据西部地区的具体情况,我主要谈一下与启动西部地区经济有关的两个问题,一个是发挥国营及军工企业的作用,二是发挥"东西联营"的作用。

国营和军工企业,也就是我们常说的"三线"企业,是西部地区的技术堡垒。30年来,国家花了上千亿元的投资在西部地区兴建了这批企业。这批企业在计划经济僵化的体制中,不讲效益,不计成本,大部分亏损由国家补偿。特别是这些企业自建社会，自成体系，与周围社会几乎隔绝，没有形成带动周围地区经济发展的强大力量。例如包钢，企业办社会，包袱越背越重，而自己生产的钢材全部外运，包钢所在的内蒙古所需钢材却要到外地去采购运进，形成所谓"飞地现象"。

这些年来，这些国营和军工企业有了一些变化，但是远远没有发挥它的能量。国营和军工企业最大的优势是它的技术优势。兰州、西安等地中级职称以上的知识分子所占比例比上海还高，西部很多企业的技术优势和设备优势在全国也处于领先地位。我一直在考虑，这些企业如何能把自己的技术优势扩散出去，在周围地区产生扩散效应（或外部效应）的问题。

这种扩散可以分两步走。第一步是品种变型，即"军转民、重带轻"，把过去计划经济中的部分军品生产转为商品经济中的民品生产，把"包销经济"转为市场经济，让重工业带动轻工业，让全民所有制扶助集体所有制，让大企业结合中小企业。这种变型符合中央有关企业改革的精神。第二步是地区扩散，品种变型后，国营大企业和军工企业为周围地区的横向联合打下了基础，大企业的技术优势和地方的资源优势、劳动力优势结合起来，将会产生综合效益。发挥国营和军工企业的优势，启动西部地区的经济运行，是一种重要的启动模式。

我一直主张"东西合作，互惠互利"。内蒙古的呼伦贝尔盟近几年经济发展很快，牧业从粗放改为舍养，农业从乱垦改为机械化规模经营。但是那里的森林资源没有很好地利用，浪费很大。我在那里做了"红娘"，介绍他们与江苏联营。江苏派人帮助建立木材加工厂；内蒙古用木材换人才、换技术。通过这种东西联营，在西部建立少数民族自己的工业基础，这是一种"国内补偿贸易"形式。我在满洲里市也做了"红娘"，让江苏和他们联营外贸出口，组织货源出口苏联，进而换汇进口"以东支西，以西资东"，在国内"大进大出"。

"地区间的合作"是多方面的，内蒙古既然可以和江苏合作，当然更可以和东北三省合作联营，使各地的优势通过合作得到优化；总之，加强地区间的合作，形成合成优势，是西部地区经济发展的又一个重要的启动形式。

事实上，这一年半来东西部都发生了很大的变化，如何正确处理东西部地区不平衡的关系，促进东西部地区的协调发展，正是目前急待解决的问题。大家都清楚，全国东部、中部、西部三大经济地带发展是很不平衡的，东西部反差尤其强烈。世界上有"南北问题"，中国有"东西问题"。从发展观来讲，绝对平衡发展是不可能的，但"平均主义"也不能促进社会经济的发展。

中国的发展，从地区来讲是一个先发展和后发展的问题，从个人来讲是一个先富后富的问题。"共同富裕，协调发展"，这一指导思想我们不能动摇。我常说，中国不是"大鱼吃小鱼"，而是"大鱼帮小鱼"。那么怎么帮？我认为主要有两条：一是国家支持，二是自己走路。赵紫阳同志说过：对东部地区，我们给政策，对西部少数民族地区，我们不仅给政策，而且要给切实的帮助。这说明发展西部地区，国家的参与是必要的，但是最根本的发展动力来自当地的人民群众。国家支持的目的就是帮助西部少数民族站起来走自己发展的路。我一直呼吁发挥各民族的优势，用自己的腿走自己的路。例如藏族，他们比其他民族更适应青藏高原的高寒气候和低气压。又如黎族，他们在海南岛有经营热带植物的传统和经验。我们只有帮助少数民族在自己的经济基础上站起来，才能避免少数民族名存实亡的后果,才能使我们的国家真正成为一个民族大家庭,各民族才能在这个大家庭中共同繁荣。

东西部协调发展的关键是深化改革。例如我们在西北地区筹建一个亚麻厂,几年不能上马,这个"发动机"一直启动不了。为什么?因为它只走上层路线,被层层的机构所羁绊。所以眼睛不能光向上,而且也要向下,上下结合才有活路。再如,青海对羊毛原料进行地区封锁,不许外流。因为青海的羊毛纺织厂需要原料,而当地政府靠这些羊毛纺织厂能得到巨额税利。这些税利是在压低羊毛收购价,低成本的前提下挣得的。"羊毛大战"使羊毛外流,政府通过行政手段设卡堵截,结果出现了牧民用游击战来保护这支"倒蛋部队",羊毛仍然出去,堵卡的行政队伍也难免腐化。真正的解决办法不是维持原料低成本,而是提高企业的经济效益。为什么别人可以用较高成本的羊毛原料生产仍有利润,而青海却不行?所以,改革才能开放,开放才能改革。这里归结到一点,就是要遵循商品经济规律办事,在改革中找出路,求发展。

南岭行

（1989年）

去年我参加中央代表团到广西庆祝壮族自治区成立三十周年。这是我第六次访问广西。在50多年前，1935年我就到过广西大瑶山，就是现在的金秀瑶族自治县。当时我年纪很轻，只有25岁，连马都不骑，天天在大瑶山里面跑动。大瑶山相当大，没有公路，都是人走出来的小路。而这次去，公路从桂林可以一直通到金秀，从北京到金秀去，当天也可以到达，交通方便多了。我从学生时代开始，最早接触民族问题，实地考察少数民族就是从这儿开始的。直到去年，我对瑶族的感性认识还只限于大瑶山，而且只是其中的一小部分，名叫花蓝瑶。我的前妻王同惠死后，我根据她调查的记录写了一本书，去年才正式出版，书名叫《花蓝瑶社会组织》。解放后，我去了金秀几次，写了有关瑶族的文章，也收在这本书里面。

我早就有心为瑶族发展经济和文化出点力，但我明白靠这一点知识是不够的。我想多走走，了解些实际情况，但瑶族分布太广，而且都在山上。我老了，爬不了山，能在瑶家喝一杯茶，已经很不容易了。这次到广西，我仍决定去金秀访问，接着又到了瑶族聚居的恭城县，其后还从广西到了湖南的江永县，因为那里瑶族人数也很多，占全县人口的40%上下。后来还到了江华，最后到了广东的连南。连南也是瑶族自治县。

这一趟一共走了二省一区的 6 个县。

一

走了这一趟,我想知道瑶族究竟有些什么特点,同其他少数民族有些什么不同的地方?我以为瑶族最大的特点是住在南岭山脉里。这个山区是瑶族主要聚居区,现在居住在这地区的老百姓,瑶族可能移入得最早。从记载中能查到的资料来看,在南岭山脉附近,甚至北及洞庭湖,南到广西的西江和广东的北部,隋唐时期,就是瑶族的主要聚居区。

广西和湖南的瑶胞,有很多传说,认为瑶族是从千家峒迁移出来的。有人在江永县一个乡里找到了一个"千家峒"。这次我特地去看了一次。峒是什么意思呢?有人把峒字写成了三点水的"洞",就像陶渊明写的《桃花源记》那样,好像是个水洞。其实这里是指一个四面都有高山围住的小盆地,盆地里有山上流下来的水灌溉农田,所以可说是一个和外界隔离的农业社区。在瑶语里,峒是指一块盆地,到了汉族文人手上才变成了"洞"字。瑶族传说中说他们是从千家峒里分散出来的,很可能和历史事实符合。大概在隋唐之后,从北方涌入了大批移民,进入江南的两湖地区(湖南和江西),把平地都占了。原来在这些地方居住的瑶族先后被迫移入山区,占有那些偏僻的小盆地,经营农业,可能是种稻,到现在瑶族还是种稻能手。到元末明初,这些"峒"也守不住了,或更向南、向西迁移,或上高山,成了到处为家的"过山瑶",也形成了南岭山脉里"无山没有瑶"的分散格局。陶渊明写的《桃花源记》,并不是一种文学的虚构,而是当时现实生活情景的写照。在这种和外界隔绝的小天地里生活的人,过着自给自足的生活,外面的变化既不知道,也不关心,所以是"不知有汉,无论魏晋"。对他们来说,哪一个人当皇帝都没关系,可以不管。只要这个小天地守得住,就不怕。这里面人情味很浓,友好往来,和睦相处。我30年代在大瑶山,行路时,天热了,衣服一脱,插一根草,打个结挂上,就没有人会来动它。这种风气给我很深的印象,至今不忘。

那时在大瑶山调查,我就有个问题:这样一个封闭的社会,如果人口增长了。土地又扩大不了,怎么办呢?后来才知道花蓝瑶里有控制人口增长的习惯,每对夫妇只生两个孩子,多了就不留了。后来又知道他们的妇女都懂得避孕的方法,而且听说是用灵香草作为避孕药物。人口得到了控制,这个小天地就不容易被涨破。几百年来,这大山里就住着这个保存着自己传统习惯的小集团。这在瑶族中很可能是有代表性的。

交通不便,闭关自守,现在讲来是不好的,但当时,如果不是交通不便,山势险恶,也可能现在已经没有他们了。就靠这层层的大山,瑶族同胞才能长期深藏在偏僻的、封闭的山区里。从明朝中期开始,封建统治者曾动用大批武装,进攻这个地区的瑶族。最严重的一次战役发生在广西的大藤峡。这次战争大约长达100年,一直到清朝中叶才停止。瑶族从那时开始就分散到各地去了,并且出现了不同的名称。当然有一部分留在平地,同汉族结合了,结合得较深的由通婚而变成了汉族,结合得较浅的常同汉人来往,并学会了汉语,甚至丧失了原来的瑶语。

我们在江永就看到这种情况。在那里瑶族大概可分为三类：高山瑶、平地瑶和已经与汉族混合了的瑶胞。瑶族中还有一部分是在山区靠刀耕火种谋生，无法长期定居，成了"游耕"的"过山瑶"。流动的这一部分分成几条路线：向西向南迁移，最远的到了越南、老挝、柬埔寨和泰国。泰国北部有很大的瑶族聚居区。这些地区的瑶族，在最近的几十年里，由于战争，许多变成难民，被各国收留。美国有1.4万人，法国、加拿大、新西兰都有。所以目前瑶族已散布在世界各地了。

二

瑶族的共同点是山地经济，以林为主。国内约有170万人，分布很广。以广西、湖南、广东为主，云南、贵州也都有。瑶族作为一个民族，解放前就已经肯定了，不发生识别的问题。在瑶族是怎样形成的问题上，存在一个认同的过程。大概有两种情况：一是从瑶族里面有些部分分了出来，一是由别的民族成分变成了瑶族。这就是说瑶族并不都是同一个来源。这次从桂林到连南所看到的瑶族，多数是说勉话的瑶族。但他们有不同的名称，衣饰也有差别，比如，排瑶、盘瑶、过山瑶等。勉话系统看来是瑶族的主体。它吸收了其他的成分，也分出了一部分。他们之间有些有矛盾。过去的封建统治者"以夷制夷"，有些瑶人被官方利用来对付其他的瑶人，受到的待遇也有差别。比如有些允许留在平地，有些被赶上山地等。因为这个原因，瑶族内部也形成了差距。瑶族内部矛盾直到解放之后才得到解决。

解放后，解决了民族不平等的问题。这在我国的民族关系上是一项根本性的变化。可是，还有差距问题，经济上和文化上的差距还有。50年代，我们访问团首先抓的是民族平等问题，实行民族区域自治。对怎样解决经济上、文化上的差距问题还认识不足。那时的做法是，没有饭吃就送米、送盐；要表示文化上的平等就带文工团去学习民族歌舞，还建立各级民族学院培养少数民族干部。至于怎样去发展少数民族经济、教育、文化，怎样把知识送到少数民族地区，当时还没有重视，至少我自己的认识就不够。直到1978年，我们才有了新的认识。一个民族自治地方如果不具备发展经济的条件，还是改变不了落后的状况。特别是紫阳同志在全国民族团结进步表彰大会上的讲话之后，大家都已看到解决民族问题，首先要发展各民族的经济。单靠少数民族自治是不够的，还要有国家的帮助。

我这次到南岭山脉瑶族地区访问的目的就是探索怎么帮助瑶族更好地发展。我访问的6个县，生态条件基本一致，瑶族生活习惯也基本一致，讲话都能懂。这地区瑶族近100万人，占瑶族总数的2/3。对这近百万瑶族居住的地方，能否想些办法，把它先发展起来呢？

三

从广西踏进湖南境内时，我们在一个瑶族村子前停车休息。这个村子原来是个穷村，人均年收入只有70元。这几年脱贫了，原因是他们学会了栽培夏橙，一种价值较高可以外销的柑桔。今年人均收入已经超过1000元。我们参观了他们的桔园，长势喜人。后来到一个瑶家去访问，恰遇这家的女儿要嫁到广西瑶区去做媳妇，在热热闹闹地准备宴席。我当时就想如果这位新媳妇把培植夏橙的技术带到广西去，不是也可以使广西的瑶族富起来了吗？瑶族之间不是可以通过交流，自己走上发展的道路吗？这时我就想到了南岭瑶族协作区的建议。

其实，这一路上我已经看到不少瑶族脱贫致富的好经验。广西的恭城县现在已列入全国农村电气化的前列。他们利用山区地势的落差，安置小型发电机，解决了家家户户照明、烹饪的燃料问题。如果这带山脉的各个县里都采用这个办法，不是可以解决生活和生产上的能源问题了吗？可是后来我们到江华见到由于缺电以致大量很好的木材被用作燃料烧掉。我当时就想到为什么他们不去向恭城取经呢？

一路看，一路想，越来越觉得南岭瑶族应该很好协作。南岭山脉瑶族地区的自然资源十分丰富。同时由于这里靠近亚热带地区，无霜期短，植物生长得快，质量又好。据说由于地下稀土金属丰富，烟草的质量特别优良，至于稀土金属，更是少有的价值极高的矿产。可见，这个地区是大有可为的。但是，现在大量瑶民处于贫困线下，人均收入还不到200元，他们还在穷山角落里种老玉米和其他杂粮，连粮食都不能自给。其实，这种情形是不难改变的，只要每个村子都找到一种拳头产品（夏橙、烟草、锡矿、锌矿等等），收入就能很快增长，生活也就可以好起来了。如果再引进加工的技术，发展乡镇企业，那就更好了。

当然，我们不能忘记这地区原是西南的木材产地。南岭山脉的森林比大兴安岭长得快。这里的杉木10到15年就成材，大兴安岭却要100年。可惜的是这里的森林破坏得比大兴安岭更早。所幸的是剩余的森林正在瑶族地区。发展林业和瑶族的发展是分不开的。我们比较了江永和江华，两个地方管理林业就有区别。江华搞得好些。他们把林地包给当地的瑶族，不但森林管得好，瑶族的生活也有改善。我们离开江华之前还在瑶胞家吃茶。这家这几年已建了新房子，人均年收入超过了800元，可以和苏南一般农民相比了。江永却不然。那里的森林大部分划给国营林场，从外地吸收林农进来，而把瑶胞搬到半山贫瘠的地区。过去在公社里吃大锅饭时还可以生活得好一些，土地承包以后，他们就苦了。山上回不去，山下好地分不到。更令人听了难过的是这里还有个"自然保护区"，在这个林区是什么都动不得的，而生活在这个"保护区"里的瑶胞的生活却得不到"保护"。他们不但没有树木，连树下的一草一菌都不准采集，只能靠分到的一些山地种杂粮过日子，怎能不贫困呢？江华和江永的干部都反映，对林农征税太多，光种类就有十几种。木材在市场上卖出得到的钱，林农拿到手的不到1/3。这个情形应当及早改变。从这些事实看，这个瑶区存在着共同关心的政策问题。大家可以互相讨论，共同提出合理的建议。

总的说来，要讲瑶区的发展，第一步是各地瑶区互通信息，交流经验，结合本地具体情况，吸取别地行之有效的脱贫方法。第二步是共同研究各项政策的实施情况，提出改革建议。第三步是总结经验，找出几条山地经济发展的共同规律，再根据这些规律拟出切实可行的发展规划，不在于搞大项目，主要是搞能使千家万户得到实惠的小项目。

四

搞经济发展没有资金是不行的。资金从哪里来？我每到一个地方，当地的干部一定要我先听汇报。我听到的都是实情。地方上资金不足，要建设是迈不开步子的。但是，值得注意的是他们几乎大多眼睛向上，伸手要钱，好像解决建设资金只有政府补助这一条门路。因此，我总是说，少数民族地区的脱贫和发展，国家肯定要出钱来补助，自从开国以来，国家对民族地区的补贴不算少。但是，国家能拿出的钱是有限的，所以下面的干部不能只把眼睛向上看，还得向旁、向下看，多找出几条搞到建设资金的门路。民族地区的情况我知道的不多，但在沿海的农村里，我确实看到这10年来农民的收入有了很大的增加。农民手上有了钱，怎样花就成了一个大问题。大体说来是先讲温饱，接着就要造房子。这些都是消费性的用途，是应当满足的。但是这些要求满足之后怎么办呢？很多人并不看重再生产，没有把手头的资金投入农业、工业和商业，而是继续用在消费上，去购买生活上还没有迫切需要的用具。在电力供应不足的地区，甚至还没有通电的地方，农民已开始购买电视机、冰箱、洗衣机等等。这些大多是为男婚女嫁时购买的。很多地方已形成风气，没有这几个"机"，就娶不到老婆。这就不是走生产致富的路子了。钱多了，就讲排场，大请其客，婚丧做寿，甚至儿子考上大学，小孩满月都要大摆酒席，一请就是十几桌。这就有点挥霍浪费，不是正道了。这种情形在民族地区可能已经发生。如果事先不多加注意，收入增加了也难免不走这条路子。我一路上总是提醒大家，讲生产是必要的，可别忘了指导正当消费，有了钱首先要投资再生产。

在民族地区讲经济建设，不仅资金不足，更大的困难是缺乏有关生产的知识，即科学和技术。少数民族由于历史的原因，发展的起点低。过去长期封闭，不容易从外地引进新知识，这是发展的大障碍。可是现在我们已在改变过去的封闭状态，先进民族和先进地区都乐于帮助贫困的少数民族脱贫致富。这是社会主义制度给我们的有利条件，少数民族同胞必须充分利用这个条件，接受外来的知识和技术。我们一路上看到正在富起来的瑶族村子，都是由于接受了新的生产技术，开辟了新的生产门路，其中主要是接受汉族同胞的帮助。

最后，我想提一个南岭山脉瑶族地区的交流协作的建议。不同省区之间地区性的协作在别的地方已经开始了。我们这里可以6个县为基础搞协作；具体可仿照甘肃临夏和青海海东的协作区的办法试行一下，只要广东同意，广西同意，湖南同意，可搞一个南岭山区瑶族的经济协作区。初办时范围不要太广。试行一个时期，有了成效可以逐步扩大范围。

我把这意思讲出来，请大家讨论。

四年思路回顾

(1989年5月6日)

1984年的七八月间,我参加中国民主同盟中央组织的"暑期多学科学术讲座",对我过去的社会学调查做了一番回顾,一共十讲。后来以《社会调查自白》为书名出版,又收入《边区开发与社会调查》这本文集里。时间过得真快,转眼又是4年多了。1989年新春,我应日本友人鹤见和子教授之约写这《自白》的续篇,追述这4年来我在社会学研究中思路上的开拓,以参加中日两国学者合编的一本有关农村和小城镇研究的文集。

从"江村"走向"小城镇"

我早期社会调查的对象是中国农村。30年代我所调查的只是一个坐落在太湖边上约360户的小村子,我称它作"江村"。以这个小村子作窗口,我想去观察中国农民社会生活各方面的基本情况。尽管当时的农村在社会生活上自给自足的程度很高,但是它决不是一个和四周脱离的封闭社区。它在各方面都和外界有联系,特别在经济上依靠着附近那个农产品和工业品交流的集镇。我在江村调查时虽已明白这个情况,并已看到城乡联系的重要性，但限于时间和条件，我的实地观察还只能自限于这个小小村子，没有跟踪寻源到集镇。直到80年代初我恢复了学术工作后才有机会走出农村，进入集镇，把我的研究领域逐步扩大。

由于我是从农村出发去研究集镇的，因而我的着眼点一开始并没有限于集镇本身，而首先把它看作是城乡的接合部。从这个角度我提出"类别、层次、兴衰、分布、发展"的十字研究课目。我还是主张采取实地观察，"解剖麻雀"，由点及面，从定性到定量的研究方法。这次调查不像30年代那样单枪匹马地一切都由个人操作，而组成了一个可以实行分工合作、集体讨论的研究队伍。我们先从江村所在地的吴江县的各集镇调查起。根据各集镇功能上的特点分出了五种不同类型。又从商品流通及行政系统上分出三层五级。然后注意到它们的分布和兴衰过程，最后探索农村经济发展的模式。

80年代初期，正是中国各地小城镇开始复兴的时刻。我们注意到吴江县的这些集镇人口无不在迅速增加。追究过去，了解到它们都曾在50年代进入过一个衰落时期，人口下降；70年代后期陷入谷底，出现了冷冷清清的局面。嗣后前前后后出现了生机。当我们去调查时，这些集镇的面貌正在发生明显的变化，出现了欣欣向荣的势头。

各地方的集镇怎么会兴旺起来的呢？这个问题吸引我们注意到当时正在有如异军突起般发展着的乡镇企业，当时因为这些是公社和生产队所办的工业，所以一般都称作"社队工业"。集镇是社办工厂集中的地方。这时集镇上新办的工厂纷纷到农村里去吸引农民出来当工人，集镇的人口也就多起来了。工业带来了繁荣，集镇上新的建筑一座座盖了起来，面貌大变。农村里也由于生产大队或生产队办了工厂。收入增加了,农民生活改善了。这种令人兴奋的景象,很自然地吸住了我们的研究兴趣。

这里也不应当忽略我私人的因素。我30年代调查江村的兴趣是被当时该村举办的生丝产销合作社引起来的。我在江村调查里得出了"人多地少,工农相辅"这个对当地农村经济结构的概括。从此也得出了发展农村工业是提高农民生活水平的必由之路的观点。这种观点我又在30年代后期和40年代初期的云南内地农村调查里得到支持。时隔30年,事实证明我早年的主张并没有错,我对此自然十分激动。这股出自内心的动力很容易把我推向这个研究课题。

回顾从1982年到1984年这3年,我的调查活动几乎全部放在江苏境内,从吴江一个县开始,扩大到包括吴江县在内的苏南4市(苏州、无锡、常州、南通),接着从北向南,访问了苏北4市(徐州、连云港、盐城、淮阴),再从南京沿江而下,访问了苏中3市(南京、镇江、扬州)。这样,对江苏这个沿海省份有了一个比较全面的概观。在这3年的调查里,我看到当时江苏各地的发展是快的,但也不是平衡的。而且可以看出经济水平由北而南逐步提高的趋向,并可以用各个地区总产值中的工农比例在数量上表示出来。北部经济发展水平较低地区的工农比例是"工三农七";逐步向南,经济水平逐步提高,工农比例也随着发生变化,工升农降。接近长江北岸,工农比例持平;过江偏东,已达到"工七农三";靠近上海一些乡村,当时已出现"工九农一"的比例。综合这些情况来看,发展乡村工业确是农村经济由贫致富的有效途径。这对我这3年的思路有深刻的影响,表现在我这个时期发表的《小城镇四记》(《小城镇　大问题》《小城镇　再探索》《小城镇　苏北初探》《小城镇　新开拓》)里。

1984年我结束了对江苏的初步调查后,除了继续在江苏各地跟踪观察外,我的研究重点跳出了江苏。一路是沿海南下,经浙江、福建到两广;一路是进入边区,从东北过内蒙古入甘肃、青海,并访问了新疆和宁夏。此外还在沿海和边区之间中部地区的河南、湖南和陕西了解一些情况。到1988年底的足足4年多里,我东西穿梭,南北奔走,使我的思路得以开拓和提高,真觉得行万里路胜读万卷书,接触不同的人和事才能有所比较,有比较认识才能深入。我在这调查过程里,也不断把所见的情况和苏南比较,因而对"苏南模式"有了较深入的认识,突破了原来的一些观点。下面我将择要一述我的思路。

苏南模式的再认识

"苏南模式"这个词是我在1983年所写的《小城镇　再探索》中提出的。那时我刚从苏北4市调查回来,感觉到苏南这个地区在农村经济发展上自成一格,可以称为一个"模式"。至于其特点是什么,和其他地区有什么不同等等,在我的认识上还不很明确,所以也没有具体地交代明白。

由于当时我对"经济发展模式"这个概念不明确,甚至还认为其他农村在今后会走上苏南一样的路子,所以"模式"一词包含了模范的意思,甚至带着"样板"的味道。这是不正确的。其实苏南农村由于其特有的历史和地理条件,它们在发展过程中既有和其他农村相同之处,又有其独具的特色。把它看成一种模式主要是在显示它的特点,不同于其他地区的个性。模式在概念上应当和样板区别清楚,不然会带来不良的后果。因为今后中国农村的发展,应当避免强制不同条件的农村仿效一个样板。"文革"期间的"学大寨"是一个不应当忘记的教训。1986年当我在温州看到了和苏南不同的另一种在农村里发展工业的路子时,就警觉到我所提出的"苏南模式"的概念不够明确,而且带有成为"样板"的危险性,所以着重提出"因地制宜、不同模式"的主张。

我所说的"模式",是指在一定地区、一定历史条件下具有特色的经济发展过程。苏南和温州是两个地区,具有相同和相异的历史条件,而在经济发展上走出了两条不同的路子。我们这些研究工作者有责任把这两条路子有什么不同,为什么不同,做出具体分析。分析的结果可以突出各自的个性,称之为不同模式。下面可以简单地以苏南模式和温州模式的比较来作说明。

这两个地方有相同的背景,从50年代后期都实行了公社制度和"以粮为纲"的政策,这是全国农村基本一致的历史事实。这两个地方都是地处沿海,人口密集,人多地少是它们的共性。但是两地的历史条件却有区别,苏南历史上是个农村手工业发达的地方,以"工农相辅"来维持农民生活。即在计划经济下还曾有过一段时期为了外贸的需要,维持了一定限度的传统家庭副业。温州则是个侨乡。这地方的农民一向到海外去经营小商业,用侨汇补贴家用。解放后,国门封锁,外出受阻,大量人口到全国各地去卖工卖艺度日。两地的传统因而相异。也同样在人口压力日益增长下,苏南农民抓住"文革"时期大中城市工业停顿，大量技工回乡的机遇，在原有"工农相辅"的传统下，由公社和生产队办起了小型工业。农业体制改革中农村里的大量剩余劳动力解放了出来，吸收进了社队工厂。这就是我在80年代初期看到的情形。温州没有办工业的传统，也不靠近工业城市，没有发展社队工业的条件。在"文革"期间大量外流的人口分布在全国各地，起初是卖工卖艺并偷偷地按他们经商的传统本领在地区间进行贩运。1984年改革的政策承认了长途贩运的合法化。这一大批流动的人口摇身一变竟成了一支公开的流通大军，在国内开辟了大市场。就是这支流通大军回乡来分别开办家庭工厂，制造小商品以供应已开辟的市场，在短短的两年里在温州一市出现了有名的十大小商品市场。两个地方由贫致富是一致的，但是境遇不同，所走的路子也不同。结果两地的经济结构也各有特色。

先说苏南模式。苏南模式的初期是社队工业，社队工业产生在农业体制改革之前，当时这种社队工业究竟是什么性质的企业呢？这些小型工厂实际上是公社或生产队经济结构中的一部分，由公社的书记或生产队长领导和管理。这种工厂里的工人是从本社或本队的社员家中招收的，记工分不拿工资。工厂的利润到年终结算，除了一部分作为公社或生产大队的财政和公益开支外，归入生产队的工分基金，平均分配给社员，这种工厂如果有利可图，上级政府还可以上调作为自己一级政府的企业。

当时牌子最硬的是国营企业，属全民所有制，有属中央各部管的，有属省、市管的。县办企业有的还够不上称地方国营，就称作"大集体"，于是就把公社或生产大队办的企业称作小集体。我当时也跟着把社队企业视作集体所有制的企业。

新生事物的称呼难免含糊不清。事实上苏南的乡镇企业初期是公社体制胎生的产物,它应当说是社队所有制,所以最初都叫它社队工业。

在苏南,公社体制改革后,农工分了手。农业经营承包到户,而社队办的企业却没有分,照原样办下去。公社名称改成了乡,生产大队改成了村,社队企业的名称也得改,一般称作乡镇企业。这些乡镇企业还是由乡长或村长领导和管理。一直到现在一些村办企业,还是由村长说了话才算数。在这个变动中,由于取消了工分制,工厂不能不按工人发工资了。但是一般工资还不是直接发给工人本人,而发给工人的家长。后来加发奖金时,在厂的工人才真正有现钱分到手上。我曾把这种在改革中常见的情况比喻作蝌蚪变青蛙的过程,脱掉尾巴要有一个过程。到目前苏南的乡镇企业里还可以看到公社制留下的尾巴,乡办企业利润归乡政府支配,村办企业的利润归村里支配;管理上还是乡长和村长掌权。实事求是地说,我想这种乡镇企业可以称作地方干部经营的社区所有制。社区是指一定地区里共同生活的人。社区所有制是指名义上所有权是属于这个乡或这个村全体居民的,而事实上由于利润由管理这个社区的行政机构所支配,所以性质和"地方国营"相类似,它跟国营企业不同只是一是全民所有,一是乡村居民所有。在当前阶段不论是全民所有或乡村居民所有,实际管理权都握在各级行政领导手上,政企还没有分。

这一点说明白后,苏南模式就可以和温州模式在所有制上做出区别了。温州当然也有和苏南类似的乡镇企业,但是主要是家庭企业,就是所谓个体户,属个体所有制。严格说,如果个体的意思是指个人,温州街上的作坊也并不真是个人所有的，而是家庭所有的。家庭里有不少成员，而且通常并不限于直系亲属组成。许多是已婚的兄弟甚至亲戚组成的家庭作坊。如果我们仔细观察，各人的责任和收入都有事实上的规定，有时甚至可以说是股份制的雏形。但是通常我们却说这是"个体所有制"或私有制。

当我在温州调查的时候，这些家庭作坊已出现"走向联合"的趋势。我用"联合"一词，是为了避免用那个可能会引起心有余悸的人反感的"合作"这个词。其实在外文里称"联合"不如称"合作"为确切。不同的个体企业联合起来按"合作社"的原则来经营，这是一种合作性质的集体所有制。这种合作组织常是以"亲戚"或街坊关系组成的作坊，也可以说是家庭所有制顺理成章的发展。在这里我们可以体会到个体所有制和集体所有制只在概念上可以有严格的界限，这种界限在现实中是相当含糊的。家庭企业和各级政府所办的企业基本的不同是在一般所谓官民之别。

如果允许我在这一点上再作一些发挥，我想说在苏南模式中的社区所有制在一定意义上也是家庭所有制的发展。公社和生产队一般都认为是社会主义时期的新事物。在历史过程中确是应当这样认定的。但是如果再一想，为什么公社这个制度能这样容易为中国农民所接受，而且运行了20多年？过去很少人敢于提出这个问题，但是我想是值得加以思索的。在生产队的具体运行中，我看到了传统大家庭的影子。家长做主，统一指挥，有福同享，有难同当，岂不是一个家庭或家族的根本组织原则吗？从这个角度看去，社队企业的发生，它的经营方式，招工和分配原则，无处不能从传统的大家庭模式里找到对应。社队企业是社队的副业。我并不想贬低新生事物新的一面，只是想指出新生事物似乎都不能和传统模式相脱节，而且常常是脱胎于传统模式的。我指出这一点体会，很可能和鹤见和子教授的"内发型的发展论"有相通之处。对中国社会的发展，从乡土社会发展到工业化后的现代社会，这条道路上传统文化会起什么作用，消极的和积极的两个方面，都值得我们平心静气地加以分析和评估。要能做到这一点，我们不宜从概念到概念地作理论上的纠缠，而应当从活生生的一个个人的具体生活、思想和精神状态中去观察和体会，以求得深刻的理解。

珠江模式的冲击与联想

沿海各省这十年里农村的发展，总的说来都是走兴办小型工业的路子，但各有各的办法。办法之所以不同都和各地特有的具体条件相关，真是"八仙过海，各显神通"。其中最引人注目的就是我上述的苏南模式和温州模式。可是在最近三四年里，珠江三角洲又出现一种和上述两种模式不同的发展路子，不妨称之为珠江模式。对这个模式虽则还没有深入调查，但这个模式对我的思路又起了有力的冲击和推动。

我到广州附近的东莞去访问是在1988年底。但是在和这个发展模式接触之前，1985年我在访问香港时已有所感觉。我在访问回来所写的《港行漫笔》中有这样一段话："从观塘的蜂窝厂家出来之后，我突然产生一个奇特的念头：如果我有孙悟空的本领，真想一口气把这密密麻麻挤在多层大厦里的那许多工厂，吹散到内地广大的农村去。那么，这些蜂窝厂家不就成了无数的乡镇企业了吗？我们除了无需建筑多层工业大厦之外，香港的小型工业在经营上确实是我们乡镇企业的一个范本。这范本里写着乡镇企业下一个发展阶段的文章。"

香港原来是个国际港口，在过去20年里利用大陆上移入的劳动力和世界各地的原材料和市场发展了多种多样劳动密集型的小型工业。这些小型工业在我去访问时已有4.7万家，一家工厂是一个核算单位，职工达85.5万人，平均一家只有20人。这些工厂都挤在多层大厦里，一层楼里可以有好几家小工厂。一个老板可以有好几家以至几十家工厂，所以我称之为"蜂窝厂家"，当时就想大陆上的乡镇企业如果能像香港这样办，原料、市场两头在外，农村里的劳动力加上先进技术和管理，不是可以又跨上一层台阶了吗？

我当时只想摇身一变，变成个孙悟空，把香港工业大厦里的蜂窝厂家一口气吹到大陆上去。没有定下神来再思考一下，怎样吹起这阵风来。时过三年到东莞一看，我那时的奇特之感却已成了事实。是哪一阵风把这些小工厂从香港吹来的呢？并不是真的出了个孙悟空，而是香港和大陆两地工资和地价的差额所构成的那一个气流。当隔着两地的政治屏风一撤走，不可避免地刮起了这阵经济风，在短短的两年里，珠江三角洲大大变了样。香港工业正在扩散。

我去访问东莞是应一位亲戚之邀去参加他办的一个成衣工厂的开张典礼。这个厂就设在东莞专为外资办厂的工业区里，从签约到开工只有半年。这位亲戚原来就在香港观塘办有一个成衣工厂，我访问香港时曾去参观过，也就是我发生奇特念头的地方。事情是够巧的，也因之对我思路的启发特别强烈。

更有意思的是就在当天，我在香港的报纸上看到一条报道。说是香港有一家工厂的职工静坐在厂房里不让老板把机器运走。至于这个老板为什么要搬走机器，把机器搬到哪里去，报道里没有说明，只说是这个工厂的职工怕失业，反对把机器搬走。我那位亲戚在香港的工厂并没有关闭，但他和我说，香港工人的工资一个月要3000港币，而在东莞只要300元人民币。他加了一句说，大概相差10倍。这是风源。这阵风会不会把他在香港的厂刮走，我不敢预料。香港怎么变，我们暂时可不管，值得我们注意的是这阵港风在大陆上吹起的变化。

从香港吹来的这阵风，也唤起了我的记忆。我记起了前几年我曾请那位亲戚到吴江去参观，目的是想在江苏和香港之间搭座桥。我建议他在我们家乡开个分厂。他看我的面子，把办厂计划都搞了出来，可是快要签约前，他的几个合伙的朋友却退缩了；原因是吴江离香港太远，能不能按期交货没有把握。失信事小，赔钱事大。我的面子毕竟大不过经济规律，这个项目吹了。不料事过几年，原来可能在吴江见到的这个工厂却在东莞出现了。这个事实说明了人情世界已经过时，面临的是个我还不熟悉的，也不习惯的由经济规律决定的社会经济秩序，一个韦伯所阐述的理性世界。我所看到的这种珠江模式的出现看来谁也挡不住的。

令人深思的是上述三种模式的差别。如果我们可以说苏南模式多少带着浓厚"内发型"的意味，珠江模式应当可以说是"外向型"了。当然苏南模式中也包括接受从上海这个大城市扩散出来的技术和信息，但是在程度上和珠江模式相比却大有区别。珠江模式的主要特点是不仅两头在外，而且可说是主体也部分在外，因为掌握着经营管理权的并不脱离它原来的中心，而且利润主要部分是吸收到外在的中心里去的。苏南模式是当地农民利用城市的协力自己创造出来的企业，而珠江模式则是以外地力量在当地农村自愿接受的条件下输入的企业。对珠江模式的认识，还有待以后进行深入的调查。这里我只记下一些初步接触时思想上所发生的启示。

从"因地制宜、多种模式"
到"随势应变、不失时机"

自从我接触到了"珠江模式"后，我对发展模式的概念又有了深化，在多少带着一种静态意味的"因地制宜、多种模式"上加了个"随势应变、不失时机"的动态观点。

我在比较苏南和温州这两个模式时，已注意到前者背靠上海这个大城市和苏、锡、常、通四个中等城市，而温州却背山面海，是个被备战形势封闭的港口，没有大中城市可以依靠。这个区别可能是这两种发展模式分道扬镳的起点。当我接触到珠江模式时，心里不得不想到它和苏南模式之间的区别是不是出于各自的靠山不同，一是上海，一是香港？上海在抗战前原本是个仅次于日本东京的东亚大港。那时香港只是国际航运线上的一个船只靠岸、加水、加煤的码头，在这里上下的旅客和装卸的货物是有限的。当时中国的南大门还在广州，所以广州的市面比香港更为繁荣。自从新中国成立，大门紧闭，对外实际上只留了香港这一个借道的出口，香港却因此发迹了。

香港在近十多年简直是像张开了满帆，在顺风中破浪前进。香港现在的大亨们有多少不是这些年头靠地价上涨而发起来的？香港已成了个东亚可以和东京并立的现代化国际商业和金融中心了。近年来又发展了近5万家工厂。看来香港的工业基本上和温州模式一样是由商业带出来的，相同的是都属小型制造业，不同的是温州的市场在国内而香港却面向世界，小巫见大巫。珠江模式是抓住了香港和内地工资差和地价差，不失时机地兴起的，是香港经济的扩散。

苏南靠近上海。而上海，30年来已是个封闭性的工业城市。上海的工业主要是按计划经济经营的国营企业。国营企业原材料供应和产品分配都由国家包办，自身不会发生向外扩散的作用。上海的经济扩散力因此不能和香港相比。长江三角洲在这方面比珠江三角洲也就相形见绌。如果不是"文革"把上海这种封闭状态打开了一点缺口，在"停产闹革命"中大批老职工回乡，苏南当时的"社队工业"成不了"异军"，也不会突然兴起的。

近年来在改革开放政策下，苏南企业才逐渐靠上这个比较开放的大城市。后来居上的昆山县乡镇企业在近两年里的发展，就是例证。苏南乡村企业发展还得紧靠上海这样的工商中心。但是上海却比不上香港，因为它自身还需要转轨，而转轨不是容易的，何况现代世界经济中心已经不以工业为主，而是以信息为主了。上海恢复它原来的国际地位，要补的课是十分艰巨的。上海发展得慢，扩散力量小，它对苏南的带动作用现在还是有限的，这匹老马已拉不动更远的车了。在苏北就能见到上海力所不及的情况。

香港在经济扩散上有多大能耐呢？我带了这个问题前年到了海南岛，去年去广州西北的梅县，最近又去了广西的桂东。我看到的是这股港风正在吹向珠江三角洲的外围。翻开地图来一看就可以明白：从香港这个中心向大陆扩散，像波浪般形成了若干层次的同心的环形地带。第一环是深圳和珠海，这些地方现已成立了经济特区。再向里，第二环是广州附近的东莞、中山、顺德、南海这4个县。它们已被称为突飞猛进的"四小龙"。以年纪论，还不出两三岁，它们都是两年前广东列入沿海开发区之后兴起的。香港的这阵风已经吹进了第二环，但是会不会吹遍全省呢？我的看法：继续扩大是可以肯定的，至于扩大得多快和多大，看来并不决定于香港的实力，而决定于我们的政策和投资条件。香港是个国际金融市场，资金是唤之即来，挥之即去的，其来其去决定于利润的高低和风险的大小。如果我们国内安定，开放政策不发生变动，最后限制这阵港风的将是具体的投资环境，其中水电和交通是决定性的条件。这个机遇能否抓得住，那要看我们自己是否有随势应变的能力。

我在广东的梅县和广西的玉林及梧州都已微微地感到这阵扑面而来的港风。梅县在粤东山区，过去是早年从中原移来的被称作"客家"人的中心。由于土地贫瘠，很多人不得不出海谋生，所以成了有名的侨乡。客家人爱乡观念很强，过去是用侨汇来接济留在故乡的亲人，现在很积极地想投资开发家乡的山区。但是，由于地处偏僻，离开广州、厦门和汕头都有相当距离，他们心有余而条件不够。去年集资开辟广州到梅县的航空交通，极力争取香港工业的扩散。但到目前为止，这里还只能说是香港工业扩散区的西部边缘。

香港工业如果会进一步扩散，看来从广州沿西江西去较为便利。从梧州出发的轮船，顺西江东下，当天可以过广州到香港，而且梧州正在积极筹建机场。在接受投资条件上比梅县优越。后来我听说港风已吹到了处在广州和梧州之间的肇庆市。可惜我交臂错失了去现场参观的机会。无论怎样，西江可能具有迎接香港工业扩散的有利条件。但目前看来还没有形成第三个环形地带。

围绕香港的三个环形带的形成和构想

上节所讲围绕香港这个中心的三个环形地带只是从香港工业扩散的角度来说的。如果进一步分析这些地带的产业结构，还有各自的特点和相互的关系。目前这个地区各种产业正在发生地域性的分化。我们已看到的是香港把许多劳动密集型的工厂或车间向珠江三角洲转移，因而引起了珠江三角洲原来用在农业上的劳力和土地在向这些新兴工业转移，同时也引起了珠江三角洲附近地区农村的变化。由经济中心向四周的辐射，波浪形地一层层扩大，已到了广东的邻省，构成了我们的研究新课题。

1988年底我曾从广西的南宁，经玉林、梧州北上，从恭城入南岭山脉，穿过湖南、粤北回到广州。这个地区正处在上述工业扩散区的外围，看到了不少值得注意的变化，使我感觉到这里正在形成一个为香港和珠江三角洲这个经济中心服务的农副产品的供应地带，将发生独具一格的发展模式。先说我产生这个想法的经过。

当我坐的车离开南宁不久，公路旁有一个很惹眼的新建的村子，村子四周丘陵两侧全是成片的菠萝田。同行的人告诉我这是个安置从高山上迁移下来的瑶胞的村子。自从引进了菠萝这项"一村一品"的拳头产品,现在这里瑶胞平均收入正在逐年上升,目前每人超过500多元。我追问之下,知道了这里培植的菠萝产量高、质量好,而且近年来发展了商品经济,打开了销路,供不应求。最近发展了加工工业,生产便于运输的菠萝罐头和菠萝饮料,大量供应香港。这番话不仅打破了瑶胞不愿下山定居的传说,而且显示了只要沟通香港这个市场,像南宁这样的地方都能大量培植经济作物了。

我带着这个印象到了玉林。在席间尝到了这里著名的三黄肉鸡。主人又告诉我,这几年来农村家家户户饲养这种肉鸡,每天有汽船拖着一串串装满了肉鸡的木船运往香港。香港人就爱吃玉林的肉鸡,一年要收购500万只。这番话使我回忆起4年前在苏北考察时看到的"百万雄鸡下江南",长江北岸里下河地区近年来盛产的粮食,农民自己吃不完,发展了饲养业,为上海居民提供肉鸡,每天成百上千辆自行车载着鸡笼向上海进发,形成奇观。

我从广西恭城出境进入湖南,在江永县边境下车休息。一望公路旁全是桔林,村里有一家瑶胞正在办喜事。主人对我这个不速之客分外殷勤,并且告诉我,他们全靠引进了夏橙,这个村子的瑶胞已经全成万元户了。夏橙是一种在树上挂果长到一年的橙子,在夏季收获。它不仅质量优良,而且赶在秋桔的前面,市场畅销。近年来几乎全部被香港商人包下了,有多少要多少,价钱又高。不到四五年,这个穷山沟里的瑶村,家家户户住上了砖房。

我在南岭山脉里,一路上就看到了一旦抓住供应城市市场的机遇,大搞对路的种植和养殖业,不消几年就脱贫致富了。这个规律是很容易明白的。香港和随着兴起的深圳、珠海,以及珠江三角洲新兴的"小龙",有近千万人口已安全脱离了农业,他们日常所需的粮食和副食品均需市场供应。这个市场随着工商业的发展正在迅速扩大。珠江三角洲原来是供应广州和香港的粮食和副食品基地,现在发展了工业,农田面积每年缩小,农业劳动力逐步减少。而且依靠市场供应粮食和副食品的人数大增。这种产业结构的改变,给外围地区提供了机遇。正和每个都市近郊都有个蔬菜供应区一样,这样一个大香港经济区必须有一个庞大的粮食及副食品基地为它服务。这个以种植和养殖为主的供应地带的位置,将按它和经济中心区的交通条件来决定,而且将随着经济中心区的扩大而向外延伸。现在正在由珠江三角洲沿西江和北江延伸出去,前哨已达到粤北和桂东地区,对桂东和粤北来说就应当不失时机地改变自己的产业结构,向生产瓜果、蔬菜、禽蛋、肉乳发展,充分发挥它作为经济中心区的副食品供应基地的作用。

我带着这个想法,进入湘南的南岭山脉,这是瑶族的主要聚居区。瑶族分布在山地居住,所谓"无山没有瑶"。但是出乎我意外的是在江永县看到在都庞岭和萌渚岭之间,沿公路有大片的荒地,据说有几万亩之多。联系到南宁附近种菠萝而定居下来的瑶村,不由得我不产生让瑶胞下山来开辟这片平地的设想。如果这片大荒地变成了良田,不就成了珠江三角洲工业发展区的供应基地吗?

瑶族是善于农耕的民族,他们在上千年前就住在像我在江永看到的千家峒那样四周高山的小盆地里,过着"有良田、美池、桑竹之属,阡陌交通,鸡犬相闻"的生活。30年代我自己在广西金秀瑶山里,曾尝到过平生最可口的粳米。这是说在农业技术上,瑶族同胞是有基础的。还必须看到这个山区由于地形的落差大，有充分发展水电资源的条件。现在广西的恭城县已经是农村电气化的先进县。如果能利用潇水上游的水和电，建设水库和灌渠，发展水电，这个地区无疑可以开辟成粮油禽畜的农业基地。

我穿过湘南一角进入广东，在这个有近百万瑶族聚居的南岭山脉里，遍山林木，正适宜于培植果树，上面所提到的夏橙就是一例。而且有山必有水，山谷里都有培植蔬菜的坡地。我在日本东京附近山区曾参观过他们培植山地蔬菜的作业，这种蔬菜在欧美被称没有污染的自然食品，价高而畅销。这段山区里，公路业已修通，今年底从连南到广州走高级公路只有4小时路程。具备了这样的交通运输条件，成为香港和珠江三角洲的供应基地应当是可以实现的前景。

要实现经济中心区外围的供应地带，由于地域广阔，必然会越出现有省区的行政界限，政策上不加以调整，就会出现困难。前年我去湖南访问时，就知道当时广东和香港对粮食和副食的需要大、价格高，湖南郴州地区的粮食和生猪大量外流，提高了当地的米价和肉价，甚至外流人口的增加引起了湘南各县农业劳动力不足，怨言很多。去年因湖南粮食歉收，这些问题更为严重，导致湖南用行政手段封锁粮食输出。但是行政手段每每挡不住价格差的冲击力，陡然增加了边境上的纠纷。这里可以看到随势应变的必要，政策必须灵活，才能不失时机。广东由于吸收香港的工业扩散开辟为开放省，那是随势应变的例子，结果出现了珠江三角洲的"四小龙"。广东的经济发展就会辐射到靠近广东几省的边缘地区，也必须及时制定配套政策，才能转变消极影响为积极影响。这是客观规律决定的事，迟做不如早做。

被省、区行政界线分割的这条南岭山脉,地形、生态甚至民族构成,基本上是一致的,在经济发展上又是处境相同、休戚相关,所以我认为首先应进行密切合作,为将来联合发展的前景做出准备。

边区开发——以牧为主,农牧结合

1984年我扩大研究范围,除沿海诸省外,还包括了西北边区,主要是内蒙古、宁夏、甘肃和青海,两个民族自治区和两个省。我在开发边区这个课题里开始着重做了农牧结合和城乡结合这两个题目,进而产生了"全国一盘棋"的观点。

西北边区的一个特点就是它拥有广阔的牧区。我国牧区草原一共约43亿亩,占国土面积约1/3,主要就在西北边区。历来牧业是这个地区的经济基础,而且具有极大的潜力。从事牧业的又都是少数民族,从发展少数民族经济的角度看去,牧业的现代化更有重要的意义。因此我认为要研究边区开发问题,应当从牧区入手。

以整个内蒙古来说,牧业是当地蒙族及其他少数民族的主要传统经济基础,但是它的南部又是与汉族杂居的地区,引进了农业,草原在退化,牧业也在衰落。这里存在着农牧矛盾,同时也正是过去发生民族矛盾的地带。因此我这次打算从农牧交错的地区入手去研究该地区社会经济发展问题。我选择了现称赤峰市的昭乌达盟为观察的对象。

从赤峰的历史上我们发现这个地区曾是个农牧民族拉锯的地带。从考古学者发掘到的古代遗物来看,有理由相信在春秋战国之前这里曾经有过较发达的农业文化,但是后来被北方的游牧民族所占领,农业荒废,成了林草丰美的牧业地区。它地处燕秦长城和明长城之间,留下了南方农业民族逐步南迁的记号。这里在宋代,还有"平地松林"之称,并不是一片荒凉的草原。自从18世纪初,清朝允许汉人出关之后,200年来,赤峰成了蒙汉杂居的地区,也是农牧并存的经济。

农业和牧业原本都是从采集经济里发展出来的,一是驯养了牲畜,一是培植了农作物。不同民族因自然条件的差别,因地制宜地分别以农或以牧为主导生产方式。但事实上没有一个民族的农业或牧业能成为单一性的经济。农民需要肉食和畜力,牧民需要粮食和日用品,所以农牧总是相互补充的。农业和牧业在一定条件下才发生矛盾,那就是粗放型的农业向牧区扩张,破坏了牧民生存空间的草原。

赤峰西拉木伦河流域广大的草原就是一例。在清末开始有汉人移入这个地区,到民国初年军阀割据时,当时盘踞在这里的军队,强占了这片草原,招募关内农民进行开垦。当时的所谓开垦实质是一种广种薄收的对土地的掠夺。开垦几年,地力耗尽,就丢荒另开。这片被丢的土地不久就沙化,严重的寸草不生,成为流沙,进一步侵入附近的草场,形成难以抗拒的破坏力量。同时人口增加,建屋、取暖和起炊,都需要木材。由于只砍不植,年久日长,原来森林茂密的草原,到近几十年已成了一片树木稀少的旷地。森林破坏,引起水土流失,加速了沙化。西拉木伦河和老哈河所形成的三角地带的草原一半已经沙化,赤峰市的其他地方情况更为严重。这是粗放农业和自然牧业碰在一起所发生的"农牧矛盾"。从外地进入开垦的人都是在本乡不能谋生,在这里又受到军阀苛刻剥削的穷苦农民，但因为他们是汉人，而牧民是蒙古人，因而农牧矛盾转化成了民族矛盾。

上述民族矛盾从50年代起，在实行民族平等团结的政策下是结束了。但是滥砍、滥牧、滥垦、滥采等破坏森林和牧场的现象并没有根本扭转。我在访问赤峰的旅程中，才初次看到沙化了的草场和移动中的沙丘，深刻地意识到如果要开发边区首先必须用大力来恢复自然生态平衡，治沙、防风、种草、种树是最基本和最迫切的措施。

解放以来，在恢复自然生态平衡上是做出了成绩的。但至今还是属于小面积的实验性质，只能说在扭转生态恶化上已找到了有效办法。但科研成绩要成为一个个地区成龙配套的治理方案，还有待创造各种必要的条件才能实现。

从已有的种种实验中，我得到了启发，认识到开发边区必须走以牧为主、农牧结合的道路。在像内蒙古那样广阔的草原上，如果能大力发展现代化的牧业，在国民经济中的贡献是难以估计的。要认识到这一点首须破除汉族传统的"以农为本"的狭隘观点。历史上的汉人确是个墨守神农氏传统的民族，每到一地就想法开垦种植。要知道粮食只是人类得到营养的一种来源，肉类不一定是"副食品"，也可以成为主食的。如果占有国土1/3的草原能充分利用，成为全国人民肉食供应基地，就可以减少对粮食的需求，而使农业地区的土地能从粮食的压力下解放出来，向培植经济作物转移。从宏观上去看，这是一项提高国民生产力的大战略。

像内蒙古一样的有牧业传统的草原，要提高畜产量，看来必须逐步改变让牲畜自己在草地上找草吃，人跟着牲畜移动的原始性游牧方式，而把牲畜固定在一定的地方，由人去找适合牲畜生长的饲料来喂它们。简单说是由放牧改变成饲育。

我在赤峰的巴彦他拉看到过去因开垦而破坏的草场已开辟成牧草生产基地,每年提供大量牧草给其他地方去饲养牲畜。又在黑塔子听到"退农还牧"的计划。他们打算建立奶牛基地,把原来开垦成的农田改种牲畜的饲料,做到一头母牛有"一亩青贮、一亩草料"。我在这里得到了"发展为牧业服务的农业"的概念,用来说明"农牧结合"的具体内容。

我又去参观了韩丁创建的接受联合国援助的翁牛特旗示范牧场。这个牧场利用现代化机耕设备种植青饲料,为各地送来的牲畜催肥,然后外运出售。这是一种放牧和舍饲相接力的方式。放牧的牲畜长到一定阶段,送到这个"催肥工厂"里实行舍饲。看来这是牧业改革的一个重要试验。

现在国内的牧场一般发生了草场退化的现象,主要是出于超载的原因。一块土地上的草是有定量的,如果供应过多的牲畜,必然会影响到次年的草产量,年复一年草场就退化了。现在通行的对策是设置"草库伦",就是用铁丝把一块草场围起来,防止牲畜进入,使草场有休息生长的时机。如果再加上放牧和舍饲接力的方式,草原超载的问题是可以解决的。这就是说,把一段时间里供应牲畜饲料的负担,由草场转移到"催肥工厂",由这工厂的精细青饲料去饲育牲畜,使草场有休养生息的机会,不致退化。

我后来到甘肃临夏去调查,看到了当地传统里就有和联合国协助的示范牧场一样的放牧和舍饲接力方式。临夏靠近青海的牧区,每年秋末从青海有大批羊群赶到临夏来出卖给临夏的农民。临夏的农民种玉米作青饲料,分别在自己家里喂养买来的架子羊,喂肥了,趁古尔邦节出售给当地回民。这不就是放牧和舍饲的接力方式吗？

从接力方式再进一步就是结合方式。我去年去访问呼伦贝尔，参观了几个定居的牧民点。他们所有的牲畜已改以舍饲为主，只在附近地区放牧作补充。他们用拖拉机到远处收割草料回来喂养圈在住所旁的牲畜，他们许多家聚居在一处，奶粉厂收购牛奶就方便了。同时这些定居的牧民已开始在奶粉厂的协助下，开办小型的自负盈亏的加工车间。他们从培养草料实行舍饲，已发展到自己建厂进行原料加工。这些定居的牧民由于有了聚居的村落，村落里有公共的社会化的服务事业，包括小学和医院。这出现了牧业改革带来牧区的新气象。这也许是牧区通往现代化的一条有效道路。在这里，我看到了少数民族发展的前途，开拓了我的思路。

开放三线企业
——释放出西北储存的巨大潜能

内蒙古幅员辽阔，经济上地区差别很大，概括地说是东林、西铁、南农、北牧。我在赤峰着重了解农牧的情况。接着，1985年到包头，想继续了解西铁的情况。如果说赤峰调查看到了该地自然生态的失调，在包头的初步调查却看到了过去在边区建设的大工业所产生的人文生态的失调。人文生态是指一个社区的人口和社会生产结构各因素间存在着适当的配合，以达到不断再生产的体系。人文生态失调是指这种配合体系中出了问题，劳动生产率日益下降，以致原有生产结构不能维持人口的正常生活和繁殖。在整个西北边区，人文生态失调和自然生态失调同样值得注意。

我们都明白西北边区在经济发展上现在是落后于沿海地区，而且这个差距还在扩大。但是说来不大能令人相信的是，自新中国成立以来，从50年代到80年代的30年中，国家工业建设的重点曾经放在中部和西部之间的走廊地带，从内蒙古经陕西、甘肃到四川，投资达3700亿元。在我们这样一个工业不发达的国家，这个数目是不算小的。用这笔钱建成了9条铁路和几千个大中型国营企业。但是这几千个大中型企业，却并没有成为这个地区社会经济发展的启动力。至今西北地区的人民生活还停留在人均年收入400元以下的水平，"老少边"地区还有几千万人在贫困线以下生活。这是为什么呢？

我从这几年的实地观察中才了解到西北地区的工业建设，可以分两个时期：最初是第一个五年计划里苏联协助的建设项目，这类项目大多是大型的国营企业，并以重工业为主，有些就建设在西部和北部的少数民族地区。当时还希望通过这批重点项目的建设在开发这些地区资源的同时，使少数民族的社会经济得到发展。接着，60年代起由于备战需要，国家工业建设还是集中在西北地区，并采取了"散、山、洞"的方针，就是把工厂分散到山区，机器放在山洞里。这些工厂一般称之为"三线建设"，主要是国营的军工企业。不论早期或后期这些工厂都不是在当地社会经济的基础上生长出来的，而是从上而下、由外投入的。

我们如果从社会学的角度去看这些企业，就能见到它们的特点，首先是"企业办社会"，也可以说是"社企不分"。企业的从业人员和他们的家属组成了一个在社会生活各方面力求自给自足，对外很少联系的封闭性社区。这在少数民族地区更为突出。这些人员绝大多数是从外地招集来的,他们和当地居民原来不存在社会关系。他们的生活需要,又是大多由企业负责调运供应。所以企业不仅要管理工厂里的生产,还要管理从业人员的生活,从吃到住,从壮到幼,从生到死,企业都得管。

这种国营企业又都是直属于中央或省的政府部门,它们按所属上级调拨的原材料、指定的计划进行生产,产品上缴并由上级分配。这叫产品经济,不是商品经济。它们和所在地的基层地方政府没有从属关系,当地基层政府管不着它们。具体情况当然要复杂得多,基本上这种企业是个独立于当地基层行政系统之外的"小王国",因而时常发生"条条和块块"的矛盾。企业的上级政府部门又都是专业性的经济部门,它们也管不了各企业从业人员复杂的社会生活,于是产生了"企业办社会"的结果。一个厂长同时是一个"市长"。这种社企不分的封闭社区,人文生态关系就容易失调。让我举个具体的例子来说明这种现象,那就是1985年我去调查的内蒙古包头钢铁厂。

包头在解放前是一个人口不到7万的"水旱码头",黄河上游牧区产品的集散地。1953年在苏联帮助下,我们国家在这里建立了一个大型的钢铁联合企业,简称"包钢"。它利用包头附近白云鄂博的铁矿,生产钢铁,供应国家的需要。接着国家又在包头兴办了3个重工业性质的大中型企业。这些企业的成员,从工程师、管理人员和技术工人,甚至到一般工人,很少原来是包头地方的居民。30年里包头市人口已经达到157万,其中在这几个企业为中心的市区约有80万人,形成了蒙古草原上解放后出现的一个新兴城市。

当初建厂时为了争取时间,所以定下了"先生产、后生活"的原则。在设计这些企业时,对从业人员的生活设施并没有预先打在规划之中。比如开工之后才发现工人大多是外地来的青年男子,他们在当地解决不了婚姻问题,于是不得不办一个纺织厂,在内地招收女工。男女结了婚就要生孩子,于是这些企业又要为孩子办托儿所,办幼儿园。孩子长大了,又要办小学、中学。1985年包钢所提供的教育经费达400万元。办了学校还不够。中学毕业生只有少数能到内地去升大学。于是约在70年代就已发生了青年就业问题。这些待业青年要企业自己"消化"。包钢不仅要"包"钢,而且还要"包"人。

包钢自从中苏关系发生变化后,这几十年是在艰苦中维持下来的。它们的物质条件还是50年代的,但是人文条件却不同了,单以人口来说已经翻了几番。现在已是个有几十万人的社区,而这个社区并没有和当地的社区融合,还是"两张皮"贴不拢。50年代的生产力却要背上80年代的社会包袱。即以"消化"这些待业青年来说,他们先是采取"顶替"的办法。工人的人数是有限额的,编制由上级规定,企业本身无权增减。他们只能让老工人退休,由他们自己的儿子来填补,这叫"顶替"。"顶替"显而易见不是个好办法,因为这等于是用"生手"去代替"老手",必然影响生产效率。而且顶替也解决不了每年增长的待业队伍。于是不得不又采用了编外增员的办法,把这些青年作为"集体工"即临时工,分到各车间去做工。各车间人员太多时,只能另辟规划外的车间,巧立名目,扩大人员。于是出现了"大集体""二集体""三集体"各个层次的附属体。形式尽管不同,都是为了"消化"这个封闭性社区里一代代增长的劳动力。这些"集体"都依附着这个大企业,是断不了奶的孩子。总之,这个企业像个大家庭,不能不一代一代地养活不断增长的子子孙孙。而这个大家庭却并不是个不断生长中的母体,而是个生产力受限制的封闭社区,所以不可避免地进入了恶性循环,包袱越来越重,母体越来越弱,这就是我说的人文生态失调现象。

80年代,又出现另一种使母体亏耗的情况。这些像包钢这样的企业,过去历年是亏损的,靠国家补贴维持,原因且不去说它,结果是技术人员的实际收入和社会福利很难提高。到了80年代,沿海各省乡镇企业发展很快,由于缺乏技术人员,愿出重金招聘。结果在西北这些老大的国营企业里舒展不开手脚、待遇又微薄的技术人员就像春江水般大批东流。这等于是企业里的水土流失,又成了一种严重的人文生态失调现象。

人文生态失调形成了对企业的压力,这些企业不得不进行改革以求生存。首先是以开放代替封闭。在社会方面说,就是企业的小社区和所在地的大社区这两张皮,必须贴在一起,向社企分离的目标迈进。第一步是大企业以它技术管理的优势去协助当地政府办各种企业,增加当地政府的财政力量,使其有能力接管大企业过去所包下的种种社会服务工作,为大企业卸下包袱。这也就是使这些大企业开放出来促进广大地区的经济发展。大企业的开放不但发挥了西北工业化的启动作用,而且也是自己解放自己的唯一办法,对地区经济和企业本身是两利的。这个改革过程已经开始,但是必须根据具体情形采取不同形式进行。应当承认这并不是一个轻易的过程,也为我们的社会调查提出了一个值得研究的课题。

我在包头看到的问题,实际是西北地区共同的问题。这促使我1988年去西安和宝鸡访问时特别注意了解"三线"企业的情况。"三线企业"就是上边所说的分散在山区,把机器装在山洞里的那些军工企业。自从政府进行经济体制改革以来，这些原来不计盈亏、不愁市场的国营企业，就面临一种没有经历过的要自负盈亏的新情况。它们必须转型以求适应。适应之道主要是以开放代替封闭，从产品经济走向商品经济。

国营大企业和远近乡镇企业联合起来是开放代替封闭的一个路子。我在宝鸡看到了许多具体例子。联合的方式是多种多样的，值得注意的是在西北地区国营大企业所含蓄的巨大科技潜力，形成了发展乡镇企业的启动力。我曾经在前面讲过，苏南模式的启动力得之于公社时期乡村的农业积累和"文革"时期的技工回乡，温州模式的启动力是得之于劳动输出所形成的国内流通网络和商业积累，珠江模式的启动力是得之于香港和内地工资差和地价差所造成的港风登陆，那么"三线地区"社会经济发展的启动力是否可以说应当着眼于20年来国家在这些地区投入的巨额资金和集中的大量科技人才上去寻找呢？关键是怎样使已经存储在西北的巨大经济能量释放出来，使其成为西北这个多民族地区共同发展的推动力。这个问题开拓了我在西北的研究思路。

缩短西、东部差距的思考

怎样缩短、消除西部与东部之间在社会经济上的差距的问题，把我带向西北去进行观察和思考。1984年我除了去内蒙古调查外，还去访问了甘肃的定西地区。从那年起，我连续3年到定西追踪观察。我挑这个地点去调查的原因在于它是扶贫工作的重点区之一。历史上就有"陇中之苦甲天下"之说，定西就在陇中的中心。

陇中高寒干旱，水土流失，生态恶化，三年两荒，每逢灾年，这里的居民能走的就外出打工、讨饭，留下来的挖草根当柴烧，爬几十里山路去背水喝，靠救济粮糊口，长期以来摆脱不了半饥饿状态。

我下乡进行家访时初次看到老百姓家里的水窖，一家人一年用水就靠这窖里储存的雨水。一个窖大约有几十立方米的容量，一家有两窖水的就算是当地的富户。天旱窖竭就得远出背水，否则就住不下去。近年来干旱严重时得用汽车送水来救济。这种苦景对我这个在水乡长大的人来说是无法想象的。

干旱原来是自然现象。定西地区年降雨量只有480毫米，如果植被丰满，蓄得住雨水，还是能经营农牧生产的。不幸的是在相当长的历史时期里，生态平衡业已破坏。许多地方不仅树木伐光，甚至草根都被挖尽，成了赤地千里，一片黄土。再经雨后激流冲刷，条条沟壑把大地割裂成高坡深谷。远远望去活像是剥光了皮，赤裸裸地撅起背脊的大爬虫，令人恶心难受。定西这样地方的居民就在这些山沟里过生活。靠近河流的还能种一些水浇地，面积很有限。大多是靠雨水长庄稼的梯田和坡地。据估计这地区无灾之年亩产在100公斤以上的农田，只占耕地面积的1/3。本地所产粮食不能养活本地的人口。

定西这样的地区如果坚持粮食自给，必然会进一步破坏自然生态平衡，导致灾难。从自然条件来说，大部分不宜种粮的土地却可以种草。只有发挥该地种草的优势去恢复生态平衡，所以从1983年提出了种草种树的政策方针后，加上一连三年雨水好，定西大力发展了畜牧业，使这地方有了脱贫的起色。

三次访问定西,我一直被"怎样脱贫"这个问题占住了心思。我深切感到逢灾放赈的办法是不能解决根本问题的,所以一再呼吁扶贫工作要改"输血"为"造血"的方针,就是说要扶助贫困地区恢复生态平衡,自力更生地建立有发展前途的经济基础。但是怎样才能建立起造血机能呢?我开始时总是鼓励定西发展乡镇企业,但是在这个既缺资金,又少企业传统的地区,即便办了一些工厂,也难以发育扩散。在这里我才认识到经济发展中启动作用的重要性,也因而使我回头分析沿海各种模式不同的启动机遇和凭借的力量。怎样启动贫困地区的发展,成了我极想探索的问题。

1986年我有机会去河南东部商丘地区的民权县访问。自从黄河改道后,给这个地区留下一片贫瘠的沙土。到了60年代,当地干部惨淡经营,绿化了黄河故道,使这片土地恢复了活力。70年代农民发现这里的沙土适宜种葡萄,很快在农村里推广开了。但是经济作物必须有市场作依托。葡萄熟后,保鲜期很短。在交通不便的商丘一带,不久就发生了大批葡萄运不出去而烂掉的情况,农民连成本都收不回来。这时,当地政府做了件好事,集资办了一个葡萄酒厂。为了易于在短期间收购葡萄及时榨成果汁,贮存起来供应酒厂酿造,各乡不久又建立了自办的加工车间,兴起了乡村企业。当我去访问时,已经形成了一个从果农,到乡办加工厂、县办酒厂一条龙的生产线,使几万户农民可以安心种葡萄。酿造出的民权葡萄酒成了名牌商品。从户、乡到县,各个层次都得到了相当优裕的收入,把这个穷乡变成了殷实地区。

那年我再去定西时就了解到这地方盛产亚麻,他们种亚麻是为了麻籽可以榨油,留下麻秆却用来当燃料烧掉。我碰巧见到一位麻纺专家,知道亚麻纤维纺织的技术问题在近10年来已经解决,国际市场上需求量更旺,麻纺的前景比较乐观。我立即想到如果能按民权模式在定西办麻纺厂,不就可以使现在当燃料烧掉的麻秆得到了利用?这不是一个千家万户可以脱贫的路子吗?

在一个刚刚基本上解决了温饱问题的地区,民间没有能力积累足够的资金来兴办乡镇企业。地方政府同样缺乏这种能力。过去西北地区实际上是个向外地工业提供原材料的基地。过去,原材料的价格偏低,和外地输入的工业品之间存在着相当大的剪刀差。这种差额一向是用中央补贴的办法来弥补的,而事实上财政补贴只够用来维持行政机构的开支。西北地区的工业历来是依靠国家投资,地方的乡镇企业沾不上边。资金不足显然是西北地区社会经济发展的一大困难。其次,还缺乏一个有辐射力的工商业中心能为民间的企业提供技术力量。现有的技术还封闭在大中型的国营企业里,要经过一个相当复杂的过程才能开放出来。

面对西北地区广大城乡发展上所遇到的困难,我不由得不联系到沿海地区的情况。一相对照,就不难看到双方正可以互补短长;东部沿海地区的乡镇企业经十多年的发展,原材料和能源越来越跟不上,成了进一步前进的瓶颈。西北的资源如果开发出来,正可满足东部的需要。如果能动用东部的资金和技术来开发西北资源,在互惠互利的原则下应当是可以两厢情愿、共同合作的。我看到了这一种可能,所以提出了"以东支西、以西资东、互惠互利、共同繁荣"的说法。"支"是指资金、技术上的支持,"资"是指原材料和能源的供应。

这个思路使我产生"全国一盘棋"的观点。1988年我提出"黄河上游多民族开发区的设想"是从这个观点中发展出来的。

黄河上游多民族开发区设想的提出

在内蒙古和大西北进行的社会调查，使我感觉到沿海和内地，特别是边区的不平衡发展会给我国现代化的进程带来越来越多的困难。从"全国一盘棋"的观点看来，我们有必要重视这个有关大局的东西差距。同时也想把我从50年代中叶起中断的民族研究工作在大西北的调查中继续下去。

中国的少数民族大部分聚居在中国的西部。西部和东部的差距包含着民族的差距。西部的发展战略必须考虑民族因素：一方面要动员这地区少数民族参与这地区的开发事业，另一方面要通过这地区的经济开发使这地区的少数民族发展成为现代民族。这个观点在过去实际上常被忽视，以致"三线"建设只在西部增添了一些"新兴城市"，而没有使西部人民的生活水平有显著的提高。不少在少数民族地区兴建的大型国营企业根本没有考虑到和当地少数民族的联系，甚至眼中只有这地方的资源，而忘记了还有生活在这地方的人。我看到这些现象，心里总是觉得十分难过，认为这是过去政策上的失误。

为这种失误辩解的人说，少数民族缺乏现代科技知识，没有力量自己来开发本地区的资源，而且他们现有的生活习惯，也不适宜于现代工矿企业里的生活。不是不让他们参与而是他们参与不进来。我在呼伦贝尔访问伊敏煤矿附近的蒙族聚居点时也听说，这个煤矿曾按政策招收过附近一部分蒙古族居民进矿山做工人，但是不久几乎全部告退了。这些从小骑着马在广阔草原上放牧的小伙子，不愿意钻到地下去挖煤，请他们做职员则文化程度又不够。我相信这些都是事实，但是并不应当以此来否定少数民族参与西部地区现代化建设的重要性，只是提出了怎样才能把西部的少数民族吸收进开发西部的事业里去的问题。同时也说明了像伊敏煤矿那样想直接把牧民一下子变成工人是做不到的。应当怎样办呢？对少数民族的发展问题还值得我们深入思考。

我在甘肃临夏回族自治州的调查中得到了一些启发。要促进少数民族的现代化，看来必须从它们所有的民族特点出发，循序渐进地向前发展才能见效。我这点认识的形成经过是这样的：我在从广河县通往临夏市的公路上，一路停车访问了近十家新兴的富户。我一家家访问他们是怎样脱贫致富的。其中绝大多数是这几年到青藏高原牧区贩运起家的。例如有一家筹得了一小笔款子，去市集上买了几张羊皮，回来把羊皮缝成袍子。坐公共汽车去四川的甘孜藏区，把羊皮袍卖给藏民，得到了比成本高好几倍的利益，赚了钱再买羊皮，制成袍子去藏区出售。就这样"滚雪球"不到两年，已经有力量造了一座楼房。一家男女老少共同操作，俨然是一个小作坊。还有些人家租车贩运啤酒到拉萨出卖，赚了钱自己买辆卡车往返拉萨做买卖。他们告诉我，一辆卡车跑一趟拉萨，昼夜开车，五天可以打个来回，净挣5000元。我在1987年第三次访问临夏时，据说这个地区已有上千辆卡车奔驰在青海和西藏的公路上。有几个原来很破烂的穷村，已焕然一新。这样快的脱贫致富，给我极深的印象。

我这次访问的近十家新兴户，一问竟全是回族。沿着这个线索,我发现了回族善于经商的特点。我又把这个特点联系上了回族的历史,找到了这个民族特点的历史根源。回族所信奉的伊斯兰教起源于阿拉伯,扩散到西亚和中亚。早年通过"丝绸之路"和海道,有不少信伊斯兰教的阿拉伯和中亚商人进入中国。他们被称为"番客",一部分就定居在沿海和西部商路上的城市里。到了13世纪,蒙古人入侵中亚,掳掠了大批信伊斯兰教的商人和工匠编入军队,为他们做后勤工作。后来蒙古人带了这些人回师中国,灭了南宋,建立元朝。这些人的子孙就留在各地,和早先来的番客结合而成回族。从这个民族的形成中可以看到他们的祖先不仅信伊斯兰教而且是有经商传统的人。他们在和汉族接触中虽然部分已接受了农业生活,但不同程度地保留了善于经商的特点,直至今日。

回族的经商传统可以用来说明他们分散聚居在全国各大城市里的原因。但是为什么他们最大的聚居区却落在黄河上游的宁夏和临夏呢?这个问题的提出使我注意到了这个地区在经济地理上的地位,它们正处在广大牧区和中原农区的交接地带。

这条农牧贸易走廊正是回族可以发挥其特点的用武之地。这可能是上述问题的答案。临夏旧称河州,历代是一个农牧贸易的内陆商埠。它是丝绸之路上的一站,宋代是茶马司的所在地。看到临夏目前商业比较发达,使我联想到了沿海的温州,因而可说"东有温州,西有河州"。当然两地是有区别的。但是它们近几年都是自发地从参与商品流通而致富的。温州走在前面,已经"以商带工",形成了众多的家庭作坊式的乡村工业。临夏还正在扩大流通网。直到去年我再去访问时,才看到有不少小型工业正在起步建厂,有可能走上温州这个模式而发展起来。临夏这个标本给我的启发主要是在进一步认识到少数民族的发展必须抓住它们的特点作为起点，在牧区则要像上面已提到的海拉尔附近的牧民那样，从改良牧业出发，使放牧和舍饲结合，并进而利用畜产品做原料发展加工工业。我认为这个原则同样适用于林区和农区。

在内蒙古呼伦贝尔大兴安岭的林区里，我看到一个反证的例子。大兴安岭原始森林里原来住着以狩猎为生的鄂伦春族，解放前只有几个人。解放后，由于开发林业，外来的人口大量涌入林区，几千人的小镇在原来荒凉的森林里一个建立起来。鄂伦春人的生活环境起了变化。按民族政策的规定成立了鄂伦春自治旗，国家拨款为他们建立了新村。这几千人改变了过去狩猎为生的经济，而在不同的名目下，从小到老得到国家的津贴。他们的生活是有保障的。但是失去了传统的生产手段后，却没有能找到靠自己劳动来从事生产的新路子，结果是物质生活的保障反而引起了精神生活的衰颓。因此，我建议及早发扬他们饲养驯鹿的传统本领，帮助他们在林区里建立新的养鹿场，让他们自食其力，发展起来，不然，这个几千人的小民族的前途是十分可虑的。大兴安岭里的鄂伦春族和临夏回族的强烈对比，无疑深刻影响了我的思路，能不能这样概括地说：一个民族的发展主要靠善于发挥自己的传统优势，利用一切可以利用的外在条件，提高自身的社会生产力和发扬自身的精神文化。

临夏商业的繁荣不仅给我提供一个怎样利用传统优势来脱贫致富的例子，而且也使我看到这是个促进青藏高原现代化的重要环节。我在上节提到了黄河上游多民族开发区的设想。这个开发区包括从青海的龙羊峡至内蒙古的托克托段黄河上游沿岸地区，正处在西藏、新疆和内蒙古、宁夏4个民族自治区的中心。这个中心地区可以利用黄河上游的落差，建立一系列的水电站，再利用这巨大的能源，开发黄河两岸的矿产。这里开发的原材料，不仅可以支援沿海工业地区，而且可以用来发展西部地区的中小型加工企业，使之分散在各乡各村，让千家万户都富裕起来。

这个中心地区工业的发展需要广大市场。这个市场首先应当是西部的牧区，也就是三面围绕着这个中心的四大少数民族自治区。西部牧区的发展成为广阔的市场正是这个多民族开发区能够繁荣起来的一个重要条件。我们有条件可以利用这条介于牧区和农区之间的走廊地带，发展畜产品和工业品之间的贸易。过去曾在这里进行过的"茶马贸易"只是用农产品去向牧区交换畜产品，规模是有限的。如果多民族开发区建成了工业基地，就可以用加工后的生活日用品和发展牧业所需的生产资料去向牧区交换畜产品，从而促进牧业生产，把占1/3国土的广大草原的巨大潜力发挥出来。这并不是个主观的空想，因为在目前临夏的回族商人已经自发地进行这项探索活动，他们已成了沟通这地区的工业和少数民族的牧业的前哨队伍。

中国西部的牧区直到目前基本上是停止在封闭的自给经济水平上。牧业的现代化必须从封闭的经济改革成开放的经济。商品流通是促成这种改革的基本力量。只有把牧民喜爱的日用品运到牧区，才能使他们乐于把畜养的牲口拿出来进行交换。这就是牧业的商品化。牧民所饲育的牲口变成了供应市场的商品时，牧业在技术上也会顺利地走上改革的道路。畜产品的发展不仅为工业中心提供了毛、皮、奶等原材料，而且为工业中心开辟了广大的市场。这正是我心目中发展西部民族地区的前景。面对这个前景，我们作为研究工作者，看到了许多富有意义的课题正在等待我们去钻研，心情难免有些紧迫。

后　记

因有波兰之行，匆匆把《回顾》打住。这篇文章从春节写起，写到清明过后，经常受到公务私事不断的打扰。上面的九段，没有一段一气呵成，在我一生中这是罕见的。无可自宥，只能默认岁月催人老。

东欧归来，重读《回顾》，总觉得这篇拖拉积续的文章，像一条画龙未成的长蛇，甚至结尾都没有。但既不愿重写，又不忍撕掉。只能说，各言尔志，本无定型，诚而已矣。加此后记又未免为蛇添足。

我一向认为一个人的思想总是对当时当地社会的一种反映。具体的社会有如如来佛的手掌，谁也跳不出去。各人的反映可以千姿百态，但总是为他的处境所局限。至于反映得有多么宽广，有多少深浅，那又是被各人社会经历所决定的。超过了这个界限就不免志大才疏，忘乎所以。各人的成就应当归根于社会的投入和个人天资的吸收能力。评人论己看来应以这点认识出发。

上面的"九段"文章，实在是想向读者交代我这4年思想活动的线索。这4年我陆续在各种刊物上发表了不少文章，我曾说这是一生中第二个旺季。把这些文章综合一下，前后联贯起来，多少可以看出我这一段时期思想活动的取向。知我者当然愿意我这样梳理一番的。

我一路回忆搜索这个思路，自己也清醒不少。反省至少可能起自觉的作用。我重读这九段《回顾》，似乎又呼吸到了这4年农村中欣欣向荣的气氛。这气氛不仅感染了我的笔调，也浸润了我这一段垂老的生命，我相信后来的人会对这4年中国农村的发展做出公正的评定。我身在庐山自不可能见其全貌。这4年对我个人来说，应当肯定说是一生中兴奋点最高的4年。我之所以兴奋，是在于看到了个人的思想不仅可以反映社会现实，也能对社会改革发生推动作用。我的热情是来自我所接触到的群众。广大农民所初步释放出来的巨大生产力和所表示出来的激烈要求，构成了推动中国80年代大变革的动力。我见到的不过是这股巨流里的一些小小浪花，所能反映出来的也只是其中很小的一个局部。但也得承认，不论怎样小，怎样局限，总是属于这股巨流的一部分，因为没有这一滴一滴的水，也形不成巨浪的。从毫末辨流向是应当可以做到的。

人总是人，要能恰如其分地看清楚自己在社会中的地位，更能利用这个地位去拓大自己的视野，提高自己的境界是不容易的。我自知远没有做到这一步，只能说梦寐以求的是这种自觉。我像其他人一样，所具有做学术研究工作的条件都跟着个人的经历处在不断的变化之中。30年代我住在江村，尽管时间不长，但能随意穿门串户，老中青少见面即能交谈诉说。这种我认为最有利于社会研究的条件，得之既非偶然，一去也难以再返。我以后50年的经历使我和周围社会环境的关系逐步发生了各方面的变化。

年龄是不饶人的，此其一。当年我徒步往来于崇山峻岭之间，只要深睡一晚，第二天又是精力充沛可以爬山涉水了。现在呢，连上两层楼还会喘气。50年不能说长，体力却判若两人。

社会地位也变化多端。早年那种自由自在的学生身份已捡不回来了。解放后,上山下乡都得有任务,言行都有框框,而且终于由于思想出了格而打入了另册。另册者在社会中被孤立之谓也。60年代后期更下沉一个梯阶,生活和工作失去自由有10年之久。到80年代初才正式"改正",重新列入社会正册,恢复了我正常的社会生活,解除了孤立。那时我已年届70。

当时我在一次会议上公开表白"我手上只有十块钱了,我不能随意花掉"。意思是我自己估计如果一切正常,我能从事学术研究工作的时间至多也不会超过10年。这10年可珍贵的时间一点一刻都必须充分利用,才有可能夺回我失去的20年。时光易过,言犹在耳,匆匆又过8个年头,再有半年我就进入80岁了。在口袋里的钱即将用尽之际,回头看看这八块半钱怎样花的,得到了多少收益,可以说是及时的和必要的。这是我写此《自白》续篇的用意所在。

现在要说的,我这段时间里固然得到了正常的社会生活,但在恢复了社会地位之后,却没有在"另册"里那样孤独和清闲的条件了。接二连三地多种多样的公务加到我的身上,其中有些是和我为学的宗旨相符的,更多的社会活动却超出了这个范围。那就是说我此生已经不多的时间,能用在我学术工作上的却越来越少得令人寒心。而且近年来由于我所担负的社会公职,也使我日益脱离群众。尽管我这几年中至少有一半时间在各地访问,但被"名位"所累,已无法进行30年代学生时期那样的实地调查了。这个损失,也不能全归咎于客观因素,主观方面也存在着满足于粗枝大叶的毛病。而且读书不勤,不求甚解,特别是20年来由于怕留"罪证"的余悸,失掉了及时作笔记的习惯。加上年老易忘,以致我思想的投入不足,累积费劲,只能靠老本过日子,智力难免枯涸。这是恢复工作后,未能突破我30年代达到的水平的主要主观原因。

在中国复兴社会学是我这10年中的一个自觉的任务。在这方面,在主观上我是尽了力的。但是一门学科可以挥之即去,毁于一旦,要重建时却不能呼之即来。重建就又得造砖造瓦,从头做起。我这10年,特别是最近的6年,深刻体会到精神文明的建设不是设立一些学校或研究所等教育科研机构就能成事的。设立机构固然必要,这些机构里必须要具有科学头脑的人,实事求是地进行细致艰苦的脑力劳动,才能积累起精神文明实质。我自己如果不能率先做出学术成果,又怎能谈得到重建社会学这门学科呢?

凭我这点认识,我是这样做了,以身作则,带头下乡,足足花去了我这八年半岁月中最大部分的时间和精力。正如我在《自白》和这篇《回顾》中所表明的,我取得的科学成果很不结实。如果能说我这点心血没有白费的话,我只在这门学科的建设中做了一些开路和破题的工作。我在客观和主观的种种限制下,尽力之所及为研究我国城乡社会发展勾画出一些素描和草图,并跟着实际的发展不断提出一些问题,开辟一些值得研究的园地。这些也就是在上面九段里所叙述的内容。说这是科学成就,可能夸大了一些,最多能说是一些科学的探索。说是社会学的内容,我想是可以的。因为我所认识的社会学范围比较广泛,一切企图对社会现象进行理解的探索都可以包括在内。同时,应当提请注意:社会学本身远比我这一生中所探索的范围广阔,我决无用我自己研究的范围来作社会学界限之意,社会学研究的方法也是八仙过海大可各显神通。我这一生所采用的只是其中之一,而且又限于学力和社会的条件,并没有能够充分发挥这种方法的长处。

人生有限,社会绵绵,后浪推前浪。但愿新的一代早日成长,后继有人。

甘肃行

（1989年12月）

兰花出口

我每次去兰州访问总是住在名叫宁卧庄的招待所。这个名称很雅，事实上也很安静。旅途劳乏，在这里确可不用药物，安眠终宵。最近我又去访问兰州，目的是了解一下去年建立的黄河上游多民族开发区的进展情况。到兰州一问，最使我惊喜的是就用宁卧庄这个名称成立了一个新技术产业开发试验小区。原来甘肃省为促进黄河上游两省两区的开发事业，先在省内成立了五个小区进行试办。宁卧庄是其中之一。

我并不知道宁卧庄这个名称的来历，很可能是从那个招待所开始的。这个招待所周围大约有三平方公里的区域正是兰州市许多科技院校和机关集中的地方。各学科专门人才有7000多人，其中有职称的约1500人，还配备有高精尖仪器设备。1988年就是在这个基础上办了这个新技术产业开发区。大概看中了宁卧庄这个名称，所以就叫它作宁卧庄小区。

首先是这个名称吸引了我，其次是我很想看看科学技术怎样转化为生产事业，了解一下知识分子怎样直接和国家的经济建设挂上钩。因此，我就抽空到宁卧庄小区进行了访问。这次访问印象最深的是已成为出口产品的兰花幼苗。

说起兰花，它是我从小熟悉的花卉。由于我妈妈的名字里有个兰字，我爸爸一直喜欢培养兰花，可能是用以表示他们夫妇的恩爱。后来妈妈逝世了，可是我老家的兰花依然盛开。开花时节，一进门就有一阵幽香扑人。年复一年，兰花也就自然地联系上了我早年温暖的家庭。现虽年老，其味犹存。

讲到宁卧庄小区，就听说"兰花出口"。是好奇还是旧情，使我急于一睹。

地点是在兰州大学生物系的实验室，接待我的是副教授谷祝平同志。他就是兰州兰花研究开发公司的经理。招待我们就座的办公室并不大，桌子上已陈列了一行兰花标本。这些兰花和我小时候熟悉的有点不同。我熟悉的是苏州的品种，叶多于花，有如许多水墨画里所绘的那样，一枝瘦兰总有大丛兰叶相护。眼前陈列的可能是引进的洋兰，或是已经杂交改造过的新品种。花朵大，色彩多，花纹细，一株株亭亭玉立的细枝上挂着一串串花朵，上下连成层次分明的行列。每一个品种的花朵样式不同，最出奇的是叫兜兰，形似拖鞋挂枝。至于那些形似多彩纤纹蝴蝶的花朵，在这里已属很常见的了。一问才知道兰花品种多至 2 万以上，在这个实验室里培养的就有 280 多种。

随后，我们进入了他们的"车间"，一行行架子上一层层满储着尖形的玻璃瓶。这些就是兰花幼苗的培养瓶。花苗培养到一定程度就可以连瓶带培养液一起出口了。

培养兰花幼苗出口不能不说是件新鲜事。这事的始末是这样：谷教授原在兰大生物系细胞研究室工作，1984 年作为学术交流去美国加州大学访问。在那里开始接触到兰花，参加了该校培育兰花的实验，并且了解到培育兰花在美国是一项产业，有广大的市场。1986年他回国时就有开发兰花产业的设想，向兰大提出作为科研立题。实验有了成果后，在兰州市科委的支持下，开始大量培育。接着他和加州大学联系，商定了出口方案。

恰巧这时甘肃省委决定成立宁卧庄新技术开发试验小区。这个原是实验室的研究课题便顺理成章地转化为开发区生产项目，于是一批批兰花幼苗在1988年开始出口了。1989年9月我去参观时，已经外销了2600瓶（每瓶30株苗），创汇2万多美元。据说他们每月可产2000瓶。今年还将外销荷兰和南朝鲜（韩国），订货量已超过1万瓶。星星之火，前途可观。

兰花也能成为一项产业，我是从来没有想到过的。在国内兰花原是一种野生花卉。我从小听说有人到山里去掘兰花。兰花却喜欢长在人们难以攀登的山阴险处，正如我在武夷山看到的，大多挂在悬崖峭壁上，或溪旁大石的裂缝里。品种越好，生得越僻，采掘的人不冒一点风险难以到手。一般人家供赏的兰花大多是从深山里采来的老根上分出来的，要养三五年才开花，繁殖很慢。

我小时候就想过为什么兰花要分根而不直接下种培育呢？这次问了专家才知道，兰花并不是不结果实的，但是一颗果实里有十万多粒种子，每粒种子小到肉眼看不清楚。由于颗粒太小，几乎不含营养物质，所以自然条件下难以萌发。兰花种下后，怎样使它能茁长成苗，也就成了生物学实验室里的一个课题了。谷教授从加州大学引进的就是这一手。这一手，就用得上生物工程了，也就是说可以通过细胞杂交的技术培养新品种。新科学技术就这样把兰花的培养从采掘经济发展成了产业经济。现在已进入大批量人工生产的阶段，并进入了国际市场。

"知识是财富。"会说这句话的人不少,而兰花出口却真的使它变成了事实。出国交流者多矣,有几人能像谷教授那样把生财之道带回国内呢?这是值得我们深思的。

"两西移民"

黄土高原名声不太好,连黄色都被连累成了贫困的象征。其实黄土高原就是怕旱,只要有水不难成为郁郁葱葱的绿色海洋。有点历史知识的人必然会明白,如果黄土高原自古以来就赤地千里,那就不可能有今天的中华文化了。令人痛心的只是这块我们民族发祥地在历史的演进中不断地被破坏了,出现了水土流失、生态失调。高原上大部分地区树木砍光,草根挖尽,留下了一片片沙化的荒漠。

在这历史演进的过程中,甘肃的气候当然也起了变化,但是天还是下雨的,至今还有1/3的地区降雨量在400毫米之上。问题是没有了树木,没有了草皮,天上下的水就留不住了。一阵大雨,短时间里汇成的无数急流,把黄土层冲刷得龟裂破碎。

只要留得住天上下的雨水,只要用得上黄河里的流水,只要积得够祁连山上泻下来的雪水,只要提得上大片土地下的潜水,总之有了水,黄土高原还能育养我们的子子孙孙。

看来历史开始出现了转机。人们自己破坏的生态,开始自己修复。种草种树抵住了水土流失,电力提灌用上了黄河的水源,开渠修坝积住了高山的雪水,广挖深井,处处出现了绿洲。

我最近这5年,年年去甘肃,目的是看看这篇复兴黄土高原的大文章是怎样写的。今年又看到了一小节,起个小标题叫"两西移民"。

据说,80年代初中央有位领导同志到甘肃视察,从陇中到河西走了一趟。陇中是以定西为中心的甘肃中部干旱地区,有名的贫困典型。我在1984年也去访问过,留下了水贵如油的深刻印象。像我这样从小在水乡长大的人,不亲眼看一看决不会相信一家人全年的用水只靠一个不过几个立方米大的积水地窖来供应的事实。这里的人,日常生活全靠雨水维持,庄稼就不必说了。他们的农活没有我苏南家乡那样紧张,反正下了种,能收多少算多少,全靠老天,人是使不上劲的。而这片干旱地区,人口却特多。人越来越多,分得到的地却越来越少,怎能不成为贫困的典型?!

据说,那位领导同志从定西出来,又去河西。河西是指甘肃省黄河以西的地区,从地图上看去就是伸向新疆那个长脖子,一条狭长地带,北面是内蒙古的沙漠,南面是和青海分界的祁连山。就是这座绵长的祁连山山顶上积的雪,每年溶化时流下的水,使这片雨量特别少的长廊,变成了辽阔肥沃的绿洲。

这条有1000公里长的河西走廊,在中国历史上做出过巨大的贡献,远在汉代之前是乌孙人、后来是匈奴人的牧场。汉武帝为了抗拒匈奴,首先占领了这个绿洲,开辟农场,成了他开拓西域的军粮基地。后来也就成了联系中西交通的丝绸之路的咽喉。直到海运取代了陆运,以往的若干世纪里,河西走廊一向是繁荣兴旺的。迄今名闻世界的敦煌莫高窟正是它的历史见证。不幸的是其后天灾人祸不断。解放前不久,我的朋友谷苞曾在调查报告中说：这里已是"农民的地狱"。但是山犹在，水长流，解放40年社会安定，兴修了水利，农业生产还是较快地恢复过来了，到了80年代还成了甘肃的商品粮基地。其实，这里毕竟人少地多，还有大片没有开辟的荒地。

可以想象，刚从定西出来，进入河西走廊的那位中央领导同志，面对这样显著的对照，很容易把"两西"——定西和河西——联结了起来，提出"以西济中"的两西计划，让人多地少、活不下去的中部干旱地区的农民，搬出一部分来，成为开发河西新开辟的灌溉区的劳动力。

正是这几年，黄河上游的水电站陆续投入运转。甘肃得天独厚，具备了利用电力就近把黄河里的水提升到地面进行灌溉的条件。原来中部干旱地区的荒地开辟成了肥沃的水浇田，称黄灌区。黄灌区和河西的粮食基地一样需要劳动力。于是"两西移民"里添上了"山川互济"的一条，就是将部分住在干旱地区山沟里的贫困农民转移到附近的黄灌区去定居。实际上两西计划就是由政府创造条件，在农民自愿基础上，有计划地在省境内进行人口调整。此举两得，一方面解决干旱地区的贫困问题，另一方面，解决了新辟的灌溉区所需劳动力的问题。

自1985年起的4年多来，从中部干旱地区迁出了17万穷困农民，其中在新开辟的黄灌区里就近安置了13万人，往千里外河西迁移的有4万人。据当地的经验，在贫困区里"移走一人，缓解两人，等于解决三人的贫困"。从这个意义上来说，这4年一共解决了50万人的温饱问题。估计甘肃中部干旱区到本世纪末，需要另找出路往外迁移的约60万人，实际受益达180万人。现在打算在今后3年内，再移出30万人。

两西移民在解决贫困地区农民的温饱问题上是起了作用的。绝大多数移民都做到"一年搬迁，两年定居，三年解决温饱，四年迈开致富步伐"。我分别访问了靖远的黄灌区和河西张掖市的移民村。上面这句话基本上是符合事实的。下面说几个实例。

离定西不远的靖远县兴堡子川灌区有个景滩子移民村。这个村子的304户全是从本县永新乡9个贫困村迁移来的，一共移出了原地20%—30%的人家。我访问了3户，是老汉吴恒的3个儿子的家。大儿子在附近煤矿工作，儿媳介绍说全家5口人，种10亩水浇地。劳力不够，给大女儿从宁夏中卫县招了个上门女婿。1986年盖了新房，材料主要是原地拆运来的。1988年收小麦6500斤，玉米2600斤，还有蚕豆、胡麻等。温饱已没有问题。堂屋里有一台六喇叭的收录机，还放了一段秦腔给我们听。最近家里还添了一台18时长风电视机。二儿子家4口人，种7亩水浇地，家景也很好。老汉和小儿子住在一起，刚刚成家，都住进了新建的砖瓦房屋。他们对移来后生活的变化都十分满意，一再说："不回去了，回去没吃头。"

我到河西张掖市后就到甘浚乡速展村去看望由临夏州东乡县迁来的移民。移民章宪东在1986年单身先来河西。当地政府按他家原有3口人计算分给他20亩田。他用政府给他的周转金购买了小牲畜和农具，扎下了根。第二年再把全家接来，当年口粮就够自给，还盖起了7间新房。1989年可以收粮上千斤，还养了20只羊、1匹骡子、1头牛、3头猪。我到他们的厨房一看，锅里炖着一锅羊肉，桌上堆着一大叠白面馍馍。看来日子是好过的。这村35户，全从东乡迁来。

贫困户移出了贫困村，缓解了贫困区人口压力，让出地来种草种树，发展牧畜业，生产和生活都得到改善，迁入的地区有了劳动力，农业生产也提高了，加上成套的扶贫措施，甘肃两西的面貌有了显著的变化。据统计，1988年和1982年相比，河西粮食总产量由17亿公斤上升到20亿公斤，农民人均纯收入由223元增加到445元。中部地区粮食总产量由8亿公斤上升到13亿公斤，农民人均纯收入由72元增加到280元。当然这样大的变化，不应当全归功于"两西移民"计划的实施，但是不可否认"两西移民"在这个变化中也是起了相当作用的。

我们必须为黄土高原恢复名誉。黄色是绿色的底子，贫困可以征服。"两西移民"不过是朝着这个方向发展迈出的一步。我乐于写此小记。

一厂两制

1988年甘肃、青海、宁夏、内蒙古两省两区共同提出了建立黄河上游多民族经济开发区的设想和方案，经过中央批准，各省区都分别开始进行具体的开发计划和工作。我通过这次去甘肃考察，对这个方案的实施很乐观。甘肃已经开动了。看来，开发大西北已不是学者们的空谈，而是千百万边区人民扎扎实实在干的大好事了。同时，我认为他们还为搞活国营大企业找出了一条可行的路子。这条路子就是国营大企业通过城乡结合、城乡一体化建立他们称为"一厂两制"的办法。

早在1984年我在包钢考察时就提出"人文生态失调"的观点。所谓"人文生态失调"简单地说就是一个企业受到来自设备和制度的种种限制，无法消化企业内不断增长的人口的现象。当时，我看到像包钢这类大企业，为了自身解决这个失调问题，在大厂里办了许多层次的集体所有制的小厂。这其实就是"一厂两制"的雏形。这几年我访问了甘肃和陕西，看到了不少国营大企业存在着同样的情况。也许可以说，"一厂两制"是一定历史条件下群众性的创造，用以解决现阶段国营大企业普遍存在的问题。

建国以来，国营企业，一直是我国经济的主要成分，好几千亿元的投资，好几千万的职工，和大量的科技力量都集中在这些企业里。怎样搞活这个巨大的力量是有关国家兴衰的大事。甘肃历来是国营大企业集中的地方之一。一提到经济开发，首先就应当解决这个问题。甘肃采取"一厂两制"的办法，把孤岛式的国营大企业和地方结合起来，开办很多集体性的中小企业。预计到1990年，几个开发小区里，仅"一厂两制"这一块的产值就可达10亿元。

我在这次访问中，先后和白银公司、稀土公司、805厂、金川公司、酒钢公司、厂坝铅锌矿的经理人员和这些企业所在地的地方党政领导，多次讨论了"一厂两制"的经验和问题，很受启发。

给我深刻印象的是这些事实里所显现出大西北开发过程的某些特点。

从历史上看，这些地方的重大飞跃几乎都是由外注入的。汉代大批汉人进入河西，把农业带了进去，改变了这里单一放牧的经济，出现了繁荣的粮食基地。建国之后，现代大工业进入西北，大批企业由中央定点，投资设立。我听到一个典型的事例，据说有一位将军奉命来甘肃建厂。他推开地图，找到了一块他认为即使发生战争，原子弹都影响不到的地方，用笔一圈。现在已有几万人的与四周隔绝的稀土公司就是在荒无人烟的山沟里建起的。

这些注入式的大企业,一开始就和当地的老百姓是分隔的。它们如同一个个自给自治的小孤岛。工厂重地,行人止步;门禁严森,设有岗哨。大西北每年报表上工业产值都不低,这些企业确实也为国家做出了很大贡献。但是这些厂的产品几乎全由国家调走了,留给地方上的极少。工厂周围的老百姓看不到、分不着,几十年来面貌变化极微。

大西北的广大农牧民受不到现代工业的惠泽,只是这种经济格局的一个方面,另一方面是这类孤岛式的大企业自身也难以发展和维持。在原来的体制下,除非国家继续不断地投资,企业自身无力更新和扩建,而国家又哪里有这样大的力量呢?!日子久了,企业老化。然而,企业里边的人却一代代地生长,越来越多。50年代办的厂,到70年代那些办厂后出生的孩子都要就业了。这些新生力量在这些孤岛式企业自身是消化不了的。这个问题成了这些企业领导者最头痛的一件事。在这种很具体的压力下,"一厂两制"萌芽了。

但是,"一厂两制"在孤岛里实行还是解决不了问题。1984年我在包钢看到的那些为职工子弟开办的集体小厂就是关在孤岛里办的。它们实际上成了大厂背着的一个个小包袱。这次我在甘肃参观了几个开发小区,看来他们已经闯过了这一关。他们把厂门打开,伸出手去和地方结合,搞城乡联系。就是说,大企业提供技术、管理、运销的经验和人员,地方提供土地、设备和劳力,双方联合开办各种中小型企业,利益均沾,共同负责。这种打开厂门办"一厂两制"的做法,为各企业职工的子弟提供了出路,人文生态失调得到缓解。

这种形式的扩散企业对西北地区的工业化具有深刻的意义。我们不能指望西北边区能像苏南或珠江三角洲那样由农民自动地引进新技术，发展自己的乡村企业。大西北工业的发展还得顺着地方特点，由上而下地注入。试想，如果不是大企业打开大门，原来的边区农民怎能接触到外来的现代工业？"一厂两制"不仅使大企业卸下了自己的包袱，同时工业之风也吹向了广大农村。真可谓一举两得呀！甘肃就是这样做的。他们以原有的国营大企业为核心，建立了四个"一厂两制"的经济开发试验小区：白银、金昌、西成和连海。另外还有一个性质和"一厂两制"不同的宁卧庄科技产业开发区，我在《兰花出口》一文中已经做了报道。

金昌小区里的金川公司总经理王德雍同志向我谈了他的体会："公司在产品经济体制下的27年里，一直是单打一地搞镍和钢的生产，路子越走越窄，困难重重。自从成立镍都实业公司，发展'一厂两制'的企业以来，三年间与地方合作，共建了96个集体经济的工厂，其中几个年产值1000万元的厂，只用10个月的时间就建成投产，发展速度很快。1988年这些集体企业的产值达2亿元，1989年可达2.7亿元，正好是全公司1983年的产值。这不也正好说明'一厂两制'发展集体经济，不仅三五年功夫就可带出一个公司的产值，而且对促进地方经济的发展十分有利。"

孤岛式的大厂打开大门和地方结合办中小型集体企业之后，企业和周围的群众关系也搞好了。过去厂内、厂外的差距太大。墙外看墙内是另一个世界。4年前金川公司职工的年人均收入是2000元，而公司周围的农民年人均收入不到100元。1986年开始搞"一厂两制"，公司从技术上、设备上、资金上帮助地方发展乡镇企业，1988年农民的年人均收入达到了600元，农民和公司的关系很和谐。

我在路过永登县时，参观了一个甘肃铝业公司和该县合办的碳素厂。永登县的西部大通河两岸就是连海小区。这个碳素厂就是从小区核心辐射出来，国营和地方结合办起的企业。铝业公司提供技术和管理，派有经验的人员当该厂厂长。地方提供土地、厂房和劳动力。流动资金由双方分担。70%的产品由公司包销用于公司所属的铝厂。利润分成，公司得5.5，地方得4.5。全厂有300名工人，全是当地农民，月工资120到180元，比当地一般农民的收入明显提高。据魏县长介绍，永登县有不少像碳素厂性质一样的乡镇企业，全年产值达1.7亿元，全县44万人口中已有11万从事乡镇企业。永登县的面貌这几年有了显著的改变，可见开发小区的"一厂两制"已经在农村里发生作用了。

1984年我在包头看到的厂内搞小集体和1988年甘肃看到的开发小区，使我发现"一厂两制"本身有了发展，从企业闭门扩大走向企业开门扩散。扩散显然比扩大前进了一步。这条搞活国营大企业的路子是群众走出来的，"一厂两制"不失是一条很有前途的活路。

"两南"兴牧

去年国庆前，我抽空去甘肃访问，横穿了河西走廊。河西走廊是指黄河以西夹在内蒙古腾格里沙漠和甘青分界线上祁连山中间的一块狭长地带，东西一千多公里而南北最短的距离只有100多公里。这是一块黄土高原上有名的绿洲。

河西走廊久已闻名,它是古代丝绸之路所经之地。其后海运畅通,贸易改道,丝绸之路也就成了怀古的对象。但是现代铁路和公路的兴建,特别是空运的开拓,欧亚商品流通的路线正在再度调整之中。重开丝绸之路,大有前途。我虽年老,犹有赶热闹的兴趣,总想在有生之年,至少在这条路上踏上几个脚印。所以这次去甘肃,重点就放在河西走廊。

访问河西走廊除了想看看这个绿洲的农业怎样发展外,我还有一个私愿,就是想去看望聚居在祁连山麓的裕固族同胞。甘肃本身是个多民族省份,特别引人注意的是沿着甘肃和青海的边界上聚居着一连串人数较少的民族。我前几次访问甘肃时去看望过南部的撒拉、土、东乡、保安等族的同胞。这次既去河西就下了决心要去看望裕固族的同胞。

说起裕固族,研究中国民族的人大都知道它,因为它曾引起过一个理论上颇有意义的问题。简单地说,裕固族分东西两部分,语言上有相当大的差别,有人认为可划分成两种语言。据专家考证,西部的裕固语留有明显的古代回鹘语的痕迹,而东部的裕固语却留有古代蒙古语的特点。但是不论说哪种语言的人都认为自己是裕固族的人。那么没有统一语言的人能构成同一民族吗?这就成了个问题。

用"裕固"这两个汉字来作族名是解放后该民族群众自己提出来的。他们口语自称是"尧呼尔",这两个汉字近于音译。名从主人,这个族名就这样定下来的。至于一个民族的人说不同语言的情况,在中国少数民族中,并不是只有裕固族是这样。在漫长的历史过程中,来源不同的人群在一定的具体条件下,各自带着原有的口音和语言,认同为一个民族的事实并不是个别的。在民族识别工作里，这可以说是中国的历史特点。

裕固族这个名称虽则是新提的，但作为一个民族实体已有悠久的历史。据比较可靠的历史资料，加上一直流传至今的民间传说都认为现在的裕固族人的祖先是曾经聚居在蒙古高原上的回鹘人，在史书上也称回纥人。回鹘人所建立的汗国大约于公元840年被推翻，大部分人向西迁移立足在今天的新疆吐鲁番一带，是现在维吾尔族的祖先。另有一小支东迁到河西走廊，就是现在裕固族的祖先。

聚居在草原上的游牧民族，流动比较迅速，幅度也比较宽广。某一个游牧民族强大了，常会去攻击其他民族，占据其草原，原来的民族如果不迁走让开，也就被并吞了。就拿河西走廊这块绿洲来说，有历史记载可据的，已经几易其族。这地方最早是乌孙和月氏所居，后来匈奴把他们赶走了。到公元前1世纪，匈奴降汉，汉代在这地区建立了政权。北方的一些民族和屯居其地的汉人就开始在这个走廊里杂居，共同开发这块绿洲。从那时起，统治过这地方的民族除汉族外，前后还有吐蕃、羌、蒙古、满等。他们都带来了一些不同的民族，也排挤过一些民族。这段历史使这地区形成了一个多民族的杂居区。

以裕固族来说，他们是在这块土地上居住较长的一个民族，从公元9世纪中叶回鹘人东迁进入河西算起至今已有1000多年。这个民族在9世纪末曾控制过这地区，长达140多年。这段时间也正是丝绸之路繁荣的时期。11世纪初才亡于西夏。看来裕固族臣服了西夏后并没有撤离河西，而坚持在祁连山麓的草原上，发展牧业，并在和藏族及蒙古族接触中信仰了喇嘛教。

肃南裕固族自治县是1954年成立的。以现在的行政区划来说，这是一个地广人稀的县：东西长650公里，南北宽120—200公里，土地面积达2万多平方公里。人口总共有3.5万多人，其中裕固族8000人，藏族7000人，汉族17000人，其他如蒙古、土、回等分别不过几百人。这8000多裕固族人聚居在面积达1.4万多平方公里的祁连山草原上，主要从事牧业。这片草原牧草丰美，水源充足，至今是著名的牧场所在地，是甘肃省重要的牧业基地之一。

我向主人提出看望裕固族的意愿时，确实给他们出了个难题。因为裕固族的牧场都在海拔3000米至4000米的高坡上，其实，对于我的年龄和体质，主人们多少是有点过虑了。最后只好同意我从张掖去酒泉时绕道自治县府所在地的红湾寺。我由此进山几十公里，在附近的一个小草场上和裕固族同胞在白天共度了一个中秋佳节，晚上到酒泉安宿。这一天的安排固然使我看到了裕固族同胞的生活面貌，领受了他们好客的热情，在以传统形式招待我的酒会上，不断的歌声和真挚的笑容让时间飞驰过去。直到我不能不告辞时，单是留客告别的"上马酒"还得唱上半个多钟点。我在感情上受到的激动远过于我想对他们牧业建设的了解。因而在这篇杂写里我能报道的眼见事实不多，但是从我听到多方面的介绍却启发我对发展我国西部少数民族地区特别是青藏高原的牧业有了不少想法。

从汽车上我贪婪地倾听关于肃南草原的开发情况。从怎样用草库伦扭转在退化中的草场说起，一直讲到怎样建设"基本草场"，大大增加了收割饲草的总量。关于牲畜，他们从50

年代开始绵羊改良工作中遇到种种阻力后又怎样步步进展,讲到80年代被确定为"甘肃高山细羊毛"育种基地的经过。这片草原上所产羊毛的长度、细度、密度和油汗质量都属优级,能纺60支纱。听来,肃南牧区现有的特点是生产高质量的细羊毛,振兴牧业的指标当然不能只看在栏牲畜的数量,主要是看牧业的基础建设,要在饲料、品种、畜群结构和防治灾病等上下功夫来保证畜群数量和质量的优化。关于这些,我从在汽车上所听到的介绍里得到了一个很深的印象:肃南的牧业不仅有历史的传统,而且近几十年来的改革工作也是有显著成绩的。现在的问题是怎样在已有基础上进一步发展,目标是为广阔的青藏高原建立一个牧业现代化的前进基地。

关于牧业改革我是外行,在这方面用不着我多说了。我想到的是如果在肃南这片草原上能有效地做出兴牧的榜样,不仅在经济效果上会大大改变当地的面貌,而且在西部中国许多少数民族的发展和团结上将带来深刻的影响。我一向认为我国西部地区的民族团结最后还得依靠减少到消灭民族地区间的经济差距,而经济差距的缩小主要在于发展西部高原的牧业。我自己这几年在西北边区观察得到的印象总的说来,从草到畜,从原料到加工,一项项地分开来讲,各地方都有了切实可行的办法,但是从原始性的放牧发展成为为加工工业提供畜类原料的饲养业,作为一个系统工程,还缺乏综合性的规划研究。这就是说,怎样把已经行之有效的各项畜牧业改良工作从饲料到加工工业直到成为成品看成是一条龙,一节节地加以衔接配套,提供一个可以给各牧业区开发作示范的模型,还有待我们去试验和实践。

我之所以看中肃南这块草原,觉得它具有良好的条件可以作为现代化牧业的试验场所，首先是上面提到的牧业基础，其次是它正处在河西走廊工农业重点建设的附近。而靠近现代化农场和工业中心都是促进牧业现代化的重要条件。

我这次是从武威绕道进入裕固族地区的。武威正是甘肃金昌开发小区的所在地。金昌亦称镍都，是我国产镍的一个重要基地。我在"一厂两制"这篇杂写里已讲过，这个开发小区这几年采取国营和地方结合扩散工业的方针，一批中小企业已经成长。中小企业的扩散已可以为各地方特产的原材料提供加工的机会，同时也就推进了当地原材料生产的发展。牧业现代化主要是在使畜产品成为加工工业的原料。发展纺织、皮革、食品工业才能把牧业带进现代化经济；但是少数民族地区发展工业最大的困难是缺乏资金、技术和经营人才。既然肃南靠近武威、酒泉等国营大企业的基地，那么就应近水楼台先得月。这些现存的条件摆着不利用是十分可惜的。

从客观上讲，振兴肃南牧业条件是具备的，当前所欠的"东风"是主观上对这种发展的可能性和重要性的认识。只要"争"到这股东风，肃南兴牧在不久的将来是可以成为事实的。

在离开肃南时，我不禁联想起了三年前我去访问过的甘肃另一片广阔草原，那就是甘南。关于甘南那次访问，《瞭望》的读者可能还记得我那篇《甘南行》。肃南和甘南是甘肃的"两南"，这并不是名称上的巧合，它们在发展西部民族事业上有着密切联系。它们都紧靠青藏高原的边缘，都是藏族和与藏族有长期历史关系，甚至已信仰了喇嘛教的其他民族（如裕固族）共同聚居的地方。这"两南"能不能看作是青藏高原的少数民族和中原地区各民族联系的两架桥梁？我在《甘南行》里曾提出过通过甘南这架桥梁可以把现代化科技知识送入藏族地区。

这次肃南之行又启发我想到加上这架桥梁，把现代化的牧业送入藏族地区。因而我把这"两南"联系了起来，称这篇杂写为"两南兴牧"，并加上这一小段题解作结。